探究真谛

上海广播电视论文选
第七辑

上海市广播电视协会 编

文汇出版社

封面题词	龚学平
主 编	林罗华
编 委	陈保平　张骏德　吕怡然
	许志伟　王克耀　赵复铭

守初心担使命　求真谛谋发展

在这个大变革时代,高新技术的快速发展给传统媒体行业带来了巨大的变化。对于广播电视工作者而言,一切都在变化之中,唯一不变的是初心、是使命。新一辑广电论文选和大家见面了。

本辑论文共收到来自会员单位会员撰写的论文 70 余篇,经编委审阅,择优收入其中 53 篇。这些论文对行业发展趋势、媒体融合建设、节目创新创优、专业理论探究、内部运行管理等方面提出了各自的真知灼见。论文作者们以主人翁的姿态积极参与广播电视的改革发展,并以高度的政治责任感和使命感主动为加强党的宣传阵地建设,提升新闻舆论传播力、引导力、影响力、公信力献计献策。

透过论文我们看到,纵然媒体行业发生很大变化,但我们广大广电工作者坚守宣传舆论阵地,宣传党中央声音,反映人民心声的初心不会改变;为党、国家和人民做好新闻宣传工作的使命担当不会改变;积极进取、开拓创新、谋求发展的勇气不会改变;对工作孜孜以求、追求卓越的工匠精神不会改变……

藉此,我谨代表本辑论文选编委会向致力于广电事业改革发展并辛勤耕耘的同行们表示崇高的敬意! 对本辑论文选的全体作者和参与论文收集、选编的全体工作人员表示衷心感谢!

上海市广播电视协会会长　林罗华

2019 年 8 月

目　录

高 层 论 坛

融 媒 建 设

视 听 谋 略

高层论坛

历史的重启

——根植于中华文化的传承与创新

王建军

20世纪90年代,美国学者弗朗西斯·福山提出"历史的终结"说,认为西方文明也许是"人类意识形态发展的终点",形成了一股弥漫全球的"终结热"。21世纪以来,西方社会的种种问题并未最终破解。尤其是近年来,全球政治经济、社会文化所面临的严峻挑战,促使人们反思,呼唤新的发展思维与文明格局。而坚持走中国特色社会主义道路的中国蒸蒸日上,正前所未有地靠近世界舞台中心,前所未有地接近实现中华民族伟大复兴的目标,中华民族在分享人类文明成果的同时,也为世界作出新的贡献、提供新的智慧。习近平同志高瞻远瞩地提出了中华优秀传统文化"创造性转化,创新性发展"的重大命题。我理解,国家新闻出版广电总局(以下简称"总局")关于文化传承与当代创新的要求,正是基于这一时代背景:历史并未终结,中国的伟大实践正在重启历史。

一、传承与创新,是文化自觉,更是责任担当

2016年6月20日,上海电视节刚刚闭幕,国家新闻出版广电总局就出台了"自主创新"的政策。政策出台一年来,这面"鼓励和扶持自主创新"的大旗极大地激发了中国电视人的创新动力和热情。

数据显示,2016年5月到2017年4月,中国各大卫视频道共上档播出了近150档全新的电视节目,这些电视节目题材丰富、类型多样,特别是自主研发、自主创新、根植于中国文化,适合中国观众,既有意思、更有意义的本土化创新电视节目明显增多,而纯粹娱乐搞笑的综艺类节目减少,原有的娱乐节目也开始变脸。通过对大量新节目的跟踪分析和观察,我们发现,观众的收视习惯开始回

归,逐渐倾向于有文化内涵,情感皈依和价值共鸣的电视节目,有深厚中国文化内核和精神凝练的节目受到认可和追捧,《中国诗词大会》《朗读者》《见字如面》《妈妈咪呀》《老妈驾到》《开卷有理》《诗书中华》等反映社会现实,内涵丰富深邃,值得细细品味的节目收视火爆,成为"网红",各大卫视创新节目的制作方向也开始调整,一大批有意义、有意思的节目孵化上档。

可以说,中国电视节目模式市场早已跨越了以"模仿"为主的1.0时代,也已完成了以"引进"为主的2.0时代。随着总局"自主创新"新政的出台,我们又开始进入了以"原创"为主的3.0时代。对于海外电视机构和节目模式公司来说,也从起初的犹豫、观望乃至试探,到如今积极参与到原创节目模式的"联合研发"过程中。这种以"节目模式"为切入点,以国际通用的模式理念为行业标准,以互利共赢为双方合作的基点,进而共同推动中国电视"自主创新"的科学发展,我想也是一个值得关注的新趋势。

二、传承与创新,需海纳百川,更需奋发自强

中国的电视节目经历了一个学习发展提高的过程,即从海外引进优秀节目模式进行学习借鉴,并努力本土化,再到现在的自主创新。2010年,东方卫视学习借鉴英国《达人秀》模式,打造了引进节目模式标杆的《中国达人秀》,展示了中国达人的形象和精神风貌,运用海外节目模式演绎和传播了中国文化。

在引进成熟节目模式的同时,我们更加注重学习模式背后的方法论,掌握节目原创的方法和技巧,培养创新的理念。为此,我们在英国威斯敏斯特大学建立了培训基地,连续多年以"千金买创意"的方式择优选派富有节目创意的优秀团队和个人到英国培训,并要求每个团队带着创意去,带着节目方案回,将学习收获落实为具体的创新节目。上海广播电视台、上海文化广播影视集团有限公司为此还专门设立了创新创优专项基金,对自主创新节目样片的研发制作给予资助,创新节目最终能否上档和成功,都被列为频道KPI的考核指标,以加强频道自主节目创新创优的力度。自此,一批新鲜、新锐的优秀节目源源不断的涌现,如上海广播电视台东方卫视的《笑傲江湖》、五星体育的《狗狗冲冲冲》、新闻中心的《梦想改造家》、互联网节目中心的《国民美少女》等节目都是在这样一个机制下产生的。

国家新闻出版广电总局更为我们的创新探索实践提供了重要的资源与支持。2015年度总局主办了美国动画编剧培训班,培训结束,直接催生了SMG获得全国一等奖和金猴奖的优秀动画电视片《犟驴小红军》,以及SMG与迪士尼联合出品,以中华优秀传统文化为题材的电视动画片《半斤八两》等。最近我们

又延续这个资源和路径,与迪士尼合作,共同研发总局大力推动的中华优秀文化传承发展工程动画项目《愚公移山》,充分利用国际智慧,做好中华优秀文化的传承与当代创新。

据统计,2014 年中国各个电视台及视频网站播出的海外模式节目达到 61 档,但到 2016 年,这个数字大大减少,2016 年各省级卫视全国 52 城收视超过 0.7% 的节目共计 63 档,其中引进模式类节目只有 12 档,自主研发类节目共计 51 档,大部分有着良好收视率和口碑的节目均为原创或是在借鉴基础上进行本土化创新的节目。中国的电视节目制作人坚守中国文化内核,充分汲取养分,融会贯通,成功实现了本土化改造和创新。

我坚信,只要立足于中国的丰厚文化底蕴和价值传承,以坚定的文化自信,创造性转化,创新性发展,就一定能源源不断地涌现出响应人民需求、不负时代嘱托、既有良好社会价值又有良好市场效益的电视节目。

三、传承与创新,要诗书自华,更要兼善天下

坚持中国文化内核,我们也要对接国际规则,在练好内功的同时,要坚定地走出去,加大国际传播,用国际通行的语言讲好中国故事,推广中国节目。

为此,从"模仿模式"的 1.0 时代开始,我们就扎扎实实地自我钻研,"土法炼钢",实现了节目模式的原始积累;到"引进模式"的 2.0 时代开始,我们虚心向国外的模式专家求教,"勤耕笔辍",实现了模式团队的升级再造;直至现在的"原创模式"3.0 时代。比如,东方卫视的原创星素挑战节目《天籁之战》已经按照国际规则,制作好节目模式宝典,委托国际知名模式公司恩德莫尚(Endemol Shine)在海外整体模式输出;融媒体中心的《中国面临的挑战》节目模式,受到了法国节目制作方的关注,希望就购买模式版权,制作法国版节目。

2017 年 5 月,我们与伯特朗德·威勒加斯先生(Bertrand Villegas)、The Wit、中国传媒大学中外传媒研究中心、博见传媒创意中心,以及中国传媒大学出版社等合作,出版了介绍全球节目模式研发潮流、总结 SMG 节目创新创优经验的专著《全球节目模式养成计》。我们还将推出首家聚焦中国电视节目模式基础信息的聚合平台——iFORMATS 中国节目模式库,目的就是专注于研究中国电视、互联网,以及移动端等不同平台的各类模式节目,同时也为海内外节目市场提供嫁接广播电视机构、节目制作公司、发行商、顾问、广告商、投资商等各类国际强势资源的商务合作平台。通过模式研究、模式服务和模式交流,所有注册用户都可以借助这一平台充分了解中国电视市场的动态信息和节目创意及交易内容,把握合作与交流的机会。

毋庸讳言,电视正面临媒体融合、市场竞争,以及商业模式转变所带来的巨大挑战。如何保持内容产品的创造力和鼓舞时代的生命力,是我们安身立命的关键所在。除了节目模式的创新,SMG还突破了传播"介质"的边界,融合转型。上海广播电视台于2015年成立的互联网节目中心是传统媒体内部建立的第一个以生产网综节目为主、网台联动的新媒体节目生产机构,2017年4月,中心携自主研发、在国内取得较大影响力的《WOW新家》、《国民美少女》(第二季)等网综节目在法国戛纳电视节上进行了中国国有广电媒体关于网络内容的第一次正式发布,吸引了国际主流媒体的关注。

我们通过挖掘原创模式的潜能,调动模式团队的动能,围绕内容生产的核心竞争力,全面出击、多点突破,自是有了长远发展的创新底气。

在国家新闻出版广电总局"自主创新"政策的引导下,中国电视节目模式的"原创之路"正方兴未艾,上海广播电视台的"智造之路"也正大步前行。"学而无友,则孤陋寡闻",我们愿意通过iFORMATS项目搭建中外电视创意人之间互联互通的合作桥梁,我们更希望运用全新的互联网思维,在iFORMATS平台上聚合全中国乃至全亚洲、全世界的创新人才和创新模式,在互利共赢的合作背景下,大家共享优质资源、共创美好未来。

(作者系上海广播电视台、上海文化广播影视集团有限公司党委书记,上海文化广播影视集团有限公司董事长)

探析如何提升主流媒体核心竞争力

——以上海广播电视台推进新时代精品工程为例

高韵斐

核心竞争力应该是"资源和能力"的总称。"核心竞争力"又称核心能力,其作为管理学术语首次出现在 1990 年,著名美国企业战略管理专家普拉哈拉德和哈默尔在《哈佛商业评论》一文中指出:"核心竞争力是在组织内部经过整合了的知识和技能,尤其是关于怎样协调多种生产技能和整合不同技术的知识和技能。"①在媒体融合向纵深发展的当下,舆论生态、媒体格局、传播发生深刻变化,新闻舆论工作面临新的挑战,②主流媒体如何提升核心竞争力,进一步扩大升级其内容生产优势和产业能力,在 5G、人工智能、物联网等先进技术、科技手段的伴随下持续向新时代进阶,成为广播电视等主流媒体面临的重要议题。

2019 年 4 月,中宣部副部长、国家广播电视总局局长、党组书记聂辰席在全国广播电视创新创优工作座谈会上强调,做强做优广播电视台,首先还是要做优做强内容。不论传播形态和格局怎么变,"内容为王"不会变。广电战线必须把推动创新创优出精品作为突破口,以供给侧结构性改革为主线,增加优质内容供给,优化内容产品结构,让广播电视行业核心竞争力在巩固中提升。③ 相关论述为广电行业提升核心竞争力进一步指明了方向。

上海广播电视台作为中国目前产业门类最多、规模最大、产业链最完整的省级新型主流媒体及综合文化产业集团,近年来以推进供给侧结构性改革为主线,全力推动创新创优出精品工作,以打造"新时代精品工程"为抓手,不断推出广播剧、影视剧、动画片、纪录片、舞台剧等多种形式的讴歌党、讴歌祖国、讴歌人民、

---

① 王智、鲍冬青,《论媒体的核心竞争力》,《2007 首届西湖媒介素养高峰论坛论文集》,2007 年 4 月。
② 习近平在中央政治局第十二次集体学习时的讲话,2019 年 1 月 25 日。
③ 《广电总局召开全国广播电视创新创优工作座谈会》,广电总局网站,2019 年 4 月 15 日。

讴歌英雄的精品力作,加快从"高原"到"高峰"迈进。在 2018 年第 28 届中国新闻奖中,上海广播电视台凭借广播电视优质新闻内容制作采编优势,以 3 件一等奖、2 件二等奖的佳绩继续领跑全国省级广播电视媒体。① 在 2019 年上海举办的第 12 届中国艺术节上,SMG 下属上海歌舞团精心打造的舞剧《永不消逝的电波》还获得文华大奖②,见证了 SMG"新时代精品工程"结出了硕果。

本文对上海广播电视台近年来以改革促创新、以创新出精品,不断提升主流媒体核心竞争力的经验做法进行了梳理分析,从两个方面进行论述:

一、以改革促创新,启动广电内容供给侧改革

广电业是文化产业的重要构成部分,经济领域的供给侧改革思路同样适用于属于文化产业范畴的广电业。近些年来,包括广播电视在内的传统媒体受众不断流失,许多人认为这是传统媒体受众需求的变化和弱化,其原因是广电媒体提供的信息内容产品,不能有效满足新媒体环境下受众的有效需求,或者说是供需不足乃至错位。新科技的蓬勃发展,丰富了人们便捷获取信息的途径,更催生了人们信息内容消费需求的多样性,人们对信息内容产品的需求,只会增长而不会萎缩。在整个媒体传播方式和形态都在发生巨大改变的背景下,受众摒弃的,只是不能满足需求的信息内容的生产方式和产品形态。因此,广播电视媒体未来的出路在于坚持以受众需求为导向,优化信息内容产品的供给结构,淘汰落后的媒体信息产能。③

近年来,SMG 相继经历了制播分离改革、大小文广合并等一系列改革,并大力推进深度融合、整体转型的探索。面对媒体格局变化新形势、意识形态领域新态势、信息化发展新趋势,我们认识到,只有拿出"将改革进行到底"的决心和勇气,将更多的人力、物力、财力投入到有效内容供给上,着力施展传统广电以内容的权威性、准确性、思想性、艺术性取胜的看家本领,做大做强内容主业,才有可能在一片唱衰之声中立于不败之地。

2018 年 11 月习总书记考察上海提出,上海要继续当好全国改革开放排头兵、创新发展先行者。源于各级领导对上海广播电视事业发展的更高要求,也源于自身发展的迫切需要,上海广播电视台果断启动新一轮改革,以东方卫视转型升级为核心,有步骤有计划地进入"改革深水区",全面推动广电内容供给侧改革,提高生产率和生产水平,力求在全国广电改革中继续做好"排头兵、先行者"。

---

① 《第二十八届中国新闻奖、第十五届长江韬奋奖评选结果公示》,中国记协网,2018 年 9 月 13 日。
② 《文华大奖揭晓,〈永不消逝的电波〉等 10 部剧获奖》,澎湃新闻,2019 年 6 月 2 日。
③ 廖望劭,《以受众需求为导向　加大广电供给侧结构性改革》,《声屏世界》,2016 年第 4 期。

首先，上海广播电视台集全台之力推动东方卫视转型升级。2019 年元旦东方卫视全新版面推出，以"守正创新"为新方位和主基调，以"新时代新面貌"为核心理念，确立了"4＋2＋1"版面布局："4"是指全天打造早、中、晚、黄金四条新闻直播栏目播出带；"2"指的是在每天黄金档重要新闻版面前后，开辟 2 条文化节目日播线；"1"是在周间黄金时段打造一条以公益节目为矩阵的"930 公益节目文化带"。新闻、文化综艺、影视"三箭齐发"，积极构建东方卫视正能量版面生态，全力打造高品质文化高地。

为优化地面频道结构布局，2019 年元旦上海广播电视台整合娱乐频道和星尚频道，推出面向长三角的全新"都市频道"；整合炫动卡通频道和哈哈少儿频道，推出全新的少儿频道"哈哈炫动卫视"。由此，上海广播电视台实际运营的频道数量从 14 个下降为 12 个。

为加紧探索互联网时代财经媒体的新型发展之路，上海广播电视台积极推动第一财经传媒改革，抓住聚焦专业内容、聚焦为投资者服务、聚焦移动端这一改革的关键，组建第一财经新媒体旗舰中心，升级 App 产品，2019 年又启动《第一财经日报》和《第一财经周刊》两个纸质平台的最大改版。

在深化广播改革方面，上海广播电视台顺应全媒体时代的"大趋势"，从 2019 年 4 月 1 日起，对旗下上海新闻广播和东广新闻台进行改版，坚持"新闻立台、融合发展"原则，凸显频率特色、加快技术融合，推动广播媒体融合改革向纵深发展。

此外，上海广播电视台还大胆尝试纪录片制播体制改革，通过优化调整人力资源结构，把分散在融媒体中心、东方卫视中心、第一财经、版权资产中心等全台多个部门的纪录片制作力量集中起来，于 2019 年 4 月成立 SMG 纪录片中心，加强优质纪录片生产。在此基础上，于 6 月 16 日推出纪实频道近年来最大规模的改版，借鉴国际同类电视频道的编排理念，创新黄金时间内容排播，荟萃中外优秀纪录片作品。

目前，上海广播电视台新一轮改革成果显著，受到上级主管单位多次肯定。尤其东方卫视全新版面，不仅收获了观众、媒体、学者专家的广泛点赞，也经受住了市场的考验，截至 2019 年 6 月东方卫视全天时段全国 52 城市省级卫视排名第三。全新"都市频道"和"哈哈炫动卫视"收视也均超过了原先单个频道的收视，并在广告经营上实现了突破。纪实频道改版首日平均收视即增长 35％，市场份额增长 42％。[①]

我认为，站在新时代新起点上，主流媒体必须进一步增强战略自觉：一方

---

① 数据来源：中国广视索福瑞媒介研究(CSM)。

面,要以"不畏浮云遮望眼,只缘身在最高层"的高度站位来着手战略布局,自觉提高政治站位,始终坚定属性定位,始终清晰媒体改革是为了谁、服务谁、依靠谁;另一方面,要自觉提高把握新机遇新变化的战略敏锐度,从而强化顶层设计,及时调整战略布局。

二、以创新出精品,聚焦内容主业打造筑峰工程

推动广播电视高质量发展,要坚持实施创新驱动战略,充分发挥创新这个第一动力的引领和支撑作用,不断催生新产品、新业态、新模式、新动能。[①] 上海广播电视人在历史上曾经创造了业界的诸多第一:中国大陆第一条电视广告、第一台电视春晚、第一个新闻杂志节目、第一家电视购物频道、第一个外语专门频道、第一家文化类上市公司东方明珠等。新一轮的改革进一步激活了上海广播电视台与生俱来的创新基因,头部内容的创新创优呈现出一派崭新气象。

一是融合创新,让舆论引导力真正强起来。

广电媒体创新发展主战场在深度融合,决胜也在深度融合。内容产业是广电媒体的核心产业,广电媒体应发挥内容专业优势,在传统场景外,着力强化网络传播、移动传播和短视频与网络直播业务。[②]

东方卫视在转型升级中,以"优化提升大屏报道、创新突破小屏传播"为发力点,进一步提升新闻原创能力,大力推进融合传播。

2019 年,东方卫视 22:30 档全新推出 1 小时的新闻日播时评栏目《今晚 60分》,还将晨间新闻《看东方》扩版为两小时,使得东方卫视的新闻日播量扩版到5 小时,在省级卫视中遥遥领先。

上海广播电视台还通过看看新闻 Knews 主打互联网视频新闻品牌,策划推出一批既适合新媒体传播、又能在东方卫视播出的优质视频报道,持续优化电视端大屏与移动端小屏"受众互动、内容互哺、影响力互补"的全媒体传播格局。

基于这样的融合创新,上海广播电视台有效提升了"短频快"的融合传播效果。以 2019 年 5 月 26 日推出的《城市荣光——庆祝上海解放 70 周年大型直播特别报道》为例,这场三个半小时大直播不仅在东方卫视、上海新闻综合频道和看看新闻同步并机推出,还在看看新闻网端及时推送近 30 条精彩短视频。当日东方卫视全天收视位列省级卫视收视第一,上海新闻综合频道收视较去年同期

---

① 《广电总局召开全国广播电视创新创优工作座谈会》,广电总局网站,2019 年 4 月 15 日。
② 《媒体深度融合、产业与科技创新,广电如何深化供给侧改革?》,国家广电智库,2018 年 6 月8 日。

上涨 37.5％，较前一周同时段上涨 83％①。多条独家短视频在看看新闻、今日头条、秒拍等平台获得转发热议，形成正面舆论热潮。可以说，通过大屏小屏的同频共振，上海广播电视台的舆论引导力得到切实提升。

二是模式创新，让原创节目核心竞争力真正强起来。

广电业供给侧改革的焦点包括要素管理、流程再造、精品创作②，而优秀节目模式的创新正体现了要素、流程和精品创作的统一。节目模式并不单指节目的形式和理念，还意味着设计理念、执行理念、销售经验、审查结果、市场效果等。③ 供给侧改革推动上海广播电视台从根本上将总局创制"小大正"节目的要求落实到底，扭转了以明星为卖点的节目创制思路，杜绝了泛娱乐化内容，研发推出了更多类型丰富、正能量、高品质的原创节目模式。

全新的东方卫视版面涌现出全国首档讲述时代英雄故事的大型情怀节目《闪亮的名字》、全国首档全景式警务纪实片《巡逻现场实录 2018》、全国首档关注认知障碍的公益节目《忘不了餐厅》、全新大型思想理论节目《这就是中国》、全新合家欢综艺节目《没想到吧》、全新文化赏析类节目《诗书画》，还有《人间世（第二季）》《喝彩中华（第二季）》《我们在行动（第三季）》等一系列正能量、高品质的创新节目，均在收视和口碑上有上佳表现，有力提升了 SMG 原创节目的核心竞争力。

比如《闪亮的名字》，将英雄题材创作模式作了提升，即明星实地寻访结合场景式演绎，用电影化的表现手法，再现英雄事迹。节目自 2019 年 1 月 3 日播出以来，全国平均收视（55 城）位列同时段节目类第一④，社会各界高度认可这一创新的电视传播及其见贤思齐的传播效应。作为受过市场检验、且具有国际模式输出价值的精品力作，《闪亮的名字》于 2019 年 4 月代表中国原创节目模式登上戛纳春季电视节主舞台。

再比如周播思想理论类节目《这就是中国》，一改以往说教灌输式的理论节目形式，代之以"演讲＋真人秀"的创新表达方式。节目不回避敏感话题，而是用通俗化的语言、严密的逻辑、真实的数据事例，以及富有思辨性、价值观的互动问答和思想碰撞，向观众展现中国模式和中国崛起的道路。从 2019 年元旦推出以来，节目引发了热烈的社会反响，收获了一大批节目忠粉。近期，上海广播电视台又在策划推出"这就是民主"专题节目，旨在通过对中西方民主的深入剖析，阐

---

① 数据来源：中国广视索福瑞媒介研究（CSM）。
② 陈谦、金樑，《广电节目供给侧改革的文化思考》，《声屏世界》，2018 年第 4 期。
③ 《当我们谈论"节目模式"时，我们究竟在谈论什么？》，微信公众号《SMG 智造》，2017 年 12 月。
④ 数据来源：中国广视索福瑞媒介研究（CSM）。

明中国民主的优势,帮助观众树立"中国自信"。

三是立意创新,让头部内容生产力真正强起来。

习近平总书记指出,对文艺来讲,思想和价值观念是灵魂,文艺的性质决定了它必须以反映时代精神为神圣使命。[①] 内容创新创优的根本就是要坚持人民立场,立足时代需求。

为了积极响应"长江经济带"国家战略,上海广播电视台在中宣部和国家广电总局牵头指导下,以东方卫视为主平台,首次推动长江流域 12 省市联动融合,全力打造贯穿全年的"长江之恋"大型媒体项目,包括 12 期新闻系列报道、1 台专题春晚、1 台国庆歌会、6 集文化纪实节目、13 集季播综艺节目《极限挑战·长江行》,形成一道崭新的"长江流域文化风景线"。2019 年 5 月开播的最新一季《极限挑战·长江行》,沿长江开启挑战之旅,首期就创下 2019 年全国综艺首播最高收视,全网关注度同时段卫视第一。6 月底,汇聚 12 省市、长达 7 小时的《长江之恋》新闻大直播隆重呈现。

内容的创新创优更要紧扣主题主线,加强选题规划。上海广播电视台以"新时代精品工程"为抓手,围绕"改革开放 40 周年""新中国成立 70 周年""全面建成小康社会""建党 100 周年"等重大节点和重大主题,提前策划、广泛征集,汇聚全台资源打造重点项目。2018 年,上海广播电视台围绕"改革开放 40 周年"重大主题,推出了 1 部主旋律电影《春天的马拉松》、1 部电视大剧《大江大河》、1 场主题音乐会《唱响新时代》,以及 3 部重点纪录片《中国走向 2050》《浦东传奇》《上海制造》,声势浩大,反响热烈。其中《大江大河》更是以豆瓣 8.9 的高分实力斩获 2018 年评分最高的国产剧称号。

"新中国成立 70 周年"宣传是检验广电队伍创新创优水平、提升创新创优能力的演兵场。上海广播电视台在推进广电内容供给侧改革的基础上,进一步聚焦内容主业。5 月 27 日,由新成立的 SMG 纪录片中心最新打造的献礼纪录片《上海解放一年间》相继登陆东方卫视和纪实频道,一举拿下全国卫视收视排名专题类节目第一名,同时段综合排名第三[②]。接下来,由纪录片中心生产的《大上海》《长江之恋》《代号 221——"两弹"在这里诞生》《开国大典的历史瞬间》《流动中国》等重大纪录片也将陆续与观众见面,致敬时代,献礼国庆。由上海广播电视台投拍的现实主义题材电视剧《大时代》,作为描写改革开放后中国科技工作者创业故事的电视剧,也计划在 2019 年 10 月亮相荧屏,有望接棒《大江大

---

① 习近平,在中国文联十大、中国作协九大开幕式上的讲话,2016 年 11 月 30 日。
② 数据来源:中国广视索福瑞媒介研究(CSM)。

河》,成为又一部现象级主旋律大剧。

用历史的眼光看,在媒体发展变化的长河里,网络媒体是新兴媒体,但广播电视也还很年轻。而用辩证的眼光看,在互联网时代,随着主流媒体加速推进媒体融合发展,传统广电和网络媒体也早已是你中有我、我中有你,合而为一、不可或缺。我坚信,只要"笃守正道,以新制胜",不断提升广电的核心竞争力,必能重塑广电的辉煌。

(作者系上海广播电视台台长、上海文化广播影视集团有限公司总裁)

道器兼容　跃层提升

——3D 全景声京剧电影《曹操与杨修》的创作思考

滕俊杰

本文标题的两句话，是我在接手 3D 全景声京剧电影《曹操与杨修》创作期间的心悟之念。

道，即准则、方向、知行合一；

器，乃手法、具物、杠杆之谓。

我认定，"京剧电影"具有重要的文化意义，其核心是展示好国粹京剧之本质。而这种展示，是用保护的心态来打开，用准确的电影方式来放大华夏正音——京剧的美学醇香，使之突破隔阂，在大银幕上更加动人，用当下一个流行词就是产生"跃层"提升之效能，从而无远弗届，力争达到"影响有影响力的人、进而影响更多的人"的目的。否则，没有价值。

京剧不可以被颠覆，但可以被激活

京剧《曹操与杨修》是多年前上海京剧院在舞台上奉献的一部优秀剧目，是尚长荣先生新编历史剧"三部曲"的首部作品。它独出机杼，穿透人心，直指人性，对人物性格和处世的洞察透骨至髓，入木三分地表现了一方面求贤若渴、急需人才，一方面又呈现出刚愎自用、难以容人的狭隘心理；一方面才智过人、时有高招，一方面又时常错位、越位，甚至功高盖主、逼急上司……一系列尖锐矛盾冲突的"至暗时刻"和拆解的波诡云谲，使其在不可调和中一次次达到戏剧冲突的顶点，为悲剧性的结尾做足了暗示。在精神与历史层面的交互和叩问中，呈现出惊悚片般的冲击力，使人在欣赏高水准的京剧艺术的同时，从角色的性格和差异中引出深思。当年，尚长荣先生携此剧本出潼关、奔上海，纵有重重困难也决不放弃,一路力荐,又全身心领衔排练、主演,开创了京剧净行表演美学的新格局、新风范,体现了难能可贵的"发动机"作用。这些年来,在尚先生和言兴朋两位京剧名门之后为主的倾情系列表演中,将国粹京剧的唱念做打舞、手眼身法步发挥到了极致,成为艺术创作"道"的样板之一。

而要在此基础上将其搬上大银幕,作为电影导演的我,就必须在舞台剧的基点上有新作为,必须按电影的逻辑和理由进行再创作,使其更显思想的峥嵘、视听的美妙、顶格的感受,绽放出非大银幕魅力莫属的观赏性;在"出新于法度之中,寄妙理于镜头之内"的追求中,既满足怀旧与创新在现实中的链接,又显现出当代京剧电影迸发出的一种基于大银幕艺术本身的原创力,从而真正公映于电影院,真正"电"到观影者,使之获得此前很少经历过的特殊满足感。于是,对京剧电影"道器兼容、跃层提升"之念油然而生。

为了这八个字,我又持续梳理了一些深埋于心的思考。在这里,向京剧的致敬、向舞台编、导、演及服化道等的致意是第一位的。我从不想解构京剧,更不会去颠覆京剧,因为,这是要被历史戳脊梁骨的。但是,我又深知"思考需要理性,创作需要感性",京剧,不可颠覆,但是可以在大银幕上被进一步激活。作为一个电影导演,我的任务是要让未来的电影观众既能找到"熟悉的陌生感",又能感知到"陌生的熟悉感",让同名剧目在最有观众量的大银幕上赢得更多的拥趸。为此,追求"三精",即精妙的视听化、精到的节奏化和精彩的互动化,是"兼容"成功的终极目标。

记得我在前两部 3D 全景声京剧电影《霸王别姬》《萧何月下追韩信》的导演、拍摄前,就详细研究了京剧电影的前世今生,认真学习、消化了前辈们的心血之作,也在几所大学里做了问卷调查,在道之坚守、锲而不舍地探索"虚实结合"的内容新展示之外,着重思考、研究了剧目形态内核与当代电影表达、传播的新特征。我觉得,京剧的传承和弘扬既要有热情,更要找到新的杠杆,从而真正撬动传播力、影响力,放大国粹的艺术美感和抵达率。最终,我们敢于牺牲"世俗的成功",甘于孤独和寂寞,下决心"自找苦吃",并轨行走一条新路:采用全程 3D现场实拍、ATMOS 全景声制作方式(同时套拍、制作 2D 版)。当时是孤军奋战,少有附和,经费也十分困难,但是,在咬牙坚持的"死磕"中,最终找到了一条通透之路,并赢得了多方支持,也赢得了许多专家和中外电影权威机构的正式肯定,我也以《后工业时代的视听再造》为题,在中国和美国南加大等多所高校做了演讲。这次,向全社会招标的 3D 全景声京剧电影《曹操与杨修》,是中标单位上海广播电视台(下称 SMG)全流程独家制作的第一部大电影,我认定更不该停下脚步,更要继续大胆地去"摸一摸"京剧电影创作的"天花板",以求赢得进一步的实效。

敬畏"四本"敬重表演，电影化应为"国剧"加分

电影剧组正式成立后，首先抓的重点是分镜头工作。数天时间与团队一起，围绕自己提出的四个"本"，即"京剧本体、行当本性、电影本色、创新本质"原则，进行了充分的分镜头创作。

这种"循规蹈矩"的深耕做法，被有的同行认为多此一举，我却依然"不依不饶"。我觉得，只要是拍电影，就绝对不能像坐地铁似的，一味在黑咕隆咚中到达终点站，而要像开飞机一样，眼界辽阔，格局清晰；还要像骑自行车一样，把路况细节看透，把路程无一遗漏地"丈量"，并且避免"危险的冲撞"。京剧电影亦然，内容表达永远是第一位的，决不能有偷工减料的"硬伤"，决不能有脚踏西瓜皮，滑到哪里算哪里的"随意"，不然将是对电影的亵渎，也是对国剧的不恭。

电影是写实艺术，加之其日益超高清的放大特性，无穷尽地要求"真情、真心、真演"。因此，接拍此片时，我投入精力最多、分镜头考量最细的是如何最大限度地释放、表达角色的魅力和准确性，最下功夫的是逻辑、情绪和节奏的把握。纵观电影史会发现，在剧情演绎，特别是大起大落、悲剧色彩浓郁的主角表演成功范例中，都有杰出演员忘我的付出、"灵魂的燃烧"，以至于一部电影已经拍完，他们还深陷其中，久久走不出情绪跌宕的漩涡。我在不同场合举了此类例子，对现场也多次做了这样的提示和要求。尚长荣先生、言兴朋先生本身表演功底深厚，又对我的表达心领神会，一次次、一遍遍、一天天，认真"沉浸"，现场没有嬉笑、打闹，唯有酝酿心底而起的情绪和全程在线的高效工作，唯有层层推进的剧情笼罩。镜头前，或惺惺相惜，或撕心裂肺，或咬断牙齿往肚里咽，或悲愤之极强忍泪水而不落。每次拍完，几乎虚脱的两位艺术家常常还深陷在剧情之中，难以自拔，展现了京剧表演"巅峰对决"的最佳功力，也吻合着镜头一次次调度而达到的表演至尊境界。影片公映后一个半月，主演尚长荣、言兴朋就在日本第五届京都国际电影节上获得"表演最受尊敬"大奖，这是京都国际电影节空缺了多年的一个奖，上一次荣获此奖的是美国著名影星、《廊桥遗梦》的男主演伊斯特伍德。

为了在未来的电影中，观众能不知不觉地淡忘舞台感，我和团队在影片环境和氛围以及 CG 特效的创意、制作中，营造了略偏于电影的风格追求，以静与动、小与大、幻与真的对比，表达宏大叙事背景下的人物况味、性格命运。对于故事发生的时代背景，我曾详考多日，最终决定以电影的理由展示逻辑的"纵贯线"，精心设计、制作了整个故事缘由的片头"赤壁之败"，在京剧的曲调中，展示了历史关联度，强调了全方位场面调度的电影感，强化了 3D 全景声电影的视听震撼特性，获得了"碰头彩"的好效果。与此同时，营造了原本舞台上没有、但恰恰是

电影表现擅长又吻合剧情推进需求的"漫天风雪"的美学意境,将其第一次融入京剧电影的创作中。它既创新,又恰到好处地把京剧的隐性意向打开了,丰富了时空变幻,强化了视听张力,性格悲剧转化为命运悲剧的必然性也更趋鲜明了。

有道是:"说到曹操曹操到,说到杨修不停消。"沉浮于各自身份"焦虑症"中的曹操与杨修,在影片中几乎无时不在,他俩被镜头雕琢的一言一行,可以绘制、拼贴出一张人物性格正反两面的基因图谱。如果说,曹操以多谋多疑的人性铸就了其图谱的 A 面,杨修则以率性孤傲的人性铸就了其图谱的 B 面。电影中,我对曹杨相遇的喜出望外、杨修力荐孔文岱时曹操的惊恐错愕,以及随后一步步尖锐冲突带来的剧情浓墨重彩地用力,而对那些受囿于舞台调度、艺术或技术含量不高的个别过场内容则做了舍去,用电影的手法进一步强化了"一个计谋被戳穿、一个计谋又紧随其后出现"的难以捉摸感,让剧情在处处伏笔、层层反转中惊心动魄地向前推进,并引进了"意念"这一戏剧手法,使这个暗流涌动、逻辑叫绝,但又"反套路"的电影游戏更显紧张,力图用这样的叙事节奏、态度和情节密度,来沟通当代人的观影习惯,丰富其观影时的"脑补"空间。

在 3D 全景声电影《曹操与杨修》的镜头语言上,我的宗旨是突破传统戏的一些束缚,稳妥地向电影特征接近,重点是内、外景向全方位扩展,同时,镜头拍摄进一步突破 180°这个平面,向 270°、360°全面拓展、延伸。于是,就有了相当数量的过肩、反打、侧摄、虚实变焦、长镜头等的运用。在研究叙事拍摄风格时,还结合人物心绪、唱念情绪,以及景物的唯一性,用好"视觉突变"等专业技法,如第二场"倩娘吟唱"的镜像蒙太奇摄法、最后一场"枯树下的绝响"等。前者,设计了电影镜头从闺房一面铜镜中的虚像拉开,横移至主体的长镜头,既交代了空间、人物关系和行为,也暗喻了期待与前途未卜的联想;后者,颇有摄影构图感的枯树下,两个灵魂在做最后的声张,有着"夕阳西下,断肠人在天涯"的西风古道之意境,也凸显了渡尽劫波、"一切为时已晚"的悲悯。场景之间的蒙太奇转换,是电影有别于舞台的标志之一,是电影化叙事的重要特征,这次也尝试更剧情化地运用,如:孔文岱掉下的酒杯与杨修熬药药罐的叠化转换,其叙事、叙意和时空变化带来的多重意义了然于大银幕之上。

让艺术技术"山顶重逢",要探索 3D 全景声电影制作"中国学派"

达·芬奇有句名言:"艺术借助科技的翅膀才能高飞。"说到"道器兼容,跃层重生",同样心得多多的当然还有 3D 全景声理念和新科技这一"杠杆"的进一步坚定与完成度,这是植根于内心深处对京剧以及京剧电影艺术当代化、未来化传播的一种虔诚和自觉。

我深知，真正的艺术创造，应该呼应所处时代正在酝酿、出现的一种大趋势。我们不断地在追风中追问，在创新中创建，为打磨新"上海品牌"，无数次地通宵达旦，力争让这类小成本电影的制作效果、品质最大化，使之物有所值、物有超值。为此，对电影《曹操与杨修》的 3D 全景声或曰"道器兼容"的"器"的探索花了更大的心思。这样的创新努力，与尚长荣先生、言兴朋先生对电影新理念、新科技、新创意的由衷意愿天然吻合、一拍即合。SMG、上海京剧院的所有艺术家、演员及摄制团队也倾情参与，全剧组心齐力聚，始终处于 3D 全景声精心创新、制作的同频共振中。

说到 3D 技术，其实并不深奥，就是模拟了人眼看世界的本身。3D 利用光学折射制作出一个平面物体的长、宽、厚物状，使人眼不仅感官上看到物体的上下、左右，还能看到前后的三维关系，是真正意义上的立体图。画中事物既可以凸出画面之外，也可以深置其间，令观者身陷其中，渐渐忘了"三面墙"与平面的存在，也一定程度上消减了"室内电影"的某些不足。美国南加大电影学院常务副院长艾伦先生观看了中国第一部 3D 全景声京剧电影《霸王别姬》后对我说道："以前，我曾看过贵国的京剧，只是不到一半便瞌睡了。这次我被 3D 全景声强烈吸引着、互动着，毫无睡意，一气呵成看完了全剧。"此语有相当的典型性、专业性。我曾研究、观察发现，人一旦戴上 3D 眼镜，就是一个"相对封闭"的小世界，只要故事足以强大，往往会更加专心致志并且渐渐"浸润"其中，不少中外小朋友们更甚，会格外安静地看完整个京剧表演和故事展示。我在中国以及纽约、洛杉矶、蒙特利尔、东京、悉尼、巴黎、维也纳、戛纳等地都发现了这一独特的现象，这种相对完整传播和接受中国京剧的效果，正中我心意。再则，它还有一个独特的好处：现场难以盗版。因为大银幕上是双层画面，偷拍、盗版基本无用。

连续多部电影运用 3D 技术，在全程实拍和 CG 特效"出屏"等制作日渐娴熟的过程中，有一个原则是我的底线，就是分寸的精心拿捏，力戒"口惠而实不至"。其原则是：剧情合理必须，节奏互动必须，视听加分必须，决不过度放纵 3D 出屏等效果的单纯炫耀。如全片开头 3D 效果中的重重云层，表达着拨开漫漫历史迷雾、回望千年的语境；迎面而来的支支利箭和断裂的木板，喻示着接下来将是一个"穿心的故事、破碎的结局"；开头、结尾两次茫茫阴空落雪的仰视，是曹操抬头渴求"天上掉下馅饼、降我人才"的主观眼神；在其前任高参郭嘉墓前的意念恍惚，表达了一种神志的错觉、错乱，也兼有"赤壁之败"被嘲笑抑或"郭嘉在世多好"等多重心绪交织而成的"意识流"；两次飞鸟出屏，均是有人惊动之故，只是缘由天壤之别，内含寓意前为"丞相出朝，地动山摇"，后为"觅食无果，疲惫而逃"；而曹操府内泼药一节，看似潇洒，其实，已喻示了令曹操真正吃苦头的事将接踵而来……

五年中,我拍摄了四部 3D 京剧电影,其中有个共同的特点,就是除了对京剧电影的画面"较真"外,对声音效果的高质量同样咬住不放。这四部电影都是目前世界上最先进的全景声制作,这在当下还很少,被有关专家界定为:"用'一意孤行'的敏感和创新走出困境,将当下京剧电影的声音效果带上了国际先进水平,为中国电影留下了新的一笔。"

ATMOS 全景声技术诞生于 2012 年 4 月,由美国杜比公司发明,它突破了沿用多年的 5.1、7.1 声道的局限,能够根据电影任何的声音需求,呈现出全动态的所有声音效果,凸显 22.1 以上的声场包围,可以展现更多的声音细节,形成"听觉大片"的震撼力,全新提升了现代观影效果。由于刚刚发明不久,相关技术来得实在突然,因此,当时美国的一些大片还没有全部达到"全景声"化。但我和团队以自己的敏感,在该项技术发明的第二年,就在专业杂志上捕捉到了这个绝妙信息,我绞尽脑汁地学习、收集资料,在 2013 年 7 月开拍的 3D 京剧电影《霸王别姬》中,就边干边请教,率先使用了才"出生"一年的全景声技术,引起电影重镇美国好莱坞的有关机构惊讶和关注。由于当时中国大陆还没有这套制作设备,有全景声音效的影院更少,摄制组花了足足 5 个月的工夫,"隔空指挥"在香港的全景声制作,也在上海、北京和深圳多次测试、面谈,对不满意的段落一次次推倒重来,目的只有一个:主动有为、先行先试,尽力补齐京剧电影以往声音不如剧场理想的短板,发誓要将这一短板变成跳板,在"领跑"中真正提升国粹京剧在大银幕上的声效品质,使之产生"大片"的效果。2014 年 5 月 30 日,这部影片第一次被邀请在美国洛杉矶杜比剧院(即每年举办奥斯卡颁奖盛典的剧院)做中国电影的海外首映,并在洛杉矶一举夺得了由 600 多位全球评委投票评出的年度世界 3D 电影最高奖"金·卢米埃尔奖"、国际 A 类电影节——2016 第 20 届上海国际电影节"传媒关注特别奖"、第 30 届中国电影"金鸡奖"最佳戏曲电影提名奖等。如今,为全力响应市委、市府,以及市委宣传部关于重振上海电影创作和产业化战略的号召,我所在的 SMG 已经基本建成电影 3D,2D 前、后期拍摄、剪辑、特效、合成和全景声制作流水线,独立完成了《曹操与杨修》等多部大电影的全流程制作,并渐渐带出了一支优秀的电影视频、音频工程师队伍。3D 全景声京剧电影《曹操与杨修》上院线一周后,在年轻人为主的电影豆瓣网上,获得了 8.7 的高分。2018 年 10 月 16 日,《曹操与杨修》被国家有关部门选定,应邀在年度法国夏纳电视节上做中国电影欧洲首映礼,得到了英国、法国、俄罗斯等国同行的高度赞誉和影片买家的青睐。一周后,国际戏剧家协会在上海召开年会,其间,来自世界各国的全体与会理事在上海影城专门观看了此片,引来热烈关注和好评,国际剧协总干事长、瑞士的托比亚斯先生发表感言说:"令人向往的东方京剧和当代电影有效结合带来的视听效果,实在是种值得肯定的方向。"

杜比剧院内,3D全景声视听效果将现场观众带回到古老东方的一段传奇历史中,气氛浓烈,全场专注,令人印象深刻。

创新、创建,推动着产业发展。目前,全国的 3D 全景声影厅从五年前的 20 来个已发展到今天的 700 多个。某种意义上说:SMG 连续多年坚持在这一领域蹄疾步稳的努力,已经为创建当代 3D 全景声电影制作的"中国学派"提供了一份新的、可供参考的实践样本,收获了成果。

(作者系上海市文联副主席、上海电视艺术家协会主席、上海文化广播影视集团有限公司监事长)

把视频生产的"基因优势"变成"显性优势"

——对上海广播电视台融媒体中心短视频战略的几点思考

宋炯明

作为上海广播电视台融媒体中心的融媒体核心产品,"看看新闻 Knews"的传播力和影响力,在全国广电媒体发展的新媒体产品中,始终稳居前列。能够取得这一阶段性成绩,得益于该产品自上线发布之初就确定的短视频战略。

如果将上海广播电视台融媒体中心的融合发展比作一盘棋局,那么短视频战略,则始终被作为盘活全局的"棋眼",发挥着撬动资源、激发活力、拓展渠道、锤炼队伍的关键支点作用。尤其是今年 1 月 25 日习近平总书记推动媒体融合发展重要讲话发表后,中心以实施"坚持一体化发展方向"为行动指引,以建设"全程媒体、全息媒体、全员媒体、全效媒体"为发展目标,更加明确了 5G 时代短视频在融合传播中的主力军作用。从某种意义上说,短视频活,则"看看新闻Knews"活;"看看新闻 Knews"活,则融媒体中心的融合发展满盘皆活。为此,中心从基因优势、视频语态、技术驱动、生产流程、传播渠道五个方面整体推进短视频战略,希望助推"看看新闻 Knews"品牌的传播力、影响力持续快速提升。

一、聚焦核心资源,发挥视频制作可对接多屏的"基因优势"

随着 5G 加速到来,视频已成为融合传播的主战场和激战区。相比报业,广电媒体多年来所积累的大屏视频制作能力和经验,是得天独厚的"先天基因"和"核心内功",如能聚焦这一核心资源,将大屏端的传统优势有效转化成小屏端的崭新动能,必将在与报业转型的竞争中赢得优势。

自 2016 年 6 月 7 日成立之初，上海广播电视台融媒体中心便从三个层面入手，实施自身视频基因的再造与优化。一是明确移动优先。突破中心内部既有利益的"楚河""汉界"，将内容、人才、技术、资金、力量等各类资源向移动端进行倾斜，为短视频生产提供生根发芽的机制土壤。二是完成技术改造。在台集团技术运营中心支持下，打造出一套视频新闻融合生产技术系统 X‑NEWS 和一个融合生产指挥平台，有效解决了电视播出与互联网生产相融合的安全性与便捷性问题，在硬件设备和物理空间上实施基因再造。三是实施队伍转型。为视频制作团队注入互联网基因，打造出一支拥有互联网传播思维和战斗力、能够在传统电视和新媒体端同时开打的全媒体报道团队。

传统电视媒体在视频制作方面的专业能力，或许在日常短视频生产中难以体现优势，但是在特殊的产品生产过程中，这种核心优势还是会体现无遗。2018年 11 月，首届中国国际进口博览会召开前夕，上海实施黄浦江景观灯光改造，一时间，各家媒体纷纷推出上海夜景的短视频，11 月 4 日晚间 7 点，由幻维数码与"看看新闻 Knews"联合精心打造的短视频《上海，不夜的精彩》一推出，惊艳一时，该片以唯美恢宏的 4K 画质和细腻隽永的叙事方式，展现改造升级后的黄浦江核心景观夜景，抒写上海的城市品格和璀璨魅力，48 小时内浏览量破 5 000万，6 天会期的总浏览量达到 3 亿，网友纷纷留言"上海的夜景太美了！美爆了""魔都，唯美，奋进""奋进中的上海，永立潮头"，为上海点赞。这条短视频还于11 月 5 日当天，在开幕式主会场内作为暖场宣传片播放，上海之美，深受各方来宾广泛赞誉。这是典型体现了传统电视媒体在短视频生产方面的功力。

二、改变视频语态，探索重大时政新闻短视频的新方向

曾有学者提出，移动短视频的生产过程就是去电视化的过程。客观来看，这种观点不无道理。更为确切地说，短视频产品想要在互联网上立得住、叫得响、传得开，就不能再因循电视大屏的传统视频语态和叙事逻辑，而须根植互联网进行全面"活化"和突破创新。

相比软性新闻，重大时政新闻的短视频生产一直是其中的难点，它不仅需要互联网思维，还要同时具备对重大时政新闻的精准拿捏和驾驭能力。当然，也正因其高站位、高门槛和高难度，这块"硬骨头"一旦被啃下来了，就能成为新型主流媒体的核心竞争力甚至独门内功，释放出强大的传播影响力。这方面，央视新闻推出的"V 观"短视频是典型代表。鲜活的视频语态，让"硬核"的时政报道接上地气、冒出热气、聚足人气。

三年来融媒体中心不断探索重大时政新闻短视频的语态新方向，努力让宏

大的硬主题实现软着陆、让重大时政短视频不仅有意义更有意思,结合全国两会、上海两会、党的十九大等重大宣传报道战役,推出了一大批形式新颖、语态鲜活、内容多元、节奏轻快的短视频产品。

2019全国两会期间,"看看新闻Knews"精心策划打造"两会Vlog"特色专栏,13天会期共生产逾40条"Vlog体"短视频,总浏览量突破3 000万。其中,《原来全国两会有这么多"同传"看看他们怎么工作》将镜头对准身着各色民族传统服饰、正同声传译政府工作报告的工作者,以民族服饰小切口,体现两会民主、团结、开放大主题。《现在一大波境内外记者正赶往上海团开放审议》大胆采用"弹幕体",将"66666666""第二届进博会可以更多买买买吗"等一批网友留言制成弹幕,烘托出上海团开放日的热烈现场氛围。《非法集资宁自首不愿退赔? 全国人大代表马兰:刑罚太轻 建议修改》精心摘选上海人大代表马兰为议案争取联名附议而"卖力吆喝"的发言实况,让受众深切感受到国家政治制度的温度,产生心头一热的情感共鸣,总浏览量638万,仅"看看新闻Knews"官方微博就达81.7万阅读量,获评论9 645条,获点赞7 047次,网友纷纷留言"厉害了! 我的代表""附议!""感谢代表为我们发声",在互联网端形成有力舆论引导。鲜活的语态,也促进了心相通。全国两会期间,"看看新闻Knews"官网微博"涨粉"近50万,粉丝总数突破1 010万,成功实现报道传播力和品牌影响力的"双赢"。

三、激活技术驱动,提升短视频的"科技感"

多年来,融媒体中心始终保持着对新技术和新传播手段的高度敏感和积极应用,以优化传播效果为目标,将独家创意与前沿技术相结合,打造出一批科技含量高、表达方式新、设计创意巧的短视频产品,使"看看新闻Knews"呈现丰富的视觉亮点和活力。

为庆祝改革开放40周年,"看看新闻Knews"于2018年12月13日精心推出4集系列短视频《改革开放数说中国》,采用全虚拟前期拍摄与3D动画制作技术,以今昔对比的40组核心数据,精彩呈现改革开放40年间我国经济、社会、民生等领域发生的巨大变化。数据新闻具有直观、专业、信息密度高的特点,但也容易给人留下枯燥呆板的印象。《改革开放数说中国》创新技术方式,将"人"的元素巧妙融入3D画面中,片中主角不再是"人",而是一组组环绕在"人"四周的巨幅数据,呈现出"数随人在走、人在数中行"的沉浸式虚拟场景,辅以柱状图、饼图、标板等动态可视化图表,使原本冷冰冰、硬邦邦的数字生出了活力和烟火气,进一步增强了短视频的科技感和视觉冲击力,取得良好的传播效果。

新技术的运用,不仅提升了短视频的感染力,也使中心的内容生产团队能够始终保持对前沿技术的高度敏感和对信息革命成果的积极运用,对练好团队在移动互联技术、大数据、人工智能等新技术领域的内功,发挥出积极作用。下一步,融媒体中心还计划启动"5G+新媒体"专项行动方案,努力探索 5G 技术在全景 VR、4K 影视、3D 内容、AR 交互式直播等多种场景中的广泛应用,推动中心与 5G 技术从简单嫁接到"融为一体、合而为一"的深度融合,以信息革命成果激发内容生产更深层的内生动力。

四、融通生产流程,促进"大屏""小屏"互动互哺

2019 年 1 月 1 日起,融媒体中心对东方卫视新闻节目实施了整体转型升级,着力深入、生动宣传习近平新时代中国特色社会主义思想,切实加强服务全国、服务长江流域、服务长三角、服务上海的舆论引领,使其真正承担起"体现新时代新面貌"的使命任务。得益于中心"大屏""小屏"互动互哺的一体化发展方式,几个月来,"看看新闻 Knews"的小屏端生产非但没有削弱中心大屏端的转型力度,反而成为助推东方卫视新闻升级的一股新动能,发挥出了内容和生产力双线"反哺"大屏的重要作用。

2019 年 1 月 21 日—2 月 1 日,按照中宣部领导要求、在国家广电总局指导下策划推出的大型新闻项目《长江之恋》,第一轮 12 集系列报道在"看看新闻 Knews"网端首发,并在当晚的东方卫视《东方新闻》新闻节目中同步联动播出。该报道以塑造"长江儿女"为表现手法,生动展现长江沿岸地区在"创新、协调、绿色、开放、共享"五大发展理念指引下的最新成果。而与以往不同的是,策划、拍摄、制作这一重大项目的是中心"看看新闻 Knews"短视频团队,他们灵活运用短视频的创作思路和手法,使得整组报道的叙事节奏更明快,实况抓取更鲜活,情感表达更饱满,令人耳目一新。视频一经发布,立即在网上引起热烈反响,网友们纷纷留下"感谢他们守护这一江碧水""青山绿水就是金山银山""不禁想起李白古诗浔阳江头夜送客"的真挚感叹,全网总浏览量突破 1 000 万,同时助推东方卫视《东方新闻》节目,在寒假期间取得收视率稳步上扬的好成绩,充分发挥了小屏生产"反哺"大屏播出的有力作用。同样的,在"庆祝上海解放 70 周年"的报道中,融媒体中心推出一个系列报道《解放传奇》,同样由短视频团队打造,这个系列产品从策划、采制之初就考虑大屏和小屏的联合呈现,最终除了在东方卫视新闻版面贡献出 8 条极具分量的专题报道之外,又生产出一批高传播力的网络短视频产品。

以大小屏互动互哺为抓手,融媒体中心不仅已打通新闻策、采、编、播、发整

条内容生产链,完成了新闻和产品"一次采集、多元生成、多渠道分发"的流程再造,并在此基础上,发挥"此长彼长、优势互补"的融合优势,构建起了传统电视大屏与互联网移动小屏"受众互动、内容互哺、影响力互补"的传播格局。

五、拓展传播渠道,夯实"全屏覆盖、全网分发"的生态布局

新媒体时代,酒香也怕巷子深。做"活"短视频,不仅要坚持"内容为王",还需要深入理解互联网的分发机制与流量逻辑,学会使用互联网的传播渠道和分发平台,实现有效传播。

正是基于上述判断,三年来,"看看新闻 Knews"通过一手抓自建平台、一手抓"借船下海",不断深化"全屏覆盖"和"全网分发"两大生态布局,着力提高短视频在互联网舆论场的引领力,努力增强传播的生动性、有效性。

目前,"看看新闻 Knews"的短视频产品不仅实现了在手机端、PAD 端、PC端、户外大屏、IPTV 用户端、OTT 用户端以及传统电视大屏上的"全屏覆盖",同时,依托"看看新闻 Knews"的"全网分发"布局,不断拓展传播的覆盖面和边界,并在深耕"两微"的基础上积极拓展海外社交媒体的合作,打造在 YouTube、Facebook 和 Twitter 平台上的影响力和传播优势。目前,"看看新闻 Knews"的日均全网触达量已突破 1 亿,峰值达到 1.4 亿。

结 语

通过深耕短视频战略,"看看新闻 Knews"的特色更为鲜明、资源更为集聚、优势更为突显,全程、全息、全员、全效的内容生产机制得到强化,融合发展实现了新的突破。但同时我们也必须看到,"看看新闻 Knews"所取得的上述成绩,是融媒体中心早在三年前就布局短视频所赢得的时间红利,随着全国媒体的快速进场,"看看新闻 Knews"的先发优势正在减弱;另一方面,中心移动端小屏与电视端大屏的"双线作战"模式,不仅容易滋生队伍的疲劳感,也会造成运营成本居高不下,安全播出和安全生产压力亟待缓解。如何能够在锁定领先优势的同时,寻找到疏解压力的有效通道,是我们需要直面的困难和挑战。

当前,传统主流媒体正处于滚石上山的转型攻坚期,融合发展的"窗口期"稍纵即逝,此时,尤需保持战略定力、落好关键子,激发出"一子落定满盘活"的内生动力。而对上海广播电视台融媒体中心来说,短视频战略,不仅是曾经的先手棋,也仍将是未来的主攻点。下一步,中心将继续深入贯彻落实习近平总书记关于媒体融合发展重要讲话精神,保持战略定力,放大一体效能,围绕短

视频精准发力,集中精力、集中资源、聚焦主业、开拓创新,以更高的站位、更宽的视野、更大的力度实施和推进融合传播,努力闯出一条新形势下的融媒体发展道路。

(作者系上海市广播电视协会副会长、上海广播电视台副台长)

广播电视智能化发展与 SMG 科创

陈雨人

一、前言

在落实中央关于加快全媒体建设、广播电视智能化发展的有关要求背景下,"智慧广电"建设已成为未来广电发展的战略主线。根据国家广电总局的部署,为实现新时代媒体的"全程、全息、全员、全效",广电行业正加快建立融合传播体系,着力打造融媒化制作、智慧化传播、精准化服务的智慧广电融媒体。

为积极响应总局"智慧广电"战略和上海加快建设具有全球影响力科创中心的号召,2017 年 3 月 SMG 在全国广电系统中率先推出科创战略并成立科创中心,旨在积极导入科创基因,充分激活技术驱动力,巩固行业竞争优势,开创内容创新和技术创新"双轮驱动"的新局面,共同引领媒体事业融合发展。"SMG 科创"聚焦最前沿科技,探索全新业态,导入社会优质资源,孵化推广创意产品,重点扶持和打造符合融合发展战略目标的科技创新项目,并建立了一系列科技创新配套服务机制,推出了四大公共服务平台,即聚焦科技创新交流分享的"科创工坊"、聚焦科技创新创意孵化的"科创极客"、聚焦科技创新战略合作的"科创实验室"和聚焦科技创新激励的"科创成果奖",激发集团各业务板块的科技创新活力,鼓励全集团员工积极投身科技创新活动。

在此背景下,SMG 通过理清媒体的发展现状及趋势,积极开展人工智能技术与广播电视制播应用深度融合发展的探索,努力开拓能促进和推动全媒体发展的新业务模式与应用场景。

二、构建产学研用一体化机制促进广播电视智能化发展

1. 探索建立创新型科创机制

构建产学研用一体化研究机制,是推进广播电视智能化发展的重要途径。为此,SMG 积极联络多家业内领先企业、高等院校、科研院所,对以往在项目建设和产品研发过程中的合作情况进行了回顾和总结,对未来的合作愿景和机制优化进行了大量建设性的探讨,共同明确了未来合作方向和应用场景。2018 年 8 月 22 日,国内首家由省级广电机构牵头的科创实验室"SMG 科创智能媒体实验室"在北京国际广播电影电视展览会(BIRTV)SMG 展台现场揭牌成立,国家广播电视总局科技司司长许家奇、副司长孙苏川,国家广播电视总局广科院院长邹峰、上海市文化广播影视管理局副局长王玮出席了揭牌仪式。

该实验室采用"产、学、研、用"一体化的科研机制形成优势互补态势,由 SMG 科创牵头,与科大讯飞、传新科技等 18 家业内领先企业、高等院校、科研院所紧密合作,充分利用 SMG 与各方积累的业务、生产、研发、团队等资源,进一步加强工作协同与资源联动,共同开展联合实验、中试及产业化共建等,搭建产业技术创新平台、强化产学研合作、推进行业共性技术创新,促进新技术和新模式的应用示范和推广,联合研发适应融合媒体业务场景和生产需求的新技术产品,扩大智能创新技术在节目内容生产中的应用,实现媒体内容的高效生产、有效传播和降本增效。

2. SMG 智能媒体实验室的主要科创成果

SMG 在科创智能媒体实验室建设中取得的智能化科创成果案例有:

(1) SMG 广播 IP 中心

SMG 与传新科技组建联合工作室,组织开展 AoIP 网络音频技术在广播电视播出领域的平台开发和试点应用工作,并深入开展采用 AoIP 网络音频技术实现广电领域制作播控和安全监控功能的全 IP 智能化制播平台——SMG 广播 IP 中心系统的研发。该系统是基于 AoIP 架构,有效简化硬件结构,降低系统成本,并整合开发应用层软件,提高工程师对整体技术系统的技术支持能力,减少对硬件依赖性的一套全新广播总控系统。

(2) 智能移动"媒资酷"

基于 SMG 与科大讯飞等企业组建联合工作室的基础上,SMG 版权资产中心与技术运营中心联合主导了智能移动"媒资酷"的开发。通过在广电媒资管理

流程中引入人工智能、互联网技术,将媒资管理从传统的人工编目、存储、检索、回调等基本业务扩展到了媒资内容产品的生产环节,构建了具备自动采集、自动编目、自动水印、媒资百科、知识图谱、自动主题推荐等功能基于 AI 技术的"新型广播电视媒资生产管理平台"。

(3)下一代全媒体智能播控系统

SMG 科创产品 iEmergency 播出智能监管与应急辅助系统,是由 SMG 技术运营中心联合佰贝科技研发的拥有自主知识产权的播出智能监管与应急辅助系统。该系统实现了播出应急从人工向自动化的跨越,迈出无人值守播出的第一步:通过智能化手段解决总局重保期 3 秒以内的应急响应难题;实现 3 路及以上应急信源的智能切换;应对报警多且误报多的问题,过滤 99% 以上的误报,把报警数从每天数千次降到每天数次;实现自动/一键手动双模应急和所见即所得的应急操作;覆盖播出、传输和卫星上行全流程,能实现上下游系统协同工作。

该系统上线后覆盖了 SMG 播出的 70 多个频道,在极大提高安全播出可靠性的同时有效降低了值班工作强度,值班人员由双岗变为单岗,年节支 200 万元以上。由于采用了产品化的设计理念,能满足各类播出平台的需求,目前 iEmergency 产品已在江苏、四川、浙江等多地的播出和监测系统中得到应用,使用情况良好,有很高的推广价值。

(4)情感交互可视化测评系统

情感交互可视化测评系统是 SMG 总编室、技术运营中心联合主导开发的,结合了复旦大学智慧城市研究中心对脑波检测的科研技术,是国内视听行业最领先的综合运用大数据情感交互可视化测评手段和科学的视听产品情感测试模型,将用户研究贯穿于视听产品研发、生产和营销的全链条。该系统采用脑电波采集分析、面部表情识别、电子拨盘、电子问卷等新技术获取节目评价信息,能够在播前、播中、播后三大阶段根据不同的需求对节目内容生产全流程进行测评,助推视听产品的智慧生产,将内容制作真正带入"智造"时代。目前,该系统已经被国家广播电视总局《广播电视人工智能应用白皮书(2018)》作为典型案例收录,通过系统建设也形成了自主研发的、可对外输出的科创技术服务能力 1 项、软件著作权 2 个、专利 1 个。

目前,东方卫视的《极限挑战》《美好生活家》《花样姐妹》等节目已采用该系统进行测评,测试后的数据报告能让制作团队了解粗剪节目中观众兴趣点高的部分、节奏和情节设置上需要调整的部分,便于制作团队精准地筛检、挑选精华片段呈现给观众。此外,通过测试还能捕捉观众对于节目中插入广告的反应,直观地提醒编排人员调整节目广告插入点,降低观众流失风险,改善广告播放效果,提高广告资源价值。

（5）AI 播音员语音播报服务

在 2018 年 11 月的首届中国国际进口博览会上，为满足广播受众新媒体视频直播体验，SMG 科创中心创新性地在场馆架设了网络视频直播室，丰富了进博会宣传报道；大胆尝试"AI＋媒体"广播创新模式，为进博会打造的"进宝 FM"于 11 月 5 日—10 日每天 9 点到 16 点，每个整点由人工智能语音播报 3 分钟最新进博会资讯，实现了在东广新闻台和上海新闻广播频率中的人工智能模拟真实主持人播报。

在 2019 年上海"两会"期间，AI 播音员为大会现场提供智能化语音播报服务，播报声音流畅而悠扬。该项成果是 SMG 科创团队基于科大讯飞底层语音服务能力进行自主定制化研发的语音产品。在自然语言分析、音色音调优化方面做了大量的探索和开发，使智能语音合成技术能实现自然度达到播音员的水平，满足动态、个性化的语音信息服务要求。

三、进一步激发 SMG 在智慧广电领域的创新活力

1. 建立面向智慧媒体建设的行业性科创机制

基于 SMG 在广播电视智能化方面积极探索的良好基础。2019 年 6 月 14 日，国家广电总局在上海文化广播影视集团有限公司设立"智慧媒体制播应用国家广播电视总局重点实验室"，授牌仪式在上海衡山宾馆举行。中宣部副部长、国家广播电视总局党组书记、局长聂辰席向上海广播电视台进行了授牌。国家广电总局办公厅主任吴保安主持仪式，国家广电总局宣传司司长高长力、电视剧司司长毛羽、规划财务司司长孟冬、国际合作司司长马黎，上海市文化和旅游局局长于秀芬，上海文化广播影视集团党委书记、董事长王建军，上海广播电视台台长高韵斐等领导出席仪式。这是国家广电总局首个在省级广播电视台设立的智慧媒体制播领域重点实验室。该实验室在总局的指导和扶持下也将更好地服务于媒体行业发展。

该实验室将主要聚焦以下几个方面：

（1）研究设计智能内容采集、智能内容制作、智能内容管理、智能内容分发四大类媒体业务应用场景及其相关功能场景模型在实操中应用。

（2）研究面向媒体内容生产的智能化技术服务支撑云平台的应用。

（3）自主研发媒体行业人工智能应用关键技术，形成核心自主知识产权。

（4）研究人工智能技术在媒体行业应用的发展前景和技术路径。

"智慧媒体制播应用国家广播电视总局重点实验室"将应用媒体领域中融合计算机视觉、语音识别、认知计算、自然语言处理等人工智能相关关键技术，以内

容智能监测、AoIP 在媒体领域的应用、语音自动转写、媒资智能检索、虚拟主持播报、机器自动翻译、媒资图像识别、视频特征库构建等智慧媒体制播应用技术应用为主要研究方向,构建智慧媒体制播应用核心技术研发平台、产业技术创新平台,打造 4 大应用场景:智能内容采集、智能内容制作、智能内容管理、智能内容分发,开发适应媒体业务场景和需求的新技术产品。并通过合理的组织运作架构和管理运行机制构建产、学、研、用的良好生态。四大应用场景具体如下:

(1)智能内容采集类应用

智能内容采集类应用包含智能汇聚、智能拆条、自动成稿等业务功能场景。利用 SMG 媒体内容智能生产支撑平台,从海量内容中筛选出所关注的特别内容,汇总热点资讯,快速对新闻进行拆条,实时对网络热点资讯进行搜集分析,自动生成文稿供编辑使用,现场采访的内容也可以通过机器写稿、机器纠偏等智能编辑手段来完稿。

(2)智能内容制作类应用

智能内容制作类应用包含智能唱词、自动翻译、虚拟主持、智能剪辑、低延时智能直播等业务功能场景。利用 SMG 媒体内容智能生产支撑平台,可提高节目内容可读性,提升外语类节目制作工作效率;利用虚拟主持,打造虚拟主持人形象,提升记者和编辑工作效率。

(3)智能内容管理类应用

智能内容管理类应用包含智能检索、自动编目、智能版权管理等业务功能场景。利用 SMG 媒体内容智能生产支撑平台,可帮助台内记者、编辑实现一站式的素材检索和回调体验;实现远超人工的高效、全面的信息编目,以及对视音频等数字内容产品的版权提供保护。

(4)智能内容分发类应用

智能内容分发类应用包含内容智能鉴别和智能分发、智能播出监控等业务功能场景。其中内容智能鉴别包括节目的鉴黄、暴恐识别、涉政检测、广告过滤等内容智能识别功能;互联网内容的智能分发管理和用户管理,可以实现智能审片、视频结构化、智能推荐等功能,形成广电内容标签及特征库,并实现 AI 辅助用户资产的运营来提升用户体验。智能播出监控是通过智能图像比对和智能信源选择实现播出系统的监控与智能应急,不断提升安全播出的效率及可靠性。

2. 实验室在建重点项目进展

目前,该实验室正在打造由 SMG 为主自主研发的 SMG 媒体内容智能生产支撑平台,将是广播电视智能生产应用方面的平台型产品。它综合运用计算机视觉、语音识别、认知计算、自然语言处理、人机交互等人工智能技术,自主研发智能汇聚、自动成稿、智能剪辑、智能检索、自动编目、媒体知识图谱、智能内容鉴别、智能播出监控等十余项适应于媒体行业应用的技术（软件）功能，并结合云计算、大数据技术，对接 SMG 各内容制播子系统，是一个媒体内容智能生产服务支撑平台。该平台是一个开放并可持续迭代升级的系统，可以不断吸纳国内外最先进的人工智能技术，持续升级平台功能，面向广播电视、网络视音频等媒体内容生产提供人工智能技术服务支撑，提升内容采集、内容制作、内容管理、内容分发等媒体内容全流程生产效率，创新媒体内容生产新模式和新业态，并形成一定程度可向行业开放的媒体内容智能化生产公共服务能力，有力支撑广播电视媒体融合发展。

该平台的创新点包括：

（1）首次在国内广电行业中面向智能内容采集、智能内容制作、智能内容管理、智能内容分发等全流程环节，构建 IAAS/PAAS/SAAS 三层架构的媒体人工智能云服务平台。

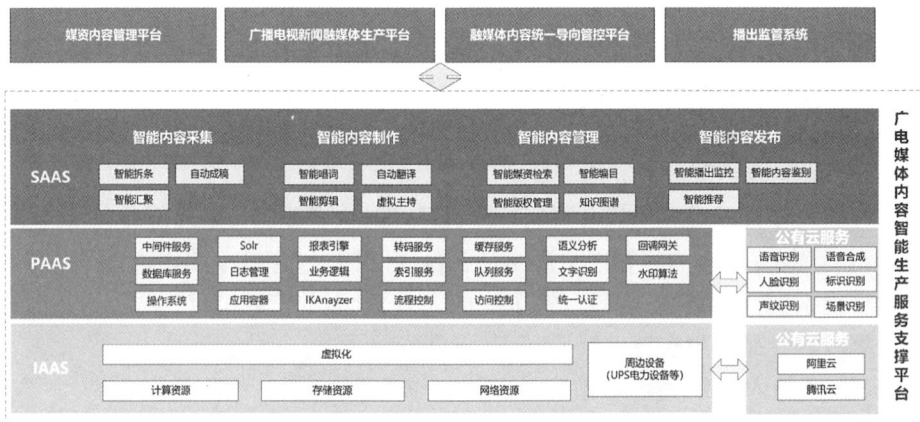

（2）综合运用国内外计算机视觉、语音识别 & 合成、认知计算、自然语言处理、人机交互等领域中最先进的 AI 技术，自主设计适应于我国融合媒体内容生产的 14 个媒体智能化功能场景模型。

（3）集成了智能汇聚、智能拆条、自动成稿、智能唱词、智能剪辑、虚拟主持、智能检索、自动编目、媒体知识图谱、智能播出监控、智能内容推荐等功能。

（4）充分利用广电媒体行业潮汐式的业务运行特点，借助底层云化资源的弹性扩展技术，在非繁忙时段广泛调用闲置 IT 技术资源，实现规模化、集约化、节能化的人工智能计算处理能力，并可一定程度上向社会开放音、视、图、文等智能化专业处理服务，综合运行成本低于当前国内主流 AI 技术服务提供商。

（5）引入人工智能技术，优化健全具有自动编目、词条生产、主题推送等功能的新型广电媒体资料管理体系,引领我国传统媒资系统从归档管理型向生产服务型转变。

(6)基于改进的 DT－CWT 算法,在国内率先自主研发自适应嵌入强度的视频隐性水印技术,实现广播电视媒体资料版权保护的全新智能应用模式。

四、SMG 对广播电视智能化发展未来的思考

1. 构建智慧广电内容生产分发新格局

未来,SMG 将进一步依托实验室平台,构建围绕"大屏与小屏互为补充、交互融合"的广电内容生产发展新格局:一方面坚持移动优先策略,借助移动传播,**通过融合媒体科技创新产品及通用服务平台的构建**,快速高效、海量智能地为广播电视和互联网生产优质内容,为牢牢占据舆论引导、思想引领、文化传承、服务人民的传播制高点提供科技支撑;另一方面,充分利用融合 5G＋AI＋4K/8K,**构建高质量的内容生产分发新格局**,为正在逐步进化为家庭信息中心和娱乐中心的客厅大屏,提供高质量的音视频及信息服务。

2. 大力推动智慧广电创新服务

人工智能在深度影响和重构当代文化的形态、结构和价值取向。

探索智慧广电融合发展创新服务模式,全方位参与智慧城市、智慧家庭建设,促进广播电视与旅游、教育、美食、农业、婚恋、房产、汽车等民生产业的深度结合,"台网携手"开展节目内容的精细化运营,开展区域化的智慧产业布局,实现对社区居民和类型人群"吃、住、行、游、购、娱、健"生活七大要素的互动协同。通过产品模块的推广输出,助力全国乃至亚太地区融媒体中心建设的深入开展,提供"技术＋平台＋媒体资源＋运营渠道"的一站式解决方案,在引导群众、服务群众工作中做出贡献。

"十四五"期间,为了更好地提升广电行业安全播出质量和效率、AI 赋能广电应用,同时避免各单位的重复性资金投入,SMG 将持续升级迭代打造广电行业 AI 通用服务平台,并向媒体业务单位全面推广应用,支撑广播电视内容采集、内容制作、内容管理、内容发布等全流程各环节的智能化融合应用及精准化服务,搭建多租户的深度学习平台;借助人工智能技术实现智能化标记、管理和引导,显著提升内容传播效率和质量,并通过人工智能辅助用户资产的运营,改善用户体验。

(作者系上海市广播电视协会副会长、上海文化广播影视集团有限公司副总裁)

立足自身行业优势，讲好上海教育故事

——论新时代上海教育电视台的发展路径

孙向彤

1994年2月27日，在上海市委、市政府的直接关心下，上海教育电视台正式开播。时任市委书记吴邦国同志为教育台题写台名；时任中共上海市委副书记陈至立同志为教育台开播致辞；时任上海市副市长谢丽娟同志、龚学平同志为教育台成立揭牌。25年来，上海教育电视台始终坚持立足教育、服务社会的频道定位，坚持"讲好上海教育故事"的初心使命，围绕上海教育事业发展的中心工作，坚持亮点突出、观点鲜明、特点凸显，做大做强主题宣传，通过新闻报道、专题节目和主题活动等方式努力讲好上海教育故事。多年来，教育电视台不仅推出了一大批有社会影响力的节目和活动，助力上海教育事业的发展，同时也形成了自身独特的"绿叶精神"——守正创新、团结协作、甘于奉献、追求卓越，这成为支撑教育台事业发展的精神内核，也是所有"绿叶人"的初心。

今天，传统媒体的市场环境日趋严峻，其"单一、单向、单调"的传播模式已经不适应用户"多样、多变、多元"的媒介需求，受众分流愈发明显，媒介去中心化的趋势愈加强烈。作为一家教育行业的专业媒体，上海教育电视台该如何在坚守"讲好上海教育故事"的初心基础上，进一步适应新的传媒环境，找到适合自身的发展路径，这是新一代"绿叶人"必须去思考的问题。习近平总书记在全国教育大会上重要讲话中指出："教育是国之大计、党之大计。""教育的根本任务是立德树人。"习近平总书记在全国宣传工作会议上还指出，宣传思想工作的使命任务是"举旗帜、聚民心、育新人、兴文化、展形象"。总书记关于教育工作、宣传工作的重要讲话精神，为教育台的未来发展指明了方向，要求我们必须将立德树人、讲好上海教育故事作为教育专业媒体的使命担当，必须将融合转型、深化改革作为未来发展的必由路径。

一、现在我们如何在讲上海教育故事

教育电视台是具有教育和媒体双重属性的专业化媒体，多年来聚焦电视荧屏制作各类教育节目和社教节目，以电视节目的公信力、影响力宣传报道上海教育事业的发展。近年来，教育台在教育、健康、公益等自制节目方面持续发力，面向学生、家长、老师等观众群体，持续做好各种类型的教育节目，推出多样的线下活动和特别节目，着力承担起"讲好上海教育故事"的媒体使命。

1. 努力让教育话题有温度有质感

上海教育电视台坚持着力打造教育新闻节目。主要新闻节目《教视新闻》关注社会中的教育话题和教育中的社会问题，积极做好主题宣传，重点报道上海教育事业的发展和上海教育改革的成果。同时，着力加强新闻评论工作，以鲜明正确的观点对上海教育重大政策出台、教育领域的重要事件进行有效舆论引导。今年《教视新闻》推出了新闻评论类专栏《教视约见》，结合全国两会、上海教育大会等宣传节点，邀请人大代表、政协委员、教育界专家、教师代表等走进演播室，推出多个系列访谈。

近两年来，教育电视台还在每学期开学重点打造《开学第一课》特别节目，连续制作播出了三季"公共安全教育开学第一课"，面向中小学生普及安全教育、宣传安全理念，取得高收视率的同时还获得社会各界的广泛好评。节目播出后，得到市领导在不同场合多次表扬。

2. 努力让思政教育焕然一新

作为上海教育系统的宣传主阵地，教育台深入落实总书记在全国学校思政教师座谈会上的讲话精神，推出具有社会教育意义、全媒体传播特点的系列融媒体思政公开课——《周末开大课》节目。第一季《周末开大课》从今年"五四"青年节当天开播，持续播出到"七一"。节目以"年轻的初心，青年的成长"为主题，邀请沪上大中学校优秀思政教师，集合爱思考爱研究的青年学子，共学共研，持续通过年轻化的视角探讨当代青年的成长话题，引导、鼓励广大青年胸怀家国天下，坚定使命担当，用习近平新时代中国特色社会主义思想铸魂育人，成为展示思想政治教育改革风貌和成果的新阵地。同时，节目注重创新，以"课程节目化"的思路，打破"你说我听"的单向传播模式，结合移动互联网特点，引入学生互动参与，突出学生在思政教育中的主体性。

3. 努力让科普、文化类节目妙趣横生

教育台近年来打造了多档科普类、文化类节目，推出《十万个为什么》《打开吧脑洞》《我爱汉字美》等有社会影响力的节目，节目针对青少年人群，以普及科学知识和中华优秀传统文化为目标，形式创新、制作精良，获得了良好的社会口碑，不仅在本台播出，还通过版权销售的方式在全国多家电视频道播出。

4. 努力让核心价值观深入人心

多年来，教育台始终践行主流媒体责任，致力于传播和弘扬社会主义核心价值观。品牌节目《帮女郎》，近年来不断推出有社会意义的内容和品牌活动，打造了"爱上海的温度"年度公益品牌活动，大力宣传好人好事，弘扬社会新风。今年，《帮女郎》联合解放日报上观新闻、上海人民广播电台推出"身边好人"专栏，将镜头对准普通人的善行义举，传播社会正能量。教育台的社教专题节目，每年还开展多次进社区、进养老院的慈善义诊、慰劳帮扶公益活动，将社会主义核心价值观的宣传落细落小落实。

5. 努力让健康理念普及大众

教育台的健康教育节目、老年教育节目一直深受观众喜爱。《健康大不同》是在上海荧屏中影响力和公信力排列前位，今年与卫健委合作推出"谢谢侬——社区家庭医生技能风采秀"，节目多层次展现上海家庭医生专业精湛的医术和无私奉献的风采，同时进入上海 32 个社区开展线下活动，普及医学健康知识。这次家庭医生风采秀网络投票突破 110 万，浏览量超过 500 万，成为教育电视台在推进媒体融合转型中的一次成功尝试。

6. 努力让主题活动精彩纷呈

教育台多年来围绕上海教育事业的中心工作，策划推出《上海教育年度新闻人物颁奖主题活动》《致敬教育功臣系列访谈》《改革开放 40 周年实景党课》课程思政教学片《学习中国》《上海市美德少年颁奖仪式》《上海市中小学生阅读大会》等多场大型主题活动，赢得了良好社会反响。

目前，上海教育电视台收视率情况稳中有升，坚守住了电视大屏的宣传阵地。2019 年，教育电视台在上海地面频道组晚间黄金时段和全天时段收视排名居第七位，环比 2018 年度排名整体提升 1 位，也是全国所有教育电视台在当地收视率最高的频道。收视率的表现，也证明了教育类电视节目在受众当中有着

广泛需求。因此,教育电视台更应坚持自身的行业定位,聚焦教育主题、提升节目质量,宣传报道好上海教育事业的发展。

二、讲好上海教育故事我们的差距在哪里

媒体环境的急速变化,对传统媒体的发展提出了严峻挑战。上海教育电视台要在全媒体时代完成好"讲好上海教育故事"的职责使命,必须清醒地看到新的传播环境对传媒发展提出的新要求和新挑战,清醒地看到目前的困难和面临的问题。从发展的眼光来看,上海教育电视台在一些方面还与时代要求、与发展目标有着较大的差距,主要表现在:

一是,融合转型工作还未能跟上时代要求。上海教育电视台的新媒体建设还处于起步阶段,以官方网站、微信公众订阅号为主。同时,内容生产还以大屏播出为主,节目的互动性不强,节目样式不适应小屏受众内容消费需求。总体来看,教育电视台在传播渠道、新媒体技术、内容生产模式等方面,与融合转型要求差距较大。

二是,队伍建设不适应媒体转型需要。推动传统媒体和新兴媒体深度融合,需要一批复合型人才。目前,上海教育电视台急需尽快建立一支集采、编、摄、播于一体,并且能够熟练掌握和运用现代传播科技手段的多媒体采编队伍。同时,为了适应全媒体发展,还需大力引进适应新媒体环境的管理、技术、经营人才,需要建立健全适应全媒体发展的绩效考核体系,并急需探索出媒体融合条件下吸引人才、留住人才、用好人才的有效机制。

三是,节目内容质量和专业度有待提升。目前上海教育电视台常规自制节目中,专业教育类的节目内容比重还有待提升,特别是晚间黄金档。同时,面向移动互联网还缺乏有竞争力、传播力的视频内容产品。实际上,新媒体时代给教育电视台的发展带来了新的机遇,教育台还需要在教育、健康等垂直领域加强适应移动互联网传播的视频内容建设,提升视频内容的质量。

四是,经营模式还不适应急剧变化的市场要求。当前媒体格局发生深刻变化,电视媒体行业整体遇到发展瓶颈,其重装备、大投入的行业特点没有改变,但原有依赖广告经营为主的模式已经遇到较大困难。目前,教育电视台单一的广告售卖模式,已经不适应客户全媒体营销的需要。无法提供精准用户画像并提升广告转化率,成为广告经营的一大短板。

三、今后我们将如何讲好上海教育故事

25年来,上海以海纳百川、追求卓越、开明睿智、大气谦和的城市精神孕

育了上海教育电视台,以开放、创新、包容的城市品格塑造了绿叶精神,教育台和这座城市密不可分。因此其未来发展的目标要与这座社会主义国际大都市的地位相匹配,与上海教育在全国乃至世界的影响力相匹配,与全媒体时代的媒体发展方向相匹配。正所谓"不忘初心,守正创新",才能真正"讲好上海教育故事"。

教育台的初心是什么?那就是"立足教育,服务社会"。教育事业关乎千家万户,关乎国家发展,关乎民族复兴。教育电视台只有立足在教育事业这片沃土,才能茁壮成长、枝繁叶茂。电视是大众传媒,只有真诚服务观众,服务社会,服务城市发展,才能常办常新、绿叶常青。因此,立足教育,服务社会将始终是教育台的办台宗旨。

教育台该如何"守正创新"?守正,就是坚持正确政治方向、舆论导向、价值取向,道正方能声远。创新,就是与时俱进,只有跟上时代的步伐才能保持竞争力和创造力。坚持党媒姓党,坚持立足教育是教育电视台必须始终坚持的方向;坚持融合转型,坚持创新发展,教育电视台才有更加美好的明天。今天的媒体市场竞争空前激烈,传播方式发生巨大变化,受众需求更加多元多变。习近平总书记在《人民日报》调研时的重要讲话指出:"全媒体不断发展,出现了全程媒体、全息媒体、全员媒体、全效媒体,信息无处不在、无所不及、无人不用。"一个"万物互联"的全媒体时代正在呼啸而来。对于教育电视台来说,面对新的形势,推进深化改革、推进融合转型已经到了时不我待的阶段。为了在新形势下"讲好上海教育故事",教育电视台需要在以下这些方面不断深化改革:

1. 专注教育行业,推进融合传播

一是优化《教视新闻》版面,明确编辑思想、编辑原则、版面设置,力争做到亮点突出、观点鲜明、特点凸显,在新闻节目中进一步加强观点集纳,引导教科文卫热点话题,关注教育发展动态。二是提升报道质量和水平,加强新闻策划和协调统筹能力,围绕上海教育事业发展的中心工作,做好重点宣传,通过典型报道、人物报道、深度报道等方式进一步讲好上海教育故事。三是探索新闻报道"一次生成,多次传播"以及"先网后台"的融媒体运作模式,增强报道在移动互联网的时效性和传播力,打通大屏小屏,使"上海教育故事"也能在新媒体端广泛得到传播。四是做强《高考咨询大直播》《开学第一课》等特别节目的传播力、影响力,适时扩大特别直播规模和传播渠道,形成内容产品化、产品品牌化。五是组建校园电视联盟,集合大中小学的校园电视力量,搭建信源平台,开办反映校园文化、校园新风的专栏、专题,教视优秀的教育类节目通过校园电视网进入教室课堂。

2. 坚持教育定位,鼓励节目创新

目前,面向学生、家长、老师群体的专业教育类节目是教育电视台自制内容存在的短板。教育台要集中力量研发具有"小成本、大情怀、正能量"的教育类节目和线下活动,力争在中小学教育、高等教育、职业教育、终身教育等方面有所突破;进一步探索课程节目化的内容创作方向,力争在晚间黄金档推出系列教育节目。《银龄宝典》《健康大不同》等健康类节目要积极推进自身转型,在新媒体传播、线下活动、资源聚合、用户聚合等方面力争有新作为。《帮女郎》作为教育电视台最有社会影响力的一档民生公益节目,将高举公益大旗,大力弘扬社会主义核心价值观,进一步做到举旗帜、聚民心、育市场、展形象,搭建公益平台,整合社会力量,积极倡导"人人为我、我为人人"的社会新风。同时,今天的电视节目生产已不能局限在大屏播出,教育电视台的节目生产还需要进一步打通线上节目线下活动、打通大屏小屏、打通在线在场在播,从而促进节目影响力和市场价值的提升。

3. 理顺事企关系,拓展多元经营

今天,传统媒体普遍遇到移动互联网时代渠道价值下降带来的经营困难,因此,教育台更加需要在推进融合转型、提升节目质量基础上,加快构建多元经营体系。教育电视台需要进一步梳理现有架构,推进事企分开,理顺教育台和下属绿荧公司关系,规范绿荧公司的制度建设,完善法人治理结构,建立现代企业制度,以更灵活的企业经营参与市场竞争。同时,积极探索多元化经营,除了在传统广告经营上发力,还将在教育培训产业、电视节目制作发行、新媒体内容营销、活动营销等领域展开探索,用开门办台的思路,聚合更多社会资源推进多元化经营,力争走出一条"产业养媒体"的新路。

4. 完善制度建设,深化人力资源改革

为了适应媒体做大做强的需要,上海教育电视台需着力完善各项规章制度,优化内部管理流程。在安全播出管理、宣传管理方面做到导向管理全覆盖、安全播出人人有责;在内部财务管理、采购管理、合同管理、经营管理方面,要进一步健全制度,加强过程监管,防范廉政风险。媒体的发展,人才是核心竞争力。因此,教育电视台需要把人力资源改革放在制度建设的核心位置,依据传媒发展规律、依据教育台目前的人事制度特点、依据现实客观条件、依据事企分开的原则,分步骤有序推进,力争建立起有效挖掘人才、培养人才、留住人才、发挥人才优势的人力资源管理制度。

5. 聚合传播矩阵，加强短视频生产

教育电视台目前还不具备建设互联网平台化产品所需的人才、资金、技术力量，推进媒体融合工作更多需要借船出海、借势发力。因此，在已有的融合转型建设基础上，教育台要着力构建新媒体传播矩阵，在微博、抖音、今日头条、百度、腾讯等更广范围建立传播渠道，开展与更多新媒体公司的合作，逐步做强教育台在新媒体端的内容推广营销能力。内容生产方面，加强在教育、健康、公益等互联网垂直领域的内容开发，以现有节目为基础，鼓励推出更多优质短视频内容产品。一方面，以内容聚合用户；另一方面，更精准地为用户生产内容。

6. 优化版面编排，重塑绿叶品牌

为了适应新的时代媒介传播需求，教育电视台要对绿叶品牌进行重塑，体现时代感和活力，体现绿叶品牌的价值内涵。在新媒体传播过程中，要进一步强化以"绿叶"作为上海教育电视台的主品牌形象。在做优做强绿叶主品牌的同时，还要着力构建主持人品牌、节目品牌、活动品牌等多层次的品牌格局，加强宣传渠道建设，形成立体的品牌传播体系。

7. 加强安播工作，建设教视媒资云

教育台已经全面实现高清播出。接下去要进一步加快推进新闻演播室高清改造项目；筹建媒资库，分阶段全面整理已有的各类库存节目，实现数字化、标签化，完成高清节目编、播、存的生产闭环建设。同时结合新媒体发展需要，筹建教视媒资云，发挥媒资内容的再生产、再开发、再利用价值，为面向移动互联网传播打下基础。同时，教育台还要继续提升节目制作和包装能力，加强对新媒体技术的应用和前瞻性研究。

2019年，上海教育电视台迎来了开播25周年。站在这一历史节点，我们在感慨沧桑巨变的同时，更应着眼于深化改革、推动发展。正如习近平总书记在庆祝改革开放四十周年纪念大会上所讲的：我们现在所处的，是一个船到中流浪更急、人到半山路更陡的时候，是一个愈进愈难、愈进愈险而又不进则退、非进不可的时候。媒体环境的剧烈变化，教育电视台肩负的责任使命，都不允许我们有丝毫懈怠。今天教育电视行业的发展进入了一个新的阶段，上海教育电视台将始终坚持立足教育、服务社会的定位，秉持开门办台的理念，深耕教育、深耕上海、扬独家之优势、汇天下之精华，努力将教视打造成为——适应移动互联网传播的、以教育为核心、以视频为基础、以服务为价值的新型教育文化传媒机构。

实现这一愿景,不仅是教育台发展自身的需要,也是讲好上海教育故事的需要;为了实现这一愿景,需要新一代教育电视人不懈努力地奋斗。

(作者系上海开放大学党委副书记、副校长,上海教育电视台台长,上海市广播电视协会副会长)

对上海区级融媒体中心建设现实路径的认识与探索

盛建军

　　媒体融合改革是一场由互联网及其衍生技术快速发展所引发的媒体领域深刻变革，更是一场在党中央部署推动下，传统媒体实现的自我革命和创新发展。从2014年新闻传媒业全面深化改革拉开序幕，到2016年"中央厨房"成为媒体融合的"标配"与"龙头工程"，再到2018年全面启动县级融媒体中心建设，虽然各阶段的改革重点和工作目标不同，但实际上都是党中央做强做优做实党的媒体，巩固扩大思想舆论阵地的重大举措。五年一瞬，一路走来，传统媒体上至"国家队"，下至"地方队"，在体验了脱胎换骨的阵痛之后，最终迎来了守正创新的重生。本文以上海市金山区融媒体中心建设为例，浅谈对上海区级融媒体中心建设现实路径的认识与探索。

一、区级融媒体中心建设应当有三个坚持

　　坚持顺势而为。在这场前所未有的信息化大变革中，移动传播已成主流，智能媒体方兴未艾，社交媒体势头不减。这样的媒体格局和舆论生态之下，任何一家主流媒体包括区级媒体都不可能做到偏安一隅、独善其身。面对新媒体、自媒体的强力冲击，信息资源和用户群体本就匮乏的区级主流媒体，话语权逐渐被削弱，市场份额下降，受众不断流失，不但风光不再，甚至生存堪忧，更遑论增强传播力、引导力、影响力和公信力。同时，传统媒体普遍存在的覆盖面受限、内容同质化严重、报道方式陈旧、表现手法单一等问题，更加速了区级主流媒体作为党和政府声音直达基层群众的主渠道地位的丧失，区级主流媒体迫切需要一场从发展理念到管理模式，从内容创新到生产流程，从表达方式到技术手段的全方位革命。而党中央关于

县级融媒体中心建设的战略部署,为区级主流媒体推进深度融合,完成现代传播体系的构建,切实增强群众的认同度、信任度、喜爱度,重新夺回基层舆论引导的主导权和话语权,指明了方向,明确了目标。区级主流媒体应该深刻认识建好用好融媒体中心事关主流阵地进退,决定传统媒体生死的重大现实意义,把握好媒体融合发展的趋势和规律,把新闻舆论工作的不断创新作为自身发展的常态,主动适应变革,大力推动变革,紧跟新时代、树立新理念、运用新技术、创建新机制,切实承担起党中央赋予的"举旗帜、聚民心、育新人、兴文化、展形象"的使命任务。

坚持因地制宜。融媒体中心建设全国一盘棋,但"落子"的方式应各有不同,上海等直辖市更有别于其他省份。由于受到区域经济发展状况、媒体管理体制机制、技术基础硬件建设等因素影响,上海各区建设符合新时代要求的区级融媒体中心所面临的情况和具备的改革条件各不相同,建设方法和路径自然也不尽相同。从改革基础条件来看,金山区在 2015 年就已经完成了原金山报社和金山区广播电视台的机构整合工作,在三年多的磨合与摸索中逐渐形成了一套较为顺畅的管理体系和运行机制,建设融媒体中心最关键的是在更深层次推进二次改革,重点解决管理、流程、渠道、技术等方面存在的瓶颈问题。从区域发展状况来看,金山区位于上海市远郊,农村地域面积较广,城市化程度不高,人口基数不大但农村人口和外来人口占了一定的比例,建设融媒体中心要更加准确地定位各媒体端口和平台的功能,既要大胆创新原创内容和传播手段,吸引更多的年轻用户;也要做精做强原有的地缘性、特色性和本土化文章,黏住原有的中老年和本地用户。只有构建起分众化、差异化的传播格局,才能有效避免原有用户的流失,不断积聚壮大新的用户群体。

坚持聚焦重点。"缺人缺钱缺技术"是区级融媒体中心建设面临的普遍问题,也决定了区级融媒体中心建设不可能做到全面开花、多头并进。在互联网已经成为宣传思想工作主阵地、意识形态斗争主战场的现实面前,区级媒体只能集中力量、整合资源,重点在移动端做增量。一方面,将采访力量整体向移动端倾斜,着力培养一支一专多能、一人多职,适应媒体融合的复合型人才。另一方面,完善一体化的采编流程,建立起移动需求优先、新闻优先上网的制度。依托报纸、广播、电视等传统媒体在音视频、图文制作,以及深度解读等方面长期积累的经验,借助多元化的技术手段,制作出既彰显主流媒体特质,又符合互联网规律特点的融媒产品,从而提升新闻舆论宣传的到达率、点赞率。

二、区级融媒体中心建设必须有三个突破

在树立用户思维上有所突破。区级融媒体中心引导、服务的主要对象是本

区域内的百姓,自然就要强化接地气的自觉,提升接地气的能力。媒体提供的信息,对区域百姓越有价值,媒体自身也就越有价值。融媒体中心建设必须建立起"以区域用户为中心"的传播理念和体系,在深耕用户内容需求上更加用心,在信息采集、分类和加工上更加精准,在新闻生产方式、传播渠道和新闻语态等方面有更大创新,不只有阳春白雪,还要有好玩管用,只有把弘扬主流价值与深度理解区域用户的需求和喜好结合起来,才能建设好融媒体中心,得到百姓认同。

在重塑生产运行机制上有所突破。融媒体中心通常都是由原报纸、广播、电视、网站等新闻媒体整合组建,原有的采编刊播程序虽然类似,流程却不尽相同,技术支撑系统更是自成一体,互相之间没有任何交集。建设融媒体中心,必须要解决这种"两张皮"的问题,打破原有的内设架构、运行机制和技术框架,将新闻策划、任务布置、人员调度、内容采编、信息发布等诸多环节,统一到共同的平台上,一方面实现采编资源和信息资源的集约利用,另一方面加强交互合作,真正体现协同作业、多端互动、融合发力。

在互联网信息的自主分发上有所突破。随着互联网对生活的渗透,用户获取信息的方式发生了巨大改变,新媒体已然成为人们尤其是年轻人获取信息的主要渠道。为了应对这样的渠道冲击,传统媒体纷纷通过社交媒体比如微博、微信、抖音号等投放自己的内容,以图更好更及时地连接和服务用户。但是这种借船出海的方式,虽然在一定程度上扩大了媒体的内容影响力,同时也让媒体沦为了内容生产者,不仅无法让自己的优质内容变现,更失去了整合其他资源的能力。另外,烦琐的申报流程和严格的推送限制,对新闻时效和碎片化传播也带来了很大的制约。要彻底改变受制于人的局面,媒体就必须在互联网上拥有自己的新闻信息分发端口,这个端口既是党和政府通过互联网向百姓群众进行宣传引导,提供政务服务和各类综合服务的窗口,也是百姓群众与主流媒体进行互动、发生联系的入口。只有在互联网上具备了信息自主分发的能力,才能牢牢掌握网络话语权和舆论制高点,把融媒体中心建设成为区域内最有权威的主流舆论阵地、综合服务平台和社区信息枢纽才成为可能。但是,基于上海区级媒体的人力配置和财力支撑等实际状况,区级融媒体中心并不具备独立在互联网上建设和运营平台的能力,打造自己的传播平台自然也就不能面面俱到、包打天下,只有挑最简单、最容易出效果的功能模块和运营模式下手,在服务功能的开发上也只有通过聚合体制内资源,打通社会资源,才能实现可持续发展,形成自己的竞争力。

三、金山区融媒体中心建设的基础情况及目标定位

金山区媒体融合改革起步较早。2015 年下半年,区委区政府就按照党的十

八届三中全会关于加快传统媒体与新媒体融合发展的有关精神,大力推进媒体融合改革,于当年 10 月 30 日,将金山区广播电视台和金山报社合并,成立了金山区新闻传媒中心,是上海首家集报、台、网、新媒体全面融合的区级新闻传媒机构。

融媒改革的初步成效和存在的问题。金山区媒体融合改革推进 3 年来,已经实现了区级媒体机构的全面整合,搭建了全媒体指挥平台,成立了全媒体采编部,在新闻采编一体化、资讯传播集束化、人才培养全媒化等方面进行了探索,取得了一些成效,但依然存在一些短板问题。具体体现在:一是移动优先不突出,机构重组后基本保留了原报台的所有节目、版面和新媒体端口,战线过长、人员分散,移动优先的人力资源保障不足;二是服务功能不健全,虽然早在 2015 年就开始启动了移动客户端建设,但囿于思想认识、资金技术、专业人才等多种原因开发建设迟缓,存在功能简单、缺乏互动、界面不友好、用户体验不佳等问题;三是技术平台不达标,虽然建立了融媒体指挥平台和手机端采编应用系统——"咔咔生产"App,但报台网的采编刊发技术网络仍然没有完全打通,部分业务需求无法满足,跨部门业务流转不顺畅;四是专业技术人员流失,融合传播对原有新闻采编人员提出了"一专多能"的全媒型要求,部分专业技术人才不适应,选择向其他事业单位跳槽或者考取公务员,造成人才队伍青黄不接,原创内容生产能力下降。

融媒体中心建设的目标定位。按照中宣部和国家广电总局联合发布的《县级融媒体中心建设规范》及《上海市关于加强区级融媒体中心建设的实施方案》要求,在深入分析本地媒体融合改革现状和发展要求的基础上,金山区将融媒体中心建设的重点放在了对机构、内容、渠道、平台、人员、经营、管理的二度调整、深度融合上面。以打造"主流舆论阵地、综合服务平台、社区信息枢纽"为目标,大力实施移动优先策略,加快了对区级媒体资源、政务资源、服务资源、信息资源的整合步伐,进一步理顺运行机制,着力打造融新闻宣传、舆论引导、文化传播、便民服务、信息供给为一体的区级融媒体中心,有效提升区级媒体传播力、引导力、影响力、公信力。

四、金山区融媒体中心建设的具体举措

2019 年 4 月,《金山区关于深化媒体融合改革 加强区级融媒体中心建设的实施方案》出台,对标对表中央和上海市的新要求,金山区突出问题导向和效果导向,在运行机制、平台建设、人力配置、人才培养等方面进行了重点改革。

优化调整内设机构。按照移动优先和全媒一体化原则,对 13 个内设机构进

行调整,形成以移动传播中心为需求核心,以新闻采集中心为业务核心的 2 中心＋2 室＋9 部的内部运行架构。成立新闻采集中心,加强新闻采集的统一调度指挥,凸显"中央厨房"职能,将所有采编人员纳入统一的调配、管理和考核平台,所有文字、图片、音视频信息统一上传、编辑、入库,设立党政要闻组、民生资讯组和深度报道组 3 个小组,采集生产不同层次、不同需求的新闻产品,构建起面向不同用户、不同平台、满足多样需求的全媒体供稿体系,形成一体策划、一次采集、多种生成、全媒传播的传播格局。成立移动传播中心,负责"两微一端一抖"的图文及音视频创作、发布,确保实现新闻传播的"移动优先"。重点发挥"上海金山"App 即采即编、即审即发的强大优势,优先考虑移动传播的需求与体验,将新闻的生产、传播、反馈及互动的重心全部向"上海金山"App 转移,以加工、编发新闻采集中心的供稿为基础,组建短视频小组自主生产短视频、微动漫等微传播、轻量化产品。

为做好移动优先策略的支撑保障,成立通联服务部,配合手机客户端服务功能的拓展,负责开展对外协调联系工作;成立大型活动部,根据网络直播需求与日俱增现状,广泛参与区内各类会议活动的直播、录播工作;成立党群工作部,加强中心党建及党风廉政建设,强化媒体自身宣传;同时,保留了报纸部、广播部、电视部、技术部、播出部、总编室、人力资源部、办公室等部门。

着力打造新媒体产品。按照区级融媒体中心建设的技术标准和验收要求,依托东方网统一搭建的技术平台,委托第三方开发了集融媒体服务、政务服务、便民服务、信息交互等功能为一体的移动客户端——"上海金山"App,已于 6 月 28 日在各大应用商店上架。"上海金山"App 设置了新闻、视听、便民服务、融合号等板块,推出了政声、民生、专题、百味生活、厚德金山等栏目,提供了新闻资讯服务、视音频直播回看、吃住行、文化旅游、医疗、交通、生活缴费等多种服务,具备了与网友互动的功能。同时,原非编系统的软硬件升级已经完成,与市级技术平台的接口对接完成后,将实施新旧系统切换,实现电视生产系统、报纸排版系统及内容库的数据交换。

重新配置人力资源。按照"把主力军投入主战场"的总要求,为确保"移动优先"策略的有效实施,顺应受众向移动客户端聚拢的传播新形势,大力推进人力资源的重新配置。精简、转移、裁撤传统媒体的部分自办联办节目、栏目,缩短金山广播电视全天播出时长,停止更新多个官方微信号和官方微博,调剂出近十名人员投入采编一线和移动传播端口,为"两微一端一抖"采集、创作、编发更多、更优质的图文资讯和短视频作品,切实提升媒体的传播力和影响力提供了保障。

加快落实人才政策。金山区委、区政府对新闻传媒人才高度重视,在全市率先出台了加强新闻传媒人才队伍建设的若干办法,对优秀传媒人才引进、骨干人才培育、创优项目补助等给予特殊政策,释放政策红利,加大优秀传媒人才的引进和培育力度,充分调动传媒人才的工作积极性。同时,融媒体中心与华东师范大学传播学院签订了合作协议,就学生暑期实践、学生毕业招聘、融媒课题研究、中心员工培训等达成共识并合力推进。

五、金山区融媒体中心建设的初步成效

合而为一,融合传播激发新优势。目前,金山区融媒体中心一体策划、一次采集、多种生成、全媒传播的"1＋N"工作模式已经逐步完善。新闻的策采编发过程中,报纸、广播、电视、新媒体各平台端口既保证了步调一致、及时高效,也做到了步骤有序、步态万方。尤其是在一系列重大主题报道中,各平台端口对同一新闻素材的定制加工、集中推送、同步刊播和不同呈现,让新闻内容更加立体,新闻语言更加活泼,新闻报道更加走心动人,取得了良好的传播效应。

创新理念,传播方式实现新突破。移动优先和互联网＋的意识逐渐养成,主动挑战、自加压力,在"媒体＋直播"方面做出了大胆探索。多次联合央视新闻移动网、新华社移动网开展了金山田野百花节、国际音乐烟花节、长三角老字号品牌路演汇、金山区村志集中发布、山阳镇龙舟赛等网络直播活动,截至 7 月 16 日累计网络收看点击量达 150 万人次,有效宣传了金山的发展变化和风土人情,取得了很好的传播效果,构筑起金山电视台良好的品牌形象。

借船出海,传统媒体发展探索新路径。通过对传统媒体优质内容的精准把握,借助新媒体的再次传播,形成传统媒体新的竞争优势。积极推动广播频率"触网",金山广播频率主动对接"阿基米德 FM""蜻蜓 FM""喜马拉雅"三大网络音频平台,开展节目预告、回听、听友福利、节目社区维护等工作。精心筛选节目内容制作成短音频专辑在三大平台上推广,比如《读史记品人生》共 5 期节目 38 个短音频,截至 7 月 11 日共获得 51.6 万次的点击量。

任何一项改革都不可能一蹴而就、一劳永逸,媒体融合改革亦是如此。今天,我们完成了区级融媒体中心建设,打通了深度融合和服务群众的"最后一公里"。接下来,怎么让融媒体中心释放出更大活力,发挥新作用、实现新作为将是我们共同面对的新课题。我们相信,唯有拿出久久为功的韧劲,在更深层次持续推进改革创新,区级融媒体中心才能在不断变化的传播环境中应对新情况、破解新问题,让媒体融合改革走得更远走得更好,让主流思想舆论不断做大做强。

(作者系上海市金山区融媒体中心主任、广播电视台台长)

对标一流、锐意创新是全媒体记者的新担当

何　锋

在区县媒体融合发展进程中,从问题导向、效果导向、需求导向、人才导向出发,结合当地实际,走媒体新型转型之路是各级媒体决策者遵循的共同法则。本文结合松江区在推动媒体融合发展中的探索案例,探讨采编一线人员面对媒体融合发展挑战时的思维行为,以激励新闻从业者发挥积极作用。

在中央媒体示范、省市媒体融合转型背景下,"要扎实抓好县级融媒体中心建设,更好引导群众、服务群众"是媒体融合发展的新使命、新任务。响应党中央号召,积极践行全媒传播理念,如何适应新时代发展,发挥新型主流媒体"举旗帜、聚民心、育新人、兴文化、展形象"的职责与担当;媒体融合发展中的记者如何定位,如何立足当下、对标一流、锐意创新,积极扩大节目话语权和提升媒体传播力、影响力、竞争力是区县媒体从业者面对的新课题、新挑战。

一、重新界定"我是谁"

记者的工作职责是采访事实、编发稿件,为受众提供新近发生的客观事实的报道。新闻工作倡导"内容为王",如果缺乏记者一线采访,信息传播会变成无源之水、无本之木。缺乏新闻业务能力、缺乏优良作风的新闻团队无法为受众提供优秀的新闻作品,新闻媒体也无法承担"统一思想、凝聚力量"的根本任务。

作风是理想、责任的体现。新闻业务能力是记者不断积累在实践中发现问题、分析问题、解决问题的能力。从问题导向、需求导向、效果导向、人才导向出发,在外界环境、信息传播方式、信息渠道发生深刻变化的互联网条件下,采集的

新闻如何被受众获悉、接受,不仅是频道、栏目职责,也是记者采集信息时更需关注的重要内容。

孕育于新闻制作链中、传播效能的前置、全过程分布已是网络信息传播的显著特征。此时,记者如果依然固守栏目、频道影响力,违背受众的认知规律,因循守旧,忽视传播力、影响力,缺乏有效传播的新闻不仅影响媒体公信力,还影响每一位新闻从业人员对媒体、对事业的归属感、从业的积极性和创新性。长此以往,栏目缺乏竞争力,记者岗位缺乏吸引力,优秀人员不断流失、后继无人是导致区县媒体创新能力不足、竞争能力不强的重要原因。

站在新时代,面对新问题,谋划新举措。重新审识全媒体记者的岗位定位,明确"我是谁",需要记者厘清思路,坚持创新思想,对标一流,把以对台、对栏目的负责转化为对党的事业、对受众的忠诚和担当。

认识一：适应从采集者向传播者的定位转化。 在新形势下,记者不再是新闻产品生产线的执行者,记者已成为新闻信息的采集者和传播者。采集者代表着能够驾驭科技设备而获取最新发生事实的信息能力,而更好、更快、更高效地传播信息成为全媒体记者的更高目标。

认识二：适应受众多元化的传播需求。 记者采集的信息不再是单一栏目、频道、版面的专属产品,内容需再次组合为报纸、广播、电视、移动端多种平台发布的不同信息流,信息流的不同格式、表达方式将对记者的综合信息处理能力提出更高要求。单一来源的信息实施多渠道的分布成果将成为考核记者效能的重要参考。

认识三：适应量化的评价体系考核。 信息传播效果的反馈不再局限于单一栏目,各渠道的传播效果被"中央厨房"、云计算为代表的定量分析模式替代,评价体系不仅包含内容创新,还包括观众点击、阅读和互动,信息传播力演变为可量化、可视、可控的数据指标,定性分析向定量分析的转化成为激励记者创作更加符合公众认知心理节目的主要动力。

二、重新明确"做什么"

传统的广播电视、报纸的行业分工,流水线式的团队工作模式保证了节目播出质量,培养了人们的收看、收听、收视习惯,维护了与受众之间良好的互动关系。在移动化平台的节目传播中,曾经固守的"术业有专攻"的做法使信息传播效能大打折扣,在移动化、碎片化、网络化平台的竞争格局中处于劣势。

"导向为魂、移动为先、内容为王、创新为要、人才为本"的媒体属性强化了记者在新闻传播中的主体地位,全媒体素质更为重要。在网络化传播模式中,时效性要求的提升、三审制度的前移使记者职责更多叠加了后期编辑职责、节目把关人的职责,公众对新闻事件第一时间的传播要求客观助推了全媒体记者、主持人的出现,拥有一支不仅能主持、拍摄、制作、播控的全媒型采编队伍是区县媒体实现成功转型的必不可少的人才基础。

全媒体采编队伍对融合创作资源提出了更高要求,不是简单"弱化"节目生产过程各岗位的分工协作,仅强化一专多能的运行模式。利用信息化革命成果,建设统一的集成发布平台,打破不同平台传播信息的物理阻隔,实施采编播一体的全媒体运行机制,使广播做电视、报纸做电视、电视做平面媒体的创新融合之举成为常态,促使采编队伍向"一次采集、多元生成、全网发布、移动优先"的融合发展转型,因为工业化生产模式形成的新闻专业化职能,如新闻采编播岗位职能相互参透,边界更加"模糊"。在受众眼中,更多频道、频率呼号、刊号将被区县融媒体中心的各种移动端产品替代。

变化一:摄影、摄像的新职能。对于摄影、摄像来说,"视频+音乐""画面+音乐"的短视频成为各类视频平台传播的新方式,面对5G技术的推广应用,抖音、快手、优酷、乐视等平台的兴起与活跃代表未来视频传播方向,凭借摄影、摄像的音画采集与传播优势,追求视觉信息更大范围的传播、实现与受众的互动是全媒体摄影、摄像的新职能。

变化二:文字记者的新标准。对于文字记者来说,"一支笔、一台笔记本走天下"的传统模式已无法满足受众接收、体验、分享信息直接、形象、生动的新需求,受众更需要对事件全方位的体验感受。信息不仅能看,还追求能听、能参与互动表达观点,"文字+声音+画面"将成为衡量一名全媒体文字记者是否传播好现场信息的新标准。

变化三:编辑的新目标。对于编辑来说,服务现场、工作重心前移将成为常态,后期编辑工作将与现场直播的节奏保持同步,以往"在部门、在制作设备前,靠编辑他人稿件、处理他人图像"的为人做嫁衣的工作模式无法适应信息流高速传播的需求,"整合信息的功能,发现报道重点的功能,协调、指挥的功能,分渠道发布的功能,分渠道编辑、制作的功能,确定二次传播的功能"将成为全媒体编辑的重要工作,与监审人员沟通,更多反馈、统计等服务工作将成为全媒体编辑的新内容。

变化四:把关人的新格局。对于把关人来说,节目逐级审核将演变成对信息传播的分类指导、综合评价,履行"三审制"的职责更多表现为服务信息发布、控制信息分布、监控信息导向等内容。"整合信息、确定专题报道的深度,监控信息推广、发布、反馈的广度、信息对其他部门利用价值"将成为全媒体把关人调控媒体指挥的新格局。

三、积极实践"怎么做"

闻道有先后,术业有专攻。摄像、记者、编辑、工程技术人员分工明确,记者、播音员、编辑、播出人员各司其职是生产高度集成化产品、传播高品质节目的保证。为保持节目质量,体现专业化要求,广电主管部门规定新闻工作从事生产人员必须持证上岗,制定职称评定规则,要求广播电视产品制作分工协作,以保证舆论正确导向、节目质量上乘,满足群众需求。

在信息化条件下,以各岗位协作为特征的广播电视节目生产模式"浪费"了时间与效率。除直播外,多数产品"损害"了受众对信息第一时间了解的需求,在与自媒体竞争中处于劣势。但传统媒体优势犹存,事业靠人,人靠精神,靠有理想、有事业心、有专业能力队伍的坚守。无论传播平台、受众收视习惯如何变化,党管媒体、党媒姓党的性质没有变,政治家办台办报的传播格局没有变,传统媒体引领主流舆论的地位没有变,自媒体无法比拟的政策及平台优势没有变。在竞争中,区县媒体适应新技术变化、受众收视习惯变化,取长补短,新型主流媒体依然会在舆论引导中发挥不可替代的"定海神针"作用。

实践一:全媒体记者实现信息采集到播出的全流程操控。2018 年 6 月 26 日,被誉为"上海之根"的松江广富林文化遗址一期开园,十年磨一剑的神秘工程揭开面纱,吸引各路记者的关注与报道。当天,上海广播电台直播开园,上海电视台在《看看新闻网》直播记者探园过程,《东方网》也进行视频直播并上传Facebook,强大宣传声势拉近了文化遗址与市民距离,提升了观众的期待感。作为当地主流媒体,松江电视台记者沈一帆除完成摄像工作外,还操控无人机航拍取景,俯瞰 8 000 亩的遗址风貌,独特视角让观众感受到建筑群的大气、古朴、典雅,体现了厚重的广富林文化的独特魅力。在拍摄中,一名摄像不局限于分内工作,以航拍弥补现场镜头不足,其工作动力源自对事业的热爱与追求,对观众的认可和尊重。多机位展示不仅使当天播出的《松江新闻》增光添彩,其现场编辑的一段视频还在微信朋友圈中广为传播,一名区县全媒体记者形象跃然纸上。在这一采访活动中,摄像前期完成"常规拍摄+航摄",并在网络实现视频传播,保持与省级媒体多渠道的同步播发,经验值得肯定与借鉴。

实践二:广播团队实现广播流与视频流的同步传播。2018 年 6 月 29 日,上海广播电台主持人秦畅在 G60 科创走廊展示馆采访松江区委书记程向民。此次《对话区委书记》的广播访谈节目打破"只闻其声、不见其人"的音频收录方式,现场搭建电视演播室,以松江电视台提供两路视频信号为基础录制,把一次广播节目的创作变成电视节目、广播节目的同步录制,实现一次采集,广播、视频网站同步播出效能,为广播电视融合发展提供了有益尝试。

结 语

在区县媒体转型实践中,打破专业队伍岗位限制,在机制上积极鼓励员工创作符合社会主义核心价值观、符合受众接受习惯的信息,重塑媒体核心竞争力,需要区县媒体管理者树立全媒体采编人才为核心的"人才为本"的发展理念,不断发现、引进、培养全媒人才,支持全媒体记者具备"深入现场能力、发现线索能力、采集信息能力、制作整合上传、发布信息能力",积极为全媒体记者提供设备、保障支持和发布平台、渠道保证,打造一个以跨媒体、跨平台为特征,以全程、全息、全员、全效媒体发布能力建设为核心的新型主流媒体。

(作者系上海市松江区融媒体中心主任、广播电视台台长,上海市广播电视协会常务理事)

融 媒 建 设

上海区级融媒体中心建设的实践及启示

——以金山区融媒体中心为例

陈建军

提　要：作为沪上首家集报、台、网、新媒体全面融合的区级新闻传媒机构，金山区深入推进媒体融合改革的探索与实践，建立融媒体"中央厨房"，全媒体传播的格局基本形成，成为上海首批挂牌的区级融媒体中心。本文以金山区媒体融合发展的实践为例，介绍金山区融媒体中心在融合发展、流程改造、体制机制、绩效评价、人才培养等方面进行的探索和创新，并总结由此形成的"金山模式"以及带来的启示和借鉴。

关键词：区级融媒体　融合发展　新媒体　金山模式

引　言

习近平总书记在 2018 年 8 月召开的全国宣传思想工作会议上指出，"要扎实抓好县级融媒体中心建设，更好引导群众、服务群众。"上海市委、市政府高度重视区级融媒体中心建设，市深改委第二次会议通过《上海市关于加强区级融媒体中心建设的实施方案》，并召开上海区级融媒体中心建设推进会，强调要深刻学习领会习近平总书记重要讲话精神，贯彻落实中央要求和市委部署，勇于担当，积极作为，扎实推进全市区级融媒体中心建设[1]。作为全市 10 家首批单位之一，金山区提高政治站位、统一思想，明确目标、把握重点，真抓实干、务求实效，迅速完成机构整合和部门重置等工作，"金山区融媒体中心"于 2019 年 6 月 28 日顺利挂牌，并成功推出新媒体产品"上海金山"客户端，努力把区级融媒体中心建设成"主流舆论阵地、综合服务平台和社区信息枢纽",切实推动金山区宣传思想工作强起来。

　　处于上海远郊的金山,之所以能作为全市贯彻落实融媒体中心建设首批挂牌的区级单位,是源于 2015 年底,金山就率先完成了全区报、台、网、新媒体的全媒体整合,并在此后近五年的时间里,深入推进媒体融合改革的探索与实践,建立融媒体"中央厨房",全媒体传播的格局构建,并形成了独特的"金山模式"。

一、金山融媒体 1.0 版的实践与成效

　　2015 年 11 月 1 日,金山报社、金山区广播电视台撤销原建制,在当时上海 16 个区县中,率先整合成立基于全媒体传播功能的新闻机构——金山区新闻传媒中心(加挂金山广播电视台牌子),为金山融媒体 1.0 版。近五年来,按照区委"机构重组、流程再造、机制重建"的整合原则,努力探索传统媒体与新媒体融合发展的路径,基本实现"一次采集、多种生成、多元传播"的初级形态,整合初见成效。

(一)重新布局,提升媒体发展能级

　　1. 理顺组织架构。中心根据需要,重新梳理业务流程,设置了 13 个工作部门,具体为综合办公室、总编室、组织人事部、全媒体采编部、报纸部、电视部、广播部、新媒体部、栏目部、大型活动部、广告部、播出部、技术部,并以此为基础,努力构建职责明晰、资源优化、运作高效的组织架构和运作模式。经过近五年的实践,中心形成传统媒体与新媒体相互补充、相互促进的分众化传播体系,拥有金山报、金山人民广播电台、金山电视台、金山手机报;鑫网;掌上金山 App;"i 金山"微信公众号群;@金山传播微博群,以及路牌灯箱和城市户外电视等 13 个媒体端。

　　2. 打造中央厨房。为适应全媒体新闻宣传需求,在明晰各发播平台功能定位的基础上,中心制定试行《全媒体采编刊播 1＋3 流程》。成立全媒体指挥中心,配套制定《全媒体指挥中心运作规范》和《全媒体指挥中心编前会议程》,努力打造"中央厨房"式的全媒体指挥中心。这个中心由中心领导轮流坐镇,对当日新闻、突发新闻、重大新闻的采集,重大新闻策划以及各平台刊播顺序和刊播重点等进行要求、指导和把控。其运转以来,采编流程逐渐规范,信息集中采集得到强化;各刊播平台关系逐步理顺,新闻信息资源得到有效利用,初步实现"一次

采集、多种生成、多元传播"。

3. 制定激励机制。人才是媒体竞争的核心要素,是媒体融合发展的关键。中心加快推进薪酬激励机制改革,力求建立符合媒体运作规律,适应媒体融合发展的人才管理体系。近年来,《员工薪酬实施办法》和《各部门月度考核细则》,已编制完成和顺利实施,最大程度地兼顾各层面职工的利益,在总体控盘的情况下向一线岗位和重要部门倾斜,体现多劳多得、优绩优酬。

(二)深耕新闻,增强服务大局能力

1. 重大主题报道成效显现。中心近年来积极把握新形势下的新问题、新要求和新任务,在重要战役、重大主题和先进典型选树等新闻报道中,做到报、台、新媒体穿插配合,动态新闻与时局深度全面推进。通过访谈直播、专版专栏、系列报道、App 图文直播、微友互动等多种手段,运用音视频、图表画刊、GIF 动图和 H5 等表现方式,出色完成各类各项重大主题性报道,新闻宣传提质增效。

2. 新闻舆论形成集束合力。中心拥有 13 个媒体端,基本涵盖区内传统媒体与新媒体的各个层面。通过不断理顺各媒体端的受众定位与发布时段,基本实现对区内新闻信息资源的高效利用和统筹发布。中心 2017 年 10 月建成融合媒体工作平台系统,集内容汇聚、业务管理、生产发布等功能于一体,将各媒体端统一到此平台协调调度下,有效提高媒体管理信息化,实现集束高效的目标。

3. 新媒体影响力持续扩大。中心将传统主流媒体的舆论引导责任和服务能力拓展到新媒体,努力提升网络表达能力。"i 金山"微信抓住新媒体发展特质,做到快速反应,力争新闻时效的第一时间落点;直白呈现,把最重要的信息直接告诉受众;服务细分,提高新闻产品与受众的匹配度,粉丝数达 10 万+。更多重要新闻内容,更多高质量信息通过"i 金山"微信平台首发,形成独特的内容和语言表达体系,连续两年荣获上海最佳政务新媒体称号,并名列前茅。

(三)理顺机制,逐步规范产业发展

中心以市场化方式引进广告公司经营人员,制定了《上海大豪广告公司经营管理办法》,对企业人员的经营行为和奖励额度作出规定,参照区内其他国有企业人员待遇标准,确定了薪酬体系和激励机制。2017 年中心撤销广告部,成立产业发展部,对大豪广告公司加强监管,并确立"经营创收以服务为主,业务发展以多元化为目标"的发展理念。在做好广告业务指导的同时,统筹协调、整合运作各媒体平台资源,初步搭建起平台与公司之间的市场化运作合作体系,帮助企业拓展业务,做大做强。2018年上海大豪广告公司按照区国资委要求,由全民所有制改制为有限责任公司。

二、金山融媒体 2.0 版的路径与创新

以2018年底上海提出推进"区级融媒体中心"建设为标志,站在媒体融合前沿的"金山模式",由此从打造"中央厨房"为主的第一阶段,进入到承担"引导群众"和"服务群众"两个层面任务的第二阶段,这需要寻找"金山模式"的经验坐标和历史方位,厘清其在区级融媒体中心建设中可以借力的资源要素,有效开辟金山融媒体 2.0 版创新道路的崭新路径。

区级融媒体中心建设,绝不仅仅是简单的"媒体融合",而必须是以区委、区政府来牵头主导,进行"顶配级"的顶层设计,以"更好地引导群众、服务群众"为目标,遵循"以用户为中心"的理念,用户需要什么就提供什么,以此驱动全区政务类的、思想宣传与新闻资讯类的、民生服务和商务类的多种资源整合进入区级融媒体中心,再以大数据技术和资源平台、智能生产和传播平台、用户沉淀平台为基础,为用户提供个性化、精准化、定制化的政务服务、新闻资讯、民生服务。各种资源流、数据流、用户群在区级融媒体中心的大平台上迭相推进,最终建成政务、新闻、服务三线并进的县级治国理政新平台。

(一)"引导群众",必须坚持移动优先

2019年6月17日22时55分,四川长宁发生6.0级地震。传统媒体当晚还未来得及作出大规模报道前,互联网就以秒为单位的海量信息发布,将消息推送到了广大受众手机中,这靠的不是传统媒体记者,而是在地震现场的网民们的"随手拍"和"随手发"。媒介融合是传统媒体走进新媒体空间,主动参与社会讨论并引导舆论的过程[2]。传统媒体内容的生产—传播流程还是按照"黄金24小时"的节奏在走,"i金山"微信还只能一日一发,"数字鸿沟"需要跨越。类似四川长宁地震的突发事件,在"全世界在观看"的场景下,如何"引导群众",就需要主流媒体在事件发生的第一时间到达现场,并在第一时间把消息传递出来,传播出去,不给谣言、流言和谎言以传播空间和时间,就必须坚持"移动优先",而这也正是金山融媒体中心建设亟须完成的技术转换。

有鉴于此,金山融媒体进入 2.0 版的显著特征,坚持移动传播优先战略,就需要把加强"两微一端一抖"等新的传播技术平台建设,作为区级融媒体中心建设的重中之重,这也是官方媒体声音直达社会舆论第一现场的必然要求。

近年来,金山不少行政机构和村居主动走进网络空间,选择直接入驻"两微一端一抖"平台,发布信息,提供服务,力图与社会公众直接形成面对面的沟通和服务关系,以提高信任、降低摩擦。此举固然值得肯定,却也说明官方媒体系统的社会沟通能力不足,从而形成了经过专业化训练的官方媒体系统和非专业化的政务新媒体并存的情况。

区域内有竞争本应是一件好事,但专业传播系统和非专业传播系统的并存,也会带来运行成本高、管理多头并举的问题,甚至两个系统之间也会相互干扰,反而会降低政府社会沟通效率。基于此背景下,金山区融媒体中心建设的应有之义在于,自身在收紧拳头的同时,结合区网信部门对部分行政部门和村居新媒体账号的关停并转,将其统一纳入新的传播系统,形成可以纵横联动的言论与信息传播平台矩阵,以便统一行动、统一管理,发挥专业团队在沟通效率上的专业优势。

(二)"服务群众",必须坚持用户思维

马化腾在总结腾讯融合发展的核心经验时说,脱离了用户需求的媒介融合最终只能沦落为一堆没有灵魂的传播技术的堆砌。我们进阶到融媒体 2.0 时代,就是要打破传统意义上的以生产者为中心和以传播者为中心。因此,如何获得用户情感上的归属与认同,是媒体融合过程中实现"服务群众"这一目标所面临的一个核心问题。

对于区级媒体而言,长期处于区域垄断和行政庇护作用下,市场化程度相对较低,对用户需求变动的把握能力也相对较低,这是其劣势;但同时也应该看到,区级媒体处于机构传播网络的最基层,空间上具有接近性,这是区级媒体的优势。区级融媒体中心的建设要尽可能发挥立足本地、接近用户的优势,加大对本地社会变动的关注,从小切口来考量社会大问题。

北大国家战略传播研究院常务副院长王维佳指出,区级融媒体中心的建设为基层传统媒体的发展带来了新的契机,但同时要着力避免在评价机制中的对"群众路线"和"粉丝路线"的混淆[3],若能克服这个误区,将有助于利用区级融媒体中心机制,实现除新闻服务外的公共服务和民生服务。

对于金山而言,就是要集中"优势兵力",推出新媒体产品——"上海金山"客户端为核心平台的新媒体矩阵群,并通过统一的市级技术平台,与其融媒体中心共建共享,关键时刻实现统一调度,集中发声,讲好金山故事,引导好服务好金山群众,这是区级融媒体中心建设起始的首要任务。以金山区融媒体中心建设为例,采取了以下五个举措:

一是体制机制上,确定了金山区融媒体中心为区委直属事业单位;二是领导力量上,强化了编委会作为新闻采编和策划最高决策机构,以及编前会作为日常运行议事机构的功能和作用;三是人力资源上,在新媒体原来基础上,抽调短视频方面的骨干力量成立"移动传播中心",与"新闻采集中心",成为金山区融媒体中心挂牌后,人员和实力最强的核心部门;四是流程机制上,中心记者就是全媒体新闻记者,他们的原创稿件必须优先在"上海金山"客户端发布等;五是激励机制上,形成《金山区关于进一步加强新闻传媒人才队伍建设的若干办法的通知》《金山区优秀新闻传媒人才评聘实施办法》系列政策,并加以实施,以期最大限度地调动员工积极性、主动性和创造性,激活团队活力,吸引人才,留住人才,建设一支高素质、稳定的人才队伍。

结　语

上海区级融媒体中心建设的主要任务是要顺应资源聚合、舆论主战场向移动端迁移、新技术迭进的趋势,以"移动优先"思维,全力打造一批有影响力的区级移动新媒体平台,并使活力四射的移动新媒体"C位出道",并以此为核心引擎和操作平台,带动现有传统媒体资源包括区级电视台、报纸、广播和网站及其采编人员等,进行一场彻底的新闻生产要素供给侧改革。

在这场融媒体中心建设中,以金山为代表的区级融媒体中心是覆盖全国的国家新型主流媒体"超级大网络"中连接"最后一公里"的关键一环,它将通过纵向贯通、横向融通的多元多层的立体化"云连接",参与到"媒体云—政务云—商务云—产业云—区域云"发展链中,承担新时代治国理政新平台的职责使命[4]。

参考文献:

[1] 上海区级融媒体中心建设全面启动[N].解放日报,2019-04-09.

[2] 朱春阳.县级融媒体中心建设:经验坐标、发展机遇与路径创新[J].新闻界,2018(9):21-27.

[3] 区级融媒体中心的发展路径和传播价值[EB/OL].文化研究(微信公众号),2018-10-23.

[4] 区县融媒体中心建设的认识误区[EB/OL].报业转型,2018-11-23.

作者简介:

陈建军,研究生学历、公共管理硕士,上海市金山区融媒体中心编委、报纸部主任。

浅析广电媒体融合发展的路径选择及面临挑战

——以上海广播电视台融媒体中心的实践探索为例

刘卫华

提　要：随着媒体格局和舆论生态的深刻变化，全国广播电视行业融合发展工作正向纵深推进，县级融媒体中心建设也正踏上征途。本文立足媒体融合大势，以上海广播电视台成立融媒体中心、打造融媒体新闻产品"看看新闻 Knews"为研究样本，尝试探讨全国省级主流广电媒体在融合发展进程中的路径选择，以及在实践中面临的严峻挑战，并针对挑战从战略、战术上层面上提出应对策略，以期为全国广电行业的融合发展提供有价值的参考与借鉴。

关键词：路径　平台　融媒体　看看新闻 Knews

媒体融合，大潮涌动。习近平总书记说"媒体融合发展是一篇大文章"[①]，对主流媒体而言，想要写好这篇"大文章"，第一个关键点在于从何处落笔，也就是路径选择。选对了路，事半功倍；选错了路，则可能事倍功半，甚至功亏一篑。上海作为全国改革开放的排头兵，创新发展的先行者，在广播电视媒体融合发展方面，锐意进取，大胆求索，走出了独具特色的融合之路。这是一条怎样的路径？与其他省级广电媒体相比，其特色与优势在何处？挑战又在哪里？本文尝试以上海广播电视台融媒体中心的实践探索为例，从机制、内容、技术等层面探讨省级广电媒体融合发展的路径选择，面临的挑战以及应对之策。

---

① 习近平.加快推动媒体融合发展　构建全媒体传播格局[J].求是,2019 年第 6 期

一、路径选择

纵观上海广播电视台的媒体融合发展,起步早、开局稳、进展快,早在 2014 年年初便已迈出了实质性的第一步,在当时,国内广电系统的媒体融合还尚无先例可循。而其全盘起手的第一笔,便落在了广电媒体最核心的业务板块——电视新闻上。具体经过了"三步走"的探索实践。

1. 第一步:因势而谋——破"墙"搭"台",技术层面率先实现耦合融通

融合求变,技术先行。2014 年 2 月至 2015 年 12 月,敏锐感受到新媒体浪潮的上海广播电视台,开始以原电视新闻中心为试点,实施"台网融合"。核心的一环,是在原电视新闻中心与台属泛资讯网站看看新闻网之间,搭建起一套视频新闻融合生产技术系统 X-news,同时,构建起一个融合生产的指挥平台。

此举,一方面破除了电视新闻与互联网之间各自封闭之"墙",另一方面搭建起了集前端策划、内容聚合、统筹调度、后期分发于一体的共享平"台",攻克了电视与互联网生产相融合的安全性与便捷性两大技术难关。

以 X-news 和指挥平台为抓手,上海广播电视台的电视新闻板块,开始由台网对立迈入台网相加阶段,并为下一步实施重大转型,奠定了坚实基础。

2. 第二步:应势而动——实施深度融合、整体转型,"一体化发展"格局初步形成

"融合发展的关键在于融为一体、合而为一。"[①]2016 年初,作为上海市委深改组"深化传统媒体与新媒体融合发展"的重点试点单位之一,上海广播电视台根据市委主要领导关于传统媒体转型发展要"进一步推进深度融合、整体转型""重在扩大影响力"的要求,对原电视新闻中心、看看新闻网、外语中心三个事业部实施整合重组,于 2016 年 6 月 7 日成立全新的融媒体中心。

最核心的变化之一,就是将原先独立的看看新闻网纳入为融媒体中心的一个组成部分,集全中心之力打造融媒体新闻 IP"看看新闻 Knews"。作为主 IP,"看看新闻 Knews"当时拥有两款核心产品:一个新闻客户端"看看新闻"App 和一条面向海内外的 24 小时持续更新的互联网视频新闻流"Knews24"。其中,

---

① 习近平在党的新闻舆论工作座谈会上强调:坚持正确方向创新方法手段 提高新闻舆论传播力引导力 刘云山出席[N].人民日报,2016 年 2 月 20 日 01 版

"看看新闻"App以原创视频、深度报道为核心竞争力,以具备新闻性的直播互动为产品亮点,以聚合网络新闻视频为内容保证,成为融媒体中心的内容首发平台和关键组成部分。

融媒体中心的成立,宣告了新媒体产品仅仅是电视新闻节目"拆条＋迁移"时代的正式终结,新闻开始了真正意义上的"一次采集、多元生成、多渠道分发"。以"看看新闻Knews"诞生为标志,上海广播电视台的融合发展,由"相加"阶段坚定迈入了"相融"阶段。

3. 第三步:顺势而为——关停 Knews24 新闻直播流,全力推进移动优先

2018年12月15日,融媒体中心正式关停了互联网新闻直播流"Knews24"。

"Knews24",其呈现平台虽然为网站和客户端,但却是以新闻演播室为主直播点、以记者现场连线和演播室访谈为辅的一种传统直播方式,既不轻也不活,因此,网端受关注度及在线观看人数一直较少。加之与移动优先的整体战略产生冲突,若继续开办下去,消耗各项成本,无疑是一种慢性自杀。

正是在这一背景下,融媒体中心决定对"看看新闻Knews"产品线实施重大调整,对"Knews24"予以关停,并将人、财、物等核心资源向移动端进行转移,高位推进移动优先战略。这一变化,被外界视作为融媒体中心在生产机制上进一步冲破电视的逻辑桎梏、实现移动优先的一个重要标志。

至此,融媒体中心已基本完成了融合发展中夯基垒台、立柱架梁的基础性工作,制度框架搭建也已初步完成,从"为播出服务"到"为传播服务"的重要转变已初步实现。

二、特色与成效

通过"三步走",融媒体中心在不到6年的时间内,已将"看看新闻Knews"初步建设成为国内重要的互联网视频新闻产品,同时,保持东方卫视新闻继续领跑全国省级卫视的态势,形成"齐头并进"的融合发展格局,特色鲜明、成效显著,在全国宣传系统内引起较大反响,被业内概括地称之为广电媒体融合的"上海路径"。

1. 高质量的短视频生产成为强项

随着5G加速到来,短视频成为融合传播的主战场和激战区,而视频生产,恰恰是融媒体中心的先天基因和核心内功。融合以来,"看看新闻Knews"每天生产约1 500条视频,其中,原创视频100条,其中不乏传播量破亿的现象级

产品。

如 2018 年 11 月 5 日,为迎接首届中国国际进口博览会召开,"看看新闻 Knews"精心打造短视频《上海,不夜的精彩》,以唯美恢宏的 4K 画质和细腻隽永的叙事方式,展现改造升级后的黄浦江核心景观夜景,抒写上海的城市品格和璀璨魅力,全网总浏览量突破 3 亿。

可以说,短视频生产,找准了新媒体与传统电视的结合点,既发挥出主流电视媒体的专业优势,又具有原创互联网视频产品的独特竞争力,相融发展,相得益彰。

2. 常态化的网络直播成为利器

每天一场乃至数场的视频直播,成为"看看新闻 Knews"的另一个抢眼特色。据统计,"看看新闻 Knews"平均每月策划并制作 300 场网络直播,总时长近 1 500 小时。这些直播,既有围绕重大宣传主题、聚焦重大新闻事件的专业化大型直播,如《城市荣光——庆祝上海解放 70 周年大型直播特别报道》《新时代,共享未来——首届中国国际进口博览会特别报道》等;也有如"交通大整治""质监在行动""法官执行进行时""开课啦""舌尖上的安全"等一系列涉及公权力公开透明执法的民生类轻直播。

目前,"看看新闻 Knews"的网络直播,已在互联网上树立了专业口碑,形成内容期待,一经推出便会受到各平台的争相转发,成为提升互联网舆论引导能力、传播正能量的一柄"利器"。

3. 核心产品竞争力持续增强

截至 2019 年 5 月 31 日,"看看新闻 Knews"移动客户端的累计用户数已突破 1 006 万,正式进入"千万级平台"梯队,并保持着日活用户峰值超过 50 万、全网传播量日均触达 1 亿人次、峰值接近 2 亿的平台活跃度。更重要的是,从 2016 年 6 月上线之初的 66 万、到一周年时的 344 万、两周年时的 659 万、再到最新的 1 006 万,"看看新闻 Knews"移动客户端累计用户数的这条变化曲线(如图 1 所示),昂扬向上、生机勃勃,勾画出三年来"看看新闻 Knews"健康蓬勃发展、增速不减的发展势头。

而在几大主要商业榜单中,"看看新闻 Knews"也有较好表现,时常位居新浪"看点视频月榜"和今日头条"西瓜视频周榜"的榜首,在秒拍"视频风云榜"中,则长期居于前列。可以说,"看看新闻 Knews"已成长为全国省级广电媒体中影响力最大的新媒体品牌,成为国内重要新闻资讯平台最权威的视频内容来源之一。

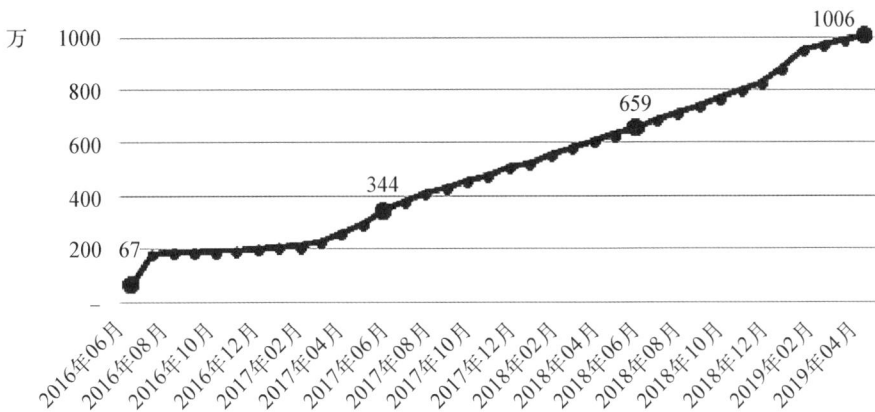

图 1 "看看新闻 Knews"移动客户端累计用户数变化趋势图

4. 一体化发展中实现复合型生态布局

通过一手抓自建平台、一手抓"借船下海","看看新闻 Knews"已构建起了复合多元的产品生态布局,不仅实现了新闻产品在手机端、PC 端、户外大屏、IPTV 用户端、OTT 用户端以及传统电视等终端的"全屏覆盖";同时,通过全面实施与商业平台和渠道的内容分发与深度合作,形成"全网分发"态势,释放出融合传播的巨大势能(如图 2 所示)。

更为重要的是,融媒体中心的融合发展,并没有选择放弃传统的大屏阵地,而是在电视新闻继续做强的基础上,寻求突破和发展。特别是从 2019 年 1 月 1 日开始,融媒体中心一手抓"看看新闻 Knews"、一手抓东方卫视新闻优化升级工程,双线作战、同时开打,形成了"传统媒体传播阵地巩固优化、新媒体传播阵地创新突破"的齐头并进格局,大屏与小屏"受众互动、内容互哺、影响力互补"的全媒体传播格局不断深化。

三、困难与挑战

融媒体中心的"上海路径"虽然取得显著成效,但随着融合向纵深推进,不少改革初期并不紧迫或严峻的问题,开始一逐一显现。其中,既有行业的共性问题,也有融媒体中心自身的瓶颈和挑战。

1. 做平台还是做内容,依然是两难选择

长期以来,打造一款自有的新闻客户端,是主流媒体融合发展的"标配"。但

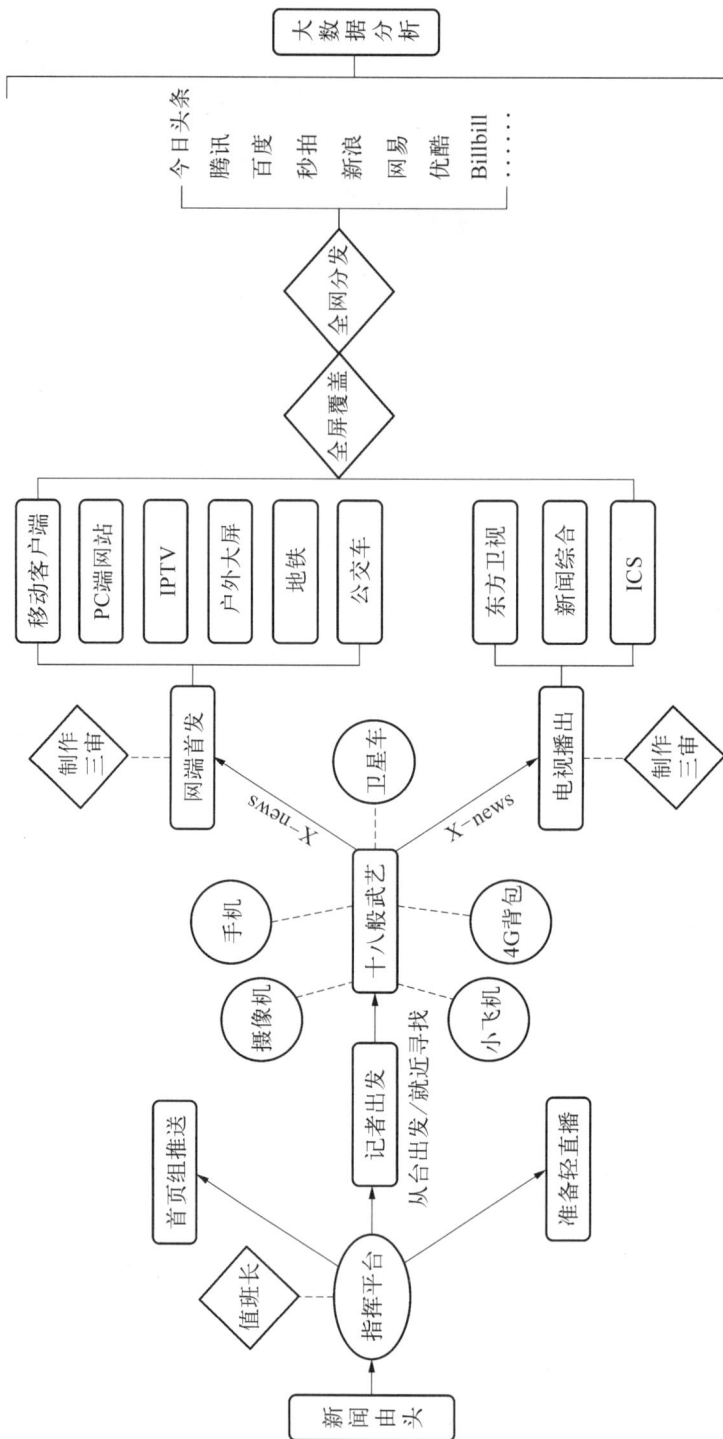

图 2 "看看新闻 Knews" 生产全流程及产品生态布局图

残酷的现实是，屏幕另一端的用户，却大多都抱着"看新闻，一个惯用的 App 就够用了"的心态，逾九成用户每日仅打开一款新闻客户端①。而更重要的是，受马太效应影响，以今日头条为代表的商业平台们已经占据了绝大部分的用户市场，对用户产生极强的黏性。

作为一款地方新媒体产品，"看看新闻 Knews"的综合竞争力在同类产品中已属抢眼，但若与商业化的互联网平台相比，差距明显。现实面前，是耗费巨资与行业巨头们比拼平台实力；还是退回到更为擅长的内容领域，仅专注于做好新闻内容生产？这个问题，是主流媒体共同面临的两难抉择。

2. 如何赢得市场青睐，依然面临巨大鸿沟

对于广电媒体而言，寻找盈利模式、获得经济效益、赢得市场青睐，历来是一大弱项。在过去，内容生产和播出平台是一体的，想要实现社会效益和经济效益的双丰收还不会大费周章。但在互联网时代，大部分平台都是"他控"的，主流媒体变成了其他平台的内容"打工者"，简单的版权收益，难以维持高成本的制作投入和大体量的内容生产。

能否实现"自我造血"功能，跨过市场青睐的这条鸿沟，形成内容带动流量、流量产生效益、效益再投入内容生产的良性闭环，是亟待解决的一大难题。

3. 双线作战压力陡增，依然亟待可持续的缓解之道

融合转型以来，"双线作战"成为融媒体中心大部分团队的工作常态，一方面，需确保完成好传统电视大屏端的各项宣传任务，坚守舆论阵地、加强正面引导的职责不容有失；另一方面，还需迅速开拓互联网宣传阵地，以创新各种形式扩大产品的传播力和影响力；再加之节目的自制量大，播出、发布平台多，播出时间长，形态、语态多元，需统筹内宣外宣、网上网下的内容多，新闻生产和安全播出的压力巨大，队伍也长期处于满负荷状态中。双线作战、两面开打，安全播出和运营成本的巨大压力若不及时缓解，这支疲劳之师，就难以行稳致远。

4. 技术力量结构性短缺，依然是制约发展的薄弱环节

全媒体时代，媒体融合的底层逻辑是技术发展。然而相较内容制作，技术力量的结构性短缺，是主流媒体的一大通病。在融合发展的起步阶段，技术上或许可以"请进来"、使用"雇佣军"或合伙干，但若长此以往，缺少掌握核心技术的高

---

① 上海市中国特色社会主义理论体系研究中心.互联网时代主流话语传播要强化受众意识[J].红旗文稿,2017 年第 1 期

端技术人才,就会始终在技术发展上逊人一等、迟人一步。

但在现实中,互联网核心技术人才在市场上十分抢手、"要价高",也因缺乏成长环境和提升空间,而不愿主动流入到传统媒体。可以说,技术短板,已成为制约广电媒体未来融合发展的一大掣肘。

四、解决之道

当前,媒体融合正处于滚石上山的攻坚期,留给传统主流媒体的转型"窗口时间"已所剩不多,针对上述四个层面的挑战,主流媒体不仅要拿出改革的勇气和信心,更要一切从实际出发,逐一拿出行之有效的破解之道,才能"使互联网这个最大变量变成事业发展的最大增量"[①]。

1. 强化"媒体型平台"的产品定位已是必然

当前,学界将今日头条等"既拥有媒体的专业编辑权威性、又拥有面向用户平台所特有开放性的数字内容实体",定义为"平台型媒体"[②]。与之相对应的,则是"看看新闻 Knews"等传统主流媒体打造的自有客户端,可称为"媒体型平台"。

对于传统媒体而言,与其在"做平台还是做内容"之间苦苦抉择,不如在产品建设目标定位为"媒体型平台",打造一款具有公信力、权威性、专而精的新媒体产品。一来,能避免只为他人做嫁衣的尴尬;二来,能将与商业平台"烧钱换用户""烧钱换流量"的巨额资本,投入到内容生产上,转化为传播力和影响力。

2. 提高内容的传播力影响力仍是王道

对新闻媒体而言,内容为王永远是根本,是"硬通货",是核心竞争力。网络空间存在"尖叫效应",哗众取宠的内容可能容易引起围观,但越是众声喧哗,越需要保持内容定力,发挥舆论引导"压舱石"的作用,占领信息传播的制高点。

同时,也要注意避免内容和题材的过分单一。中央广播电视总台近期有一项改革举措,即推出一款泛新闻、泛文艺、泛知识的平台产品,这一"泛"字,将改善仅仅依靠时政新闻、主题新闻、社会新闻支撑页面的情况,形成多元的传播力和影响力。

3. 强力推动供给侧改革将是大方向

随着开机率日趋下滑,投入产出比不断拉大,"产能过剩"已成为广电媒体面

---

① 习近平.举旗帜聚民心育新人兴文化展形象　更好完成新形势下宣传思想工作使命任务　王沪宁主持[N].人民日报,2018 年 8 月 23 日 01 版
② 喻国明,焦建,张鑫."平台型媒体"的缘起、理论与操作关键[J].中国人民大学学报,2015 年第 6 期

临的主要矛盾之一。总书记指出,"在信息生产领域,也要进行供给侧结构性改革"①,这句话告诉人们,对电视新闻实施"关停并转"已势在必行。

目前,融媒体中心共有新闻节目 32 档,其人力和资源配置,仍然是多年前电视新闻鼎盛时期的规格,仅日播新闻,东方卫视和新闻综合频道每天就有早、午、晚、夜共 7 档,定位和内容的同质化问题在所难免。因此,若能在确保重点的前提下,大幅收缩阵地、减少过剩产能,不仅将有效缓解团队双线作战的巨大压力,还能将腾出的人手,整体转移到移动端阵地,将成为激活全局的关键一步。

4. 将技术建设提升至内容高度统筹推进正是当务之急

随着移动互联网、物联网、大市聚、人工智能、VR/AR 技术的进一步发展,未来新一轮的传媒业生态必将迎来新的重构。基于这样前景和趋势,传统媒体必须抓住新一轮技术革命挑战的机遇,将技术置于内容同等甚至超越内容的位置,才能抓住主动权。

因此,在实现移动化过程中,"看看新闻 Knews"应充分拥抱技术创新,保持对新技术新变化的高度敏感,加快由"融媒"向"智媒"发展,通过拓展与国内互联网技术应用公司的合作空间,探索人脸识别、语音识别等 AI 技术在新闻传播中的运用方向,为看看新闻向智媒体客户端的快速迈进做好技术储备。

结　语

通过解剖融媒体中心的"上海路径"这只麻雀,结合全国省级广电媒体在融合发展道路上的种种羁绊,我们不难发现,我国媒体融合发展工作虽已取得不少成绩,但其系统性的整体优势还尚未显现。

媒体融合的大潮正滚滚向前,势不可挡。我们也相信,全国广电媒体若能紧跟时代步伐,因势而谋、应势而动、顺势而为,精彩书就媒体融合这篇大文章,一定是机遇大于挑战,前途未可限量。

作者简介:

刘卫华,毕业于上海戏剧学院戏剧文学系,现任 SMG 融媒体中心纪委书记兼总编室主任。

---

①　习近平.加快推动媒体融合发展　构建全媒体传播格局[J].求是,2019 年第 6 期

从融媒体中心建设看各媒介如何借融合之力创新发展

提　要： 媒体融合，不是传统媒体和新兴媒体简单地实现物理上的相加，而是要真正地融为一体、合而为一，实现"你中有我、我中有你""你就是我、我就是你"，在融合过程中发生"化学反应"，产生"化学效应"，获取更大的"发展动能"，使报纸、广播电视、网站、微博、微信、客户端等各类媒介借融合之力创新发展，进一步提升媒体的传播力、引导力、影响力、公信力。

关键词： 媒体融合　融媒体中心　创新发展　内容生产

引　言

根据《中国互联网网络发展状况统计报告》显示，截至 2018 年底，我国网民规模已达 8.29 亿，其中手机网民占比达 98.6%，网络空间已然成为人民生产生活不可或缺的新空间。近年来，伴随着互联网的迅猛发展，随之而来的是借助互联网、移动互联网崛起的新兴媒体影响越来越大，迅速成为信息传播的主渠道，抢占传统媒体的受众群，挤压传统媒体的生存空间，挑战传统媒体的影响力、公信力。

"明者因时而变，知者随事而制。"于是，面对社会信息化高速发展形势下新兴媒体的挑战和自身发展困境，各传统主流媒体积极应对，因时而变，从中央到省市到区县，都掀起了传统媒体与新兴媒体融合发展的浪潮，媒体领域一场前所未有的变革就此展开。

本文欲从区县融媒体中心建设的角度,探讨区县媒体如何立足本地实际、整合现有资源,在媒体融合过程中真正实现传统媒体与新兴媒体相融,产生"化学效应",获得创新发展的强大动能,打造全新的、具有竞争力的新型主流媒体。

一、新兴媒体借媒体融合之力做大做强,打造品牌矩阵

1. 整合人员,解决新媒体采编力量不足问题

以松江为例,松江区融媒体中心由松江报社、松江区广播电视台、松江区新闻综合服务中心三家事业单位合并组建而成,融合了报纸、电视、广播、微信、微博、客户端、手机报等各种媒介。原先,"上海松江"微信、微博和"松江时空"App客户端这些新媒体平台虽然在近几年来逐步发展,吸引了一定的粉丝量,形成了一定的影响力,但仅仅依靠六七个人的采编力量,很难将此做大做强,存在着采编力量严重不足、自采新闻产品量少、品牌栏目缺乏等问题。而"松江报"微信、微博也仅仅依靠几个小编运营,产品内容基本依赖于《松江报》,存在与报纸内容重复、缺乏自创产品等问题。建立融媒体中心,通过整合采编队伍,借助报社、广播电视台众多专业采编人员的力量,共同打造新媒体产品,将解决新媒体专业采编人员不足的问题。众多专业采编人员的加盟,为做大做强新媒体平台奠定了基础。

2. 移动优先,集中力量打造融媒体产品

在互联网,尤其是移动互联网快速发展的今天,新闻客户端和各类社交媒体成了人民获取信息的主要渠道。在融媒体中心建设过程中,必然要树立移动优先的理念,整合融媒体中心采编队伍,通过打造"中央厨房"等新型运行机制,重塑采编发流程,实现信息统一采集、各媒介按需编制、多平台共同发布。要集融媒体中心采编队伍之合力,共同开拓适合移动端传播的新型信息产品,如借助原报社专业采编人员的力量,采集编制高质量的图文信息,借助原广播电视专业人才力量,打造适合新媒体传播的短视频、短音频等。在内容生产上,要根据当前受众的阅读喜好、阅读方式,积极推进供给侧结构性改革,结合本地实际打造好具有特色的移动传播平台,生产符合受众需要、形式多样的移动平台传播产品,逐步形成具有影响力的融媒体产品品牌矩阵。

同时,借融媒体中心建设的契机,通过"中央厨房"、新闻客户端等新型平台的打造,借助现代互联网技术,可以整合本地各类政务资源、服务资源、信息资源,实现"新闻＋政务""新闻＋服务",扩大融媒体产品矩阵。

3. 人才第一,培育一支全媒体人才队伍

生产出好的信息产品,关键在于人。在融媒体中心建设过程中,要把全媒体人才队伍建设这项工作放在重中之重,转变理念、创新机制、加强培训,培育一支能够熟练运用现代化传媒新手段新方法的复合型采编人才队伍。

全媒体人才队伍建设中,现有的采编队伍亟须解决几大问题。

一是理念问题。目前区县级的融媒体中心,大都由报纸、广播电视、新媒体等合并而成,而采编队伍的主力军来自原报纸、广播电视的专业采编人员。在媒体融合的过程中,这些专业采编人员首先要转变理念,主动适应移动互联网时代的特点,强化互联网思维,树立媒体融合理念、移动优先理念。而在生产适合移动传播平台产品内容的过程中,现有采编人员也急需转变以往固有的产品生产思维,适合报纸、广播电视传的新闻产品,其内容和形式都未必适合新媒体传播,必须创新内容,创新形式。因此,报纸、广播电视的专业采编人员需摒弃自己作为一名专业人员的优越感,将自己当作一名刚刚入学的小学生,放下身段,从头开始,虚心学习移动互联网传播特点、规律,认真研究移动互联网时代受众的关注热点、情感共鸣点、接收信息的渠道形式等,增强服务意识,生产内容丰富、形式多样,符合受众需求的信息产品。

二是本领恐慌问题。现有采编队伍虽然具有专业的报纸、广播电视采编技术和能力,但在新媒体产品生产制作领域普遍存在能力恐慌问题,急需加强培训,学习新技术、新本领。媒体融合时代,需要能写、能拍、能制作、能策划的全媒体人才。在倡导采编人员加强自身学习的同时,单位更应该建立完善的培训制度,制定合理的培训计划,为采编人员搭建好学习平台。短音频、短视频、H5……这些目前在新媒体传播平台广受关注的产品形式,都需要技术作为支撑,不掌握技术,何谈制作出好的产品。随着5G时代的来临,信息技术将更加日新月异,只有不断加强学习,才能赶上时代的步伐,解决本领恐慌问题。

三是体制机制问题。在松江区融媒体中心的建设过程中,面临着这样的问题,报社、广播电视台、新闻服务中心三家单位合并,员工中存在着事业、企业两种不同的用工模式。媒体融合,重塑队伍,急需创新体制机制,突破不同用工模式的限制,实现公平统一、同工同酬,鼓励多劳多得。目前报纸、广播电视、新媒体各个平台各有各的考核办法,媒体融合,是一个重塑队伍、重建机制的过程,必须制定融媒体中心统一的考核机制,根据今后融媒体中心信息产品"一次采集、多元生成、全网发布、移动优先"的特点,研究制定适合融媒体发展的考核奖励办法,从而更好地激发员工的工作热情,创作更多好的信息产品。

二、传统媒体借媒体融合之势守正创新，焕发新生命力

习近平在《加快推动媒体融合发展，构建全媒体传播格局》的讲话中指出："传统媒体和新兴媒体不是取代关系，而是迭代关系；不是谁主谁次，而是此长彼长；不是谁强谁弱，而是优势互补。"建设融媒体中心，倡导移动优先，做大做强新媒体，并不是要弱化传统媒体。相反，传统媒体要借媒体融合之势守正创新，借助新媒体的传播优势取长补短，进一步增强自身的传播力、引导力、影响力、公信力。

1. 借助新兴媒体平台不断创新，扩大传播力、影响力

对于区县一级的传统媒体而言，受地域限制，一张报纸的发行量有限，一个频道、一个频率的收看收听率有限，而以互联网为平台的新媒体传播方式，打破了区域界线，可以让信息产品传播得更远、更广，扩大传播力和影响力。

建立融媒体中心，传统媒体要借媒体融合之势不断转型发展，树立移动优先理念，做大做强自己的新媒体传播平台，充分利用信息化手段，创新产品内容，拓展传播方式，让自己精心采编、制作的信息产品能够通过报纸、广播、电视、微信、微博、客户端、门户网等不同渠道传播，从而扩大传播范围、吸引更多受众。增强创新意识，打造融媒体产品品牌，是传统媒体与新兴媒体融合发展的关键一步。内容为王，能否不断生产出具有传播力、影响力的融媒体产品，决定着融媒体中心能否真正成为具有强大影响力、竞争力的新型主流媒体，占领舆论宣传的主阵地，牢牢把握舆论宣传的主动权。

松江区融媒体中心在成立之初，就开始整合传统媒体和新媒体采编力量、传播平台，探索融媒体产品生产。以松江区融媒体中心推出的"城市精细化管理·听民意集民智"民生访谈融媒体特别节目为例。

事先借助"上海松江"微信公众号等新媒体平台，发布访谈信息，广泛征集市民意见，梳理市民关注的问题，为访谈节目预热，营造舆论氛围。如《宅基地归并平移、乡村旅游……留言说出你的问题，叶榭镇镇长将为你解答》这一预发信息在"上海松江"微信公众号推送后，阅读量达到 6 930 次，网友留言 192 条。

随后，广播电台邀请全区各委办局、街镇领导分别走进电台，与市民代表面对面谈城市精细化管理，回应市民关切，整合电台、报纸、新媒体采编力量录制音频节目、采写新闻报道、拍摄图片视频等，并同步在电台、微信、报纸、电视台各平台发布，扩大了受众群，提升了传播力和影响力。如区生态环境局局长的访谈节目在微信公众号推送后，阅读量达到 8 550 次，网友留言 328 条，进一步引发社

会关注,持续"发酵"。而与此同时,音频、视频通过电台、电视台传播,近五万份《松江报》送到读者手中。

最后,对市民代表和网友反映和关注的问题进行追踪,集合报纸、电视台、电台、新媒体采编力量,全方位进行采访报道,监督有关部门解决民生问题,充分体现了地方主流媒体的责任担当和服务意识,发挥媒体监督职能。原本一档电台单独的访谈节目,借媒体融合之势,创新了传播方式、扩大了传播范围,大大提高了节目的传播力和影响力。

在做强做大自己的新媒体平台的同时,在互联网高速发展的今天,传统媒体还可以充分利用商业化、社会化的互联网平台,通过在这些平台上发布自己生产的信息产品,来扩大自身的影响力。这就要求采编人员充分研究各互联网平台的特点、传播方式,不断创新,生产出适合各类互联网平台传播的产品。

2. 守好传统媒体阵地做精做优,增强引导力、公信力

目前,各类新兴媒体层出不穷,但也良莠不齐,海量信息充斥互联网,但往往也真假难辨,错误的、造谣的、低俗的……众多信息产品掺杂在一起,让新兴媒体的公信力一直备受质疑。而报纸、广播电视等传统媒体,一直以来有着自身严格的采编播发流程,在舆论导向、新闻质量上层层把关,以其权威性、真实性在群众中具有很好的舆论引导力和社会公信力。尽管近年来新媒体的崛起不断挑战着其引导力和公信力,但依然不可否认,传统主流媒体新闻真实性、权威性的优势依然存在,在一定程度上比新媒体更具引导力和公信力。正如上海广播电视台台长高韵斐所言:"在新的历史时代背景下,如何保持并强化传统媒体的舆论引导力,如何在海量信息中打造'第一信源'和'第一解释权',这是各大传统媒体面临的重要议题。"

在各类新兴媒体迅猛发展的今天,传统媒体要借媒体融合之势守正创新,与新媒体各展所长,互补短板,在借新媒体传播平台生产融媒体产品,扩大信息产品传播力、影响力的同时,还需守好报纸、电视广播这些传统传播阵地,不仅要守好,更要创新,创新是发展的动力,有创新才有发展。

新闻媒体要增强自身的传播力、引导力、影响力、公信力,关键还是看产品。对于媒体人而言,"内容为王"是我们的坚守,"责任意识"是我们的担当。在媒体融合的大趋势下,媒体采编人员更应该在原先的传统媒体传播阵地上深耕细作,树立品牌意识,打造自己的品牌。

拿报纸来说,受版面、发行量的限制,其传播速度、信息量远远比不上新媒体,但其在新闻产品的质量、深度上却优于新媒体,在思想性、文化性上更有文章可做。在松江区融媒体中心建设过程中,《松江报》目前正在积极推进报纸改版

工作,计划在版面内容、版面形式上进一步创新。就版面内容而言,将更注重深度报道,以报道质量取胜;更注重新闻评论,在思想性上下工夫;更注重栏目设置,打造有影响力的品牌栏目;更注重人文历史,提升报纸文化品位。在版面形式上,根据现今读者的阅读喜好,更注重图文并茂,大气精美,达到杂志化的效果。

在媒体融合过程中,电视广播同样要借势创新,优化节目内容,打造个性化栏目,增强自身的综合实力。

结　语

当前各区县都在抓紧融媒体中心建设,这是一场新闻传播、舆论宣传、思想教育领域的深刻变革。我们要紧跟形势,乘势而为,导向为魂、移动为先、内容为王、创新为要,推动传统媒体和新兴媒体融合发展,要遵循新闻传播规律和新兴媒体发展规律,强化互联网思维,坚持传统媒体和新兴媒体优势互补,一体发展。新闻媒体人要把握好目前传播领域移动化、社交化、可视化的趋势,在构建传播话语体系上下工夫,在受众乐于接受和易于理解上下工夫,讲好故事,不断提升传播效果。

参考文献:

[1]《加快推动媒体融合发展　构建全媒体传播格局》,来源《求是》,2019 年 3 月 15 日。

[2]《习近平谈媒体融合发展:关键在融为一体、合而为一》,来源《人民网-中国共产党新闻网》,2018 年 8 月 22 日。

[3] 高韵斐《探析新时代如何提升主流媒体舆论引导力》,来源《探究真谛——上海广播电视论文选》第六辑 P8。

作者简介:

陈亚利,浙江大学中文系文学学士,上海市松江区融媒体中心党委委员、副主任。

区级融媒体中心建设中报台网采编队伍融合的路径探索

张晋洲

提　要：不同于单一形态媒体的融合发展，区级融媒体中心既要打破报纸与广电在媒体形态上的藩篱，又要打破传统媒体与新媒体的边界，实现报纸、广播、电视、互联网的优势互为整合，互为利用，深度融合。报台网相融，采编队伍的融合首当其冲。在面对报纸与广电融合难，事业人员与企业人员融合难，"新记者"与"老记者"融合难的问题中，松江区融媒体中心坚持"移动优先"战略，坚持地方媒体"在地化"优势，坚持传统媒体"内容为王"优势，通过融媒体报道项目化制度的实施和"移动优先"战略的明确，逐步打破报台网跨行融合的壁垒，推动报台网采编队伍的融合。

关键词：融媒体中心　报台网　采编队伍融合

引　言

　　作为互联网时代的新兴产物，融媒体中心做什么，怎么做，各地都在积极探索实践过程中。不同于报纸、广播、电视等单一形态媒体的融合发展，区县一级融媒体中心面临的挑战更大，首先，要实现报纸与广电这两种完全不同形态的传统媒体的融合；其次，要做到报台网三者的深度融合。在融媒体中心建设中，报台网采编队伍的融合，既是基础，也是重点。本文将从报台网采编队伍的融合出发，分析融合中存在的难点，梳理破解难题的做法，并尝试提出未来采编队伍深度融合中应遵循的原则。

正　文

　　移动互联网时代,传播技术革新给新闻舆论工作带来了深刻的影响和变化。发展方向不明,竞争力不强,运营水平不高,生存空间挤压,是地方主流媒体遇到的共性问题。对于地方主流媒体而言,区级融媒体中心建设挑战与机遇并存,首当其冲要在报台网采编队伍的融合上想办法,出对策。不同于报纸、广播、电视等单一形态媒体的融合发展,区县一级融媒体中心面临的挑战更大,既要打破报纸与广电在媒体形态上的藩篱,又要打破传统媒体与新媒体的边界,实现报纸、广播、电视、互联网的优势互为整合,互为利用,深度融合。

一、报台网采编队伍融合中的三个难点

　　松江原有三家新闻类事业单位,分别是松江报社、松江广播电视台和区新闻宣传综合服务中心,拥有报纸、电视台、广播电台、新闻网站、政务微博、政务微信、政务移动客户端七大类媒体平台,发展各有所长。其中,区新闻宣传综合服务中心负责微博、微信、新闻客户端的运营。不可否认的是,随着传播技术的革新,三家单位都陷入了发展瓶颈,虽然"背靠财政"不愁生存,也积极探索新媒体发展,但过去"一呼百应"的传播格局已难再现。2017年11月,松江主动跨前一步,整合三家单位成立松江区新闻传媒中心,旨在构建全媒体、融媒体运作体系。但实践探索以来,由于原三家单位在体制机制、运作模式等方面的不同,给报台网采编队伍的融合带来了三大难点。

　　首先是报纸与广电的融合难。报纸和广电分属两种完全不同形态的传统媒体,一个是平面媒体,偏重于用文字表达;一个是则是视听媒体,偏重于用影像和声音来传递信息。这也导致两者对采编队伍的要求不尽相同,一张纸、一支笔,就可以构成报社记者的最低采访成本;电视记者则至少要一名摄像一名记者,需团队作战。报纸与广电的差异,给报台网采编队伍的融合带来难题。报纸编辑记者往往既不懂摄像技术,也不懂广播电视语言,无法胜任广播电视报道的采编任务;广播电视编辑记者又很难编采能符合报纸要求的稿件。因此,一段时间以来,报台网三路采编队伍虽然在行政上成了"一家人",却并未实现真正的融合,在日常采编工作中,仍是各行其是。

　　其次是事业人员与企业人员融合难。松江原三家单位均采取了事业加企业的双轨制运作。原松江报社的派遣制员工占到8成,大部分集中在一线采编岗位上;原松江广播电视台相反,事业编制身份员工占到9成以上;原区新闻宣传

综合服务中心则全是派遣制员工。同一岗位上，两种不同身份，两套考核体系，双轨制运行给采编队伍的融合带来新的痛点。企业人员考核相对灵活，基本可以做到多劳多得，但事业人员基本是干多干少一个样，甚至经常出现少干事的多拿钱，多干事的拿不到钱，不干事的照样拿钱的情况。另一边，双轨制改革为单轨制的现实阻力很大，企业人员想进编，有门槛，进不去；全员实施企业化，事业人员不愿意，反对声音大。

三是"新记者"与"老记者"融合难。融媒体并不是一个独立的实体媒体，而是一个把报纸、广播、电视、互联网的优势互为整合，互为利用，使其功能、手段、价值得以全面提升的一种运作模式，是一种实实在在的科学方法，是一种新闻实践中看得见摸得着的具体行为。作为移动互联网时代下的新生事物，不言而喻，融媒体要姓"网"。长久以来，区一级新闻单位受限于资源、吸引力等，采编队伍老化、不稳定是老问题。在松江原三家新闻单位中，身为"互联网难民"的老同志多，代表"互联网移民"的中青年同志多，而真正懂网的"互联网原住民"极少，零星分布在网端采编力量上。这三者间对互联网的理解和态度各不相同，势必带来理念上的分歧，从而造成采编队伍中"新记者"与"老记者"的融合难。

二、松江在报台网采编队伍融合中的探索

针对报台网采编队伍融合中的三大难题，松江区融媒体中心在尚未完全完成整合的过渡阶段，通过融媒体报道项目化制度的实施和"移动优先"战略的明确，逐步打破报台网跨行融合的壁垒和边界，初步实现采编队伍融合的目标。

（一）借助"增强四力"实践教育活动，以融媒体报道项目化制度为抓手，初步打破报台网采编队伍的边界

媒体融合发展，首要解决的是以往报台网采编队伍单打独斗、形不成合力的问题。2018年起，松江打破过去报台网采编队伍各自为政的格局，以新闻周例会、重点选题策划会和采前会等为抓手，实现新闻线索的互通有无、共享整合，让报台网各路记者采集的新闻稿件、图片、视频等，在各平台上都能互通使用。

今年，结合"增强四力"实践教育活动的开展，松江区融媒体中心积极探索融媒体报道项目化制度，推动报台网采编队伍融合的实践。具体做法是从报台网分别抽出采编力量，组成三四人的报道小组，围绕同一个报道项目进行分工协作，负责所有平台的新闻采集，通过这种融媒体报道项目化的运作机制，不仅增进了报台网采编人员之间的互相了解，也让原先单一负责文字、摄影、摄像的记

者,对全媒体记者有了感性化的认知,为下一步采编队伍的融合打下基础。

以"增强'四力'·扶贫协作看版纳"融媒体报道项目为例,今年5月,松江区融媒体中心分别从报台网抽调采编人员,组成五人报道小组,赴松江扶贫协作对口地区云南省西双版纳州开展采访报道。在滇期间,报道小组兵分两路,除一名专职摄像记者外,其余四人均需兼顾文字、图片、视频、同期声的采集、撰写和编辑。与此同时,报纸、电视、广播、微信平台联动,同步推出"增强'四力'·扶贫协作看版纳"融媒体系列报道,实现了文字、图片、视频、音频的集成利用和一站式呈现。

(二)基于新闻客户端重塑采编流程,围绕"全员上网"目标,实现报台网采编力量的真正融合

主动拥抱互联网时代,早在2014年底,松江就上线了"松江时空"新闻客户端。客户端采取"先报后网"的运营模式,在人力配置上,仅由一两个人负责后台维护和更新,在运作方式上,发布的新闻以抓取已在报纸、微信等平台上刊载过的信息为主,因此四年多以来,客户端的下载量、日活量始终处在低位。今年5月,松江区新闻传媒中心更名为松江区融媒体中心后,将发展重心瞄准新闻客户端。6月27日,原"松江时空"改版升级,全新的"上海松江"新闻客户端正式上线,并明确作为未来融媒体中心建设的主载体、主阵地。通过采取"先网后报""先网后台"的运营模式,报台网采编人员依托"上海松江"新闻客户端,工作重心转移,实现"全员上网"。

松江区融媒体中心的采访部作为"全员上网"的主载体,承担"上海松江"新闻客户端的运营。其人员构成,由原区新闻宣传综合服务中心、报社采访部、报社编辑部、报社新媒体部、电视台采访部等部门优化整合而成。采访部下设若干采访小组,分设小组长一名,文字记者、摄像记者若干名。每个小组分别对应客户端上的不同频道和栏目,小组长兼任频道主编,负责小组内记者采集的新闻稿件、图片、视频的一审,二审、三审则分别由客户端总负责人、融媒体中心"中央厨房"值班指挥长负责,三审后由频道主编或责编进行发布。在这个流程架构下,记者采集的新闻稿件、图片、视频、音频等,在快速走完三审流程后,都将优先于其他平台,在客户端上首先呈现。客户端总负责人再根据不同新闻的内容和重点,将新闻分发到报纸、电视、广播、微信、微博等平台进行刊播发。

在优化采访部的同时,松江区融媒体中心还组建了视觉部,抽调懂新闻、有技术的摄影、美编、摄像等人员组成,主攻短视频、直播等栏目日常运维和内容供给,同时负责中心所有制图、制表、H5、AR、VR等内容。针对传统媒体平台,中

心设置报纸、电视、广播、融媒体四个编辑部,在精简人员的同时配强人力,分别负责报纸、电视新闻、广播新闻、微博微信平台的内容编审和刊播。编辑部人员在采访部交叉任职,同时也兼任客户端各频道栏目的主编、责编,真正做到"全员上网"。

为确保"移动优先""全员上网"的真正落地,松江区融媒体中心还在积极探索建立以新闻客户端为主导的系统考核方案,通过发挥考核体系的"指挥棒"作用,确保新闻客户端的优先发稿。同时,通过积极探索妥善处理管理岗位与专技岗位之间人员选用矛盾,推动采编专业职务序列改革等,打通报台网采编队伍深度融合的痛点、难点。

三、报台网采编队伍深度融合中的三个原则

融媒体中心建设,是地方主流媒体当下必须应对的重要挑战,也是党中央交付的时代课题。在今后报台网采编队伍的深度融合中,要在坚持"移动优先"、坚持"在地化"、坚持"内容为王"上做到"三个不能放弃"。

(一)坚持"移动优先"战略不放弃

未来新闻舆论的主阵地既不在报纸也不在广播电视,而是移动互联网。融媒体中心基于互联网,必须毫不动摇地坚持"移动优先"战略。媒体融合不是简单的"1+1=2"的过程,注册一两个微博号,运营三两个微信公众号,也不是成功的媒体融合。要真正做到"移动优先",报台网采编人员首先要从思想上彻底转变,真正认识到传播技术和方式的变革,以及互联网时代的传播规律和受众需求,并把工作重心从"网下"移到"网上",不仅要"触网",更要"懂网""用网"。

坚持"移动优先",同时也要善用渠道,做好加减法。近年来,移动社交互动平台层出不穷,地方媒体要想继续抢占舆论阵地,就必须善于利用好这些新兴传播技术平台,在充分调查研究的基础上,立足自身定位和实际,有针对性地开辟新闻舆论宣传工作新阵地,做好加减法。对于报纸、电视、广播等传统载体,在争取维持现状的同时,也要审时度势,勇于自我革命,该关的关,该停的停,根据趋势做好减法。

(二)坚持地方媒体"在地化"的优势不能放弃

地方媒体不同于央媒、省媒,在新闻舆论工作中的着力点更小,受限更大,但

这并不代表地方媒体就注定没有作为。作为地方主流媒体，靠近基层，紧贴群众的"在地化"特性，是其天然的、最大的优势所在。身在基层，就更要深入基层，扎根基层，了解基层的所思所想所盼，才能在新闻舆论工作中打好服务基层这张牌。

媒体不分大小，作为决定地位。只要讲好了当地老百姓的故事，策划精心，内容出彩，方法得当，同样能引起广泛的共鸣，发挥主流媒体的舆论引导主力军作用。因此，在未来的区级融媒体中心发展过程中，必须进一步明确立足基层，贴近群众这一定位，并充分发挥和利用好这一"在地化"优势。同时，在原有主流媒体品牌价值基础上，充分借力现代传播技术手段，进一步做大地方媒体的线上线下"朋友圈"。

（三）坚持传统媒体"内容为王"的优势不能放弃

媒体融合的要义无外乎于继续满足受众的两个需求，一是内容要求，受众想看什么，二是渠道要求，受众通过什么方式看。因此，融媒体中心要一手抓好内容生产，一手抓实技术建设。"面向互联网大潮，主流媒体要坚定自信，坚守政治和社会责任，生产有思想、有价值的内容，这是刚需，是传统媒体的核心优势。"[1]在推进报台网采编队伍深度融合的过程中，必须继承和坚持这些老传统，既要将"内容为王"坚持到底，也要坚守严肃严谨的媒体初心。

在多样化的传播渠道中，不接地气，没有质量的新闻产品，即使拥有再华丽的技术外衣，拥有再多的内容分发渠道，也无法得到受众的认可。不仅如此，对内容的不重视，会带来受众对主流媒体"从试试看到不信任"的恶性循环。作为地方主流媒体，在未来的融合发展过程中，不论是内部重构采编流程，还是外部的借力新兴传播平台，都不能放弃"内容为王"这个优势。相反，所有流程的再造、渠道的拓展，都应该服务于内容，围着内容的生产和传播来转。只有这样，区级融媒体中心才有可能促进内容价值的回升，形成具有竞争力的新型地方主流媒体品牌。

参考文献：
[1] 卢新宁：《融合三问：新型主流媒体的转型思考》，《新闻与写作》2019 年第 2 期。

作者简介：
张晋洲，大学本科，上海市松江区融媒体中心报社采访部主任。

注重地方传统媒体融合转型中的分类传播

何小兰

提　要：传统媒体的融合转型是当下互联网环境中具有战略意义的一项工作，通过融合转型，传统媒体有利于将失去的受众从互联网上接回来，从而适应新的传播环境，在全媒体平台上更好地传递党和政府的声音，进一步增强媒体的传播力和影响力。但是地方传统媒体的融合转型模式的多样性值得研究，在融合转型中承担的传播功能和效果也需要分类探索。

关键词：融合转型　转型模式　传播功效　分类传播

2019 年 1 月 25 日，习近平同志在十九届中央政治局第十二次集体学习时发表重要讲话，强调要深刻认识全媒体时代的挑战和机遇，全面把握媒体融合发展的趋势和规律，推动媒体融合向纵深发展，做大做强主流舆论。这是近年来习总书记关于媒体融合的又一次重要讲话。此前的 2018 年 9 月 19 日，中宣部在上海召开媒体深度融合现场推进会，研究借鉴解放日报"上观新闻"整体转型的实践，而后又前往浙江湖州市长兴县开现场会，交流县级媒体融合转型的经验。近年来，传统媒体的融合发展在各省市自治区的各级各类媒体中普遍展开。笔者在研究中发现，地方传统媒体的融合转型模式有多种方式可以探索，媒体所在区域的情况不同，媒体本身的特性、条件和功能不一样，融合转型的方式、路径也可有不同。

一、传统媒体融合转型的几种样本

各地、各级传统媒体的融合转型形成了一些不同的做法，通过对这些样本的研究,可以归纳出地方传统媒体融合转型的做法和特色。

1. "上观"模式: 省级党报转型发展的典型样本

"上观新闻 App"原名"上海观察",是上海报业集团成立后推出的第一个新媒体产品,也是党报互联网整体转型的一个样本。它主推移动客户端,拥有自己的网站、微博、微信公众号。"上海观察"2013 年 12 月 10 日开始试运行,2014 年 1 月 1 日正式上线。2016 年 3 月 1 日起,解放日报按照"深度融合、整体转型"的目标,"上海观察"全新改版上线,围绕"上海观察"设置采编组织架构和流程,在全国省级党报中率先迈入"一支队伍、两个平台(解放日报、上海观察)"的一体化运作新阶段。同时,"上海观察"更名为"上观新闻",由原先的付费阅读模式改为会员注册、免费阅读模式。

"上观"模式的主要特点是两个精准,即:内容定位精准,以上海政治、经济的深度报道和分析评论为主;用户定位精准,以上海市党政干部、公务员群体为主,并以此延伸覆盖其他关注上海发展和政治、经济形势的高端人群。以"上观"为标志,解放日报率先走出传统媒体从"相加"到"相融"的关键一步,成为全国省级党报转型发展先行者。

"上观"模式也给地方传统媒体融合转型,尤其是党报转型提供了一个借鉴,即:在做好传统媒体的同时,怎么有效地拓展新兴媒体,将采编队伍融合好、使用好,将传统媒体和新兴媒体都办得有声有色。习总书记在十九届中央政治局第十二次集体学习发表重要讲话时指出:传统媒体和新兴媒体之间不是取代,而是迭代;不是谁主谁次,而是此长彼长;不是谁强谁弱,而是优势互补。"上观"作出了探索和实践:传统主流媒体并没有因为新媒体的冲击而衰退,反而通过走融合发展道路进一步拓展了发展空间,巩固和壮大了主流思想舆论阵地。

2. 天津"海河传媒"模式: 省级媒体整合资源、平台再造的典型样本

2018 年 11 月,天津海河传媒中心挂牌运行,这是撤销了天津日报社、今晚报社、天津广播电视台、天津广电传媒集团 4 个正局级机构和中国技术市场报社、天津报业印务中心 2 个副局级机构后成立的一个新的传媒机构,实现"报纸无社、广电无台",成为省级媒体融合转型的另一个样本。

整合前的 6 家媒体单位有报刊 16 家、广播电视频率频道 20 个、新闻网站 6 个、新闻客户端 8 个、手机报 2 份、"两微"社交媒体账号 334 个。整合后,原"两报一台"所属新媒体采编人员、平台、项目等资源整建制划入北方网,组建津云新媒体集团。同时关闭了 10 个子报刊、6 个电视频道、5 个新闻网站和 3 个新闻客

户端。[1]

改革后，海河传媒建立了统一的宣传策划和智慧调度系统，建立采访、编辑、技术"全媒体联动、全天候相应"机制。成立了 61 家融媒体工作室，鼓励传统媒体采编人员以项目制的柔性方式自由组队，开展内容创新。改革后，媒体的影响力进一步增加，经营也不断改观，2018 年新媒体收入达到 2.8 亿元，同比增长 18%。[2]

海河传媒模式的主要特点是：调动全市媒体之力，资源整合得十分彻底，融合中在机制上彻底打破传统媒体的边界，通过融合转型的契机优胜劣汰、实现创新，集中力量打造省级传媒旗舰。

3. "界面·财联社"模式：省级媒体品牌化运营、和资本市场对接的典型样本

界面·财联社是由蓝鲸传媒与上海报业集团共同打造的财经资讯服务商，界面是上海报业集团的新媒体品牌、财联社是蓝鲸传媒的新媒体品牌。2018 年 2 月，上报集团宣布，界面通过换股的方式，已于 2017 年底完成与财联社的整体合并，整合成界面·财联社，将其打造成为中国移动财经客户端领先品牌，欲做"中国彭博"。

界面·财联社向用户提供全球证券市场资讯和 365 天 24 小时金融信息服务。其受众定位于证券领域投资者，专注于中国证券市场动态的分析、报道，为证券市场提供资讯、数据分析、专家咨询服务。

"界面·财联社"集"媒体＋资讯＋数据＋服务＋交易"五位于一体，基于"界面""财联社"两个品牌原先在各自领域中已有的市场积累，通过媒体内容占据影响力的制高点，也有信息服务产品来帮助其影响力实现落地和变现。

"界面·财联社"模式的主要特点是：充分培育品牌、发展用户，在获得市场认可后寻求市场价值，用资本化的方式做大做强，谋求更大的发展。

4. "长兴"模式：县级传统媒体着眼本地、融合转型、多层次增加传播力的典型样本

长兴是浙江湖州市的一个县，2011 年 4 月，长兴县委县政府率全国之先，整合报纸、广播、电视、网络等县级媒介资源，成立长兴传媒集团，践行媒体融合，诠释县级"新媒体"，形成了独特的"长兴模式"。

长兴传媒集团自成立以来，一直致力于改革创新、转型发展。在融合方面，打造五位一体平台系统。推进全媒体运作，核心是推动各媒体平台充分融合。为此，长兴传媒集团与传媒技术公司合作开发了融合广播、电视、报纸、网络、移

动端五位一体的"融媒眼"指挥平台系统。在"融媒眼"上,从记者出发,到现场采集,到发送稿件,再到各平台采用状态以及刊播后的收视阅读点击情况,一览无余。系统分为电脑端和手机端,即使不在办公室,依然可以实现云端办公,使得信息充分互通,内容充分共享,大大提高了生产效率。长兴传媒集团立足本地,和政府各部门充分联手,在本地大型活动、安防建设等方面都深度参与,充分发挥了媒体融合后的综合效应。

"长兴"模式主要特点是:充分抓住地域特点,在传播的同时注重多元化运营,实现传播力和影响力的全方位延伸。

二、地方传统媒体融合转型需关注分类传播效果

在大众传播领域,传播效果指的是传播对人的行为产生的有效结果。要达到有效的结果,地方传统媒体融合转型必须要重视几个重要问题:本地媒体融合转型的基础条件、融合转型后平台或产品的定位、融合转型的受众分析等。只有把这些问题想清楚,融合转型才能达到传播的有效结果。笔者认为:地方传统媒体的统合转型没有统一的模式,必须清醒地分析传播的各大要素,选择一条适合自身媒体融合发展的路径,并能客观地评价媒体融合发展的效果。

1. 充分认识地方传统媒体融合转型的基础条件

从上述所展示四类样本可以看出,地方传统媒体融合转型的基础条件各不相同,转型的模式也不一样。地方媒体的融合转型,在大力推动这项工作的时候,必须要首先认清楚自身的基础条件。

在四个样本中,天津很具有代表性。2017 年,天津各大媒体的受众和收入持续"断崖式"下滑,各媒体广告收入年均降幅超过 30%,报纸 2017 年广告收入仅 9 000 万元,不到鼎盛时期的 10%,在全国晚报界享有盛誉的《今晚报》已严重资不抵债、一度濒临破产。③2017 年 2 月,中共天津市委书记李鸿忠同志在全市宣传思想文化工作会议上明确提出,要下决心拿下天津报纸、电视、广播、网络的融合之战,打造新型主流媒体,不搞简单的物理相加,要进一步到位、化学融合,实现融为一体、合而为一。天津海河传媒集团可以说是在传统媒体遇到极大生存挑战时的自我革命。

上海正努力成为国际经济、金融、贸易、航运和科创中心,在全国改革开放的最前沿,因此上海报业集团在做媒体融合整体规划的时候,设计"界面"这样的财经类的互联网媒体品牌。

长兴传媒集团作为县一级的媒体集团,立足于县级,充分利用县里的各种资源,开展多方位的传播和经营方面的合作,走出一条不同的路径。

基础条件和地方传统媒体所在的层级、城市的功能、媒体的发展现状都有密切的关系,在地方传统媒体融合转型的过程中,不一定能照搬模式,而应该从自身特点出发,量力而行,选择适合本地、适合本地媒体特性的融合方式。

2. 充分设计地方传统媒体融合转型平台的特色和定位

互联网媒体的发展都有窗口期,因为地域条件不同、融合转型的时机不同,不可能每地都有爆款的融媒体平台或产品出现。但是做好媒体融合转型的顶层设计、打造适宜的平台和产品,是地方传统媒体融合转型中应提前谋划的重要工作。

上述所展示四类样本中,界面·财联社打造成的是一个财经类的平台。它也是上海报业集团所打造4、3、2互联网媒体阵营中的一个重要的品牌。上海报业集团的融合转型,在平台和产品定位、品牌设计方面有着前瞻性的布局。《解放日报》《文汇报》《新民晚报》,三家本地最有影响力的媒体,转型中均推出了自己的新媒体产品。澎湃和界面是上报集团重点打造的旗舰品牌,在发展的过程中逐渐显现品牌影响力,还有唔哩、第六声、摩尔金融、周到四个品牌在培育和发展。上海报业集团在设计这些品牌的时候是有充分考虑的,兼顾到了有影响力的传统媒体的融合转型,也考虑到了上海作为国际大都市所匹配的传播效应,主打了界面这样的财经品类,也同时考虑了未来发展的潜力。上海报业集团党委书记裘新在2019内部年度会议讲话中表示:经过五年的探索,上报集团已经从一家以报刊为主的传统报业集团,开始转变为拥有网站、客户端、微博、微信公众号、手机报等新媒体形态的、新媒体收入占据半壁江山的新型主流媒体集团。[5]

关于县级媒体融合转型工作,笔者注意到2019年初,中宣部和广电总局联合发布《实施县级融媒体中心建设规范》,[5]指出:县级融媒体中心应整合县级媒体资源,巩固壮大主流思想舆论,不断提高县级媒体传播力、引导力、影响力、公信力,并提出以下几个原则:移动优先原则、按照媒体+的理念,从单纯的新闻宣传向公共服务领域拓展,增强互动性,从单向传播向多元互动传播延伸,将媒体与政务、服务等业务相结合,提供多样化综合服务,满足用户多样化的需求,开展"媒体+政务""媒体+服务"等业务;开展综合业务,面向用户提供政务服务、生活服务、社交传播、教育培训等服务。在这方面,长兴传媒集团在县级媒体融合转型过程中,作了很好的探索和实践。他们统合营销,创新经营方式。近年来,传统媒体广告经营严重下滑,长兴传媒迅速转变思路,创新经营方式,将营销与产品生产相融合,变以往卖"硬广"为卖产品、卖服务。融媒中心的活动部是承办各种营销活动的部门。乡镇企业的节庆活动,商家开展的商业庆典等,都愿交给长兴传媒来做。纪录片拍摄服务也是长兴传媒的重要创收渠道,近年来吸引了柯坪、长沙、湖州、东阳等地的单位前来寻求合作。随着经营和产品融合的不断深入,长兴传媒的创收值也在逐步增长。2015 年营收 1.9 亿元,2016 年营收 2.08 亿元,2017 年营收 2.09 亿元,2018 年目标营收 2.32 亿元,2019 年的目标任务是 2.5 亿元。[6]在谋划融合转型平台和产品的时候,长兴传媒集团定下了既做好媒体,又做好运营的目标。

3. 充分研究媒体融合的目标受众

受众分析是传播学的重要领域,地方传统媒体的融合转型有必要进行认真细致的受众分析,包括本地的人口规模、媒体平台或产品拟触到达的受众人群特征等若干方面,受众分析不仅能提高传播效率,做到相对精准的传播,在地方传统媒体的融合转型中,也能反过来促进融合平台或产品的设计。

在上述样本中,上观 App 下载量 1 200 多万,2016 年"上海观察"更名为"上观",名字上更去地域化了,但是受众并没有因此而大幅度扩张,"上观"有关负责人说,"上观"的核心受众群就是关心上海发展的人群,核心受众群以本地人群为主,这个考量在设计的时候就心里有数。而同样是上报集团旗下的"澎湃",定位为时政、思想,在一开始的时候就做到内容的去地域化。所以这两家在用户下载量、日活、点击量等数据上制定的要求是不同的。

长兴传媒集团在融合转型中,更专注于本地受众,长兴县有户籍人口 63 万,所以长兴传媒集团在融合转型之初就认为:本地化新闻为主要传播内容,客户端装机量 20 万就是很客观的受众目标。

基础条件、平台定位和传播、目标受众分析,将对地方传统媒体的融合转型在设计之初就提供重要的依据,有效回答怎么转的命题。也更客观实际地展示了:地方传统媒体的融合转型不一定是统一的模式,而是可以分层分类地融合转型,获得实际可行的传播效果。当然,地方传统媒体融合转型,如果实际条件允许,也应该在分层、分类的同时考虑做大做强,力争建成拥有强大实力和传播力、公信力、影响力的新型媒体集团。这样可以和央媒的融合转型后的平台一起,形成立体多样、融合发展的现代传播体系,更有利于做大做强主流舆论。

三、关于地方传统媒体融合转型分类传播的关键点

通过上述分析,笔者认为在地方传统媒体的融合转型过程中,如果能遵循传

播规律,结合自身条件,是更能摸索出一条适合本地区传统媒体融合转型的路径的。取经,取的是整体规划的思路、融合转型的方法、面对互联网挑战,识大体讲大局,勇于创新的精神,而不是一窝蜂地照搬现成模式。然而无论传统媒体如何转型,必须要注意以下几个关键点:

一是地方传统媒体的融合转型必须坚持正确的政治方向、坚持正确的舆论导向、坚持正确的价值取向,这是传统媒体融合转型必须遵守的底线。

2016 年 2 月 19 日,在党的新闻舆论工作座谈会上,习总书记发表重要讲话,他指出在新的时代条件下,党的新闻舆论工作的职责和使命是:高举旗帜、引领导向,围绕中心、服务大局,团结人民、鼓舞士气,成风化人、凝心聚力,澄清谬误、明辨是非,联接中外、沟通世界。要承担起这个职责和使命,必须把政治方向摆在第一位,牢牢坚持党性原则,牢牢坚持马克思主义新闻观,牢牢坚持正确舆论导向,牢牢坚持正面宣传为主。

在传统媒体融合转型的过程中,坚持正确的政治方向、坚持正确的舆论导向、坚持正确的价值取向是底线,必须牢牢坚守。党报姓党,党网也姓党,移动端也姓党,不管融合的方法、手段、路径措施、技术平台有何变化,这三个坚持是不变的,追求新闻舆论引导力、传播力、影响力、公信力是不变的。

坚持正确导向,新媒体没有例外。传统媒体融合转型的平台和产品不能一味追求点击量而弱化媒体应有的社会责任意识;不能一味地迎合受众的口味而弱化媒体应有的价值观,必须全环节、全领域覆盖。只有这样,传统媒体融合转型才会真正发挥作用、实现价值。

二是地方传统媒体的融合转型,应建立起客观的评价体系。

衡量一个互联网媒体平台影响力的,一般是以点击量、日活等要素为衡量标准。运营研究社的陈维贤先生指出有 4 个基本指标要关注:浏览量、App 下载量、新增用户、用户获取成本。还有 4 个活跃指标:活跃用户数、活跃率、在线时长、启动次数。这些衡量标准也确实是互联网媒体客观的评价维度。[7]

但是从实际出发,地方媒体因为所报道内容地域性的关系,不可能在传播中做到用户的无限度扩张,尤其是融合转型的县级媒体,即使是地级市、省会城市,甚至是省市自治区,地方媒体传统媒体的融合转型的平台或者产品,也可能有很强的地域性。因此,评价维度并不一定要照搬现成的互联网媒体的评价体系。能成为现象级的平台或者产品当然可喜,能有特色、发挥出媒体属性,能为做大做强主流舆论添砖加瓦也值得肯定。制定合理、合适的评价体系,不仅能避免在宣推上的盲目投入,也有利于对媒体工作者的工作给予中肯的肯定和激励。

三是地方传统媒体的融合转型,应充分注重品牌价值,发挥品牌效应。

界面的财经媒体属性,为它提供了非常强大的对接资本市场的想象空间。

上海报业集团称：界面和财联社整合后，双方期待可实现稳定覆盖人群达到亿级规模，市场估值超过 50 亿元，有望成为该领域未来的独角兽公司。根据上报集团内部讲话透露的信息：2018 年起，并购首次成为集团媒体业务收入增长的重要动力。通过集团旗下的界面新闻并购财联社，新增加的收入占全年集团媒体业务收入增量的 53％，改变了传统媒体以往单纯依靠内生增长的发展模式，这就是品牌的价值。[8]澎湃也是如此，传统媒体融合转型过程中，一旦打造成有辨识度和影响力的品牌，其传播效力会更大，而且在运营和资本运作方面会更有成效。

结　语

地方传统媒体的融合转型意义重大。笔者认为，如果地方各级党委和政府能充分认知传播规律，充分了解本地媒体特点和属性，在地方传统媒体融合转型中就会有更务实的顶层设计，从而做好分类传播，切实发挥传播效能，使这项工作更符合媒体的传播规律、符合互联网的传播特性。

注释：

[1][2][3][8]《中国记者》署名本刊记者 2019 年第四期[J]《媒体深度融合　打造传媒旗舰——访天津海河传媒中心党委书记、总裁王奕》。

[4]《未来已来　相信未来——创造上海报业改革新传奇》裘新[R]2019 年 2 月 21 日。

[5]《实施县级融媒体中心建设规范》中共中央宣传部、国家广播电视总局 [S]2019 年 1 月 15 日，标准编号：GY/T321－2019。

[6]《浙江日报》客户端[N]2018 年 10 月 30 日《融合发展要做到有心有效有人有形》。

[7]《运营研究社》陈维贤[N]2018 年 8 月 17 日《运营必懂的 33 个数据指标与分析方法》。

作者简介：

何小兰，上海文化广播影视集团有限公司董事会秘书。

融合视野下区(县)级媒体重大题材报道探究

涂 军

提 要: 媒体融合是新时期各级媒体,尤其是传统媒体谋求创新转型的发展共识。就目前来看,省市级以上媒体的融合力度较大,呈现出资源上行、资产集聚等特点。相对而言,区(县)广播电视台处于融合发展的基层,其报道对象以本区(县)内新闻为主,传播效果随着新兴媒体的快速发展而不断减弱。但值得注意的是,随着改革开放的深入和地区发展的加速,基层地区产生重大题材、区(县)级媒体接触重大题材的机会由此增多,如嘉定区广播电视台采访报道的"嘉定一号"卫星成功发射,就是上海区级媒体首次报道的卫星发射题材新闻。本文对融合视野下区(县)媒体参与和策划重大题材报道的时代环境和用户需求进行分析,并提出些许见解。

关键词: 区(县)级媒体 重大题材 融合发展

本文所探讨的重大题材新闻报道,主要是指从源生区域内采集新闻素材,在新闻内容、新闻价值等方面突破地域限制、行业限制,契合全社会全媒体关注的重大话题,从而产生超出该区域影响力的新闻报道,其主体为区(县)电视台。

2018年11月20日,我国首颗商业化低轨卫星——"嘉定一号"成功发射,嘉定区广播电视台作为上海市首家现场报道卫星发射的区级媒体,全程记录报道了整个过程。数十家主流媒体跟进报道,凤凰卫视、大公报等重量级媒体也第一时间跟踪报道。

与此相对应,近几年,上海各区级媒体的不少第一手报道,同样被各大媒体转发。2019年2月28日,"上海崇明"官微发布《崇明南通签署战略合作框架协议》的新闻,阅读量超过 4.7 万;3 月 2 日"上海嘉定"官微发布《嘉定区以全国第一的成绩成功创建国家级示范区》新闻,阅读量超过 6.1 万,两区县分别跃居当月上海各区微信总阅读数排名第二名、第一名。[1]3 月 14 日"上海静安"官微发布《比 4G 快 10 多倍！部分地区有望率先体验,上海已有试点!》,该篇新闻的传播力、影响力均列政务新媒体"全国两会"主题稿件得分第一。

一、区(县)级媒体跨域重大题材报道的源生性

长期以来,卫星发射这种跨域重大题材多由央视或省市新闻报道,而区(县)电视新闻受地域、行业、传播能级等限制,在这方面报道的内动力不足。但是,随着时代发展,我们发现,当前区(县)电视新闻跨域重大题材报道的源生性因素正在逐步增强。

1. 媒体融合——源生性的生长平台

"融媒体"是充分利用媒介载体,全面整合广播、电视、报纸、网络等不同媒体,实现"资源通融、内容兼融、宣传互融、利益共融"的新型媒体。[2]2014 年被称为"中国媒体融合发展元年",中央全面深化改革领导小组第四次会议审议通过《关于推动传统媒体和新兴媒体融合发展的指导意见》,媒体融合发展正式成为国家发展战略。自此,我国媒体融合得到了大力发展。从新闻传播的覆盖面上看,区(县)电视新闻与央视、省市新闻共用同一个互联网,在空间上、受众上突破了区域限制,在收看方式上具备了全媒体收看的可能性,"区(县)新闻不再是区(县)内可见的新闻"。

2. 改革开放四十年——源生性的生长环境

各区(县)尤其是国家重大战略布局涉及的区(县),正在成为重大新闻题材的一手资源的重要"原产地",许多国家级重大新闻题材也都可以在区(县)找到"热点"。在庆祝改革开放 40 周年大会上,党中央、国务院授予了 100 名同志改革先锋称号,他们有两弹一星元勋、诺贝尔奖获得者、"中国天眼"等大国重器的缔造者,但也有超过 50%是活跃在基层区(县)的党政干部、民营企业家、科技工作者、改革推动者,他们的身上有着足够的源生性内容供区(县)媒体报道。2019年全国科技工作会议报告指出,当前研发人员总量预计达到 418 万人,居世界第一。[3]这些企业和研发人员很多都不显山露水地藏身在各区县。"近水楼台先得月",改革开放四十年,各区(县)尤其是东部沿海区(县)积累了大量引领时代发展潮流的人物、企业和故事,为区(县)媒体挖掘跨域重大题材提供了较为丰厚的

"地利"和"富矿"。

3. "从边缘到中心"——源生性的用户基础

2018 年,第五届世界互联网大会题为《暖——互联网改变的 100 张面孔》的图片展引起广泛关注,这 100 张面孔的主人都是平凡的普通人,他们不再局限在一村、一校、一厂、一镇的狭小格局内,都在用语言或行动讲述互联网如何为自己赋权、走向世界大舞台的故事。如:四川大凉山悬崖村小学彝族小伙儿杨阳,每次爬"天梯"时都用自拍杆视频直播,相关视频几乎都上了热搜;又如广西阳朔的徐秀珍老人,只有小学三年级文化,却已有 21 年的导游经验,会四国外语,视频被游客传到网络,还间接带动了当地的旅游。从这个主题以及关注对象中我们可以发现,由互联网开启的全媒体现象,使得每个个体因互联网而不再是社会发展的"边缘人","从边缘到中心"、拓展自我的边界、提升自我与世界的关联度、参与世界的变化,正成为大多数用户对信息传播的新期望值。报告显示,截至2018 年 12 月,我国网民规模为 8.29 亿,其中手机网民占比达 98.6%,互联网普及率达 59.6%。[4] 这些人是融媒体时代的主要用户,也是渴望被关注、渴望"中心化"的群体。他们在互联网上浏览新闻时,思维和眼界都已超出了区(县)范畴,他们可能因为外区、外省市、境外乃至地球另一端的重大事件而激动不已,更希望看到发轫于身边又能契合时代律动的重大题材新闻。从长远看,互联网用户思维和眼界的新变化、新期望,为区(县)电视新闻重大题材报道提供了源生性用户基础。

二、区(县)级媒体重大题材报道的现状

县级电视台是我国四级电视结构最低的媒体机构,据不完全统计,如果按照平均每个区(县)一个电视台计算,目前我国共有约 4 000 家区县级电视台。[5] 作为扎根于本地的媒体机构,立足本区(县)、服务一方是他们的共同特点,许多区(县)电视新闻报道有特色、有温度、有亮点。然而在融媒体时代,用户获取新闻资讯的渠道越来越多、关注的新闻平台越来越大,区(县)电视新闻面临如何"走出去""搭上车"的困境。

1. 资源短缺

总体而言,我国融媒体建设当前呈现出资源上行、资产集聚、市场运营等特点,横向上看初步形成京津冀、长三角、珠三角和中西部的西三角、中三角、滇海等区域板块,纵向上看呈现出央级媒体迅猛转型纵深发展、省市级媒体百花齐放

各有千秋、区县级媒体融合乏力运营不足的特点。2009年12月28日中国网络电视台正式成立,全媒体形态的《人民日报》覆盖国内外3.5亿用户……打造新型主流媒体"国家队方阵"集聚了大量资源。SMG看看新闻Knews、湖南卫视金鹰网、江苏广电"荔枝新闻"等地方融媒体,其拥有的新闻品牌也收获了大量忠实用户。相对而言,区(县)媒体则鲜有融媒体建设的亮点,网络用户量、市场占有率、网络平台资源等大都被上游媒体先发抢占。

2. 储备不足

从体制机制上看,我国区(县)广播电视台是参照省市级电视台模式组建的,但在规模和覆盖面上受到人力、物力、财力等方面的限制,储备难免短缺。尤其是重大题材报道,对媒体机构的综合实力要求很高,区(县)广播电视台存在明显不足。以"嘉定一号"卫星发射现场报道为例,因需要携带摄像机乘坐飞机,但专业摄像机的电池容量超过航空限制,过去区(县)台往往用小型摄像机,但考虑到该题材重大,必须使用专业摄像机,嘉定台在记者出发前一周专门购置了航空电池;现场拍摄方面,因2位记者没有拍摄类似题材的经验,因此出发前仔细学习了大量类似报道,并特地在发射前2天到达现场,争分夺秒地熟悉场地,模拟练习;拍摄完成后,又通过笔记本电脑上的软件剪辑传输回到台里。而相对应的,同时拍摄的上海电视台记者则有着丰富的卫星发射拍摄经验,且携带了更加快速编辑画面和传输信号的专业设备,各个环节的衔接都比首次拍摄的区级媒体有着更丰富储备。

三、区(县)级媒体重大题材报道的契合性

融媒体时代,区(县)级媒体参与重大题材报道,需要在新闻价值、新闻内容、传播渠道、传播效果上找到与全社会、全媒体关注点的契合性领域,由此也可以找到重大题材报道的多元维度。

1. 新闻价值——基于用户思维的深度

新闻价值是新近变动事实信息及时传播以适应于社会需要的潜在素质,是传播新闻时的一种行动思维,更是一种思维方式。[6]在我国社会主要矛盾发生变化的新时代,群众不再满足于自身物质文化生活需要,而是对美好生活的向往,而这种向往感常常来源于自我认同与主流认同的同步,以及由此产生的获得感、满足感和自豪感。2017年初,央视推出春节特别节目《厉害了我的国》,百姓利用手机和自拍杆,自拍的节目就能登上《新闻联播》,这组新闻产品展现出了主流

价值观,也展现了普通用户对新闻报道的倾向性思维——与重大题材接轨,或者成为重大新闻题材本身。

主流价值观从来不需要灌输,只需要唤醒。信息时代,用户每时每刻可以接收到的新闻早已超出区(县)范畴。用户感受度最深的新闻往往具有"重大题材"和"感同身受"两方面要素,新闻价值五要素中的"重要性"和"接近性"的比重正在不断放大。例如去年《嘉定新闻》推出的改革开放 40 周年特别报道,开篇主人公是 90 岁高龄的原国家体改委副主任、嘉定籍经济学家高尚全。近 7 分钟的报道以他的讲述串联,充分展现了时代巨变和老人牵挂家乡发展的赤子之心,关于他的报道就能够让嘉定人在"重大题材"中"感同身受"。因此,站在新闻用户角度去挖掘新闻,区(县)电视台才能更好地在新闻传播上占据一席之地,实现主流媒体的价值引领。

2. 新闻内容——基于专业报道的精度

一方面,在互联网时代,新闻已不属于传统媒体的垄断资源,人人手里都握着麦克风,人人皆可上传新闻视频;另一方面,高质量的新闻内容,依然是吸引不同媒介形式用户的不二法宝,随着碎片化阅读时代的到来,高质量的内容,正逐渐成为稀缺资源。

据调查,2017 年《新闻联播》收视率 8.33%,份额 30.31%,维持高位运行;每天全国收视率前 5 的节目多为央视。这客观说明大众对跨域重大题材新闻报道的关注,以及对传统媒体专业化报道的信任。这也是区(县)电视新闻的优势——多年时政、民生新闻报道所积累的用户信心,以及比自媒体、网络媒体更专业、更全面的报道。如 2018 年 5 月,嘉定区与江苏昆山、太仓签署"嘉昆太一体化发展协议",助力长三角更好质量一体化发展后仅一周,嘉定区广播电视台就推出了"嘉昆太一体化发展"系列报道,连续 4 天,围绕产业科技、市政规划、文化生活、社区管理等方面,多层次多角度展现了当前嘉昆太共建共享的成果,很好地跨出了行政区划的域限,在报道上更专业,更能让普通用户感知国家重大战略的宏大和温暖。因此,专业化可以说是区(县)新闻重大题材报道成功的关键因素之一,由专业化带来的权威性、公信力能带给用户在信息社会不一样的新闻体验。

3. 传播渠道——基于资源整合的广度

据相关调查,截至 2017 年第四季度,我国手机新闻客户端用户规模增至 6.36 亿人,移动新闻资讯每天覆盖人数达 2 000 万。[7] 前面我们分析发现,区(县)融媒体建设由于相对滞后而导致资源短缺,以部分上海区级电视媒体为例:浦东电视台客户端"魔都行囊"于 2019 年 3 月底时,在安卓市场的安装数显示为 1 363次;而长宁区新闻宣传中心开发的客户端产品"上海长宁"在安卓市场的下载量显示为 504 次。这是劣势,但也为区(县)媒体打破壁垒、走向融合提供了"轻装上阵"的优势——不占有而拥有,不串联而并联。

在各大新媒体关于"嘉定一号"的跟踪报道中,近一半画面都是嘉定电视台独家画面,从嘉定电视台到用户之间并联了众多新媒体单位的力量,快速而有效地实现了新闻的传播。区(县)媒体的优势不在于传播渠道,而在于更靠近现场、更贴近用户。人民日报社评选 2018 年度国内十大新闻,其中 3 条内容画面为重庆市某民营企业车间、河北省新乐市税务局工作人员所得税法宣传、海南三亚海棠湾免税店内购物,这些都是区(县)媒体可以第一时间直击的新闻现场,也是其整合传播渠道的天然优势。因此,区(县)重大题材新闻报道突破用户群体的区域限制,不需要与上游融媒体单位、网络新媒体平台市场竞争,只需要借势借力、顺势而为,以区域特色、区域用户为小中心,以重大题材源生性现场、人物的第一手报道为依托,通过"改造自身的新闻产品",将视频新闻生产的能力在互联网上予以释放和体现。

4. 新闻效果——基于用户体验的参与度

用户对新闻的体验是一种综合性的复杂感知,包括用户所感觉到的新闻需求被满足的程度、用户赋予新闻产品的意义以及使用过程中产生的感觉与情感。2015 年除夕,爱奇艺视频网站实现了春晚的第一次弹幕直播,用户真正感受到"天涯共此时、亿万华人话春晚"的全民狂欢,巅峰时 1 400 万人同时在线,创造了全球单平台网络直播记录。[8]"嘉定一号"卫星发射的新闻通过"上海嘉定"微信公众号报道后,引发刷屏式转发,阅读量达 6.6 万。"嘉定一号"迅速成为百度词条,百度搜索"嘉定一号",相关结果达 40 万个。

融媒体时代,记者好比一位产品经理,要对全产品线把握和跟踪,完成作品只是个开始。区(县)重大题材新闻报道,也尤其需要提高用户的体验度,这样在具备第一手报道能力后才能达成好的传播效果。把新闻用户视为合作伙伴,从"大家好",转向"你好",再到"你的世界好",与用户共同参与新闻线索搜集、新闻来源确认、报道角度选取等各个环节。

结　语

2019 年 1 月,"嘉定一号"卫星发射成功的新闻,与首届进博会举办、习近平考察上海、长三角一体化三年行动计划发布等重大消息一同入选 2018 年度上海市十大新闻，这一发轫于区域、最初由区域媒体挖掘并报道的新闻，基于改革开放 40 年的时代背景与用户"从边缘到中心"的传播新需求，为区（县）媒体挖掘、参与、甚至独家策划重大题材新闻报道提供了参考。

综上所述，融媒体时代，区（县）媒体对重大题材的报道在区（县）时政、民生新闻等报道的基础上拓展了全媒体融合的资源和渠道。随着信息社会的发展和改革开放的不断深入，源生于区（县）而又不局限区（县）的重大新闻题材报道，将成为区（县）电视新闻提升主流媒体传播力、引导力、影响力、公信力的重要内容之一。

参考文献：

［1］上观新闻 上海政务微信观察榜第 220 期 本期引用数据为 2019 年 2 月 25 日至 2019 年 3 月 3 日的信息。

［2］百度百科"融媒体"，https：//baike. baidu. com/item/％E8％9E％8D％E5％AA％92％E4％BD％93/4588919?fr＝aladdin。

［3］人民政协网 2019 年 1 月 9 日要闻《我国全社会科研与试验发展支出占 GDP 比重达到2.15％》http：//www. rmzxb. com. cn/c/2019－01－09/2259861. shtml。

［4］王俊.融媒体格局下关于区县广播电视台发展方向几点思考[J]，新媒体研究，2016(14)。

［5］裴钰.县级电视台现状与未来发展的探讨[J]，新媒体研究，2017(09)。

［6］李春邦.新闻价值观的思维方式[J]，中文科技期刊数据库，新闻学与新闻事业，2008。

［7］徐博海.时政新闻在融媒体平台的传播与策略探究[J]，记者摇篮，2018(05)。

［8］周迻.融合与重构：中国广电媒体发展新道路[M]，中国传媒大学出版社出版，2017。

作者简介：

涂军，毕业于上海大学广播电视新闻学专业，本科学历，现任上海市嘉定区广播电视台新闻采访部副主任。

短音频,区级广播媒体融合发展的着力点

周　伟

提　要: 移动互联网时代,信息传播渠道更加丰富和便捷,受众接受的内容也日趋"短"信息化,信息传播的广度加深,信息传播的深度加大,由此,带来了媒体转型和融合发展。在区级融媒体建设中,区级广播媒体可以通过运用互联网思维、发挥广播音频制作的优势,把短音频作为媒体转型和融合发展的发力点。本文通过阐述短音频的特征、分析其优势以及目前部分电台取得的经验和举措,提出区级广播媒体短音频发展的策略,以供参考。

关键词: 移动互联　融媒体建设　短音频　互联网思维

如今,人们的每一个生活细节都充满了手机的影子,"终端随人走、信息围人转"的传播特点从来没有像现在这般明显。2019年2月28日,中国互联网络信息中心(CNNIC)发布第43次《中国互联网络发展状况统计报告》。报告显示,截至2018年12月,我国网民规模为8.29亿,其中手机网民占比达98.6%,互联网普及率达59.6%。

移动互联网时代,受众获取信息的方式呈现移动化、多元化和碎片化。微博以140个字进行传播,抖音为代表的短视频成为潮流,人们对资讯的传递和获取可以在片刻间完成,内容以"短"的形态进行传播,其广度和频度呈现成倍的增长。

正因为如此,在2019年1月25日,中共中央政治局第十二次集体学习上,习近平总书记强调:"要坚持移动优先策略,让主流媒体借助移动传播,牢牢占据舆论引导、思想引领、文化传承、服务人民的传播制高点。"

眼下,全国县级融媒体建设正如火如荼。这是一场由技术飞跃带来的深刻

网民规模和互联网普及率

单位：万人

59.6%
55.8%
53.2%
50.3%
47.9%
45.8%
42.1%
38.3%
34.3%
28.9%
22.6%

29800 38400 45730 51310 56400 61758 64875 68826 73125 77198 82851

2008 2009 2010 2011 2012 2013 2014 2015 2016 2017 2018

—— 网民数 —✕— 互联网普及率

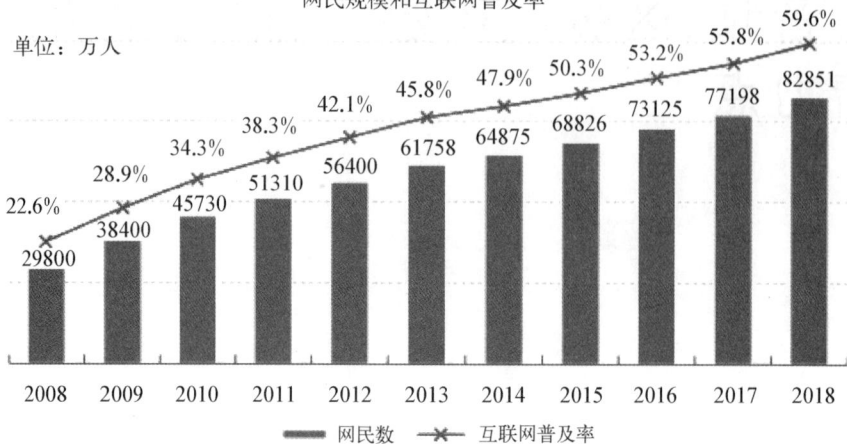

来源：CNNIC 中国互联网络发展状况统计调查   2018.12

手机网民规模及其占网民比例

单位：万人

98.6%
97.5%
95.1%
90.1%
85.8%
81.0%
74.5%
69.3%
66.2%
60.8%
39.5%

11760 23344 30274 35558 41997 50006 55678 61981 69531 75265 81698

2008 2009 2010 2011 2012 2013 2014 2015 2016 2017 2018

—— 手机网民规模 —✕— 手机网民占整体网民比例

来源：CNNIC 中国互联网络发展状况统计调查   2018.12

革命，更是党中央战略谋划下的创新发展。上海首批区级融媒体中心2019年6月28日挂牌。在媒体融合发展浪潮中，基层的区级广播同样正面临着巨大的挑战和机遇。基于移动互联网时代的碎片化、社交化传播，受众即时互动、伴随的特性，短音频依托传统广播的声音优势进行有声化的再创作和移动互联网形态的传播，无疑成为区级广播在媒体融合中的突破口和着力点。

一、短音频的定义及其特征

国内知名的广播媒介研究公司赛立信对短音频的定义是：符合移动互联网

传播模式的音频形式，它是可以在各种新媒体平台上播放，适合在移动端和碎片化短时休闲状态下收听的、高频推送的音频内容。它融合了脱口秀、时尚潮流、社会热点、公益教育等主题，由于内容较短，可以单独成段，也可以是系列作品。

与传统的广播长音频相比，短音频作品有三个特征：一是篇幅较短、适合碎片化收听，但是逻辑和情节完整；二是主题鲜明，内容富有吸引力，适合个性化收听；三是较强的场景体现，可以基于场景对内容进行垂直细分且易于归类搜索。

二、短音频是传统广播参与媒体融合的优势所在

（一）信息碎片化接受的必然选择

当受众运用网络手段获取信息的时候，接收到的信息是海量的，但是却又呈现分散式的碎片化状态。广播与移动互联网融合下，短音频可以满足碎片化收听的发展趋势。

（二）受众为核心的作品创作原则

融媒体时代，各种媒介传播形态都注重与受众的互动和交流，受众成为节目创作的基础，受众的个性化需求成为关键。短音频可以帮助广播顺畅而方便的与受众更好的互动，成为满足听众个性化需求最为有效的途径。

（三）广播本质特征的天然选择

从广播的本质属性来看，广播与互联网传播具有很多相同的特质，都具有即时性、交互性的特征。广播与互联网的融合具有先天的优势，但是传统的广播节目开始往往依次是节目片头、频道宣传、天气等内容，听众想要获取个性化信息或者感兴趣的内容，往往需要等待几分钟甚至更长时间。碎片化信息获取的时代，听众不会再耐心等待。而且广播的互动仅仅依靠电话、微博、微信进行也很单一。要改变传统广播传播的缺陷，短音频节目也就成为最佳选择，通过短音频节目能够较好地实现可循环收听、可转发、可收藏为一体的效果。

三、短音频生产的发展现状

从长音频转向短音频，已经成为互联网时代传统广播的突破口。全国各地的

广播电台依托强大的内容生产能力,纷纷推出适合互联网传播属性的短音频产品。

早在 2016 年,上海东方广播中心就率先推进短音频战略,从直播节目中挑选有特色及亮点的内容,通过剪辑、包装等手段重新合成 3—10 分钟的音频内容,并对每段内容配以可搜索的"标签",在阿基米德 FM、微信、微博等媒介进行传播;2017 年 8 月吉林电台沐耳 FM 和专门负责生产短音频产品的机构"声音工厂"上线,推出一系列短音频产品;山东广播中心制作播出社会公益救助节目《约客》,每期 3 分钟,开了广播短音频公益宣传的先河;常州新闻综合广播,选取契合季节主题的文学作品,以主持人播读的短音频形式进行文化传播,先后推出《春之声》《夏之梦》《秋之色》《冬之魂》系列短音频;天津经济广播的《辣爸奶妈育儿经》、河北音乐广播的《跟"金话筒"妈妈学讲故事》精准定位亲子类短音频。《跟"金话筒"妈妈学讲故事》每期 3 分钟一个小故事,趣味盎然,孩子听的是故事,家长听的是讲故事的方法,这款收费音频还探索了广播短音频商业开发的新路。湖南金鹰之声的《枕边新闻》,设定出一个漫漫长夜的特定场景,一个枕边的人,为你轻声耳语,根据受众需求,分为男版、女版,漫说新闻,实现用户体验的优化;2018 年 4 月 16 日,第十四届"东方畅想"全球华语广播短音频创新大赛,第一次将坐标定在"短音频"这一支点上,以"声动未来"为主题,一大批海内外集产品品牌化、内容精品化、受众细分化、应用场景化的优秀短音频产品,集中展现了广播在移动互联网时代的旺盛"声"命力。

四、金山广播对短音频的探索和尝试

作为上海市区级广播媒体,金山广播在媒体融合中把短音频作为突破口和发力点,积极进行探索和尝试,获得了一定的宝贵经验。

(一)通过短音频横向融合可以更好地提升广播的影响力

对广播来说,横向融合就是广播节目与图、文、视频等多种传播形式的融合。在互联网时代,声音成为"黏合剂",图、文、视不再是广播的对立者。广播的优势在声音,资源在声音、广播人也更擅长用声音,声音的独特属性让广播在融合中如鱼得水,大有作为。

2017 年金山广播联合区级媒体《金山报》推出美文诵读节目。通过《金山报》遴选优质美文,由广播主持人倾情诵读,形成短音频产品后在区级微信公众号《i 金山》中配文、配图推出,所形成的音频二维码在《金山报》上随文章登载。读者在看报纸文字的同时可以扫码收听文章的短音频,看和听同步进行,实现了广播、报纸和新媒体的融合传播。2018年,金山区作家协会会员创作了反映金山区非物质文化遗产的优秀文章,由广播主持人诵读形成三十二部短音频作品,除在广播频率播出外,同步在微信公众号以文、图、音形式推出,受到受众的关注和喜爱,短音频作品的传播力和影响力成倍增加,实现了1+1>2的显著效果。

（二）通过短音频纵向融合可以更好地提升广播的传播力

移动优先,内容为王,立足传统广播内容生产的优势,深挖广播最擅长的声音资源,通过短音频形式可以纵向融合打造符合移动网络传播特点的产品,这些产品在网络上传播、互动甚至可以衍生话题,形成新的热点。

1. 以金山广播针对文史爱好者制作的读书类节目《读史记品人生》为例

《读史记品人生》						
刊播平台	阿基米德		蜻蜓		喜马拉雅	
账　　号	1个节目账号呈现		2个节目账号呈现		1个节目账号呈现	
类　　型	长音频完整节目	短音频节目	长音频完整节目	短音频节目	长音频完整节目	短音频节目
图文信息	附图文	附图文	无图文	无图文	附图文	附图文
期　　数	4期	24期	未上传	24期+24期	未上传	24期
上线日期	01.14 03.04 03.18 04.01	04.02	未上传	04.02	未上传	04.02
点击量	1 483次	25 694次	未上传	12 035次	未上传	3 197次
总点击量	42 409次					

（1）《读史记品人生》节目每月一期,每期1小时,2019年1月至4月已播出4期。完整的长音频节目回听在阿基米德呈现。

（2）4期节目通过后期剪辑制作成24集短音频,形成了该系列节目短音频专辑,在阿基米德、蜻蜓、喜马拉雅三个音频平台呈现。

（3）截止到4月底4期完整节目长音频的回听点击量为1 483次。

（4）自4月初短音频节目专辑上线以来,截止一个月的时间,点击量攀升明显,3个平台短音频共获得40 926次点击量,所有长、短音频节目合计获得

42 409次点击量。

（5）以节目在阿基米德同一平台传播为例，完整的长音频节目点击量为1 483次，而短音频节目点击量为25 694次，是完整长音频节目17倍多的点击量。

2. 再以金山广播《1051惠生活》栏目其中两期节目《关注抑郁症》和《青少年网络成瘾怎么办》为例：

	《关注抑郁症》					
刊播平台	阿基米德		蜻蜓		喜马拉雅	
账　号	在1个账号呈现		在1个账号呈现		在1个账号呈现	
类　型	长音频完整节目	短音频节目	长音频完整节目	短音频节目	长音频完整节目	短音频节目
图文信息	附图文	附图文	无图文	无图文	附图文	附图文
期　数	1期	24期	未上传	24期	未上传	24期
上线日期	03.17	05.04	未上传	05.04	未上传	05.04
点击量	340次	10 237次	未上传	341次	未上传	878次
总点击量	11 796次					

阿基米德平台上，《关注抑郁症》短音频节目的点击量达到长音频节目点击量的30倍。

	《青少年网络成瘾怎么办》					
刊播平台	阿基米德		蜻蜓		喜马拉雅	
账　号	在1个账号呈现		在1个账号呈现		在1个账号呈现	
类　型	长音频完整节目	短音频节目	长音频完整节目	短音频节目	长音频完整节目	短音频节目
图文信息	附图文	附图文	无图文	无图文	附图文	附图文
期　数	4期	13期	未上传	13期	未上传	13期
上线日期	01.11 01.25 02.22 03.08	04.08	未上传	04.08	未上传	04.08
点击量	661次	12 028次	未上传	710次	未上传	1 972次
总点击量	15 371次					

同样,在阿基米德平台上《青少年网络成瘾怎么办》短音频的点击量是长音频节目点击量的 18 倍。

3. 分析上面的数据,我们发现:尽管三个平台呈现出来的短音频点击量数据参差不齐,这与平台受众收听习惯不同、关注的方向不同、平台使用人群不同、各平台搜索推荐不同等各种因素有关,但每个短音频点击量都超出长音频点击量十几倍;这些短音频产品还可以在多个音频平台进行多次传播,点击量伴随着时间的推移,一直处于增长中,这也有效拓展了节目和频率影响力的深度和广度。

区级融媒体中心建设中很重要的一环就是要建立和发展各自的融媒体产品 APP,当区级广播的短音频产品也进入 App 后,凭借广播内容的本地化等优势属性,一定能够产生强大的传播力和影响力。通过这些数据分析也恰恰印证了移动互联网时代,短音频才是传统广播的突破口和发力点。

五、媒体融合短音频的发展途径

面对广播短音频所具有的优势和发展前景,多数广播媒体都在努力进行创新和探索。但是短音频生产涉及传播媒介到理念的更新、技术与业务和制度整合,传统传播渠道与新媒体内容、平台和管理制度等多方面的融合等,这些都是融合发展中面临的新情况和亟待突破的瓶颈。尤其是基层区级广播媒体更要立足广播的内容传播本质,善于利用移动网络平台等传播渠道,以短音频实现内容和途径的延伸和拓展。建议从以下几个方面发力推进广播短音频的制作和传播。

(一)要以创新为要,增强机制保障的意识

基层的传统广播电台对新技术新事物敏感度不够,重视程度不足;对广播的创新思维和管理手段与移动互联网时代的要求有距离。短音频生产又是个系统工程,传统的内容生产和组织能力都不能满足短音频生产。所以区级融媒体中心建设,要以"创新为要",管理体制上要从组织架构、用人机制、节目布局、考核激励等方面统筹考虑,在"移动为先"战略指引下,要一手抓短视频制作、一手抓短音频生产,努力提供短音频发展所需的机制保障,努力做到"视、听"兼备,只有这样才能建好适合本区特点的"移动传播"。

(二)要树立互联网思维,重视用户的思维意识

移动互联网时代,受众已经成为最为核心的资源。区级广播要坚持"导向为

魂",在确保正确的政治方向、舆论导向和价值取向的前提下,尽可能地从受众的角度看世界,以受众易于接受的方式去传播内容。要站在用户需求角度去考虑节目形式和内容,包括满足用户的信息需求、价值需求、娱乐需求、服务需求等。要改变传统单向的传播,利用互联网技术带来的可互动可点评特性加强与受众沟通交流,积极听取受众意见,形成回声效应,随时了解和感知受众对广播节目的新需求。

(三)要有善于利用各类传播平台的意识

互联网时代,传播平台是链接广播与受众的关键节点,区级广播要想拥有强大的话语空间、更多的注意力和影响力,必须要利用好各类新媒体传播平台,在依托本区融媒体 App 的基础上,创新方式方法,"借船出海"加强与阿基米德 FM、蜻蜓 FM、喜马拉雅等移动音频平台的合作,互利共赢。

(四)要坚持一以贯之的创新和创优意识

媒体融合发展必须是"内容为王"。无论传播方式和介质如何改变,提供优质的节目内容始终是关键。传统广播要依托自身丰富的音频制作经验推进短音频生产。首先要加强内容策划,围绕热点谋划爆点,让内容更具生命力和影响力;其次,结合移动互联网的特点对固有的节目进行变革,精准定位,对不同传播平台受众进行深入了解,对目标人群的兴趣点进行研究,譬如依托本区域资源、本地特色作为节目内容、用本地受众熟悉的语言风格来吸引受众;第三是努力促进广播与短音频和短视频的结合和呈现。经过融合的广播,将更具有新颖的内容和传播形式,也更能适应移动互联网传播的特点。

结　语

综上所述,移动互联网特别是 5G 时代的到来,正推动着整个社会的变革,也推动着传媒行业的创新发展。在推进媒体融合发展过程中,区级广播同样需要在遵循传媒发展规律的基础上,要注重传播思维的转变,努力提升广播短音频制作品质和传播质量,积极探索、大胆改革,奋力开拓,以创新的姿态去迎接机遇和挑战,最终实现传统广播向新型融媒体广播的转型,也只有这样才能在区级融媒体中心建设中发挥出自己的作用。

参考文献：

［1］黄学平.短音频：移动互联广播的下一个风口［J］.中国广播,2018(9)：51－54.

［2］李金鸣.从移动互联网角度看广播形式与短音频的融合［J］.传播力研究,2018.(26)　65－67.

［3］徐妙甜 刘峰.贵州交通广播的短音频产品战略与实践［J］.视听,2019.(4)：7－9.

作者简介：

周伟,任职于上海市金山区新闻传媒中心广播部。

浅析融媒体时代广播节目可视化途径

孙邦宁

提　要：眼下，媒体融合正如火如荼地开展，广播作为传统媒体之一也在融合中寻求适合发展的道路。可视化便是道路之一，它没有电视制作那么频繁和系统，却可以和精彩的声音节目内容形成互补。而广播的可视化可以带给受众怎样的感受，在融媒体平台发挥怎样的作用，值得思考和探究。

关键词：融媒体　广播节目　可视化　策略

引　言

本文重点分析了融媒体时代来临之际，广播如何走可视化发展道路，来适应新时代的媒体融合发展，并提出了广义和狭义的概念及应对策略。从节目内容到节目主持人等多个层面阐述了广播节目可视化的必要性，为广播节目通过可视化来寻求突破和创新指出了方向，最终引出"广播＋"的概念，提振对未来广播事业发展的信心。

随着媒体融合脚步日益临近，广播、电视、报纸等平台开始相互融合，组成一个综合的公共平台供受众阅览。这其中，最直观的接触，就是看融媒体平台的各大板块，也就是各自的门面，能不能让受众点入，第一印象来自视觉。广播作为融合的一大板块，不能只闻其声，不见其容，在已经"声"占优势的基础上，略施"粉黛"，应是锦上添花，甚至脱颖而出才是。因此，广播节目走可视化道路，是顺应媒体融合发展趋势,未来的发展空间也很大,可作为的形式和内容更是多种多样。

一、广义的广播节目可视化

广播节目的可视化不单单只是主持人在广播间里录制节目的同时被拍成视频或通过视频网站直播。从广义上讲:广播节目除了听以外通过可以看见的方式进行传播与宣传的,可称之为可视化。如网站的宣传页面、互动页面,微信公众号的推文、听友评论等。这里既包括文字,又包括图片以及其他视觉化的内容。

1. 广播推广离不开"可视化"

全媒体时代,传统媒体尤其是广播不再是家家户户唯一的选择,各种网络媒体和移动媒体吸引了大量的用户和受众,他们往往会忽略广播,广播的知晓度大不如前。所以要想让更多人知晓,不能只停留在"听"的推广层面。让受众首先能看得到,而借助当下比较流行的新媒体平台来推广,如微博、微信公众号、抖音等都是可视性较强的平台,需要用眼睛去浏览,广播的推广自然也要围绕"看"做文章。从简短的文字宣传,到图文并茂,再到小视频,每一块内容都要有精心地设计,讲求视觉传播美感。如上海人民广播电台,利用自身的微信公众号做推广宣传,其中有一句宣传语便是"上海广播,是不是好听又好看"。而这个"好看"就是告诉受众广播的可视化内容也是经过精心设计的,是和听友在节目以外的一种默契交流。

2. 广播主持人要有一定的视觉包装

一档广播节目的品质如何,广播节目的主持人起到至关重要的作用,它不像电视栏目主持人,可能只负责栏目的一个环节,而广播节目主持人从前期策划到录音到制作到播出都是独立完成,是节目的策划人也是代言人。好的节目会培养一批忠实的听众,同样,有魅力的主持人也会带动一批粉丝。在媒体融合平台,广播占有一席之地,其背后的流量也属融媒体流量的一部分,不可小觑。所以,作为广播节目的核心人物——主持人也要有一定的视觉包装,尤其在融媒体平台的宣传版面,以及线下的一些活动和广告位,增加主持人形象或其所在栏目的曝光率,可以进一步提高知晓率,挖掘潜在的受众市场。

3. 与网站、App 合作进行线上可视化互动

融媒体背景下,广播节目不管是在自己的融合平台上展现,还是借助第三方

网站及新媒体,如在蜻蜓、喜马拉雅、阿基米德等专业且影响力大的音频网站同步展示,最大限度地推广宣传、扩大影响力。第三方网站或 App 提供的页面也包含了丰富的内容,其中可视化的内容也占了很大比例。比如常州广播App——新麦,不再拘泥于以往单纯听的形式,受众不但能听,也可以通过 App来看,更能跟着一起玩。直播界面不仅仅是主持人、节目嘉宾的趣味图片,还有当天节目流程及预设话题,可以让听众跟节目交流活动。不但丰富了节目内容,拉近了与听众间的距离,同时也使主持人在直播中更具有对象感和存在感。[1]

以上阐述的只是广播节目在广义上的可视化,是节目外围的视觉体系,这些虽然不是广播节目的主要内容,却是为广播节目增强影响力、增加品牌价值造势,也是不可或缺的部分。当然,广播节目的可视化还是要涉及具体内容,从狭义的层面讲,广播节目的可视化是媒体融合发展的一个结合点,广播和电视融合、广播加视频,逐渐形成广播在融媒体背景下的新生态。这个"可视"便是涉及广播节目具体内容的视频同步直播、访谈节目录制、主持人出镜体验、现场互动直播等。

二、狭义的广播节目可视化

1. 媒体融合新背景,要求广播节目可听可看

广播节目的可视化是广播在媒体融合发展中的必然趋势,广播节目虽然以"声"占优势,但依旧不能满足融媒体平台的可视化阅读需求,这就要求广播节目尤其是有一定影响力的广播节目需充分考虑观众和其他受众群体的感受。在4G 或 5G 时代,移动端口的用户是融媒体宣传的主阵地,当手机网络流量的使用不再成为手机用户考量成本的首要因素,加之网络上传和下载速度在不断提升,短视频乃至长视频会在一定程度上被越来越多的用户接受。广播作为融媒体板块之一,当然不能放弃这个庞大的视频受众,要争取更多的受众和用户,就要多层面的收割流量,包括以可视化短视频的方式。同时,已经以声音优势取胜的节目,如果再上升节目品质并有所创新,拓展新的粉丝流量,则可以走可视化之路。

2. 广播节目仍旧以听为主,以看增色

以上提到广播节目的可视化,并不是说可视化就可取代广播节目的"听"。广播节目依旧要以听为本,不能本末倒置。首先,广播自身传播的平台是"听"的平台,波段信号发射,收到的是声音,而非图像;其次,广播节目虽然会在网站和

融媒体平台上呈现,但大多还是以原始的音频节目为主要呈现方式;第三,从人的生理需求讲,解放双手、双眼的纯听习惯一直延续至今。从早起到睡前,从居家到户外,从路途到办公室,从午休到锻炼,覆盖听众全天的生活作息时间以及工作生活场景。[2] 所以,广播即使进入媒体融合时代,也还是要先把音频产品制作好,其次才是考虑有了精彩内容和节目是否再做一个"看"的弥补或衍生,进而给整档节目增色加分。

3. 线下互动直播,推动线上平台影响力

广播因本身的直播优势转视频直播并非难事。主持人已有丰富的直播经验,相比电视新闻主持人,广播主持人更灵活和易于把控节目节奏,加上各自在节目拥有一定的粉丝量,转到融媒体平台会带入一定的流量,为平台积累人气。但自带流量的简单组合还是远远不够,在此基础上,类似听友见面会的线下活动或相关的公益活动是一个不错的切入,一方面巩固听友的感情,一方面又是融媒体线上宣传的视频直播内容,听友或其他受众可通过融媒体平台即时与直播互动或做评论,增强了受众在平台的参与感,同时也加强了与用户的黏性,进一步扩大了平台的影响力。

4. 品牌节目的精致内容离不开可视化的再塑造

广播节目品牌价值的塑造不是一蹴而就的,一个好的品牌栏目除了收获粉丝,更重要的是听众的口碑和社会的认可,在此基础上提高节目品质和呈现的多样性达到一定的高度同样可以在融媒体平台得到更好的展现,起到示范引领的作用。而这种展现的方式就是节目的可视化。上海人民广播电台的《市民与社会》,开播至今二十七年,从与嘉宾在广播间的小空间里一对一的访谈,到如今节目搬进了演播厅,台上是主持人和嘉宾,台下是观众加提问互动,多机位拍摄,多景别切换,俨然成了一档"电视访谈"节目,可视化运用达到了新高度。节目无论从视频端口还是音频端口输出,现场感还是比较强的。听众如果通过视频直播观看,可以更清楚地看到主持人和受访嘉宾的表情,以及台下观众的互动情况,带入感强。

三、应对广播节目可视化的策略

面对广播节目可视化趋势,作为广播人要更加积极主动地去应对,拿出相应的方法和策略,借广播节目在媒体融合背景下的升级换代,做出特色,也借助可视化比较形象的特点,弥补广播直播中缺失的细节元素。

1. 要强化媒体融合的意识

开展广播节目的可视化,要建立在媒体融合的大背景下,首先为媒体融合以及融合的平台服务。融合的框架是怎样的,广播在这个框架中扮演什么样的角色,又发挥怎样的作用,广播人的内心要有一本账。要能跳出广播,站在融媒体的高度来规划,未来的广播及广播的可视化,不只是单方面运作,是在融合平台的基础上,如何更好地嵌入、融入、升华和创新,需要好好定位和思考。

2. 加强培训和学习

媒体融合,广播节目何去何从,如何赢得更大的受众市场,怎么保证可视化的专业性,且制作出来的视频为广播加分,这些都需要广播人去加强培训与学习。在学习中不断总结经验,在探索中找到一条适合本地媒体发展的路。而广播的可视化,从平面设计到视频的拍摄剪辑,都需要参与者了解和学习。什么样的风格,什么样的色调,以及直播过程中穿插什么样的内容,都要有所设计。如何开展培训,倒是可以近水楼台先得月,以融媒体中心的名义,召集其他相关部门的专业人员,如平面设计、视频制作人员、编导、导播等。充分借助中心资源互相交流学习,打通广播可视化"最后一公里"。

3. 广播节目主持人要成为多面手

广播节目的灵魂人物是主持人,面对融媒体平台的可视化,除了保留原本做广播节目的种种经验,还要有更全面的控场意识,这个意识的背后是个"多面手"在支持,所以要努力成为多面手型主持人。知道什么阶段用声音去表达更有力量,什么时候用图像去弥补更形象,什么时候做广播间的可视化拍摄更合适,什么时候走出广播间走进小区与百姓互动拍摄更有感染力。而主持人此刻的身份可能既是策划也是编导也是后期也是技术,成为名副其实的多面手,在融合中撑起广播的另一片天地。

4. 合力打造融媒体品牌产品

广播作为融媒体平台的重要组成部分,为融媒体平台带来一定的用户数量,但光有数量没有质量没有黏性,广播的融合就失去了意义。广播与其他媒体的融合在某种程度上是给予广播更多可视化的一面,赋予广播节目更多的功能。由此,广播在原有品牌节目的基础上可以做好"二次开发",特别是"可视化"开发。其中,已经形成的品牌节目,要找准开发的点,即用视觉语言更能说明,引起共鸣,或形成互补,或更加亲近受众。同时,可以借电视和报纸的力,在本部门人手有限,可视化专业程度不高的情况下,成立项目组,充分调动融媒体资源,把二次可视化开发的优良节目资源拿出来进一步设计和加工,使原有的单一传统广播播出的节目再上一个档次,真正成为融媒体平台上的品牌节目产品,适合更多的端口播出。

结　语

　　综上所述,广播节目无论从狭义还是广义上都要在媒体融合的大背景下走好可视化的道路。声音的时代一直都存在,如何在声音的表现形式上有所创新,注入更多新鲜的元素,让好声音听得见也能看得见,这便是融合的巧妙之处。而随着5G时代的到来,未来的广播,还将有更大的发展空间,"广播＋图文""广播＋视频""广播＋活动"……会有越来越多的"广播＋"诞生,当下的可视化探索和应对正是一次有益的尝试。

参考文献:
[1] 钟剑 谢晓东.小而美:常州广播 App 的创新思维.视听界,2016(1).
[2] 陈叶红.广播听众 40 年来收听变迁的路径与趋势.视听界,2019(3).

作者简介:
孙邦宁,毕业于南京财经大学国际经贸专业,经济学学士,上海市松江区广播电视台广播部副主任。

融媒体时代，主持人的新角色

——浅析传统媒体主持人在融媒体时代下的角色转变

阳　子

提　要： 5G即将来临，面对更加海量信息、碎片化、虚拟化的新媒体三大特征，在融合成为趋势的过程中，作为传统媒体灵魂人物——主持人的公众角色成为变革环境中连接节目与受众、传统与新兴的关键。本文从传统意义上主持人公众角色的演变、作用，新媒体带来的冲击点为前提，阐述未来传播理念转型势必提高融媒体时代对人才能力、素质方面的需求。在融合成为趋势的过程中，"自媒体"会迅速生长，但任何一个媒体都可以在其中的某一个环节或全环节中找到自己的定位，以人为本，创造出属于自己的价值来。

关键词： 融媒体　自媒体　角色转变

一、传统意义上的主持人角色演变、作用

传统意义上，主持人扮演很多种角色，他（她）既是鲜活的个体又是媒体的形象代表，他们既是"本我"个体，又被公众赋予了特定社会角色，通俗地说他们既有个人角色，又有媒介角色，而且有一定的社会角色。就节目主持人角色，一方面有媒介的要求，另一方面还有观众的喜好和需求。如何将个体角色、媒介角色、社会角色这多种角色扮演好，是考量传统节目主持人水平的基本标准。[1]

传统意义上的主持人角色首先经历了从播音传声到主持演绎的演变过程。主持人所起的作用已不是传统意义上简单的播报，而是作为一种媒介衔接媒体

与受众群体的关系，还肩负着提高多节目的认同和收视率等媒介的宣传和传播的作用。[2]当这种"播音员"角色转变为"主持人"角色时，首先主持人效应也产生了一种品牌效应，它可以带动和影响人群的价值取向和目标追求，具有一定的可信性和权威性；主持人的演播方式，逐渐向叙述开放式变成一种双向的传播，主持人的接应效应和亲近效应，就是和效率的稳定性有关，这也使传统主持人重要的品牌效应更为稳定，使受众者对主持人产生"老朋友"似的感情联系。我们说：品牌效应和亲近效应其实就是作为传统主持人的灵魂。当然在这个灵魂概念下，以主持人挂帅，呈现的是不同的个性、表达，如李咏、王小丫、陈鲁豫、崔永元等。他们形象鲜明、根据他们自身风格、特长等个性化风格化因素"量身打造"的节目，比如《小莉看世界》《鲁豫有约》等，能够给观众展示主持人的全貌，达到最佳的宣传效果，也就是品牌的效率。[3]

二、传统媒体遭遇新危机

时光飞转，互联网扑面而来、5G也越来越近。其实从媒体发生和发展的过程中，我们不难看到新媒体是伴随着媒体发生和发展在不断变化的。广播相对报纸是新媒体，电视相对广播是新媒体，网络相对电视是新媒体。5G时代，海量信息、碎片化、虚拟化是新媒体的三大特征会更加凸显，超媒体时代渐行渐近。新媒体的快速成长改变了媒介生态，并对传统媒体的生产体系、商业模式和价值标准提出了挑战。当时间、空间不再成为信息传播的障碍时，信息流动变得更加自由，社会舆论势必会向多样化方向发展。传统媒体必须以主动的姿态，对自己的角色进行重新定位。自媒体的特征是受众水平的提高、传媒的多点式立体互动，使得传统媒体的信息控制力弱化。首先，受众水平的提高不仅仅是欣赏水平的提高，而是可以通过现代的技术方式如微博、微信等方式以所谓"自媒体"的方式表达观点发布信息；其次现代社交网络平台很发达，使所有的信息传达都变为一种互动，没有了互动，传统媒体就把自己逼到了自我退出舞台的状态中，一句话：单向的"我说你听"的时代已经全面结束。

有人说，5G时代，是自媒体的时代。传统媒体主持人会不会消失？这就涉及对未来传统媒体的预言：未来是一个传统媒体与新媒体共存的时代，他们各有优势、互相融合并存，因此，传统主持人必须在转化观念中顺应新的形势。传统媒体的角色定位有的是原有角色的重新归位；有的则是媒体角色在新环境下的转型或再造。未来的传媒人才如何适应这一时代的巨变，日益迫切地摆在人们面前。传播理念转型势必提高了超媒体时代对人才能力、素质方面的需求。[4]

三、新媒体冲击下主持人公众角色如何变

5G 的到来,开启了互联网发展的"下半场",将实现从人与人之间的通信走向人与物、物与物之间的通信,实现万物互联,极大地推动社会的变革与发展。在这种情形下,传统媒介在文明传承和社会逻辑的洞察方面的优势就会成为这一发展阶段上的不可或缺的必要推动力量,甚至是一种"稀缺资源"。这一优势是指传统媒介在传统人文思维框架下的视角优势,是未来人工智能时代在人文视角及表达上的差异,这也将是传统媒体在 5G 时代的未来发展中的机会之所在。[5]

媒体融合的趋势下,重新审视主持人的定位十分必要。在这样的时代环境下,主持人不仅要有传统媒体的主持人形象定位,还应提升互动性,主持人向观众代言人方向转化等。新媒体环境下主持人公众角色的转变,其实是主持人公众角色的弱化,应该摈弃传统媒体环境时,去化所谓高高在上的权威性,放下身段融入受众,主动拥抱新媒体,更要成为是观众的"微友",从而做好与观众交流、促进节目的桥梁作用。

第一,要在观念上有"变"的理念,技术的革命带给我们许多观念上行业上的革命,如果固守陈规,一定会失去机会。如果作为传统媒体者,没有意识参与其中,而是躲避,你反倒有悖于这个发展潮流,所以每一次新媒体出现的时候,要塑造一个立体的形象,并不是关在那个小房子里的木偶。

以微博微信为例,这些技术的发展具有革命性和颠覆性,几乎人人都用,他改变了人们的社交、沟通、获取信息的模式。微信、微博的快速发展,使传统媒体受到了前所未有的挑战,但同时也革新了传统媒体的传播方式,促进了传统媒体的发展和转型。所以说首先要在巨变的状态中要有"革命"的观念,技术革命给娱乐我们更多的是挑战。目前有一个非常好的局面,官方微博、微信公众号成为主流媒体转型全媒体的急先锋,它帮助主流媒体在业态瓶颈、影响力等方面实现突破,并使其不断朝着符合现代传播规律的方向发展。2011 年 10 月 25 日,美国著名的《纽约时报》停止出版纸质报纸,主推网络版。这不是第一家放弃传统终端的媒体,也不会是最后一家。在新媒体的冲击下,向全媒体转型已经成为传统媒体的共识。从某种角度上讲,官方微博的权威性远远大于非官方微博,官方微信公众号权威性远远大于非官方。而主持人可以运用好这一平台,当然在这个范畴,主持人的公众形象定位不能忽视。比如上海第一财经电视频道有官方微博、微信,最近又整合了一个"阿财"的线下平台,主持人的一些观点、节目预告、节目之外与嘉宾的互动全部第一时间在线下呈现,成为受众线下了解主持

人、接近主持人的又一次良好的尝试,建立一个线上线下的"群"从而做好与观众紧密交流。这个平台开出后成为主题节目非常好的内容提供、互动桥梁、意见反馈的良好渠道。节目也成了目标受众的贴身朋友。节目的微信公众号里也有主持人的小栏目,线上线下相得益彰、互为补充。

第二,在与新媒体的融合中,主持人角色要转变,不仅是传播内容的把关人、传播渠道的把控者,也是节目制作的参与者,应练好内功,丰富"语智",提高"语技",借助"微"力,提高媒体与自身的品牌影响力。[6]曾经有资深媒体人早就预言:在这样的一种传播格局之下,它未来的传播形态会是什么? 我想我有这样一个判断,就是首先它的现场报道和演播室的编辑、解读、评论一体化。也就是说对于一个事情的报道,它有很多现场的图、文,包括声音,包括视频的采集,那么这些东西会及时地传到演播室……看凤凰卫视目前的节目,它所创造的某些播报形式还是有它的科学性,比如说总编辑时间,当然我觉得用得还不够充分,实际上就是企图担任总编的人把当天重要的新闻素材进行统一的调度和发布。说得更严格一些:新媒体时代的主持人实际上就是一个总编一样的人才,负责对于编辑所采集的素材进行分析梳理并且发布。无独有偶,欧美国家流行的新闻主播叫 Anchor 正是暗含了这一层关系。Anchor 被誉为接力棒的最后一棒,而用在这里的比喻,前三棒则都是编辑,主播是最后冲刺撞线的那位 Anchor,这里的线,就被比喻成观众。而众所周知,传统媒体中,一个传统媒体考核叫"收视率",而未来是"点击率"评定主持人的影响力。当然,无论在传统时代还是新媒体时代对于主持人个人综合素质的要求上从未改变过。

第三,既要用好新媒体、又要恰如其分的保持好公众角色的部分,要掌握好放下身段和公众角色之间的关系。主持人的个人魅力与综合素质,对其在新媒介环境下的影响力起决定性作用。与之前假设不同,传统媒体自身的权威性对于提升主持人个人的影响力作用不明显,反而是主持人个人影响力对于扩大所在媒体机构的影响力有积极作用;而媒体的风格特色,即节目风格与主持人影响力关系较大,娱乐类节目天然的造星优势极大地提升了该领域主持人的影响力。另外,主持人影响力在线上和线下具有一致性,它们是相互促进、共同作用的关系。[7]比如第一财经黄金三小时之一的《公司与行业》,在公众账号里就有我们的微信平台,当中就有一个子栏目叫"每日微言推送",这一段作为语音推送,每天一分钟,节目组给了主持人很大的空间,可以说任何想说的事,经过八个月的运作,节目组已经拥有 10 万用户,在时时刻刻关注我们、关注节目、关注主持人,通过身边的实践,深深体会到新媒体的强大功能,在节目内容来源更加的丰富、互动发问能直接切入到受众最需要的点上,节目效率大大提高,但是同时也发现,在平台上,由于主持人失去了节目团队的帮辅、把关和鉴别,更多地以"个人"视角随性发言,遇事匆忙表达,容易辞不达意,或造成歧义。尽管绝大多数主持人在自己的微博微信中声称其微博与所在媒体无关,但由于主持人微博微信的特定背景,即使表明"仅代表个人发言,不代表所在媒体",有时与其供职机构的关系也并不能分得一清二楚。社会性媒体不仅是与专业媒体平行的另一个平台,也代表了未来的传播趋势。专业媒体和媒体人要适应未来的新媒体趋势,必须熟悉社会性媒体中全新的传播模式。主持人在其中应当传播什么样的内容,代表个人还是代表所属媒体,怎样获得积极的影响从而提升个人形象?这些都是值得思考的问题。其实这当中那也是主持人公众角色定位非常重要的一个方面:既要用好新媒体、又要恰如其分的保持好公众角色的部分,要掌握好放下身段和公众角色之间的关系。

第四,着眼未来,传统主持人要为5G的到来做好准备。5G时代极大促进社会的"线下"生活向着"线上"转移,因此,需要更具专业分工的"在地性"资源与力量的协同和参与,仅仅靠互联网公司的"连接力"已经难以承担起"线上"社会生活"加宽""加细"和"加厚"的任务和要求。也就是说,在传播渠道越来越自媒体化的情况下,掌握专业技术、做好内容的处理分析,显得尤为重要,在新的发展阶段上,传统媒体要把握好机会,做好对用户的精准化管理工作,即要知道自己的用户在哪里,他们想要什么和在什么时候什么场景下需要何种内容服务。关键是为人们的新生活、新实践提供相关资源和场景的有效连接。而这一切是自媒体不稳定性无法取代的。

结　语

在新媒体时代,5G时代也即将到来,人工智能技术已突飞猛进。面对镜头的播音员已经可以由机器人替代,传统媒体也正经历着巨大的变化。在融合成为趋势的过程中,任何一个媒体都可以在其中的某一个环节或全环节中找到自己的定位,以人为本,创造出属于自己的价值来。

注释:
[1] 赵洪涛,《电视节目主持人多种角色的和谐》,选自千龙网。
[2] 于晋娴,《新形势下播音主持人的素质要求探讨》,选自《科技传播》2013年15期。
[3] 王子龙,《主持艺术·电视品牌——浅论主持人的品牌效益》,选自中国论文网。
[4] 张君昌 曾文莉,《战略催生传媒信息产业新格局》,选自《中国传媒大学学报》。
[5] 喻国明,《5G时代传统媒体发展的机遇和要义》,选自《新闻与写作》。

［6］李争艳,《新媒体环境下的信息传播及对主持人的要求》,选自《中国广播》2013 年 6 期。

［7］高贵武 李姝含,《新媒体环境下的节目主持人影响力考察——以新浪微博影响力为例》。选自登科子的 BLOG。

作者简介:

阳子,SMG 第一财经主持人。

融媒体时代卫视广告营销策略优化思考

吴莺音

提　要： 2019年是中国电视广告诞生第40周年，作为电视媒体的主要营收来源（除上市公司），电视广告经历了属于它的黄金时代，承载了大众文化娱乐消费的主要渠道。电视台生产、播出节目的过程也经历了从早期纯艺术创作，到电视剧大量插播硬广告，再到各类政策出台。一路走来，竞争愈发激烈，省级卫视的广告营销生存空间不断受到侵蚀和挤压。

技术的进步发展推动媒体趋势不断变革，电视正经历着融媒体时代下的转型挑战。本文通过观察东方卫视的竞争环境和存在的不足之处，简要参考了湖南、北京卫视的营销现状，为其提供可参考的优化方向思考。

卫视运营和地面频道有区别但也有相通、相似之处。通过对东方卫视广告营销方式的策略研究，可以为各大电视频道的广告营销策略提供借鉴，在融媒体时代下共同探求传统媒介的求生之路。

关键词： 卫视广告　营销策略　融媒体时代

中国电视自1958年诞生以来，业已走过风风雨雨六十多个年头，从最初北京电视台（现中央电视台前身，中国第一座电视台）试播黑白电视，到1979年1月，当时的上海电视台[①]播出了中国大陆地区第一条广告，此后全国各大电视台陆续开始经营广告业务。电视栏目是大众文化娱乐消费的重要渠道，电视台生

[①]　现通过多年合并、改革后更名为"上海广播电视台、上海文化广播影视集团有限公司"（英文总称Shanghai Media Group，简称 SMG），SMG 是中国目前产业门类最多、产业规模最大的省级新型主流媒体及综合文化产业集团。

产、播出节目的过程也经历了从早期纯艺术创作,到电视剧大量插播硬广告,诱发广电总局出台的"限广令",再到现今各种品牌的花式植入让人眼花缭乱。中国电视广告营销一路走来,竞争愈发激烈。

我国电视产业在数字化技术日趋成熟的当下受到多重生存空间上的挤压。求新求变的念头和行动也早已在各大广电集团中陆续开展,名目繁多的数据分析报告不少,但是理论支撑以及出路策略的探寻几乎乏善可陈。本文立足卫视广告营销策略优化问题,探讨融媒体时代下的新方向。

一、融媒体趋势

华通明略(2014)发布的全球媒介研究报告显示,传统媒介的主导地位在全球媒介布局中已现疲态,以智能手机为代表的移动终端攫取了受众越来越高的关注。该报告中"世界主要国家不同媒介分配时长"[①]表,近几年在国内外各类论坛中屡屡被提及,见图 1.1。这份报告调研了全球 30 多个国家,样本量达到12 000个,以"电视、个人电脑、智能手机、平板"这四种媒介平台为主要划分依据。该调研目的旨在提炼和挖掘互联网技术深化的当下,多屏时代的媒介营销机遇。

(一)全球媒介融合趋势概览

本文作者 2018 年秋季造访西班牙某商学院进行短期游学交流,探讨融媒体背景下的品牌营销新策略。来自法国、西班牙等多个欧洲国家的教授和学者都尽情表述各自见解。授课过程中有个小插曲让人记忆深刻,几乎每一位导师都像提前约定好那般,在讲坛中设计了个现场调查,来自世界各地不同国家的参与者,会收看电视的请举手。现场的听众年龄从"60 后"跨越至"90 后",职业范围也是覆盖各领域,但每次只有一位来自中国的电视媒体工作者举手(没错,就是作者本人),可以感受到电视媒介这块曾占据媒介传播核心的大屏,昔日强势地位受到撼动,阵地不断失守。

(二)全球电视广告支出趋势概览

互联网技术不断加速迭代,媒介选择的多样性分散了广告主的投放组合。

---

① Daily Distribution of Screen Minutes Across Countries（Mins），Source：Milward Brown AdReaction，2014.

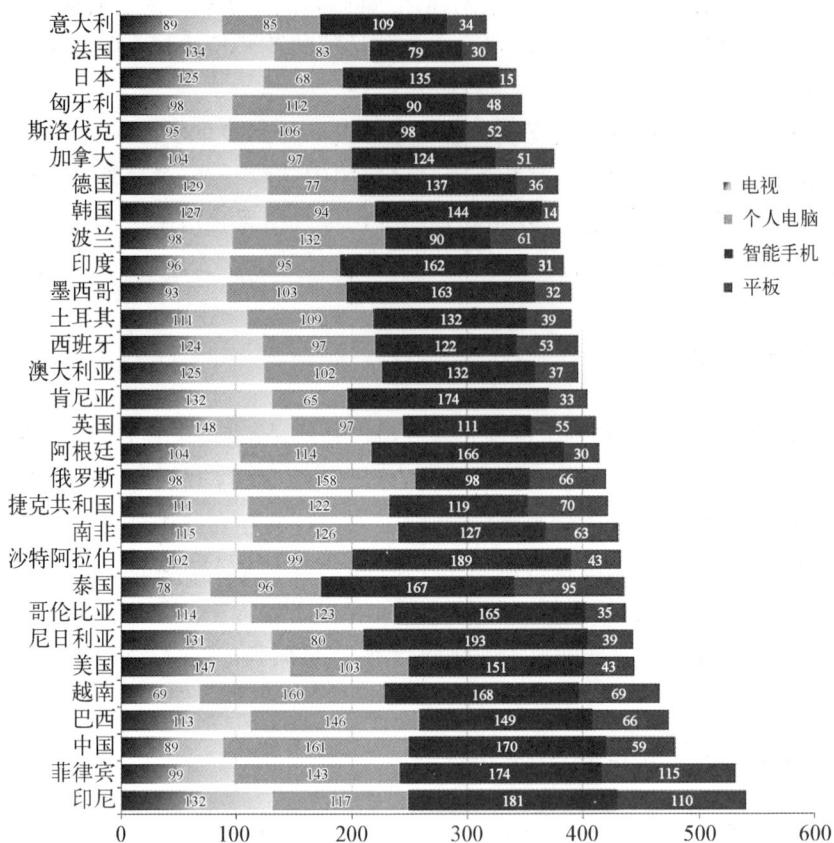

图 1 世界主要国家不同媒介分配时长（分钟）

数据来源：华通明略，2014 年数据

传统媒介的广告支出受到程序化购买、移动终端等多方力量的分流，在总体量中的占比预计会不断缩水，电通安吉斯预测，电视媒介预算分配与数字媒介相比差距将更加显著，电视广告预计占比略高于全球广告总支出的三分之一，如表 1.1，电通安吉斯内部数据统计显示，这是自 2000 年以来的新低点。WARC①（2018）发布的全球广告趋势报告数据显示，在全球高于千万美金预算的广告营销战役（campaigns）中，电视媒介的预算占比逾六成。

（三）国内电视市场现状

CSM 媒介研究发布的《中国电视市场十大发展趋势》报告显示，2018 年电

---

① 国际知名营销数据服务商 World Advertising Research Center，简称 WARC。

2018 年至 2020 年全球广告支出占比按媒体类型细分

按现价计算的年同比增长(%)			
媒　介	2018 年实际数据	2019 年预测数据	2020 年预测数据
电　视	35.4	34.1	33.2
报　纸	8.0	7.1	6.3
杂　志	5.0	4.5	4.1
电　台	6.2	6.0	5.8
影　院	0.6	0.6	0.6
户　外	6.3	6.3	6.2
数　字	38.5	41.4	43.8

数据来源：电通安吉斯 2019 全球广告支出预测

视直播收视时长较 2017 年继续萎缩,全国网民规模和上网时长保持稳中有升,预计 2019 年传统直播电视媒介在中国整体媒介竞争环境中会进一步削弱优势。晚间黄金时段的节目收视率大幅萎缩,收视率破 2% 的节目数量较之五年前近乎腰斩。

根据 CTR 的数据,2017 年中国广告市场的全媒体预算分配中,电视媒介占比略低于四分之一,较之移动互联网,优势已不足四个百分点。见下图所示。近年来以今日头条旗下"抖音""快手"等短视频 App 为代表的平台快速崛起,加之"爱奇艺""腾讯视频""优酷土豆"为代表的视频网站继续发力,还有微信微博的助推,传统的电视产业在多媒介夹击态势下势必探寻新的突围之路。

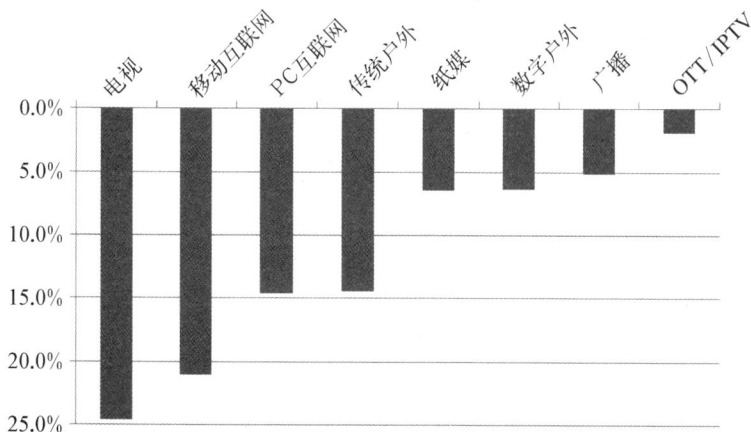

图 2　2017 年全媒体广告预算分配

数据来源：CTR《2018 年广告主营销趋势报告》

二、受众（消费者）行为简析

"受众"同时也是消费者,既包含电视媒体、互联网移动端媒体的节目收视人群,他们同时也是各大品牌主最渴望抓取注意力的消费者。本文研究的主题是电视广告营销策略优化问题,作为电视广告这个双边市场的重要参与者,受众（消费者）对两方市场都有着极为重要的吸附作用,故研究他们的行为习惯、了解他们在整个接受媒体信息、广告信息并对之提供反馈的过程中有哪些影响因素和动力,这对营销策略研究者是一项重要议题。

品牌方、电影出品方在发行最新 TVC 或预告片之前总会进行多次观众测试,借助的就是神经科学相关工具和应用。往往后期会根据观众测评结果调整内容,以期达到在正式上线后的效果最优解。消费者脑神经科学的营销应用在媒体和广告行业中比较普遍,东方卫视真人秀节目《极限挑战》是一个充分运用脑神经科学进行产品优化测试的典型。根据被试对象的关注度曲线变化以及现在观众表情变化观察等手段,节目组可以收集反馈并及时作出调整。该测试对于这档节目实际播出后的收视率一路走高有一定优化促进作用,遗憾的是,受制于时间、人力资源、硬件成本等因素的制约,目前这类测试在电视媒体的运用频率不高。

消费者行为是一个过程的概念,市场营销人员需要充分了解客户的差异化需求,消费者寻求产品的最终目的是为了帮助本身明晰和匹配自我定位。对于品牌、市场营销人员来说,重要的不是你卖什么产品,关键首先必须得是认清一件事情,要找准自己的定位,明确自己能满足的是哪一类消费者的合众需求。什么都想满足都想做的结果就是什么都做不精,消费者对产品的好感和辨识度认可往往是从品牌差异化竞争中得到线索和启示的。

三、同业竞争概览：以湖南、北京卫视为例

卫视频道的收视和广告吸附能力主要优势集中在江苏、北京、浙江、东方、湖南组成的一线卫视阵营,然而这五个频道之间也存在激烈的竞争,对受众的影响力以及对广告主投放的驱动力也各不相同。

湖南卫视多年来长期稳定在省级卫视排名前三,是目前国内最有号召力和粉丝吸附力的媒体平台之一,旗下芒果 TV 更是配合电视平台做到了线上线下互动,颇有将电视端网络端流量一网打尽的气场;北京卫视近年来的收视份额成绩喜人,它还协同品牌开创新的通路模式,和广告主实现利益分享

机制。

（一）湖南卫视

2018 年 7 月，湖南广电集团以湖南卫视在线视频媒体平台芒果 TV 为核心，成立了"芒果超媒"，以构建媒体生态圈为目标，在影视、音乐、游戏等板块布局，从涉足新媒体到融合全媒体，"芒果生态"初步完善。

作为卫视频道组中领军者地位的湖南卫视，很早就洞悉并把握住市场的脉搏，寻求转型，除了传统电视的播出、广告收费模式，他们始终在思考运用互联网技术和思维寻求变革；跳出体制固化模式，在资本市场中大胆尝试。芒果超媒的诞生，对整个湖南卫视、湖南广电的发展意义卓著。2019 年 3 月首次被机构投资评级为"推荐"，芒果超媒从 2018 年 3 月至 2019 年 2 月的股价表现基本都是跑赢大盘，在传媒股平均下挫幅度较大、遭受重创的情况下还能高于沪深 300 指数[①]。

湖南卫视在 2019 年第一次实现网络端招商。从原先电视平台上向广告主正常招商，广告收入按流量分给网端；现今是卫视频道和芒果 TV 各自分别招商，扩大了原有的广告盘口。芒果 TV 还有很大一块收入来自会员付费和版权分销，根据长城证券的研究预估，2019 年芒果 TV 的会员费可达到 15 亿元；加之湖南卫视每年还会有节目版权收入进账，这些因素是在资本市场中产生变现估值的利好刺激，资本的逐利性亦会驱动广告主对湖南卫视、芒果超媒的媒体平台产生好感，进而引导促成新一轮的广告投放。

（二）北京卫视

2018 年 11 月举行的北京卫视 2019 年度广告招商会上，现场广告签约额达到 20.3 亿元，刷新了北京卫视招商会签约纪录。在广电媒体发展遇到阻力和瓶颈的当下，北京卫视向世人交出了一份出色的成绩单。会场上，北京电视台副总编辑徐滔女士称："这哪里是中国电视人的冬天？ 这是中国电视百花齐放的黄金时代。"

北京卫视 2018 年全年的收视率惊人，和品牌方打通营销渠道、提升广告的转化率，开启了一线卫视"带货"的新模式。合作方之一的南极人电商官方宣称其线上 GMV 数据显示，2018 年该品牌和北京卫视合作的《跨界喜剧王》成功将

---

① 数据来源：贝格数据 2018 年 2 月—2019 年 3 月数据。

当年度的破百亿销量时间同比缩短了 62 天。

北京卫视对于自己的产业布局有想法,和三元食品联合进行产业化运营。北京卫视的尝新为广告主和电视媒体产业化互动合作提供了蓝本。两者联手把三元旗下某款酸奶产品推向市场。整个产销链路分工的设置相当明确,从生产环节(品牌)开始,历经宣传推广(媒体)、销售(媒体)、配送(品牌)到回款(媒体),最终根据双方进行利润分成。整个链路过程中北京卫视用其公司化运营的主体"京视卫星"的名称,以该款酸奶产品全国总经销商的身份负责上述的宣传推广、销售、回款业务。

继创造了平台方和广告主利益共享的新模式后,北京卫视把握融媒体发展趋势,在 2019 年又入驻了今日头条及旗下短视频社交平台抖音,成为一线卫视阵营中的第一人。多档自制内容通过互联网平台再次吸收大量关注度。

四、卫视营销策略的优化思考

(一)广告形式优化的思考

已有的产品继续保留,增加新的硬广告样式、软性植入形式,提供排播方式上的多种选择,核心诉求是向广告主传递为其专属定制产品,让对方感觉到被充分理解,受到重视。

全天候整点或半点除新闻时段外开设"节目导视"产品。时间控制在 1 分钟左右,不会对资源满载情况产生太大影响,内容即提示当日或近期热播综艺和剧集,赞助权益包括压屏、口播、角标等多种形式。目前这块资讯内容在频道编排时几乎全部是以节目宣传片+对应赞助商标版的形式随机出现,时间不固定,资源利用率不高。不同于既有的节目标版,节目导视的增设可以实现单一广告主和不同节目间产生互动,加深了品牌和频道的黏合度。

为品牌定制节目或晚会。东方卫视在这方面已经有过一些经验,2017 年为某美妆品牌定制的中秋晚会、2019 年播出的《阅文超级 IP 盛典》就是品牌方提出明确诉求,确认合作后成立专属团队设计制作。定制化节目是以电视媒体的专业制作水平来匹配并且传达节目诉求的高度融合体,提升客户满意度来进一步增强双方未来的长期可持续合作。

(二)广告渠道优化的思考

地方卫视旗下还有两大本土强势综艺属性的平台,集团的新闻部门也汇聚了众多可协调资源给卫视频道提供支持。此外还有数字端的微博微信,以及线上线下各类媒体、数据监测合作伙伴。基于此,我们可以综合各媒体平台优势打"组合拳"。

1. 跨平台营销

对于地域性需求比较强烈的客户,配合广告主的宣传周期、采用卫视＋地面频道同步播出的编排方式。集团下属还有电视报和杂志社,可以在节目资讯介绍中增加品牌信息或平面广告露出。

需要补充的是,如遇品牌在其产业内发生的重大活动,属于响应国家经济文化发展相关政策和导向的,是否可以请示上级领导,在新闻节目中进行播出。此项对品牌来说是电视媒体特有的公信力背书,对品牌有极大增值溢价。虽然和日常广告售卖业务没有直接联系,但是可以让品牌感受到来自权威主流媒体的支持。

综艺节目、电视剧上线期间,通过宣发团队沟通,和微信微博抖音短视频等社交平台进行媒体资源置换,为项目赞助商联合推广造势。置换方式可以是时间、广告资源置换,媒体也可将独家视频片段使用版权作为置换筹码,甚至可以尝试设立卫视品牌联合账号。

2. 价值链策略

这部分策略的研究主要是搭建并解决品牌和平台"利益共同体"的关系圈。对于广告主而言,让更多人知道我的产品,促使更多人买我的产品,所有的宣传最终目的只有一个,所有流量数据转化为销量。

（1）借势购物平台

集团旗下有开播多年的购物平台,兼顾宣传和带货功能。卫视平台上可以通过广告或节目中植入二维码,用户扫描后进入购物平台产生购买。从二维码入口跳转进入的消费者,能获得自动发放的一定数额折扣或现金券。另外增设卫视＋购物频道的打包项目,购物频道的收入按一定比例和卫视分成。

（2）联合品牌进行产业化运营

借鉴北京卫视和三元食品的合作思路,卫视频道可以联合广告主进行产业化运营探索,实际参与到产品的产销链路中。类似从生产环节（品牌）开始,经过宣推（媒体）、销售（媒体）、配送（品牌）到回款（媒体）,最终利润分成。媒体角色转变为品牌经销商,密切参与到品牌的各个产销环节。

（3）支援品牌线下推广

品牌的营销活动中有一个很重要的合作伙伴:经销商。可以通过给品牌经销商提供资源的方式来支持、提升广告主的合作体验。集锦品牌主投放的带台标的硬广告、有产品露出元素的节目视频素材,并重新设计包装后以"××卫视频道广告合作伙伴"的名义授权经销商在门店使用,有效绑定媒体和品牌的关联。

结　语

以传播主流文化核心价值观为己任的电视要如何在融媒体浪潮袭来时守护自己的一方领土,巩固江山并继续创造商业价值为平台增值,这实在不是一项即刻能解决的轻松议题。收视人群大量流失已是不争的事实,相应同步衰减的是广告价值,广告主对于平台的需求逐渐消解。目前国内电视份额仍保留较强势地位占据有利地形的省级卫视,尤其是一线阵营五大卫视都在试图寻找破局之路。

合抱之木,生于毫末;九层之台,起于累土。融媒体时代下,电视媒介需要拥抱多媒体多技术,整合各家优势技术资源,并肩谱写壮丽的文化新篇章。多方合作共赢形成良性的、可持续发展的过程,如此这般,电视媒介方能在当下和未来绽放出中华文创产业的满园春色。

参考文献:
[1] Kantar Millward Brown, AdReaction 2014 [R]. Kantar Millward Brown, 2014.
[2] Mary Steffel Elanor, F. Williams Ruth, Pogacar. How to Nudge Your Customers Without Pushing Them Away [J]. Harward Business Review, 2016.
[3] WARC data, Global Ad Trends [2018]. WARC, 2018.
[4] 电通安吉斯集团.2019年全球广告支出预测[R].电通安吉斯集团,2019.
[5] 李岚.传媒MBA讲坛之一 从竞争优势到公司战略:传媒企业产业价值链的关联构建[J].新闻界,2004,1:41-44.
[6] 栾轶玫,杨宏生.从全媒体到融媒体:媒介融合理念嬗变研究[J].新闻爱好者,2017,9.
[7] 徐立军.中国消费与传媒市场趋势 2018—2019[M].北京:中国财政经济出版社,2018.

作者简介:
吴莺音,文学学士、管理学硕士在读,现任职于SMG东方卫视中心。

视 听 谋 略

当前电视法制节目的普法效果及改进策略研究

李　巾

提　要： 我国现有的电视法制节目存在着形式雷同、取材单一的问题。内容上，以刑事案件为题材居多，突出守法意识，但忽视了法治信仰的宣传教育。节目中讲述故事过多，法律原理分析很少，普法效果不理想。本文分析了现状和原因后，提出改进的策略：提高制作团队的法律素养，扩宽取材范围，摒弃以刑事案件为主的套路，注重选取贴近实际生活，体现权利意识、平等意识的法律事件作为普法的切入点。加强法理解说，引导观众树立法律信仰。

关键词： 电视　法制节目　普法　权利

1985 年，中宣部、司法部制订了普法工作第一个五年计划，也明确要求电视报纸等媒体开展法制宣传。自此开始的三十年来，我国的电视法制节目逐渐繁荣。但是，纵观各电视台的法制节目，发现它们总体上存在着故事性强，说理性弱，法制宣传效果不理想的问题。电视法制节目是重要的普法渠道。在当前我国大力推进依法治国的背景下，需要大力改进电视法制节目，强化法治教育功能。

一、我国电视法制节目的现状和存在的问题

1. 法制节目众多，但节目形式较为单一

央视及各省级电视台、地市级电视台都有法制节目。有些电视台有专门的法制频道。因此，法制节目总播出量是很大的。但是，纵观各台的法制节目，有

一个基本模式,就是"以案说法",借助重现法制故事或者法院审判过的案件事实,穿插法律内容的讲解。节目内容的推进完全依靠案件事实的演进和主持人的解说,节目中与观众有互动的极少。

2. 节目内容选材范围略窄,雷同度较高

节目内容重刑事案件,少民事案件。在刑事案件题材中,又以凶杀、抢劫等暴力犯罪事件为绝大多数。对上海新闻综合频道的《案件聚焦》栏目进行统计分析,发现曾播出的 80 期节目中,有 50 期是关于凶杀案的内容。而实际上,我国刑法规定的罪名有 400 多种。我国的法律部门也比较完善。宪法作为国家根本法,具有最高法律效力。宪法之下,有行政法、刑法、民法、商法、经济法、劳动法与社会保障法、自然资源与环境保护法、诉讼法等若干法律部门,全国人大及其常委会制定的法律有 442 部,国务院颁布的行政法规 665 部。

3. 注重节目的故事性,法理解析较浅

有些法制电视节目的制作者为了提高收视率,常常采取"悬念式"叙事法来吸引观众。为了制造收视"焦点",故意选取存在看起来违背常情的法律案件,或者通过主持人、旁白的情绪渲染,制造出了法与情冲突的状态。或者选取一些非正常人格的犯罪人,挖掘犯罪人及其背后家庭、亲友关系的畸形状态,以案情发展、当事人心理的奇特性吸引眼球,满足观众的窥视欲。整个节目过于注重故事性、情感性,没有对案件之中所涉及的基本法律概念和知识进行透彻深入的讲解,最终导致观众对具体法律知识的理解较少,同时还存在一知半解的现象。更加缺乏的是对所涉及的法律规范的立法目的和相关法律原理和法律价值进行解析。总体上,普法效果并不深入,大多数观众把这些法制节目当作电视短剧来看。因此,节目未能在观众心中留下关于法律的深刻印象。

二、当前电视法制节目困境的原因分析

1. 节目制作人"电视本位"潜意识浓烈

电视法制节目的制片团队不少是从其他类型电视节目制作团队转岗而来,或者是其他电视节目的制作团队兼职做法制节目。因此,法制节目的制作团队天然地保留了很强烈的"电视本位"意识。所谓电视本位,就是追求电视节目的收视率,借助悬疑、惊悚等叙事结构,配合情感渲染,来博取观众眼球。因此,在电视节目制作团队或者法制频道、法制栏目的领导者没有转变"电视本位"意识

之前,法制节目的质量提高是很难推进的。

2. 节目制作团队法律专业功底不强

法制电视节目的制作团队从其他节目制作团队脱胎而来,因此,他们大多具有传播学、文学、编剧、主持、摄影摄像等专业知识背景,但是较少人有法律专业背景。专门招录法律专业人才用于创作电视节目的媒体并不多。因此,当前绝大多数电视台的法制节目制作团队,没有系统地经受过法律专业的学习和训练。现在在岗的法制节目制作人和主持人,大多数也只是临时抱佛脚,在节目制作过程中大致了解一下当期的案件涉及的法律条文,以保证解说词、画外音基本正确。制作团队和主持人对法律条文理解并不深入,自身难以全面解析法律原理和引导观众树立法律价值观。

3. 法制节目创新受意识形态约束较大

中国国家治理结构,决定了我国的电视台均是官办媒体,政治正确是所有各类电视节目的基本要求。其实,公民的权利和义务是对等的。只教导民众遵守义务,却不引导民众行使权利,则法治的发展是片面的、不完善的。是片面地理解依法治国,也是片面地理解政治正确。不违法只是守法的一个方面,守法的另一方面,则是积极地行使法律赋予的权利,当权利受到损害的,要积极依法维权。当权利受到损害时,不能及时维权,则让加害人逍遥法外,最终破坏法治。但是,由于中国有传统的无讼、厌讼意识,提倡道德教化,以道德的提升、相互的谦让做到民众之间不争利。因此受道德和体制的约束,想要在法制节目中创新并不容易。

三、电视法制节目未来的出路与对策

当前我国法治建设进程正在大力推进,普法工作进入七五普法阶段。我国法制体系已逐步健全,但是我们距离法治国家的建成还有相当长的路要走。我们缺的不是法律条文,而是社会普遍缺乏法律理念和法律信仰。我国社会治理模式从乡村宗族社会、熟人社会脱胎而来,在偏远农村地区,群众的法律意识不强,有些村民在向法院起诉前,要请律师、法官吃饭或者送土特产,以期建立信任关系。可见,他们对于法律的信任是建立在对法官、律师信任的前提下。在一些现代化程度较高的东部沿海城市,很多人在遇到纠纷或者维权事件的时候,完全依照法律路径维权的比例也不是很高。有些人热衷于找关系,通过熟人来"疏通关节";有些人热衷于信访,相信"按闹分配,多闹多得"。法律信仰的缺失,一方面根源于我国快速地从农业社会步入到工业社会,市场经济意识建立时间不长;另一方面也因为我们国家三十多年来的普法工作仍在进行当中。为加快法治社会建设,迫切需要改善普法工作。而电视法制节目,作为国家赋予主流媒体的政治任务,更加迫切地需要改进和创新。

1. 以社会主义核心价值观宣传为契机,大胆改革创新

党的十八大提出了二十四字的社会主义核心价值观,其中"自由、平等、公正、法治"是对社会治理方面提出的价值观,而自由、平等、公正,也正是最核心的法治价值观。当前,社会主义核心价值观的宣传贯彻如火如荼。二十四字价值观已经家喻户晓。但是法治价值观的深刻内涵很多人却知之甚少。因此,电视法制节目也要趁势而上,在社会主义核心价值观的宣传中,发挥普法主阵地作用,大力宣传自由、平等、公正的法治价值观。同时,要充分利用国家把依法治国作为基本方略、把人权写入宪法释放的"政策利好",突破以往电视节目要求高度"政治正确"、服务于"社会稳定"的束缚,大胆创作体现"人人平等""法无禁止即自由""法律至上"等法治社会基本原则的电视节目。

2. 提升从业人员法律素养,改进节目模式

电视法制节目从业者以及相关制作人员的综合素质以及法律素质会直接影响法制节目的质量和效果。为了更好地发挥普法功能,法制电视节目从业者自身需要提高法律专业素养。**首先**,制片人或者节目创作人要有专业的法律知识背景。有良好的法律素养,才能敏感地从日常生活中抓取有意义的法治事件,扩大选题范围,从而不再仅仅依靠社会新闻或者公安、法院等部门提供的有"轰动"效应的凶杀、抢劫等暴力犯罪案件。**其次**,要提升法制节目主持人的法律专业素养。在故事为主要节目构架时,主持人需要对法制故事的推进节奏进行较好的掌控同时,很多法律知识的讲解都要通过主持人来进行。主持人的业务能力及专业素养等也会对法制电视节目的效果和普法服务功能产生很大影响。

3. 丰富节目题材,贴近社会热点和日常生活

以往电视法制节目过多关注刑事案件和刑事法律。而实际上,百姓生活中刑事案件是发生极少的,尤其是暴力犯罪的案件更加少。因此,过多地报道刑事案件,导致节目与百姓日常生活实际联系不够紧密,难以引起观众对法制节目的共鸣。刑法主要是禁止性条款,告诉人们什么是违法的,什么是不可以做的。禁止性条款规定的是消极性义务。而事实上,绝大多数人不可能去犯罪。因此,目前我国法治宣传中,需要更加注重的是权利意识、平等意识的宣传。权利意识,

对普通公民来讲,就是法无禁止即可为。赋予公民更多权利,才能鼓励社会创新。

因此,为提高电视法制节目的宣传效果,并强化权利意识的培养,必须扩大法律事件题材的范围。首先,要注重民事案件、经济案件的法治报道。从法的起源来讲,民法乃万法之母。民法的基本原理贯穿着整个社会生活。民法中平等、公正基本原则,也是每个国家和社会追求的法律价值乃至社会价值。其次,要增加宪法、行政法的节目内容。宪法宣讲虽然近年来如火如荼,但关于宪法的电视法制节目却很少见。宪法从各国法制体系中来讲,都具有最高的法律效力。美国很多疑难案件,遇到法律冲突时,法官常常会通过解读宪法,来解决案件中的法律适用问题。我国宪法目前在法院裁判中不具有直接适用性,这也是我国以案件报道为主要形式的法制节目中没有宪法宣传的原因之一。但是,通过节目形式创新,可以积极创作一些宪法解读节目。虽然没有法院判例,但是如果节目制作人充分认识到宪法是权利法,完全可以从日常生活中采访发现一些限制公民宪法权利的小事件。以选举权与被选举权为例,村居委会换届选举中的贿选事件、以暴力威胁夺取选票的事件,就是活生生的案例。行政法也是重要的法律部门。权利意识有两个方面,对公民而言,法无禁止即可为;而对国家机关、执法部门而言,法无授权不可为。国家机关、执法部门从事管理和执法,必须有法律的授权,否则即使违法行政,侵犯公民权利。再次,可以根据行业特点,制作分众化法制节目。例如,对软件开发人员、作家、艺术家群体,可以进行知识产权法普及。对企业开办者和管理人员,可以开展安全生产法普及。

4. 加强法理解说,引导树立法律信仰

电视法制节目不能像普通电视节目一样,注重收视率和经济效益。法制节目承担的更多是国家的法治建设推进器功能,这种节目要注重的是社会效益。必须摆脱"故事性"悬念式叙事、"情理法冲突"式情感叙事、"人格分裂"式惊悚叙事的套路。要从以故事为主线,以法律来"点睛"的模式,转换为以法律和法理为主线,以故事为辅助载体的模式。

要充分发挥法制节目的普法功能,则需要在宣讲法律条文、法律规范的基础上,进一步深化,过渡到普及法律理念、法治价值的阶段。通过法制故事,可以由浅入深,有点及面,解析该事件涉及的法律概念、法律关系、法律规范。进而,解析该法律规范背后的法理和法律价值。从法律的生长角度来讲,法律大多源于生活,是对符合自然规律的生活规则的总结和提炼。也就是说,情与法基本是相通的。情与法相背离却是概率非常小的事件。法理通于情理,因此,只要有一定的法律素养,结合日常生活来阐述法理,并不是难事。通过对百姓身边事进行法

理剖析,更容易让百姓意识到法律的价值,感受到法律的公正就在身边,让百姓能够逐渐树立对法律信仰,养成遇到麻烦事先考虑法律路径的意识。

对中国这样一个从封建社会、"熟人社会"脱胎而来的社会主义国家而言,实现依法治国仍然任重道远。电视法制节目要发挥好普法功能,必须在有数量的基础上,提高质量。只有勇于创新,才能开创电视法制节目的新时代。

参考文献:

[1] 夏怡然.法制类专题节目故事化结构研究[M].《探究真谛——上海广播电视文选第六辑》,文汇出版社,2018:359-374.

[2] 郝铁川.中国乡村法治现代化调研报告之一[N].《法制日报》,2019年6月19日.

[3] 陈思明.核心价值观视阈下的普法转型发展[J].《长白学刊》,2018年,第4期:79-84.

作者简介:

李巾,毕业于浙江传媒学院,现任金山区融媒体中心新闻采集中心副主任。

浅议宏大主题宣传的广播作为

——以广播微剧《听总书记讲故事》为例

江小青

提　要： 主题宣传是主流媒体担负的重任，也是对传统媒体在新媒体环境中的一个挑战。本文以上海人民广播电台创作的新闻专题——广播微剧《听总书记讲故事》为例，探究广播媒体在主题宣传中如何创新求变和有所作为。

关键词： 主题宣传　艺术化表达　融合传播　多样化

2017 年，党的十九大召开前夕，上海人民广播电台在全媒体平台推出了《听总书记讲故事》系列专题。以微型广播剧的形式，把习近平总书记在一些重要讲话、文章中提及的古今中外的故事进行了创新性的艺术化表现。这一系列微剧在广播和新媒体播出后反响强烈，多地兄弟媒体转载，上海广播的新媒体阿基米德 App 以及上海新闻广播官方微信的图文推送被全国各地用户大量转发，还成为大量基层党组织开展"两学一做"的教材，也获得了 2017 年度上海广播电视奖特别奖。事实证明，这一创新形式成为将宏大的新闻主题与广播剧的艺术形式相结合的创作和新媒体传播的有益实践。

一、广播媒体主题宣传的初心使命

主流媒体是党的理论思想方针政策的宣传主阵地，上海人民广播电台从诞生之日起，坚持正确的舆论导向、宣传党的方针政策就是其初心使命和责任所在，同时也是社会价值和主流文化的传播载体。事实上，长期以来，广播电台的主题宣传意识从未削弱。曾几何时，广播的理论学习专栏、主题录音报道、专家学者访谈等都是 FM 端的"重型武器",在长达七十年的上海人民广播电台历史上也都起到了积极的、有效的、颇受欢迎的宣传效果。

然而,随着新媒体的兴起,媒体生态环境发生了深刻变化,冗长的、单一的,甚至带有"说教意味"的节目内容和传播方式渐渐失去了传播效应,这类节目也日渐式微,甚至关闭。

检视媒体环境会发现,新媒体发展的突飞猛进带来了两大变化:

1. 传统媒体受众大量转移到新媒体端。据中国互联网络信息中心 2019 年 2 月 28 日发布的第 43 次《中国互联网络发展状况统计报告》,截至 2018 年 12 月,我国网民规模达 8.29 亿,普及率达 59.6%,较 2017 年底提升 3.8 个百分点。手机网民规模达 8.17 亿,网民通过手机接入互联网的比例高达 98.6%。[1]

2. 受众接收信息的状态是"碎片化""随时性""互动性"。对于广播媒体而言,端坐在收音机前固定时间收听某档定时播出、且以传统广播的播出规律往往是以一小时为时长的节目的受众越来越少。移动状态下随时随地接受以单个数分钟为单位时长的音频和视频成为受众收听收看的常态,同时,个性化的定制节目已成趋势。

正如李良荣所说:"现在新媒体造成的网络舆论,具有了草根性,所以它具有真正的影响力。"

习近平总书记在 2018 年"全国宣传思想工作会议"上要求理论宣传工作者"要不断提升中华文化影响力,把握大势、区分对象、精准施策,主动宣介新时代中国特色社会主义思想,主动讲好中国共产党治国理政的故事、中国人民奋斗圆梦的故事、中国坚持和平发展合作共赢的故事,让世界更好了解中国。"[2]

时任上海市委书记韩正也曾在 2017 年调研上海报业集团时指出:"受众在哪里,阵地就在哪里。主流媒体生产高质量精神产品所形成的社会效益,无法用金钱计量。"[3]

显然,把主题宣传工作做好做强是新时代的要求,也是主流媒体自身生存与发展的必须。习近平总书记所说的"区分对象、精准施策"无疑是对不同形态媒体探索适应不同受众的表达方式和传播手段的具体要求。

党的十八大以来,习近平总书记在中央政治局会议、全国性的大会以及各种场合的讲话或文章中,经常旁征博引古今中外的典故、历史,用中国经典讲"中国经验",以中国道理说"中国道路",寓意深邃,生动传神,极具启迪意义,也彰显文化自信。2010 年 9 月 1 日,习近平同志在中央党校 2010 年秋季学期开学典礼上的讲话中,对学员们说起了方志敏烈士的事迹,激励党员干部保持理想、坚守信仰。2017 年 1 月 6 日,习近平总书记在第十八届中央纪律检查委员会第七次全体会议上的重要讲话中,讲述了东汉清官杨震"四知拒金"的故事,借古喻今,提醒党员干部,觉悟对一个人的立身立业立言立德的重要意义。这些故事在严肃而立意崇高的讲话中以史明鉴、以理服人的作用显而易见。

开掘这一主题不啻是新闻宣传的好题材。系列微剧由此梳理聚焦习总书记关于治国理政、奋斗圆梦、和平发展等方面的论述,主题设计涵盖了对党员干部的理想信念、作风建设的要求、阐述人民军队为人民服务的本质、共产党和人民军队与人民群众的鱼水关系、发展中美关系和推进"一带一路"建设等方面,宏大、深远。系列微剧的创作播出契合了总书记讲故事的现实意义,践行了习总书记所要求的:主流媒体自觉承担起使命任务,建设具有强大凝聚力引领力的社会主义意识形态。

二、新闻主题艺术化表达的合理性

《听总书记讲故事》总共 30 集(附件,目录),是作为新闻专题获得上海广播电视奖的,这就带来一个问题,新闻性题材能否用艺术化的表现方式? 真实性是新闻的生命,用微型广播剧的形式是否有演绎虚构的成分?

1. "真实性"的主体

从这组系列微剧来看,故事的素材上至几千年前,远至万里外的国家,记者要"真实地"采访报道故事本身的"事实"不存在可能性。那么"真实性"靠什么呈现呢? 习近平总书记讲故事的原声。这就是"真实性"的主体。

微剧的每一集都有从央广和央视的公开报道中调取的习近平的声音原音,既有开篇讲故事的原音,也有篇尾高屋建瓴的讲话原音,以标签总书记讲故事的本义,也使微剧首尾呼应。以此完成了新闻作品的"真实性"要求。为力求"真实性"的完美,记者也到当代故事的发生地进行了采访,而记者采访的现场和人物也非故事本身发生之时的事实,只是作为"故事"的佐证,同时显示了作品的客观性。如"梁家河的变迁""扎根在义乌的阿拉伯小伙穆罕奈德"等。

马克思曾把客观报道概括为"根据事实来描述事实"。恩格斯则认为是"完全立足于事实,只引用事实和直接以事实为根据的判断——由这样的判断进一步得出的结论本身仍然是明显的事实"。

2. 演绎的"代入感"和"沉浸感"让故事内化于心

在确保其"真实性"的同时,微剧则是强化了"剧"的演绎。每一则故事都设计了人物角色、剧情、对白,再辅之以音乐和典型音响,让故事得以更形象生动的

传达,使受众沉浸于其中,内化于心。这里以《半条棉被》的文本为范例:

《听总书记讲故事——半条棉被》

【片头】

【旁白】2016 年 10 月 21 日,习近平总书记在纪念红军长征胜利 80 周年大会上的讲话中,讲述了"半条棉被"的故事。

【习近平实况】在湖南汝城县沙洲村,3 个女红军寄宿徐解秀老人家里,临走时,把自己仅有的一床被子剪下一半给老人留下了。老人说,什么是共产党? 共产党就是自己有一条被子,也要剪下半条给老百姓的人。

【故事演绎】

(旁白):1934 年 11 月,中央红军抵达湖南汝城县驻扎并休整。三位女红军战士住在一户徐姓人家。这家一贫如洗,连一条完整的被子都没有。女战士们在行军中丢弃了行装,只带一条棉被。三人便和女主人合盖这条被子。同吃同睡同劳动的几天很快过去,这天,红军要出发了。

(女红军 1):徐大姐,这几天给你们添麻烦了,这床被子就留给你吧。

(徐大姐):哟,可使不得、使不得。你们还有大事要做,这被子可要带着。

(女红军 1)(拿出剪刀):要不然这样吧! 来,剪开,我们一人一半!

(徐大姐):别剪啊,别剪啊。

(女红军 2):来,我来帮你们。

(女红军 1):好! 大姐,等革命成功以后,我们一定送你一条完整的被子。

(徐大姐):我,等着你们回来!

【故事延伸】习近平总书记用"半条棉被"的故事告诫全党:必须把人民放在心中最高位置,坚持一切为了人民、一切依靠人民。

【习近平实况】同人民风雨同舟、血脉相通、生死与共,是中国共产党和红军取得长征胜利的根本保证,也是我们战胜一切困难和风险的根本保证。

【片尾】精彩中华故事,深刻治国道理。听总书记讲故事。

以声塑形是广播的特点,系列微剧从策划开始就抓住了声音要素,调动多元化的声音元素,丰满、升级了重大题材的声音表达。

当然,一家地方媒体不可能采集到所有党的总书记的第一手声音资料,巧妙运用纪录片、电视剧等的音响成为手段之一。

比如,2017 年 8 月 1 日,习近平在庆祝中国人民解放军建军 90 周年大会上发表重要讲话,其中提及一首战争时期广为传唱的河北平山民谣。由此,作品从纪录片中调取和运用了民谣歌曲和发生在平山的当地老百姓为前线送去逾千万斤军粮、14 万条军被、57 万双军鞋的故事,同时运用了一段习近平的讲话实况:"只要始终站在人民立场上,赢得最广大人民衷心拥护,就能构筑起众志成城的铜墙铁壁。前进道路上,人民军队必须牢记全心全意为人民服务的根本宗旨,任何时候任何情况下都做人民子弟兵。"故事和总书记的"讲"相得益彰,生动又相呼应。

系列微剧《听总书记讲故事》每一集都在四分钟左右,不长的篇幅,却包含了宏大的主题、生动的剧情、逼真的演绎,而精良的制作也是这一作品取胜的关键。系列微剧有统一的音乐、结构、音响等生产要素标准,满足了广播受众对于声音作品的要求。

3. 有声的文学新闻

这种艺术化的表现很容易让人有"文学作品"的恍惚,那么将其归为有声的"文学新闻"也无妨。因为,"文学新闻指的并不是通常意义上新闻报道的文采,而是一种以文学的方式驾驭现实题材的特殊文本,这背后是一系列关于如何呈现有关现实的事实性信息的理念和原则。"可以说,"文学是一个描述符号、一个强大的形容词,表达的是作家可以从场景、角色发展、情节、对话、象征等多方面使用变化多端的元素,这些元素往往超出了一般新闻的惯例。"[4]

传播学奠基人施拉姆在《大众传播的责任》一书中引用学者的观点说:那种平铺直叙、单一层面的处理手法,使谎言和真相受到同样重视,并相互拮抗,把傻瓜的影响力提升到与睿智之士同一水平,无知者与饱学者地位相等,罪恶与善良亦无所差别。

这里无意探讨所谓新新闻主义认为的"对事实细枝末节的过度关注和所谓科学采编流程的局限而丢掉了真理和正义"的观点。但是,这组作品以艺术化的表现形式创新,一改传统的重大主题、主题宣传的习惯式歌功颂德、盛气凌人的套路,无疑是有益的。否则,即便依托最先进的传播技术,也只能是低效甚至是无效的传播。

三、融合传播中的多样态要求

顺应融合发展的形势要求,传统媒体的新媒体矩阵已经形成,多平台分发已成为必然。这组系列微剧除了在 FM 端播出之外,同样在新媒体平台推送。创作者在每个故事的呈现上曾动了脑筋，除了音频和文字以外，以自制的古朴连环画配合文字表达故事片段场景，符合新媒体传播的需要。如图所示。

然而，这组作品创作于 2017 年，以今天的眼光审视，这样的新媒体表现仍然差强人意。单幅绘画的单调、单音频的单一、没有交互式体验的单向传播……都成为新媒体表现的遗憾。也使作品的传播力、影响力受到限制。

因此，强化新媒体传播样式的多样化是广播融合传播达到有效传播的必须。

1. 视觉需求与音频需求同等重要

新媒体技术发展一日千里，微视频、短视频、H5、直播、游戏、360 度全景 VR、音乐微动画、表情包……各种新技术新应用，是抓取新媒体受众的手段，也提升了产品的"科技感"。

有资料显示，截至 2019 年 1 月，以短视频为主业的分享平台"抖音"国内日活跃用户已经突破 2.5 亿，月活跃用户突破 5 亿，"抖音"被称为新一代国民级应用。短视频成为现阶段主流的信息获取方式。[5]

2. 新媒体的互动性是吸引受众参与、满足受众传播需求的一项突出功能

5G 时代的到来，将更强化视听综合、沉浸式体验和个性化内容，也将使广播传统的受众互动在广度和深度上获得突破，以增强受众的黏度。

如今，文字、音频、视频、网络"全媒体运作"概念已经普遍应用，以 2018 年和 2019 年上海人民广播电台推出的多个全媒体产品，如《给 90 后讲讲马克思》《"十九大精神十九人讲"特别党课》等都有了更为贴近新媒体传播特性的不俗的表现。但是，进一步发展的掣肘依然存在：传统广播的技术更新跟不上新媒体发展的步伐、广播生产者双线作战压力巨大、新媒体创作人才匮乏等，都是显而易见的"短板"。

结　语

随着媒体融合发展的深入，媒介形态诸如纸面媒介、电子媒介等的界限将会越来越模糊，新型的主流媒体势必融合各种形态的媒介。习近平总书记在今年1月25日关于推进媒体融合的重要讲话中把当前出现的全媒体归纳为全程媒体、全息媒体、全员媒体和全效媒体，对传统的囿于媒体本身就事论事的狭义全媒体概念给予了极大的延展。[6] 广播的作为当然是全媒体的生产与传播。有研究者认为，媒体融合要理解为"内容生产＋产品形态＋渠道占有"的"一体"。以内容生产而言，当然坚持遵循主题宣传为己任，提升优质内容生产的能力，而在产品形态方面，需要更多新媒体思维，以市场需求为引领，以技术突破为推动，同时，在渠道占有上更有市场眼光和开拓精神。

附件：目录

中国移动　00:34　46%

阿基米德FM

【听总书记讲故事30】梁家河的故事
00:03:50

【听总书记讲故事29】"延安对"：永远保持对人民的赤子之心
00:03:02

【听总书记讲故事28】白求恩、贝熙叶……抗日战场上的"外国八路"
00:03:20

【听总书记讲故事27】坦赞铁路：用生命铸就的中非友谊丰碑
00:03:47

【听总书记讲故事26】杨震畏四知 廉洁垂青史
00:02:41

【听总书记讲故事25】郑板桥：民生无小事，枝叶总关情
00:04:02

【听总书记讲故事24】康熙不览灵芝：以实心行实政
00:03:05

【听总书记讲故事23】国产手机"火了"：创新驱动是核心动力
00:02:41

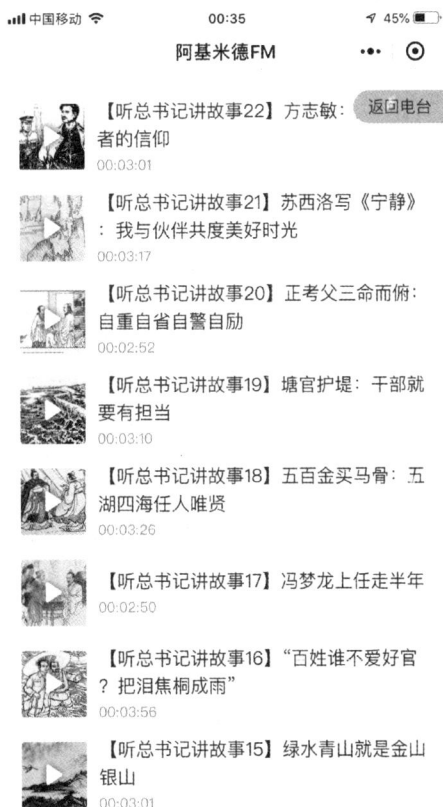

中国移动　00:35　45%

阿基米德FM

【听总书记讲故事22】方志敏：信仰者的信仰
00:03:01

【听总书记讲故事21】苏西洛写《宁静》：我与伙伴共度美好时光
00:03:17

【听总书记讲故事20】正考父三命而俯：自重自省自警自励
00:02:52

【听总书记讲故事19】塘官护堤：干部就要有担当
00:03:10

【听总书记讲故事18】五百金买马骨：五湖四海任人唯贤
00:03:26

【听总书记讲故事17】冯梦龙上任走半年
00:02:50

【听总书记讲故事16】"百姓谁不爱好官？把泪焦桐成雨"
00:03:56

【听总书记讲故事15】绿水青山就是金山银山
00:03:01

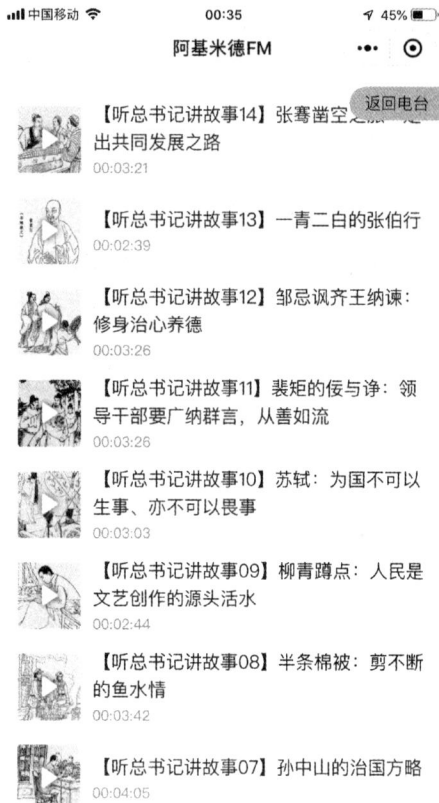

参考文献：

[1] 中国互联网络信息中心官网 2019 年 2 月 28 日发布。

[2] 新华社《习近平为新形势下宣传思想工作划重点》2018 年 8 月。

[3] 解放日报《坚定不移改革创新提高传播力引导力》2017 年 2 月。

[4] 陆晔《文学新闻：特征、文化价值与技术驱动的未来》，《新闻记者》2018 年 5 月。

[5] 黄楚新 王丹《聚焦"智能＋"与全媒体：中国新媒体发展趋势》，《广播电视研究》2019 年
7 月。

[6] 中国社会科学网《构建新型主流媒体的多维阐释》2019 年 4 月。

作者简介：

江小青，SMG 广播新闻中心常务副主任。

试论新媒体环境下一线记者的新角色新担当

刘　婷

提　要： 在新媒体环境下，传统媒体原有的生存条件和生态环境被极大改变，整个大众传媒业态发生了深刻变革，媒体一线的内容生产者——新闻记者，由此面临了一系列的新挑战和新要求。

媒体融合时代，媒体平台或产品的生产从单一模式转为多种类、多渠道模式，记者所从事的新闻生产传播也从单向线性模式转变为多向和交互模式。其次，是对记者新闻采访报道工作评判标准和评判维度的革新，"浏览量"和"时效性"的相关考核标准都让记者倍感压力。外部和内部生产环境的同时改变，使得记者与采访对象、记者与采编团队、记者与媒体受众之间构建起一种新的互动关系，一线记者的地位、作用和角色随之发生改变。

未来，专业记者的岗位会不会消失？答案是否定的。当面对各种新挑战和新要求，一线记者需要从自身的转型实践中，不断探索在新媒体环境下的新的生存和生产技能。

关键词： 新媒体　一线记者　挑战

引　言

根据第 43 次《中国互联网络发展状况统计报告》，截至 2018 年 12 月，我国网民规模达 8.29 亿，普及率达 59.6％；我国手机网民规模达 8.17 亿，网民通过手机接入互联网的比例高达 98.6％。近年来，随着移动互联技术与应用的高速发展,在传媒领域,数字化新媒体(Digital New Media)因其具有交互性与即时性、海量性与共享性、多媒体与超文本、个性化与社群化等特点,以爆炸式的发展与繁荣态势,迅速占领信息及意见传播市场,并使其自身成为一种新的媒介传播环境。

在新媒体环境下,传统媒体原有的生态环境被改变,传媒业态经历发生重大变革。在整个传媒产业链上,内容生产、提供者,媒体信息分发渠道,受众的媒体接触,使用和消费习惯,媒体技术和硬件发展,在传播范式、传播规则、内容生产方式、内容分享范式和消费方式等方面都发生了颠覆性变革。①

当全新的媒体生态环境已经形成,当原有的新闻生产方式发生变革,媒体最前线的内容生产者——一线记者,面临了一系列来自新媒体环境的新挑战和新要求。本文从一线广播记者的转型实践和经验着手,分析一线记者在新媒体环境中新压力和新挑战的来源,并探究其发生原因,从而尝试提出具有实际操作意义的应对策略和建议。一线记者在新媒体环境中重拾职业自信、强化职业能力、提升职业素养,至关重要。

自新闻业出现,在西方所谓大众传媒是"第四种权力"的理论支撑下,记者居于一种较高的社会地位。"记者已经成为新兴社会力量的一部分,他们把那些媒体巨头和通过媒体获得权力的人称为'媒体贵族'(mediacracy)"②,就是一个写照。

麦克卢汉说,"媒介即讯息"。当新媒体出现并逐渐占据主导地位,整体媒体生态环境的改变,带来了包含新闻生产的资源、流程、内容、渠道等各方面的改变。一线记者,作为新闻生产和传播流程中极其重要的一环,其所从事新闻采访报道的环境、内容、途径、对象、形式、考核等也同步发生了前所未有的改变。

在经历了被新媒体倒逼之后的痛定思痛,传统媒体迎来媒介融合时代。在新媒体环境下,西方经典传播学视角下记者所扮演的"观察者""把关人""议程设置者""意见领袖"等角色已经逐渐被弱化了。③ 媒介融合时代,记者的职能主要是对信息进行筛选、整理、归纳、解读、评价,必须掌握多种媒体形态的新闻采编播技能。④ 当下,一线记者都已在使用各种新媒体平台、渠道和产品,来进行文字、图片、音频、视频、短视频、直播流等多种形式的内容创作和分发。

① 李良荣.网络与新媒体概论[M].北京:高等教育出版社,2014:7.
② 凯利·莱特尔,朱利安·哈里斯,斯坦利·约翰逊.全能记者必备——新闻采集、写作和编辑的基本技能(第七版)[M].宋铁军,译.北京:中国人民大学出版社,2010:9.
③ 秦璇.新媒体环境下我国记者角色的转型[D].锦州:渤海大学,2017:1-40.
④ 谭双林.融合媒体时代记者角色的转型[D].武汉:华中科技大学,2012:1-47.

一、对一线记者新闻生产和稿件评判的新标准

1. 对一线记者新闻生产模式的革新

在新媒体时代,媒体融合不单单是一种媒体发展的大趋势,更是切切实实给实际的新闻生产提出了非常具体的要求,使新闻生产的各个流程实现再造,从而完成融合与转型,这也使得一线记者不得不改变原有的工作方式去契合新的新闻生产流程和要求。

首先,媒体产品从单一模式转为多种类、多渠道模式。进入新媒体时代后,媒介产品维持其原本单一模式的可能性非常低了。通过访谈的形式,笔者对上海媒体中联系公安条线的 7 名一线记者的工作现状做了一个微型调查(见下表):

记者	媒体单位	传统媒体时期	融合媒体时期			
		平台 A	平台 A	平台 B	平台 C	平台 D
L1	SMG 电视新闻中心	电视频道	电视频道	Knews 看看新闻网、App	微信公众号"魔都眼"	
P	新民晚报	新民晚报	新民晚报	新民 App		
W1	新闻晨报	新闻晨报	新闻晨报	周到 App	微信公众号"新闻晨报"	官方微博
Z	青年报	青年报	青年报		微信公众号"青年报"	
W2	解放日报	解放日报	解放日报	上观 App	微信公众号"上观新闻"	
L2	东方网	东方网	东方网	翱翔 App	微信公众号"东方网""新闻早餐"	
M	SMG 广播新闻中心	广播电台	广播电台	话匣子FM App	微信公众号"话匣子"	官方微博

注: 以上工作情况调查截止到 2018 年 12 月底

从该表中可以看到,对于特定媒体的一线记者而言,需要发稿的平台或渠道增加了,所要采写的内容和形式也就相应增加了。以上表中最后一位 SMG 广播新闻中心记者 M 举例,他原有的工作内容和方式是仅需采写广播录音新闻,

通过"现场采访录音＋写作文字稿件＋制作录音报道＋广播直播连线（通过电话）"等来完成日常工作。当上海广播进行媒体融合，开拓了新媒体传播矩阵后，他的工作内容大幅增加为"现场采访录音＋写作文字稿件＋制作录音报道＋广播直播连线＋拍摄现场照片＋拍摄现场视频（有时）＋撰写图文稿件（供给"话匣子"微信公众号和话匣子 App）"等。由于各平台、渠道对于新闻的时效性要求有所不同，对于时常奔忙于采访现场的一线记者而言，对稿件时效性的要求调高，实际上就是一种间接的工作量的增加。此外，对广播记者来说，写作供给新媒体的稿件，与原本写作的广播新闻录音报道稿件相比，因传播的载体不同、报道的形式不同，以及受众的差异等因素，往往需要"重起炉灶"或者"二度创作"，这就使得广播记者相比其他媒体记者，工作量更是成倍增加。

其次，新闻生产传播从单向线性模式转为多向且循环模式。长期以来，记者与其所在的媒体对新闻来源几乎可以"垄断"，他们始终处于新闻传播链的起点位置，向外进行线性分发和传播。尽管在传统媒体时代，受众也拥有可以反馈信息的权利和渠道，比如听了广播后，可以听众来信、热线电话等形式表达自己的意见和诉求，但终究还是记者和媒体在决定要报道什么、要让受众看到或听到什么。自互联网、新媒体开始兴盛，由传统媒体全权掌控的这种单向线性传播方式，被全方位立体式传播方式打破，原本的信息单向流动，变成了媒体、记者与受众之间交互性、多向度、循环式的流动，新闻生产传播的路径和方向也由此同步增多了。

2. 对一线记者稿件评判标准的革新

媒体融合条件下，对一线记者工作评判的标准也发生改变。自刘慈欣的科幻小说《三体》爆红之后，"降维打击"这四个字常常被引用到各个领域，指代"互联网＋"的新发展理念和模式对传统行业带来的颠覆性冲击。如果说新媒体对传统媒体也是一种"降维打击"，应该是略有夸张了，毕竟传统媒体并没有完全"死掉"。但是，对于一线记者来说，显然是遭受到另一种"升维打击"。

先看"浏览量"的评判标准。对于一线记者来说，在传统媒体时代，并不需要考虑其新闻报道作品的个人"发行量"或"收听、收视率"问题。比如《新民晚报》不会对某一记者所采写的某一篇新闻报道的"阅读率"去进行单独考核，因为报纸上的所有报道编排组合成了一个整体，当读者摊开一张报纸时，其阅读的每一篇报道是无法单独统计和量化的。同样，即使对于电视收视率和广播收听率的量化监测至今仍是按照传统统计方式，但也是以频道、频率、时段、节目为考核对象的。但到了媒体融合时期，对于某一篇新闻报道的点击量、转发量、评论数等突然变得"可视""可量化"了，对记者日常工作的评判和考核标准也随之改变，且是对原有的评判标准做了加法。长期以来,对于记者报道质量的评判基本是以媒体内部评判为准,以各媒体单位相关负责人对记者稿件的打分为主,参评各类新闻奖也是在日常基础上挑选出专业人士眼中的好新闻、好作品。而当记者新增了针对各类新媒体平台的工作任务后,评判的标准便又多了一个或几个维度,如"阅读数""浏览量"等。以图表 1 中的《新闻晨报》记者 W1 为例,每月发稿量要求为 20 篇,其中要有 8 篇达到当月所有报道的平均分值以上,每一篇新闻报道的评分,基本是完全按照该文的网络或 App 浏览量来进行统计后测算出来的。根据该媒体对记者报道设置的一套算法,一篇新闻报道的分数来自晨报今日头条号、周到 App 的 PV(即 page view,页面浏览量)和上海市政府网信办影响力值这三个数据,每篇报道的评分直接影响记者的当月工作量综合计分和月度稿费。

再看"时效性"的评判标准。媒体融合后,传统媒体过去的有关新闻时效性的标准被打破。首先,在一个"全民皆记者"的时代,记者永远赶不上新闻现场的目击者。有些"新闻事件"是以所谓的本真时间(real time)传播的,不论其事实内容如何,所有事件在刹那间就能得到传递。[①] 在微博、微信朋友圈、抖音等各个平台,一个新闻事件几乎不需要专业记者,就可以从其发生的第一时间开始,完成一系列的传播流程。一线记者既是职业记者,也是新媒体平台的用户,不同于普通用户的是,他们接触新媒体需要发现的眼睛和发现的速度,一旦发现新闻素材,就要第一时间跟进采访报道,时效性要求远不同于以往,而且贯穿于从发现线索到采写新闻,再到发布报道、跟进反馈等全过程。其次,因发稿形式和平台的增加,对记者发稿的时限也大大提速。在新媒体平台,稿件随时可发,发稿量也不设上限,于是,时效性几乎成为记者背后一条从早到晚抽动着的"鞭子",须臾不得松懈,逼迫着记者必须转型,尽力适应融合媒体环境里的工作节奏。

二、一线记者角色、地位、作用发生改变

新闻生产和传播过程中各层次、各环节、各对象之间传统关系的转变,使一线记者在行业内外关系改变的夹击之下,发生了角色、地位、作用的转变。

1. 记者与采访对象的互动新关系

一直以来,被采访单位对媒体记者是一种高度依赖的关系,记者总被称呼为

---

① 尼克·史蒂文森.认识媒介文化:社会理论和大众传播[M].王文斌,译.北京:商务印书馆,2013:180.

"某某老师",也一定程度上体现了其较高的社会地位。进入媒体融合时代,虽然传统的"跑条线"工作模式仍然存在,但记者完全掌握主动权的那种被依赖的关系已经淡化。随着政务微博、政务微信公众号的铺开和发展,被采访单位的日常新闻宣传工作多了一个出口,并且是一个自己可以全面掌控的出口,这在很大程度上减少了他们对媒体记者的依赖。如今,记者必须时刻关注来自各渠道的消息,其中必然包括各单位的政务微博或微信公众号。不难发现,记者在这里就处于一种被动地位,是一个关注和跟进的角色,不仅仅是为了发现有价值的新闻线索,更是为了防止遗漏信息、漏发重要新闻。

2. 记者与采编团队的互动新关系

过去,记者与编辑的关系虽说相辅相成,但大多时候是单向递进,是一个完整工作流程中的不同环节,记者在前,编辑在后,除了重大策划等主题先行的报道,一般情况下,编辑是看着记者给的"菜"来做"饭"。进入新媒体时期,当收发信息的平台和渠道越来越多,获取信息的途径越来越便捷、越来越没有时间限制时,采编人员已经不再处于原本那种较为封闭的工作环境中,当班编辑、值班领导可以和记者在同一个时间获取到外界的新闻信息、关注到最新的新闻热点,因而后方采编人员可以常常主动要求记者配合采访和追踪某个新闻热点或选题。于是,以"记者为中心"的新闻生产模式在很大程度上发生改变,记者的地位、角色和作用在媒体从"最主要"变成"需配合"的状态。

3. 记者与媒体受众的互动新关系

社交媒体的普及,在赋予其用户即时、巨量获取信息的权利的同时,也同时赋予了他们在媒介平台上自由发声的权力。这使得媒体受众的身份在转变为平台用户的时候,本身也成为一种信源和传播渠道。互联网赋予公民以传播权力,实现传播的权利(right)向传播权力(power)的转移,这是新传播革命的本质内涵。[①] 当受众通过各种新媒体的方式去参与和实践信息的生产和传播的时候,在一定程度上"取代"记者,担当起原本是记者所应行使的职能,并越来越得心应手起来。在广播的新媒体平台中,受众提供的信息可能还会经过采编人员的"把关",但在其他自由度更高的平台中,受众并不是向谁提供信息,而是直接"发布"信息。新媒体生产模式带来的"多元性",不仅仅因为允许所有用户同时发声、赋予他们各自平等的"话语权",还在于不同用户各自有基于不同利益出发点的诉求,而他们都可以在平等的状态下"想说就说",自由地表达,进而可以行使原本

---

① 李良荣.网络与新媒体概论[M].北京:高等教育出版社,2014:2.

仅属于记者和媒体的议程设置权力，并产生成就感和兴奋感，以致使他们乐此不疲。段京肃认为，媒介的社会功能早已超出了单纯传递信息的范畴，拥有媒介就拥有话语权，就有了可以充分表达自身利益的机会和手段，就可以充分地引起社会的关注，继而形成得到尽可能多的社会资源的社会舆论。①

三、一线记者如何应对新挑战和新要求

未来，专业记者会不会消失？答案是否定的。记者，是在专业新闻机构、媒体中从事信息采集和报道写作的人。记者，是一种职业，记者，又不仅仅是一种职业。一直以来，专业记者和其所在的媒体因为始终保有真实、客观、公平、公正的气质，从而在社会公众的眼中和心中，具有新媒体、自媒体、公民记者等无可替代的权威性和公信力，这种形象和品质一非一蹴而就、二非简单来自流量，这一份"自带光环"是媒体和记者安身立命的基石。

当然，进入媒体融合时代，一线记者需要调适自身，清醒地认识到自我角色、地位、作用的变化，从而以高度的自我觉悟，去适应和融入新环境，去锻炼和提高自身以符合新的新闻生产流程所要求的各项专业从业的技能。那么，在新时代、新环境下，如何做一名真正符合新媒体气质的记者？

1. 从思维方式和工作模式着手，真正融入新媒体

首先，记者要改变传统媒体时代的思维方式，由内到外培养起自身的新媒体气质。记者本身要成为各种新媒体平台或产品的深度用户，使自己更富有互联网和新媒体的思维方式与思维气质，继而对于融合媒体环境中由多元参与的新闻生产流程能有深度的把握。其次，记者要从自身转型开始，融入并促进新的新闻生产模式。改变以往"记者为王"的单一个体劳动模式，转向团队协作模式。类似记者采访、记者供稿、编辑改稿、编辑发稿这样的单向线性生产模式已一去不复返，记者需要适应包括传统模式在内的各种生产模式，其中很重要的一种就是"组队打怪"也即团队协作模式。从"等、靠、要"转向主动搜集、敏锐感知、深入挖掘。对于条线单位及时提供的新闻素材，要及时处理，按需求联系补充采访或者撰写完毕尽快发稿，以免落于人后，失去了新闻性和阅读量。而对于条线单位不会主动或及时提供的新闻素材，就更需要加强日常的沟联和关系维护，搜集和积累素材，一有风吹草动，立刻求证、采访、写作。

---

① 段京肃.大众传播学：媒介与人和社会的关系[M].北京：北京大学出版社，2011：116.

2. 在"去中心化——再中心化"的过程中,夺回"话语权"

在新传播革命过程中,"去中心化——再中心化"这个动态而辩证的过程,重构社会权力结构,伴随始终。[①] 其间,记者要充分运用所在媒体和个人的行业资源,以更高的专业性和公信力,去赢得公众,成为"再中心化"的中心,成为新的意见领袖。对于一线记者来说,在新媒体环境中、在多元语境下,要想继续担当"把关人"的角色、继续行使好议程设置的职能,非常重要的一点是要懂得和学会捡拾"碎片"。"后真相"时代,碎片化信息泛滥,新闻反转频繁出现,人们对新闻真相的需求更加强烈,传统媒体基于其人才、资源和品牌优势,更该承担起坚持真实、揭示真相、坚守真理的重任,从"信息媒体"变为"意义媒体"。[②] 当这些重任落到新闻生产最前线的记者身上,如何捡拾起各种"碎片"信息,将其重新整合提炼,去身体力行记者报道事实真相的重要职能,这就需要做到对新闻采访报道重策划、重组织,对舆论焦点和新闻热点重监控、重调查。

参考文献:

[1] 李良荣.网络与新媒体概论[M].北京:高等教育出版社,2014.
[2] 李良荣.新闻学概论(第六版)[M].上海:复旦大学出版社,2018.
[3] 彭兰.网络传播概论(第四版)[M].北京:中国人民大学出版社,2018.
[4] 段京肃.大众传播学:媒介与人和社会的关系[M].北京:北京大学出版社,2011.
[5] 陈晨.自媒体崛起背景下的传统媒体新闻生产方式嬗变研究[D].暨南:暨南大学,2011:1-48.
[6] 陈玉霞.新媒体环境下记者角色地位的转变[J].新闻前哨,2010(1):31-33.
[7] 谭双林.融合媒体时代记者角色的转型[D].武汉:华中科技大学,2012:1-47.
[8] 秦璇.新媒体环境下我国记者角色的转型[D].锦州:渤海大学,2017:1-40.

作者简介:

刘婷,SMG广播新闻中心采访部记者。

---

① 李良荣.网络与新媒体概论[M].北京:高等教育出版社,2014:5.
② 李良荣,袁鸣徽.中国新闻传媒业的新生态、新业态[J].新闻大学,2017(3):1-7.

《新闻坊》海派沪语特色的探索

王卫东

提　要：相较于字正腔圆的普通话电视节目，方言节目因为语言上的贴近性、地域上的亲近感而大受欢迎，并成了民生新闻节目差异化竞争的"撒手锏"。《新闻坊》是上海广播电视台旗下最有影响力的民生新闻栏目之一，自 2002 年创办以来一直大胆创新。2016 年，《新闻坊》的版面从 25 分钟扩版为 55 分钟。在改、扩版之时，《新闻坊》充分考虑了方言节目的优势、劣势及影响，将沪语的元素与节目的内容进行有机融合，形成了栏目独有的海派沪语特色。

关键词：方言节目　新闻坊　海派沪语

近些年来电视方言节目在各地不断升温，轮番登场，收视率也不断攀升。方言电视节目的出现打破了普通话电视节目一统天下的局面，令人耳目一新。自北京、杭州、重庆等电视台开办用方言播报地域新闻的栏目获得成功后，各地城市电视台纷纷仿效。比如，在各地的省级卫视中，湖南卫视的《越策越开心》、四川卫视的《天府龙门阵》、湖北卫视的《经视故事会》等，都有各自的拥趸在上海，SMG 旗下的各个频道也陆续开办了不同类型的沪语方言类节目，其中就有沪语新闻栏目《大家帮侬忙》。

对于电视方言节目的蓬勃兴起，人们褒贬不一，也引发了关于方言传播的思考。也正是基于这样的思考，民生新闻栏目《新闻坊》在改、扩版时，对于海派沪语的运用有了更为明晰的思路，在板块设置、主持播报、语言语态等方面，作了一番探索和尝试。

一、电视方言节目的优势

1. 唤起受众对本土文化的依附感、归属感

在电视节目中,与普通话播报方式相比,方言播报更生动贴切,而且方言拥有较为丰富的生活用语。在对某一些事物的细微、具体描述方面也会随着语言的生动化显得更加亲切、自然,更加传神具体。正如媒介学者马涛在《〈阿六头说新闻〉个性化的定位独具魅力市场观察》中所说,《阿六头说新闻》与其说是新闻内容的成功,不如说是新闻呈现方式的成功。两位主播都不是专业的播音员,播报新闻时没有对每一个字都要准确拿捏的束缚,大都是即兴发挥,自然而然地,使观众找到了返璞归真的感受,从而在节目中获得对本土文化强烈的依附感、归属感和认同感[1]。

2. 拉近主播与观众之间的距离,传播关系"邻里化"

方言有着平民化、日常化的特点,方言新闻节目播报的又是老百姓的身边事、寻常事,当主播一改传统意义上的高高在上的"主播"形象,他们不再正襟危坐、字正腔圆,而是将新闻语言转化成老百姓耳熟能详的平民化、日常化的地方语言娓娓道来,自然让观众感到亲切,仿佛在跟"邻家大哥""邻家爷叔""邻家阿妹"拉着家常,亲近感油然产生。

比如,大同电视台"周末茶座"栏目启用了当地著名的大同数来宝艺术家柴京海担纲节目主持,运用大家耳熟能详的大同方言,讲述当地居民所关心的时尚话题,不仅使观众感觉不到半点土气,反而感觉到轻松惬意,让受众倍感亲切随和、自然贴心[2]。

3. 更有助于展现地域文化

语言学家认为,语言中最鲜活的成分蕴含在方言俚语之中。由于方言中包含浓厚的地域文化底蕴,而且方言研究与音韵学、训诂学等学术研究具有不可分割的联系,因此方言对于传承传统民族文化的重要性不言而喻。将其运用在电视节目中,更有助于展现地方的风土人情、地域文化。

"身边的事用身边的话来说,身边的事用身边的话来评",日渐勃兴的方言节目在走入居民心中的同时,也折射出其提升自我文化地位的诉求[3]。

二、电视方言节目的劣势

1. 题材的局限性

纵观诸多方言节目,在题材的选择上,家庭邻里市井方面的题材占大多数。比如:根据某电视台的统计,一个月的 31 期节目中,邻里关系有 12 期,都市言情方面有 18 期,可见其比例之大。这是它开办之初最能接近受众的方式,也是它的亲和力所在,但也同样是它的局限性所在[4]。伴随着电视方言节目的发展,题材的局限性问题越来越凸显,在一定程度上制约了它的生存与发展。

2. 庸俗化隐患

毋庸讳言,方言电视节目难以脱离一个"俗"字。为"博眼球",追求收视率,目前有一些方言节目在语言表达、内容反映、整体风格上存在庸俗化甚至是低俗化的倾向;一些方言节目中主播一时兴起,口无遮拦,时常爆出一些低俗的方言用语和不当演绎,降低了节目的品位。

这是方言节目的地域特色和草根文化特性所决定的,也是它的硬伤。

3. 是创新,也是地域垄断

方言节目是以所在地区为目标市场,以区域性观众为主要定位,这种节目形式很容易造成地域分割,虽有利于地域文化的传承,但不利于传播。

北京师范大学教授许嘉璐就曾经指出,推广普通话不是要消灭方言,方言在不少场合具有其自身的使用价值。但他也提及,方言主持节目是一堵墙,它割断了观众之间的联系和纽带,妨碍了节目在其他方言区的传播,甚至会因方言表意及其语音的差异而造成误会[5]。

现实中,我们也发现,方言电视节目真正在卫视平台播出的并不多。重庆卫视的《雾都夜话》《生活麻辣烫》,四川卫视的《天府食坊》《经济麻辣烫》等方言节目都曾红火一时,但大量收视表现和市场份额不错的方言电视节目都选择在城市台或者地面频道播出。由此可见,方言电视节目的繁荣在很大程度上是一种地域性的局部意义上的繁荣[6]——本地人对此追捧有加,而外地人对此毫无兴趣。

三、扬长避短,《新闻坊》探索海派沪语的融合发展

要实现方言新闻节目的可持续发展,就要扬长避短,博采众家之长,大胆探

索。因此,2016年1月改、扩版后的《新闻坊》,立足于海派文化的发展和传承,摒弃了"全沪语"的表现形式,尝试将沪语的元素细致地融入了节目制作的各个环节之中,从节目内容的选择与编排、节目内涵的挖掘、主持人的精挑细选上发力,以"民心、民声、民思"吸引观众,在节目的选题、内容、形式、包装以及主持人等各方面下工夫,力图打造一个既有沪语特色,又能跟随潮流的民生新闻品牌节目。

1. 创新节目形式,让新上海人、异乡人喜爱海派沪语新闻节目

2013年,《新闻坊》曾经推出了姊妹栏目《大家帮侬忙》沪语帮忙节目,当时在沪上引起了不小的轰动,因为这是在沉寂多年后,上海主流电视媒体推出的唯一一档沪语新闻节目。不过,在收获赞誉的同时,节目也遭到了一些批评——随着上海城市的发展,在沪外来务工人员的数量急剧攀升,地域的差异、文化的隔阂,使得他们一时无法"入乡随俗",因而对沪语方言节目产生了一种排斥感,进而转化产生心理上的失落。

2016年1月改、扩版后的《新闻坊》充分考虑了这方面的因素,采取了"收缩"和"扩展"两个方略。"收缩",就是将《大家帮侬忙》这档1小时的沪语节目浓缩成了一个小板块,以"侬有困难尽管讲,新闻坊来帮侬忙"为口号,以沪语"帮侬忙"作为一个符号,来突出上海人热心向善、助人为乐的精神面貌,也借此拉近新上海人、异乡人与上海的距离,与《新闻坊》的距离。

"收缩"是为了更好的发展,作为地方文化标志的海派沪语不仅不能舍弃,而且应该发扬光大、有序"扩展"。精心设计的《闲话上海》板块因此脱颖而出,这个板块用沪语讲述有上海特色的建筑、海上闻人、历史风貌、乡土习俗、特色菜肴等,比如:上海人早点摊上的"四大金刚"、上海人过年的那些"老规矩"……这些带有乡土气息的景、物、事、俗,不仅能勾起老上海人渐渐淡忘的记忆,为年轻人讲述了上海的历史,更为在沪生活的外地人打开了了解上海文化、融入上海生活的一扇窗。

感知海派文化的最好方式就是参与其中,《市民议事厅》的板块也就应运而生。议事厅里谈论的话题都是市民身边新鲜的、有争议的话题,比如遗嘱托管、旧区改造、老房装电梯……这些紧贴生活的话题,吸引了大批并非生活在上海、并非土生土长的上海人的关注,他们以在上海工作、生活的经历,互相争论,参与讨论。或许有些看法偏颇、不够成熟,或许最后的结果并没有"正确"的结论,但《新闻坊》在屏幕上给大家提供了充分表达意见的机会和空间,这是上海城市的魅力,也给予了所有生活工作在这座城市的人们一个"热爱上海"的理由。《新闻坊》也因此而收获了一群关心节目、爱看节目的、参与节目的"粉丝"——市民评

论员队伍。

2. 创新节目内容,让新闻既市井又不"市井"

在沪语的语境中,"市井"一词既可以代表普通市民的生活圈,也可以表达低俗、庸俗的语义。十多年来,民生新闻栏目《新闻坊》一直致力于记录坊间的冷暖,以上海地理上的接近性和上海人心理的亲近性,来表现本土化、平民化,因而被贴上了上海地域的标签,但要更深地体现海派特色,还需走出故步自封的"小圈子"。

(1) 在选题上向广度延伸,加宽新闻范围。《新闻坊》改、扩版后,首先突破的就是"本地民生"的包袱,在内容选题上从看上海人、说上海事,延伸到了所有与上海有关、市民想看的、想知道的一切内容。2019 年 4 月 16 日,法国巴黎圣母院发生大火。尽管火灾发生地离上海距离甚远,但以巴黎圣母院为背景的影视、文学作品上海市民耳熟能详,因此《新闻坊》打破了"坊不出沪"的惯例,不仅报道了消息,还以"我和巴黎圣母院的故事"为题进行街采:阿姨爷叔或用沪语或用普通话回忆了电影《巴黎圣母院》里的钟楼怪人,而尚未踏足巴黎的市民则感叹未能游览教堂的遗憾,从而使这条沉重的新闻在给人视觉冲击的同时,有了一份暖暖的市井气息。这般举重若轻式的诉说新闻,正是《新闻坊》所擅长的。

(2) 在内容上向深度拓展,体现城市的温度。因为版面的限制,改版前每天《新闻坊》的节目时长仅 25 分钟,播出新闻篇目量一般在 18 条左右,这样造成了新闻信息往往只能点到即止,对一些热点话题只能遗憾地舍弃。改、扩版后《新闻坊》的时长延长到了 55 分钟,为节目向深度拓展提供了条件。

扩版腾挪出来的空间并不是简单以信息集纳以增加播放的新闻条数,而是紧紧捕捉每条新闻背后的海派元素,进行深度的加工和拓展。那些被视为只有中老年人所关心的"市井"琐碎的选题,如:菜价的涨跌、看病的便利、垃圾的投放、社会化的养老等,《新闻坊》要求记者在采访时尽量使用沪语,像拉家常一样地和对方聊天,一下子拉近了记者和市民的距离,让市民放下心理负担,侃侃而谈。"买汰烧"则专门指日常操持家务上海阿姨爷叔们,他们以精明、精细而闻名。《多元的买菜方式,不变的人间烟火》就是向"买汰烧"们推荐用最少的钱、走最少的路、买到最新鲜菜的途径。记者带着"买汰烧"走走、聊聊、看看、试试,沪语的交流和实际的体验,让"买汰烧"们直呼:实在太便当、忒实惠了! 让充满市井的新闻以不"市井"的方式呈现温度,这也是《新闻坊》所追求的。

3. 创新播报方式,独树一帜的主播让新闻可亲而不流俗

由于在播出时间上,《新闻坊》和《新闻报道》前后衔接,而且都采用两个主持人对播的形式,如何将民生新闻和时政新闻进行较好的区隔,主播的人选和播报

的语态就显得尤为重要。而培养栏目特质的主播,恰当使用沪语更是凸显了《新闻坊》的亮点。

相较于时政新闻主播稳重端庄的风格,民生新闻的主播更强调亲和力,而《新闻坊》作为上海本地的民生新闻栏目,沪语更是主播必备的要素。从 2002 年 6 月开播至今,《新闻坊》节目的形态不断变化,主播也换了多轮。播报方式也尝试了从"播"到"说"的转变,而唯有懂沪语、会沪语、能够在节目中灵活使用沪语的主播最受欢迎。具有这样素质的主播在对稿件进行二度创作时,能"在语义不变的前提条件下,将看似普通话的语句,用沪语念出来,生活中惯用的语气词、转接句、口头禅,也可以直接用沪语讲出来,从而起到画龙点睛的作用"[7],比如:在播报马路上突然出现的马匹时,使用沪语"荡马路"是最贴切的了;上海历史博物馆向市民征集实物这件事,主播就直接使用"侬屋里厢有老货伐?"的沪语,既贴合新闻要素,又很好地体现了上海的地方特色。这样的播报语态与字正腔圆的时政新闻播报截然不同。

在主播的人选上,《新闻坊》的主播有别于其他新闻栏目,它要求主播"放得开"——能够恰当自如地运用面部表情、肢体动作。目前《新闻坊》的当家主播黄浩原来是娱乐节目的主持人,他在出演的《智力大冲浪》《开心公寓》等节目中,很好地表现了上海"暖男"的形象。来到《新闻坊》后,他更是发挥了"暖男"的特色,与阿姨爷叔们话家常,是知冷知暖的"乖小囡";与年轻人对话,是将心比心的"邻家大哥"。用黄浩自己的话来说:"《新闻坊》讲些坊间的海派上海话,能消除了内容与语言的违和感",这种融合表达的方式,用较强的带入感,体现出了自身独特的"俗"的播报风格。

沪语板块《闲话上海》的嘉宾主持王汝刚是一名滑稽演员。如果说《新闻坊》对于新闻主播的要求是能"活"、会"演",那么对《闲话上海》嘉宾主持的要求则是沉稳大方,这是《新闻坊》与其他脱口秀式方言节目的最大区别。为了把握好栏目的新闻属性,王汝刚完全摒弃了滑稽演出中常用的段子、包袱等手法,而是以长者的稳重和自身的阅历,用纯正的沪语来讲述上海这座城市的历史积淀和文化传承,让观众在会心一笑中能有所得。这种大俗大雅、富有魅力的主播,也是《新闻坊》所独有的。

4. 走出屏幕,求新求变,在媒体融合发展中注入新的活力

SMG 旗下各电视频道中,陆续开办的沪语节目众多,但能一直坚持至今、且表现良好的节目唯有《新闻坊》,其秘笈就是求新求变。在如今媒体融合的大环境下,《新闻坊》栏目也在弘扬海派文化的旗号下,衍生出了《新闻坊》微信公众号及"新闻坊+"微信服务平台。依托这一新媒体平台,节目从荧屏走向了社区、走进了沪上

观众之中。一系列打通线上线下平台的活动连续不断:"手机摄影大赛",记录了上海的巨大变化;"沪语宝宝秀",展示了上海本地的、外地的,甚至外籍的孩子对沪语的热爱;"魔都天际线"以独特的航摄视角,展现了城市靓丽的风景线;"我家萌宠是网红",更是直接走进了时尚生活的前沿。这一系列包含海派文化元素的活动,也吸引了大量不同年龄、不同地域、不同文化背景的人关注到了新闻坊,并参与到了节目之中。各种持续不断活动,让《新闻坊》微信公众号的粉丝量出现了爆发式的增长,仅仅"沪语宝宝秀"一项就增粉过万。年轻人、白领一族、孩子、手游、时尚一族……线上粉丝量的增长也带动了《新闻坊》节目收视率的稳定,提升了栏目巨大的商业价值,不少商家指定与《新闻坊》进行品牌合作。

正是突破了方言节目的局限,《新闻坊》以创新海派沪语元素的新闻属性,带来了观众的信任、商家的青睐,更赢得了政府部门的重视。可以说,创新求变,为《新闻坊》这个海派沪语节目注入了新的活力。

结　语

电视民生新闻栏目《新闻坊》从表现形式上看,并不是一个纯粹的沪语方言节目,但它以独有的海派沪语特色告诉我们,正视电视方言节目的优势和劣势,结合本土特色,方能创造出自己的一片天地。

方言是"壳",新闻是"核",作为海派文化的一个符号,《新闻坊》这样一个带有上海标签的电视节目,海派沪语应该是满足观众心理需求的"外壳",其"内核"应该是与时俱进,符合时代精神的新闻内容的本身。

参考文献:

[1] 马涛,《〈阿六头说新闻〉个性化的定位独具魅力市场观察》,《市场观察.媒介》,2007 年第 3 期。

[2] 陈斌,《电视方言节目的优势及前景剖析》,《新闻世界》2010 年第 7 期。

[3] 王淼,《方言节目,让你我走得更近》,《声屏世界》2013 年第 6 期。

[4] 应建勇,《电视方言节目的生存与发展》,《新闻界》2009 年第 3 期。

[5] 许嘉璐,《在全国语言文字工作会议上的报告》,1997 年 12 月 23 日。

[6] 钱程紫,《方言类新闻节目探微》,2010 年。

[7] 黄浩,《从主播视角看"新闻坊＋"全媒体民生服务平台》,《上海广播电视研究》,2018 年 7 月刊。

作者简介:

王卫东,大学本科,SMG 融媒体中心通联新闻部副主任。

纪录片创作内忧外患的思考

田丰兵

提　要：新时代呼唤新的优秀纪录片。最近几年的确涌现出一批叫好又叫座的国产纪录片，但也无法掩盖绝大多数国产纪录片在市场上遇冷的事实，当前国产纪录片正处于"内忧""外患"的状况之下，仍然是一个十分牵动业界敏感的话题。国产纪录片创作的春天能否早日到来，还需要大家及早发现问题，进而解决问题。本文试图通过对影响国产纪录片创作的主客观因素方面的分析，找到问题根源，抛砖引玉，以期迎来更好的解决方案。

关键词：纪录片创作　主观因素　市场遇冷

纪录片是以真实生活为创作素材，以真人真事为表现对象，并对其进行艺术的加工与展现，以展现真实为本质，并用真实引发人们思考的电影或电视艺术形式。[1]通俗地说，纪录片主要创作元素出自我们日常身边的生活，其主要描述的对象是真实的人和真实的事，通过艺术方式将其具有的特质展现出来，从而以一种电视或电影的方式激发人们对一些价值方面事务的有效思考。其中真实性是体现出纪录片个性的关键所在，同时也是其最深层次的灵魂。毫不夸张地说，真实让纪录片具有了无限的魅力和巨大的力量。

一、国内纪录片票房现状透析

最近几年，中国先后涌现出一批叫座又获得好评的纪录片。例如很多人熟知的纪录片《人间世》，2016 年 6 月在上海电视台播放，人们观看完后随即引发了一系列的热议，在火爆了 PC 网页的同时还刷屏了微信朋友圈，豆瓣网给予其

9.7 分评价,对于中国纪录片来说是非常少见的;再比如关于一部记录农村生活的片子《摇摇晃晃的人间》,在国内上映后获得了百万以上的票房,还在阿姆斯特丹纪录片电影节上被授予大奖。该电影节的评委会认为影片以一种非常有力、亲密、诗意的方式来对人类生活的复杂性进行有效描述;还比如一部试图走进被强征"慰安妇"生活与内心世界的纪录片《二十二》,用冷静的视角直面历史,以镜头揭开战争给国人留下的疮疤。这部纪录片以大约 300 万元的成本,在竞争激烈的 2017 年暑期档最终收获了 1.7 亿元的票房成绩。许多网友在社交网络留言说:"这红红火火的世界真好,能让更多人看到这部片子,就是一种胜利!"随后,2017 年参与角逐第 90 届奥斯卡最佳纪录片的 170 部大名单出炉,《二十二》名列其中。《舌尖上的中国》《我在故宫修文物》《百心百匠》《我们诞生在中国》《厉害了我的国》等大型纪录片都获得了较好的口碑和丰厚的经济回报,一度让人感觉到纪录片的春天来了。

但仔细琢磨一下,我们不难发现,这些纪录片本身都是极具时代热点的话题,或是由知名大导演及大品牌赞助商助推的特殊案例,这样的成功很难在绝大多数纪录片上复制,并不能代表中国纪录片创作的春天已经到来。即使在纪录片票房增幅比较明显的 2013 年和 2016 年,也只能用"一家欢乐多家愁"来形容。2013 年,《五月天诺亚方舟》一部影片的票房就占据了当年纪录片总票房的 90%,其余 12 部影片平均票房仅有 20 万元;2016 年,《我们诞生在中国》豪取 6 665 万元,再度刷新了内地纪录片票房纪录,可当年其余 11 部纪录片平均票房只有 205 万元;2017 年纪录片总票房虽然首次破亿、观看总人次突破千万,但是热潮褪去也快,到了 2018 年初,纪录片影院或剧场几乎人迹罕至。事实上,最近四五年来,中国的纪录片市场呈现出低迷状态,甚至走向了萎缩。上海电视台曾经有一个叫《纪录片编辑室》的纪录片电视栏目非常火爆。据统计,当时该栏目的收视率最高时候能够达到 36%,平均收视率为 30%。但是,仅仅十多年后,如今《纪录片编辑室》的辉煌早已不再,甚至还"片荒"不断;北京电视台《纪录》栏目的收视率也仅有 4%—5%;云南电视台《云南纪事》栏目的收视率平均值仅在 2.5%左右。而更多的地市台包括有些省级台的纪录片栏目,大多难以为继。[2] 与此同时,从电视荧屏中展示的作品也能够发现,尽管每年拍摄以及播放的纪录片高达几百部,但是依照实际情况来分析,很多纪录片在风格、结构、语言以及题材方面拥有非常大的相似处。也暴露出纪录片创作者在题材选择、创作观念、创作意识、创作方法、创作艺术方面存在着问题和误区。冰冷的现实摆在眼前,现在就说纪录片春天已到还为时尚早,正如《大三儿》导演佟晟嘉所言:"从事纪录片行业十几年,从没觉得有过春天。"用"内忧""外患"来形容当下的纪录片创作面临的境况,仍然十分贴切。那么,纪录片创作的"内忧"在哪里?"外患"又分别是什么呢？这里所讨论的"内忧"和"外患"，主要针对我国纪录片创作的主客观因素而言。主观因素指纪录片创作者在创作时人的主体意识的发挥和运用，客观因素则是指纪录片创作活动所经历的社会市场状况。

二、国内纪录片创作者自身短板堪忧

（一）纪录片创作者的专业化水平有待提高

纪录片的创作者不仅仅是指它的导演，同时还包括参与其中的编辑、摄像等人员，因此，纪录片的好与坏和电影相比，在一定程度上要比电影更加受到参与其制作人员的影响，主要是纪录片要面对的人和事是真实存在的，而真实是要通过声音、语言以及画面来真真正正展现出来的。长久以来，在观众心目中纪录片是"真实"的代言人。换句话说，纪录片是通过堆砌事实讲述真实。[3] 观众看了一部故事片，走出电影院，他会告诉自己刚才上演的只是"电影"，不管拍得多么真实总不是现实生活。但纪录片的观众也许第二天就把他看过的纪录片当作了谈话的论据。他们相信纪录片，或者说他们相信纪录片这种形式。因此，创作者们能够利用纪录片展现真实人和事的同时，也能够利用它来塑造一个"谎言"。如果真的利用纪录片来撒谎，则其拥有的欺骗性将非常强。因此，纪录片的谎言和真实是由纪录片创作者们来决定的。那就是通过有效的手段，依照自己的态度通过纪录片实现创作者所想要达到的目的。

所以，纪录片的参与人员要真真切切的了解纪录片所具有的特征、内涵以及属性，从而展现出纪录片具有的美，利用其在揭示人性、思考社会、表达情感以及记录真实方面发挥的巨大作用，创作出"为时代立传"的优秀作品。正是由于这种崇高的使命感，要求作为纪录片的创作人员要加强自身专业技能和知识水平的提升，加强对纪录片的研究力度，从而树立正确的创作观念，让自己成为一个合格的纪录片创作者。

（二）对被拍摄对象和社会伦理的把握有差距

纪录片创作是要基于一定的目标来实施，主要是在一定空间和时间里实现一定社会个体人性的体现，从而显示出人们身边所熟知的生活情况，人们能够从中看到某一生命群体所经历的事情。像纪录片《摇摇晃晃的人间》，影片多处以字幕卡的形式穿插余秀华的诗，诗的选取都对应当时的镜头资料，偶尔也会配上她的摇摇晃晃的朗读。雪花匝地，流水潺潺，光亮的蜘蛛网丝，静谧的残荷等组成的空镜,反映了在农村的余秀华大部分时间的安静,这也是她心里心外都追求的一种状态,为纪录作品本身增添了丰富的内涵和闪光的亮点。

创作纪录片的从业人员要依照相应的条件来实施创作——拍摄的目标事物要确保其真实存在于客观的生活当中。所以,拍摄纪录片要确保自己能够为拍摄的目标负责。同时,因为纪录片自身所具有的特征,导致其容易引发关于伦理方面的情况和问题:要不要尊重所要拍摄的对象? 拍摄对象和呈现的真相之间是不是需要一定的迁就? 如何有效处理拍摄对象和观众之间关系? 是否要针对观众的口味和喜好来改变拍摄的真正目的? 是否要以牺牲拍摄对象的利益来满足观众需求等? ……这些问题对于纪录片从业人员来说是经常会碰到的事情。而纪录片创作者与拍摄的对象之间存在一定的关系,这个关系可以称为共融关系,同时又可以称为共生关系,同时其中又连接着矛盾关系,即记录真实的事情会对拍摄对象的利益产生一定的影响,而这些客观情况的存在又是纪录片创作的一个魅力和挑战所在。因此,要依照实际情况来科学合理地进行对待和处理。

纪录片拍摄过程中所要面对的社会个体通常会以两种形式表现出来。第一种是被拍摄对象表现因素过大,甚至以表演方式呈现出来。第二种是过于隐藏自己,导致拍摄的真实性得不到有效体现。大部分创作者在实际拍摄时会通过"跟拍""抓拍""偷拍"等方式来实施,但是所展现出来的效果有时候并不见得很好。当前比较为大家所公认的一种拍摄手法是融入被拍摄人或物自身所具有的自然生活环境,利用摄像机长期围绕在被拍摄对象旁边,从而使其以一种麻木的状态出现在镜头面前,进而产生忽视的形态,然后实施进一步的拍摄。著名导演顾桃拍摄的纪录片《犴达罕》,讲述了爱酗酒的鄂温克人维加,在无法继续狩猎的悲伤中徒劳地走在寻找最后一头犴达罕(一种鹿)的路上,记录的是狩猎民族无法传承自己的文化后不为人知的哭泣。导演在拍摄这部片子的过程中和主人公朝夕相处了 5 年,主人公在导演的镜头前可以撒尿。这种几乎没有人为干涉的客观记录,让顾桃在人类学纪录片的领域树立了新的里程碑。

(三)浮躁的心态导致纪录片创作走向不明

在当前中国纪录片创作环境的影响下,产生了两种不同的创作心态。一方面充分迎合市场和受众,导致纪录片的过度娱乐化,追求短期效益,进而影响到纪录片本身的品质,致使无法长期健康的发展。另一方面,迎合国内外的评审机构,导致影片的个性色彩过于强烈,表现方式过于艺术化,难以满足国内观众的需求。

在 20 世纪 90 年代,特别是后期阶段,经济成为我国主要的发展目标,而社会也进入了商业化时代,使得人们在文化态度、行为方式以及价值观念方面出现很大的变化,大众文化范围进一步扩大,精英文化受到限制。其次,根据具体的传播途径来分析,纪录片主要是从电视来进行传播,这也是近几十年的一种主要传播方式,而由于电视主要面对的观众群体以中低文化人群为主,而要想满足这些观众的需求,并进一步促进收视率的提升,则要尽可能在节目设置方面给予一种的满足,而该层次的观众主要以获取电视娱乐为主,因此,很多电视节目往往会依照观众心理需求来设置和拍摄对口味的节目,使得这些节目非常火爆,但是任何事情都是具有双面性的,在满足观众的同时又存在一种短视和功利现象,导致纪录片的真谛受到破坏,而处于该环境当中往往会影响到纪录片创作人员的早期目标,逐渐朝着利益的方向发展,致使出现了投机取巧、包装炒作等情况。这样的一种创作环境表面上看是迎合了普通受众的需求,但是却和纪录片的本性相背离的,注定是无法延续的。

另外一方面,也有纪录片的创作者把目光投向了电影电视节等评奖机构。特别是 1995 年获得"法国真实电影节大奖"的《八廓南街 16 号》(著名纪录片独立制作人段锦川在 1995 年创作),它的出现和获奖进一步引导我国体制内创作从业人员们的积极性。随后,在很多国际电影节上出现了大量的中国纪录片作品,并且很多都获得了较好的奖项,进一步带动了中国纪录片事业的发展。有研究者认为,这类似于一种诗歌运动,以关注民生而创作,具有鲜明的批判意识和人文关怀,获得了观众的认可。进入 2000 年后,纪录片创作风向出现拐点,创作者纷纷研究评委的"口味",忽视了观众的需求。尽管在国际上获得很多奖项,并逐步进入艺术界精英化的道路,但很多在国际上夺奖的纪录片,专家嫌太浅,老百姓却看不懂。在放弃了原本的受众群体以后,纪录片仅仅依靠各种奖项来获得发展,很明显也是不正常的。

此后的十几年来,纪录片在中国市场中一直都属于一个非常边缘的文化类型,并不被大多数观众所热爱,市场的认可度也高不到哪里去。缺钱、缺人、缺市场,成为中国纪录片创作遭遇"外患"重要因素。

三、国内纪录片创作的外部市场环境状况不佳

(一) 资金的匮乏导致纪录片创作质与量的矛盾日益凸显

据统计,国内一部一小时的独立纪录片预算通常只有 5 万至 6 万元人民币,仅相当于澳大利亚纪录片拍摄预算的零头。与中国相比,美国纪录片可获

得政府 50％ 的资金支持,加拿大有的纪录片尚未开拍就拿到资金,中国台湾地区的导演可以向公共电视台、政府、社会或其他个人基金会申请资金。[4]资金的投入是影响影视作品发展的重要因素,纪录片的拍摄本身周期就比较长,对资金的需求就更加迫切,很难想象在没有资金保障的情况下去拍摄一部优秀的纪录片。在强调市场化的今天,虽然引入投资的主体增加了,但是和以往国家或者电视台的不计成本或不求回报的资金不同,这些资金是要求回报的,或者说只看到市场的前景和有可预期的回报才会将资金投入到纪录片的拍摄中来。

在电视市场化进程中,"质"与"量"这对矛盾的日益凸显,使得需要花费大量资金和时间来"慢工出细活"的纪录片制作方式已难以满足电视纪录片栏目化和频道化的规模要求。当下很多创作者正在获取简便的创作模式,但同时失去其自身的精髓,因此,导致出现纪录片栏目为了播放量而降低纪录片质量。主要是资金方面的问题,在没有资金的保障下,让纪录片保持一定的质量并且能够满足长期的播出需要是不可能的。影视作品的生产本身就是新技术的应用,而在受众追求视觉效果的今天,对于影视作品画面的要求也是越来越高。纪录片的创作,以往没有办法在现实中再现当时的场景,在今天都可以通过新技术来实现,但是这些都是需要大量资金作为保证的。在融资困难的情况下,要实现新技术的应用以及精良的制作都是一件十分困难的事情。

(二)人才的缺乏导致纪录片生产体系难以为继

《中国纪录片发展研究报告 2017》课题组在调研时发现,人才匮乏已成为目前制约产业发展的重要问题之一。调研所接触到的各个机构,无一不在感慨人才紧缺。尤其是当前影视市场观众趋向年轻化,纪录片制作和运营人才需要大量年轻人,现有人才储备远远无法满足需要。由于缺少合适的专业人才,中国很少有合格的纪录片产生,即使是大部分观众十分认可的电视纪录片《舌尖上的中国》,从各个方面来看都很难与国外电视台拍摄的纪录片相提并论。纪录片属于一种精神层次比较高的电视文艺作品,因此,只有付出一定的努力以及才识,才能够确保作品的质量,因此人才很重要。[5]

(三)发行渠道狭小导致纪录片市场拓展乏力

纪录片至今缺少直抵核心受众的有效渠道,仅有全国艺联等少数稳定的平台,杯水车薪。在近几年的 IDOCS(国际纪录片展)展映手册里,针对中国纪录片市场方面的消息不是非常好,比如缺少相应的基金支持,像个人基金、社会基金以及政府基金等,很多电视台都没有设置预卖的机制,缺少相应的专业化制度和体系,其中电视台占据 99%,音像及其他有关途径只有 1%,并且就是这 1%的经营也常常发生亏损······由于电视台自身运营规律和其他方面限制,很多百姓感兴趣的题材,无法在体制内的主流新闻纪录片中体现。中国没有纪录片传统,纪录片作为一个产业尚无法建立。而在全国较普及的展映会和沙龙合作,只能满足小众传播,无法成为商业模式。

纪录片的发行渠道是国内外差距最大的地方。纪录片在海外有音像市场、电视台、电影院和非剧院系统的社区作为播放渠道。而且海外的纪录片一半以上可以进入电影院播放,并且相当部分是盈利的。在国内,多年来,在院里播放的纪录片屈指可数,盈利的很少。纪录片《大三儿》上映十四天,票房刚刚过 121 万元,与 300 万元的成本和 150 万元的宣发费用相去甚远;《最后的棒棒》的票房还不到 100 万元就被迫下线;中国的纪录片发行渠道的单一,致使许多优秀的纪录片也打不开良好的市场已经是不争的事实,大多数纪录片依然在主流观众的视线之外。

四、消除纪录片创作"内忧""外患"的施策路径

党的十九大宣布我国全面进入新时代,新的时代渴望创作出新的优秀纪录片。面对当前国产纪录片的"内忧""外患",首先要实现创作者市场意识的觉醒。

好的纪录片不仅仅是纪实艺术,还是具有较高价值的商品。这就要求创作者在创作时必须考虑其成本投入和效益产出。要改变过去先拍摄制作然后再考虑推广营销的套路,在着手选题前先主动对市场进行调查研究。打听打听观众对那些电视节目或电影感兴趣?什么样的电视节目或电影市场前景更广阔?哪一类的电视节目或电影既叫好又叫座还能进军海外市场?当然,创作者市场意识的觉醒,一定是在自身能力水平有着良好提升的基础上的觉醒。创作者没有扎实的学术功底、精良的技术水平和深邃的思想境界,即使再好的市场环境下,也不可能创作出好的纪录片来。套用当下比较流行的网红段子"这世上哪有什么横空出世的奇迹,不过都是经过精心准备的必然结果"来说明优秀纪录片的创作过程,也是非常形象传神的。

其次要实现纪录片创作的产业化。

纪录片对于中国来说,是舶来品,是国内电视人模仿国外优秀纪录片拍摄手法,逐步内化并加以个性化呈现的过程。第一次真正意义上的纪录片热,应该是在 1990 年前后,诸如《望长城》《沙与海》《最后的山神》等一批经典之作,让"讲述

老百姓自己的故事"成为当时电视纪录片栏目化生存的响亮口号。这时以关注普通个体生存命运的纪录片,由于为社会变革中的普通民众提供了一个情绪的宣泄口而得到观众的高度热捧。从国家扶持层面来看,近几年,中国纪录片创作可谓迎来了"好年景"。从 2011 年开始,国家对于纪录片项目的扶持不断增加,据前几年的不完全统计,国家新闻出版广电总局平均每年拿出超过 5 000 万元的资金,扶持各地纪录片项目的拍摄制作。与此同时,各省、市及部分经济发达的县级政府部门以区域发展、城市形象、政务宣传为主的纪录片形式开始实施,也给予了资金和政策方面的大力扶持。纪录片产业随着政策红利进一步转化为市场红利,全国纪录片创作的数量和质量逐年提升,各种打破传统的新型纪录片产业化模式也不断涌现。但遗憾的是,"一家欢乐多家愁"的局面目前并没有得到很好的改善,纪录片产业化的进程"任重而道远",需要创作者和国家扶持机构双向发力,推动我国纪录片创作的春天早日到来。

再次要实现纪录片传播的跨媒体互动。

2016 年前后,我国纪录片逐渐占据社交平台的热搜榜,经常成为网络群体讨论的热门话题,还成功打入大部分青少年聚集的弹幕网页,让一些纪录片"一不小心"成为"网红",这当然是我国纪录片在新媒体环境下的积极创新和有益探索。以《本草中国》跨媒体互动为例,该片在前期策划时,就注重非常新媒体平台的传播,如用微博宣传造势;而在中期的拍摄和后期制作过程中,也注重多渠道宣发,如制作不同主题海报、花絮在纪实频道和东方卫视滚动预告,实现未播先热,再利用微博微信客户端等新媒体推送,提升知名度;在上线播出时,注重互动营销,充分抓住内容热点,打造微博热门话题,吸引年轻受众;同时,片方发起台网联动,电视台首播,网络碎片化传播,打造综艺化营销玩法,助推口碑。经过一系列卓有成效的运作,《本草中国》的微博阅读量达到 2 亿次,微博讨论点赞数达到 13.1 万条。《中国纪录片发展研究报告 2017》指出,在当今新媒体环境下,互联网营销手段不断创新纪录片的传播形式,让更多的用户更频繁地接触纪录片,促使中国纪录片成为一种新的消费文化时尚。

参考文献:

[1] 360:《360 百科》,词条"纪录片"https://baike.so.com/doc/1405650 - 1485974.html。

[2] 人民网:《2004 广州国际纪录片大会相关资料》http://www.people.com.cn/GB/14641/28140/40961/3045776.html。

[3] 是枝裕和:《拍电影时我在想的事》,南海出版公司 2018 年 11 月第一版,2018 年 11 月第一次印刷,第 87 页。

[4]《国产纪录片困境突围》http://news.hexun.com/2018 - 12 - 04/195434786.html。

[5]《国产纪录片的夏天到了吗　人才匮乏仍制约产业发展》http：//media.people.com.cn/n1/2017/0428/c40606－29241826.html。

作者简介：

田丰兵，大学学历，上海市金山区新闻传媒中心首席编导。

纪录片市场化是一个伪命题吗？

英崴蒐

提　要：纪录片市场化是一个伪命题吗？是的。如果不将纪录片分类，用市场化标准去衡量所有纪录片，纪录片市场化就一定是一个伪命题。纪录片市场化的前提是纪录片分类，因为不同类型的纪录片都有其自身存在的价值和意义，但不是所有类型的纪录片都能够市场化，都适合市场化。纪录片市场化不能一概而论，不能因为利益驱动而忘记纪录片的本质：记录现实，反思历史。本文且将纪录片划分为公共纪录片、商业纪录片（包括栏目纪录片）。商业纪录片应该更充分地市场化，公共纪录片应该得到更多扶植，从而促进中国纪录片健康、多元地发展。
关键词：伪命题　市场化　多元发展

20 世纪 90 年代初，中国出现一批真正可以称为"纪录片"的作品。那一时期集中涌现了《流浪北京》《彼岸》《阴阳》《八廓南街 16 号》《望长城》等作品，中国纪录片在这一时期发生的一系列创作思想、制作方式的变革，被研究者称为"新纪录片运动"。在体制内外分别以中央电视台制作的《望长城》和吴文光导演的《流浪北京》为代表，纪实主义的精神在墙内墙外同时开花。那是一个纪录片人怀揣梦想、激情澎湃的年代，电视台里的纪录片创作者迫切需要找到稳定的播出平台，扩大纪录片的传播和影响力。基于这样朴素的愿望，体制内纪录片开始了栏目化。在当时，纪录片人也许都没有意识到，栏目化正是纪录片市场化的开端。

一、纪录片市场化的发展及困惑

1993 年，上海电视台创办了全国最早的纪录片栏目——《纪录片编辑室》，栏目宗旨是"追踪变革大时代、讲述人生小故事";紧随其后的是中央电视台的《东方时空》之《生活空间》,"讲述老百姓自己的故事"一度曾深入人心。《纪录片编辑室》和《生活空间》的开播,标志着中国纪录片栏目化的起始,之后纪录片栏目便风行全国。

纪录片栏目经历了一个最初的繁盛时期,《纪录片编辑室》的收视率曾达到36％,《生活空间》虽然颠覆性地放在早间时段播出,但因为其同样颠覆性的平民视角以及央视覆盖全国的传播优势,收视率也居高不下。两个栏目的成功皆源于它们播出的纪录片一反之前主流媒体的高大全视角,关注人,尤其是关注小人物的人生和命运,这不仅对于中国纪录片,对于中国电视业更是具有颠覆性的。

1. 从栏目化到频道化

20世纪末,随着中国经济发展进入一个新平台,随着体制变革、经营方式改变、受众需求变化,中国电视业开始了集团化进程。从1999年6月,无锡成立全国第一家广电集团——无锡广播电视集团起始,湖南、上海、北京、江苏、浙江等省市的广电集团相继成立,中国电视逐步走向产业化发展。随之而来的就是对节目的制作提出了市场化的要求:收视率、广告收益决定着节目的生死存亡,作为电视节目内容之一的纪录片也概莫能外。所以,纪录片市场化的升级是伴随电视业的市场化而来的。

电视台集团化以后,开始频道细分。2002年1月1日上海纪实频道成立,这是中国第一个专业纪录片频道。之后,湖南、北京、央视都相继成立了纪录片频道。2014年,上海纪实频道、北京纪实频道先后上星,2016年元旦,湖南金鹰纪实频道上星。至此,上海、北京、湖南三家省级纪实卫视上星格局完成,再加上中央电视台于2011年成立的纪录频道,四分天下的局面标志着纪录片专业传播平台取得实质性发展。

纪录片从栏目化进阶到频道化,是纪录片市场化的升级,这一进程走了十几年。其间,中国纪录片也从以公共纪录片为主发展为多种类型纪录片并存,尤其是出现了商业纪录片。2001年7月,《探索·发现》在中央电视台科教频道开播。这个号称"中国的地理探索,中国的历史发现,中国的文化大观"的栏目,人们形象地称为中国的"Discovery"。可以说,这是中国商业纪录片的开端,到2012年《舌尖上的中国》横空出世,商业纪录片的发展达到顶峰。

2. 纪录片市场化的困惑

早在20世纪90年代末,作为最初市场化雏形的栏目化,在短暂的繁荣之后很快陷入困境。《纪录片编辑室》曾经创下36％的高收视率,但到1995年、1996

年,收视率下降到 6%、7%。对于纪录片,收视率当然不是最重要的衡量标准,但身处电视领域,却也是逃脱不掉的标准。《生活空间》随着《东方时空》的数次改版,被迫做出了很大调整,经历了更名、风格改变,直至今天消失在观众的视野。

为什么纪录片栏目经历繁华之后会陷入沉寂? 笔者以为,纪录片栏目最初的繁荣是基于当时的社会背景、基于当时受众精神层面的需求,而一个不争的事实是,纪录片的栏目化是市场化的起步,对纪录片的要求已然不同。从公共纪录片发端的纪录片栏目,随着受众需求的变化,电视剧、综艺等其他电视节目的冲击,已经无法继续公共纪录片的走向。这是因为公共纪录片往往更注重主题的深刻、个性化的表达,不强调故事性,容易给人节奏缓慢、拖沓之感。而且,公共纪录片的制作周期较长,无法保证片源。综合来讲,公共纪录片的这些特质无法适应纪录片栏目化的需求,必须变身为栏目纪录片。但很多理想主义的纪录片人仍然希冀着纪录片栏目能够给予公共纪录片生存空间,实际上随着电视业整体商业化的加剧,这种生存空间只会越发狭小,其挣扎的结果必然是失落和困惑。

所以,纪录片要市场化,前提是纪录片分类,不同类型的纪录片操作方式不同,诉求也不同。如果泛泛去谈纪录片市场化,就会眉毛胡子一起抓,什么都想要,其结果必然是什么都做不好。本文拟将纪录片分为公共纪录片和商业纪录片。公共纪录片是指关注人的命运、关注社会问题或历史事件,主题深刻、引人思考的纪录片。商业纪录片是题材比较轻松、大众,制作方式偏重故事性、模式化,通过传播可以获得商业利益的纪录片。商业纪录片里还包括栏目纪录片,栏目纪录片是随着纪录片栏目的诞生而来的,业内俗称"栏目片"。栏目片在题材的选择上接近公共纪录片,但因为制作周期短,追求高收视率和市场对接,所以在叙事方式上尽可能故事化、娱乐化,缺少公共纪录片的深刻和张力,但可视性强,易被观众接受。笔者以为,商业纪录片应该更充分地市场化,公共纪录片应该得到更多扶植,唯如此,中国纪录片才能健康、多元地发展。

二、商业纪录片如何市场化

说起纪录片市场化的成功案例,很多人一定会想到 Discovery 美国探索频道。确实,Discovery 是目前全球最大的纪录片制作机构及买家,全球订户超过一亿四千万个家庭。但有一个事实往往被忽视:Discovery 制作、发行的是商业纪录片,它的成功是商业纪录片的成功。由此看来,中国商业纪录片(包括栏目纪录片)市场化的程度还远远不够,还有很大的上升空间,而内容类型化、制作模式化、传播多样化是实现商业纪录片市场化的重要手段。

1. 内容类型化

内容类型化是纪录片市场化的必然要求,也是实现市场化的重中之重。与公共纪录片有所区别,商业纪录片在题材上更偏重可视性、大众性和娱乐性,所以,美食、旅游、自然、探险、考古、生活时尚等往往成为商业纪录片的主要内容,还有一类是"大片",也就是近年经常被提及的"IP"。

2012年,中央电视台纪录频道推出《舌尖上的中国》和《超级工程》,可以说是中国"大片"、大IP的代表。《舌尖上的中国》在当时掀起一股纪录片热,这首先源于题材的亲民性。俗话说,民以食为天,美食是最接近人们生活的题材。同时,人文情怀贯穿全片,那就是"割舍不断的乡愁"。纪录片学者张同道说:"不管是从南方到北方,从国内到海外,所谓最好吃的菜是妈妈做的菜,最好的东西是故乡的东西,最好的回忆是童年的回忆。《舌尖上的中国》勾起的不光是对美食的垂涎,还有流泪的冲动。"《舌尖上的中国》正是因其大众性,一度掀起"舌尖热",成为一部现象级纪录片。

《超级工程》是央视继《舌尖上的中国》之后推出的又一力作,是一部纯粹的、讲述工程故事的纪录片,而不再承载更多的意义和附加值。这反映出中国的商业纪录片正在呈现类型化的趋势,对于自身定位、表达方式、意义和价值更加明晰。随着近几年中国纪录片一大批风格迥异作品的涌现,如《舌尖上的中国》《超级工程》《公司的力量》《本草中国》等,这样的趋势还在发展中。商业纪录片已经摒弃了中国纪录片在相当长的一段时期内曾被当作舆论宣传的工具,或者被视为个人表达的手段,而成为大众媒介产品。简言之,类型化是商业纪录片媒介属性的必然选择。

2. 制作模式化

商业纪录片吸引观众很重要,所以其制作的核心一定是讲好一个故事。对于纪录片而言,讲故事并非是一种高级的叙事方式,但却是商业纪录片必备的制作法宝。美国国家地理频道主张,故事是充满魅力的成人的童话,纪录片就是要为人们讲述那些非虚构的有趣"童话"。按照Discovery探索频道的标准,一部纪录片在前五分钟内一定要把观众留住,否则就是一部失败的作品。

要讲好故事,一般由三方面的要求:

第一,通过前期调查找到一个好故事。

第二,精心设计叙事结构,打破时间轴线上的事件发生过程,对事件进行重组。好的纪录片叙事结构就是适当地因势利导,使重点更为突出,满足受众观看时寻求"戏剧点"的习惯。获第85届奥斯卡"最佳纪录片奖"的《寻找小糖人》就是其中很好一例，其生动的故事化叙事实现了故事性与真实性的完美结合。导演以"寻找罗德里格兹"作为故事主线，中间有步骤地穿插人们对于罗德里格兹的认识和为什么寻找罗德里格兹等多条故事线索。最后，罗德里格兹被找到，但在成功巡演后，仍然回到原来的生活状态——做着底层劳动工人的活计。作者故事化的表达保持了严密的逻辑关系、时间关系和空间关系，合理动人的叙事结构使这部影片变得丰富和饱满。

第三，要做出一个好故事，必须注重各种艺术手段的运用。纪录片的视听语言是最直观的表现方式，以美国国家地理频道为例，为了追求富有视觉冲击力的画面，他们在技术上多使用超大广角、显微镜头、航拍、水下摄影、高速摄影、红外线摄影等手段，对不能捕捉到的画面或场景则借助于电脑特技表现。近几年中国纪录片的制作也更趋向精细精致、画面细腻、影调丰富，颇具电影感。《舌尖上的中国》不仅对镜头语言有着精细的严格要求，同时在"听"上也下了一番工夫。食物在烹、炒、煎、炸、炖、烧等各种情态下发出的美妙音符，勾引出人体最深处的食欲。音乐和音响的合理运用，让纪录片呈现了更多的纪实、更多的现场，让观众有更加身临其境的体验。

新技术VR也已经用于纪录片的拍摄制作。2016年，奥巴马参与VR纪录片《约塞米蒂国家公园》的拍摄。这部由美国《国家地理》牵头的VR纪录片，通过360度全景视角展示奥巴马离任之前在白宫的最后时光。与此同时，国内大疆传媒公司完成了中国首部VR全景航拍纪录片《最美中国》的制作，各视频网站纪录片频道也相继开设VR分区。VR纪录片的多感官体验增强了整体纪实感，通过全景式展现，能够在很大程度上减少信息在传播过程中造成的衰减，进一步保证纪录片的纪实性。受众也不再是游离现场之外的第三方，而是参与其中。

3. 传播多样化

在今天的环境下，媒介传播呈现出多样化趋势。除了原有电视、广播、纸媒的传统三大媒体，因网络而派生出来的各式新媒体逐渐在传播渠道中占有一席之地。商业纪录片的传播，也需要形成一个全渠道、全媒体、全要素的传播生态。

近年，有一些纪录片已成为"网红"，不但长期出现在互联网社交平台热搜榜，成为网络议题，而且成功"打入"青少年喜爱的弹幕网站。以《本草中国》为例，该片在策划和制作过程中，注重多渠道宣发，实现未播先热；上线播出时，注重互动营销，打造微博热门话题；同时，片方发起台网联动，电视台首播，网络碎片化传播，助推口碑。经过这样的运营，《本草中国》的微博阅读量达到2亿次，微博讨论数达到 13.1 万条。

新媒体作为一支新生力量,近年来在纪录片的传播中越来越起到助推作用。异军突起的 B 站(哔哩哔哩网站),其受众人群 0—24 岁占到 90%。在深耕年轻受众方面,除了发布动画、游戏、时尚、生活、科技、舞蹈等多元化作品外,也把纪录片作为一个重要内容品类。《我在故宫修文物》《寻找手艺》就是通过 B 站播出,迅速扩散至社交媒体和主流媒体的。

《我在故宫修文物》在央视纪录频道首播时并未引起太多关注,直到几个月后在 B 站"意外走红",才引爆热点。对艰深说教敬而远之的年轻用户,喜欢"素颜"节目,不花哨、不板脸,《我在故宫修文物》娓娓道来,很容易走进年轻人的内心,实现成功逆袭。之后,豆瓣评分达到 9.4 分,网络点击量超百万次,引发热议。

另一部"土得掉渣"的纪录片《寻找手艺》,在 B 站上却有多达四五十万的网友在追。究其实质,是因为导演用最平实、最朴素的方式,将拍摄中遇到的"戏里戏外"的故事都真实记录,很多看似边角余料的素材反而散发着真实的质感,成为片中的亮点。而之前导演的种种际遇,如"被数家电视台拒绝播放""卖房拍纪录片"等,都成为之后宣传该片、极具噱头的标签。

关于纪录片营销的更多商业模式也在探索中。围绕着纪录片《了不起的匠人》,知了青年推出了亚洲手作展这样的线下展览、观影会、相关音频、书籍等一系列衍生产品及相关活动,其与天猫等电商平台合作推出的边看边买模式也获取了数百万的电商营收。这种多层级产品和多维度运营的开发模式,正在为中国商业纪录片的未来开启更多的商业可能。

三、纪录片的多元发展

纪录片在中国发展到今天,商业纪录片的出现和发展是必然。我们在促进商业纪录片蓬勃发展的同时,一定不能遗忘的是公共纪录片。纪录片的健康发展应该是多元的、百花齐放的,是各种类型纪录片的全面繁荣。美国有 Discovery 这样成功的商业纪录片制作机构,但也有弗雷德里克·怀斯曼这样一生拍摄公共纪录片的大师。

公共纪录片很难进入商业操作体系,但其作为纪录片的价值却是不容忽视的。纪录片从诞生之初就是"为历史提供证据"的,以展现真实为本质,并用真实引发人们思考。近年来,随着中国商业纪录片的迅猛发展,公共纪录片却逐渐式微。尤其是在电视台,公共纪录片越来越处于弱势。在商业大潮汹涌而来的今天,电视台是不是还需要制作公共纪录片?答案是肯定的。因为关注与透视中国社会的大变革，以及变革中底层人民的命运，是纪录片人的责任和使命，也是主流媒体的责任和使命。公共纪录片也许不能带来短期商业利益，但是它的文化价值、历史价值、社会意义不是可以用金钱来衡量的。电视台作为主流媒体，有责任给时代画像，有责任扶植公共纪录片，让其进入良性发展的轨道。在今天的大环境下，由于资金和人员配置的原因，每家电视台的公共纪录片制作数量不一定很大，也许每年三到五部，但一定要保证是精品。从资金来源上讲，可以用商业纪录片的利润来投资公共纪录片，也可以参加国际电影节的创投会和国内纪录片创投基金，更期待建立更多的纪录片公益基金、创投基金，支持公共纪录片。

结　语

在结束本文的时候，笔者要重申：纪录片要市场化，前提是纪录片分类；商业纪录片可以而且应该充分地市场化，而公共纪录片不能进入商业操作体系，需要坚守自己的职责与历史使命，也需要与应该得到政府与社会各界的扶植。这样，中国纪录片才能健康、持续、多元地发展。

如果从 20 世纪 90 年代初算起，中国的新纪录片已经走过了近三十年的历程。三十年，走得五味杂陈：有成功，有失败，有志得意满，也有不堪回首。好在呈现了一种百花齐放的多样性，好在公共纪录片并没有销声匿迹。所以，当我们迎接满天绚烂的时候，当我们被利益驱动的时候，一定要记得纪录片的本质是对社会现实、对历史的真实记录和深刻反思。

参考文献：

[1] 吕新雨著：《纪录中国》生活·读书·新知三联书店，2003 年版。

[2] 单万里主编：《纪录电影文献》，中国广播电视出版社，2001 年版。

[3] Richard M. Barsam 著：《纪录与真实》，远流出版公司，2000 年版。

[4] 何苏六主编：《纪录片蓝皮书：中国纪录片发展报告 2017》，社会科学文献出版社，2018 年版。

[5] 何苏六主编：《纪录片蓝皮书：中国纪录片发展报告 2018》，社会科学文献出版社，2019 年版。

作者简介：

英崴骉，SMG 纪录片中心导演。

对新闻节目主持人国际时政话题广义备稿途径的探索

王 爽

提 要： 本文对新闻节目中较常遇到的国际时政话题相关领域所涉及的广义备稿途径进行了初步梳理，分别从全球传播理论层面、国际政治理论层面、新媒体与国际政治的关系层面展开探讨，将主持人所需要具备的知识储备要点进行了阐述，结合当前全球传播趋势与具体新闻节目选题进行了举例分析，旨在为新闻节目主持人在国际时政话题中的广义备稿方式提供一些参考。

关键词： 全球传播 国际时政 广义备稿

播音员、主持人对于稿件的准备分为狭义备稿和广义备稿。中国播音学学科体系创立者张颂教授在《播音创作基础》中对此有明确定义。狭义备稿是指播出前对具体一篇稿件的准备，包括层次、主题、背景、目的、重点、基调等，而广义备稿要求主持人在平时不断地学习和积累。他认为："我们播音主持的质量高低，进步快慢，往往取决于这种学习、积累的深广程度，越到播音的成熟阶段，越到技巧的完美阶段，广义备稿的状况越能发挥出它的巨大潜力。"[1] 以"广义备稿"为关键词对相关文献进行检索可以发现，对广义备稿的研究多集中于文化知识、综合素养、社会生活等方面，鲜有针对国际时政话题领域广义备稿的专门研究。

在打造新型主流媒体的过程中，各大卫视平台竞相探索转型升级、新闻创新的路径，一档拥有国际视野的新闻深度评论节目对媒体品质的提升必不可少。国际时政相关选题往往涉及国际局势、国家外交和安全等敏感话题，这就要求主持人不再是单纯的播报者，也不仅仅是提问者，而是共同探讨话题的思考者和表达者，进而对主持人的新闻素养和备稿能力提出了更高要求，加强广义备稿就显得尤为重要。

一、全球传播理论层面的广义备稿

全球媒体越来越多元化的今天,受众对信息的获取方式呈现多样化、快速化发展,世界上任何角落的信息都有可能在瞬间传遍全球。与此同时,通信和信息技术发生巨大变化,信息越来越成为重要资源。人们对信息的需求不断增加,对国际传播内容的需求也在不断增长,对信息的消费方式也发生着变化。快餐式、碎片化的信息充斥在多样化的信息渠道和社交媒体当中,受众很便捷地在第一时间掌握最新资讯,而不再依赖于传统的广播电视媒体。零时差的信息传播速度决定了参与政治的决策者需要实时做出反应,这大大缩短了决策时间,进而也对媒体的反应速度和质量提出了新的要求。美国传播学者 H.H.弗里德利克认为:"全球传播是研究个人、群体、组织、民众、政府以及信息技术机构跨越国界所传递的价值观、态度、意见、信息和数据的各种学问的交叉点。"[2] 这就意味着新闻节目主持人对国际传播、全球传播的认识需要有更全面的视角,在知识和理论储备上应当是多元的。

(一)国际时政话题的传播认知与实践

中国国际电视台(CGTN)主持人刘欣与美国福克斯商业频道主持人翠西就中美贸易话题的一场电视直播辩论就是新媒体时代的一次值得关注的媒体事件。该事件由传统媒体为起点,经由社交媒体发酵,再通过传统媒体呈现,进而成为社交媒体新的热点。在这起媒体事件中除了传播现象,我们也不难看出,人们对信息的需求越来越关注态度与内涵,对主持人能力的关注也远超传统意义上的新闻播报层面。

同时,主持人对国际时政话题的报道也应探寻传播亲和力与受众视角。新媒体时代,获取新闻途径的多元化注定了新闻将会变得更加立体。国际时政话题需要探寻一种适合大众传播的表达方式,让普通观众轻松理解新闻。例如,"特雷莎·梅宣布卸任保守党党首"这条新闻,不同媒体有很多角度的解读。诸如谁有可能成为下一任继任者,分裂的政党、分裂的国家面临的困境,英国"脱欧"前景如何等,而除了政治因素外,"人情"因素也是一个值得关注的视角。某新闻节目中做现场连线的主持人有这样一段报道:"我刚才看到很多年轻的孩子,我问他们,梅走了你们难受吗?他们说我们不难受,我们不喜欢她,她三年什么也没做。我们希望留在欧盟,欧盟是我们的未来。我问了一个在附近开咖啡店的老先生,他说我也希望留下,伦敦人没有人想走。如果这个没有代表性的话,我又问了一个外地的,威尔士来的女护士,她跟我说只有法拉奇脱欧党才会带我们从这个坑里面爬出来,三年了,我们够了。"以街头的普通人作为新闻报道的一部分,这样的报道方式有效地拉近了国际时政话题与普通观众之间的距离,让新闻变得不那么难以理解,也增进了媒体与观众之间的亲近感。

在实践经验方面,主持人如果有机会参与外交实践、具有高端国际会议的报道经验、参与国际学术交流的经验等,将会为国际时政选题的报道工作积累一笔不小的经验财富。在国际时政选题与新闻价值方面,通过长期的积累对具体新闻事件的传播价值有一个基本的认知和判断、具有信息筛选和提炼的能力是新闻节目主持人必备的基本功。在团队合作方面、在选题的筛选和探讨中,主持人不是被动的传声筒,而是具备独立思维能力的观察员和参与者。在对版面的安排、话题切入点、访谈策略等层面,主持人需要有自己的话语权并积极与团队成员进行探讨商榷,这也是广义备稿的重要组成部分。

(二)国际时政话题的观点平衡与国家立场的把握

全球传播大背景下,国际时政话题的信息来源广泛,信息的绝对量迅速增加,为新闻报道提供了多种途径选择。人们对新闻事件的探讨往往有不同的切入点,也常常得出不尽相同的观点和结论。同样的国际事件在不同国家媒体的报道中所体现的态度倾向也有所不同,在消息源的把握和判断上就显得非常重要。主持人在对信息的处理中需要在源头信息的整合上体现平衡,在对获取信息的分析处理上体现客观审慎。

选题确定后,主持人与节目嘉宾或评论员的沟通也是广义备稿的重要组成部分。在具体的探讨中,嘉宾或评论员的观点是很好的平衡元素。而个人观点受主观因素和掌握信息角度的共同影响,观点的表达往往也具有一定的局限性。因此,对观点平衡的有效呈现能够体现媒体的客观。例如对于同一新闻事件的走势,嘉宾或评论员的观点可能是"乐观""悲观""谨慎乐观"等,让不同的声音为观众提供不同的思路。主持人与嘉宾或评论员在节目前的沟通中,可以对相关观点有相对全面的了解,进而为节目的观点平衡做准备,也可以及时过滤过于偏激的观点。同时鼓励不同观点在博弈中走向明朗,萃取出新闻价值,让新闻事件的探讨实现动态平衡。

国际传播语境下,权威媒体对国际时政新闻的报道体现了国家的立场和态度,也是塑造国际形象的重要途径。尤其在敏感问题的处理上,国家的立场显得尤为重要。国际时政新闻报道以国家利益为主,把握好国家态度,创造对国家有利的国际舆论环境是媒体人的职责担当。主持人应当熟知相关政策知识，准确把握价值导向。

二、国际政治理论层面的广义备稿

主持人对国际政治理论基础知识的了解是做好国际时政新闻报道的重要支撑。对国家力量、大国关系与地缘政治带来的全球性影响的认知，对民族、宗教、文化等多维度因素的认知是做好国际时政话题报道的重要知识储备。

（一）对大国关系与地缘政治的认知

世界政治体系多极化、全球化发展的大趋势下，国家力量的变化往往引发国际体系的变动。在和平发展年代，国家实力更多依靠经济与科学技术。美国地缘政治学家兹比格纽·布热津斯基认为："从长远看，全球政治注定会变得与一国独掌霸权力量的状况越来越不相协调。""这不仅是因为民族国家正日益相互渗透，而且因为知识作为力量正被越来越广泛地传播和分享，而且越来越不受国界的限制。"[3]中美关系是大国关系的重中之重，两国关系的相关话题常常占据大量新闻版面，主持人对中美关系的现实状况的深度理解很有必要。例如在中美贸易摩擦这个话题中，如何找到稳定平衡状态，寻求共赢目标，以和平方式面对国家间均势变动格局非常值得关注。如今全球化视野下，合作共赢早已成为共识，任何一方的极限施压和贸易霸凌主义都是不可接受的。讨论这个话题需要主持人首先对中美贸易摩擦的根源问题和所带来的影响有一个宏观的了解，例如贸易摩擦对中国经济的影响、中方应对挑战的立场和措施等。除了两国之间的相互影响，还应关注到中美贸易摩擦的影响面远超中美双边关系，中美谈判走势将会对世界造成广泛影响，而美国与多国之间的现实问题，诸如朝鲜半岛核问题谈判、波斯湾局势、伊核协议相关问题、委内瑞拉局势等，包括美国国内政治风波同样也将对贸易谈判的进程带来一定影响。任何外交政策都有政治、经济等各层面的成本收益权衡，国家利益是外交政策的基本出发点。主持人在对此类话题的探讨中，需要对话题本身一个全面视角的了解、深入浅出地解读，再细化到具体领域，让普通观众读懂新闻。

（二）对民族与宗教的认知

对于民族与宗教层面的认识，需要主持人对民族与民族主义起源、宗教起源与发展等相关知识进行了解,同时需要具有辩证思维。共同的宗教信仰与共同的历史经验带来民族主义生长的土壤,带来强烈的感情依附、民族优越感以及强烈的奉献国家的精神。民族主义对保护文化多样性有积极意义,而片面追求民族主义也有可能带来孤立排外的封闭族群倾向甚至对现有国际秩序带来冲击、对国际关系一体化进程产生阻碍。共同的宗教经验与个人的整个人格及其行动有着紧密联系,这种联系比超国家的知识和艺术经验所带来的联系更紧密。[4]例如,民族主义对中东历史进程以及对中东面貌的塑造有着深远影响。在中东问题的相关报道中,既要关注民族与宗教层面带来的影响、民族认同与国家认同之间的关系,同时也应该看到外部大国利益的交换。

(三) 对国家文化的认知

国家间的文化交流是国际交流的重要组成部分,文化本身也对国家的发展产生着深远影响。主持人在对国际时政话题的探讨中,有必要了解相关国家的文化背景与文化交流历程。例如中日两国青年间的文化交流,促进了彼此间的理解,有助于加深双边友谊,也将对未来两国关系产生一定程度的影响。由于两国文化具有某些相似性,使得交流具有天然的便利条件。日本新年号也受到中国网友的广泛关注和讨论。然而两个国家文化越相近,越要关注其中的不同,在相同与不同之间寻找更多探讨的切入点。

国家间的文化交流也是经济交流最重要的支撑之一,例如一带一路建设所覆盖的领域尽管是经济为主,而与此同时,加强国家之间的文化交流无疑能够为经济上的合作增添信任、加强理解,也有助于有关各方在面对共同挑战的过程中,更容易凝心聚力,在面对一些分歧和摩擦时候,文化交流也是关系的黏合剂和摩擦的润滑剂。因此,对于国家文化的认知是主持人广义备稿不可忽视的部分。

三、新媒体与国际政治的关系层面的广义备稿

新型媒体的快速发展、社交媒体的广泛应用不仅改变了人们获取信息的方式,甚至在某种程度上影响着政治运作模式与公民参与政治的方式,主持人对新媒体与国际政治之间关系的关注需要具有与时俱进的视角。

例如,泽连斯基作为政坛素人拿到了更多选票最终当选乌克兰总统就是一个非典型的政治运作事件。除了紧紧抓住反腐败这个乌克兰民众普遍关注的选举议题,做出打击腐败、建设清廉政府的承诺之外,泽连斯基作为一个大家熟知

的喜剧演员充分运用了短视频、社交媒体等新型传播方式,有效吸引了选民关注,尤其赢得了年轻人的关注。美国波士顿大学新型媒体研究专家James Katz教授在谈到社交媒体的使用对政治的影响时提出这样的观点:"你越出名,人们越有可能选你。这不是我们理想中的民主,不是我们理想的选举,不是选举的真谛,很可悲,这是人类大脑反应及心理特点。你听到某事越多,你越可能投它的票,这不受其他因素的影响。"[5]20世纪90年代以来,中间路线的政党或者政治家比较容易受到选民的青睐,政党的政策区隔标签越来越模糊。如今,在以影响为主流的媒体时代,形象政治已经成为重要手段,媒体成为政治人物运作资源中的头号资源。在国际政坛,个性鲜明、传播属性更强的政治人物(诸如媒体曝光度高的社会名流、影视明星等)在地方或国家领导人的选举中受到格外的关注,并且收效甚好。选民更倾向于将票投给与自己政策主张相同并且自己对其名字熟悉的人,也就越来越多地出现了"选人不选党的"的现象。

碎片信息充斥的今天,注意力成为相对稀缺的资源,信息的传播与内容的构造越来越重要。主持人对于新媒体在国际政治事件中所带来的影响有了充分的了解,在针对具体新闻事件进行探讨时就能够进行更多元的解读。

结　语

本文对新闻节目中较常遇到的国际时政话题相关领域所涉及的广义备稿途径进行了初步梳理,希望通过本文的梳理为新闻同行的广义备稿方式提供一些参考。在国际时政话题的报道中,传统广播电视媒体在拥有更专业的新闻团队和专家资源、更权威的发布渠道、更严谨专业的解读能力的同时,追求深度将是其核心竞争力之一。在国际时政话题的探讨中,主持人对相关信息及时的解析与反馈将会有效提升节目在受众心中的信任度。同时,主持人对相关话题的把控和解读能力对节目的整体质量和传播效果产生着重要的影响。如何将国际时政话题用更加适合大众传播的语言进行深加工考验着主持人的知识储备和信息处理能力,而这都有赖于平时的积累,也就是我们所说的广义备稿。新闻中的国际时政话题需要主持人拥有国际性的视野,全球化格局的思考,提供硬朗、睿智、价值观鲜明的积极探讨,以此为基础方能在打造更具传播影响力的新型主流媒体的历程中更加顺应潮流,胜任国际化权威媒体的传播工作。

参考文献:
[1] 张颂.播音创作基础[M].北京广播学院出版社,1990.
[2] 郭庆光.传播学教程[M].中国人民大学出版社,1999.

［3］［美］兹比格纽·布热津斯基.大棋局：美国的首要地位及其地缘战略［M］.上海：上海人民出版社,2007.

［4］［美］汉斯·摩根索.国家间政治：权力斗争与和平(第七版)［M］.北京：北京大学出版社,2006.

［5］金兼斌.社交媒体影响社会和政治运作的方式和逻辑——美国知名新兴媒体研究专家James Katz教授访谈录［J］.全球传媒学刊,2018(6).

作者简介：

王爽,工学学士、文学硕士,SMG东方卫视新闻节目《午间30分》主持人。

大数据时代财经新闻的蜕变升级之路

严 萍

提 要：大数据是一场革命，海量的数据，使得财经新闻的生产方式、表现形式等均发生巨大的变化，传统的财经新闻制作流程更是面临着巨大的流量挑战。对于新时代的财经新闻工作者来说，有必要掌握大数据的核心内涵：对海量数据信息进行选择、分析、挖掘，增强财经新闻报道的客观性、预测性和表现力。本文就大数据对财经新闻的生产、传播方式的颠覆进行分析，并就财经新闻在大数据时代的重构进行探讨。

关键词：大数据 财经新闻 挖掘 重构

大数据时代，互联网的发达、物联网的高速发展，使人类生活加快向网络世界转移，人类开始步入人机共生的时代。当海量信息可以进行运算和处理的时候，数据开始逐渐渗透到财经新闻工作者工作的全流程。数据化生存的时代已经到来，独到的观点剖析和数据解读，已经成为大数据时代对新闻的基本要求。

一、大数据与财经新闻

1. 什么是大数据？

大数据（big data），指无法在一定时间范围内用常规软件工具进行捕捉、管理和处理的数据集合，是需要新处理模式才能具有更强的决策力、洞察发现力和流程优化能力的海量、高增长率和多样化的信息资产。

维克托·迈尔·舍恩伯格在《大数据时代》中提出，大数据指不用随机分析法（抽样调查）的捷径，而是采用所有数据进行分析处理。

国务院 2015 年 8 月 31 日印发的《促进"大数据"发展行动纲要》这样定义"大数据"：是以容量大、类型多、存取速度快、应用价值高为主要特征的数据集合，正快速发展为对数量巨大、来源分散、格式多样的数据进行采集、存储和关联分析，从中发现新知识、创造新价值、提升新能力的新一代信息技术和服务业态。

业界通常用 4 个 V（即 Volume、Variety、Value、Velocity）来概括大数据的特征。

首先是数据体量巨大（Volume），从 TB 级别，跃升到 PB 级别、EB 乃至 ZB 级别。2013 年中国产生的数据总量超过 0.8 ZB（相当于 8 亿 TB），2 倍于 2012 年，相当于 2009 年全球的数据总量。预计到 2020 年，中国产生的数据总量将是 2013 年的 10 倍，超过 8.5 ZB。

第二是数据类型繁多（Variety）。相对于以往便于存储的以文本为主的结构化数据，非结构化数据越来越多，包括网络日志、音频、视频、图片、地理位置信息等。

第三是价值密度低（Value）。以视频为例，在 1 小时连续不间断的监控过程中，有用的内容可能仅有一两秒。

第四是处理速度快（Velocity）。

2. 财经新闻的定义

财经新闻有广义和狭义之分。广义的财经新闻或称泛经济新闻，覆盖全部社会经济生活和与经济有关的领域，包括从生产到消费、从城市到农村、从宏观到微观、从安全生产到服务质量，从经济工作到政治、社会生活中的相关领域。狭义的财经新闻，则重点关注资本市场，并用金融资本市场的视角看中国经济主义生活。我们在本文中探讨的是广义的财经新闻，涉及经济生活的各方面。

3. 大数据与财经新闻密切关联

数据本身就是财经新闻报道的主要内容，也是区别于其他新闻内容的重要标准。

在大数据时代，数据已经成为财经新闻报道的重要资源，财经新闻可以利用多种多样的数据来进行报道，比如政府部门的数据（CPI、PPI、GDP、FDI）、各类企业的生产销售管理等数据、民众个人留存的数据等。可以说，财经新闻有赖于大数据，收集、整合各方面的数据，产生新视角、发现新问题。

二、财经新闻的数据化生存时代

随着数字技术与互联网的发展,智能手机的普及,媒体用户也逐步完成了从"沙发土豆"到"低头族"的转变。媒体的互动性、社交性、智能性不断增强,在新的财经数据挖掘思路的指引下,过去长期被忽略的一些零散、边缘、碎片化数据也衍生出新的价值。

1. 受众角色的重新定位

在大众传播时代,只有经过专业训练的人才能够从事财经新闻报道工作。来到数字时代,互联网提供的数字网络,使得身处其中的每个参与者既是信息的接收者,也是信息的发送者,非专业人士可以通过计算机、互联网传播财经新闻,这直接导致财经新闻的来源出现质的改变。如今,投资者可以通过手机发布他所知道的经济新闻和财经资讯,而发布的平台可以是各大论坛、专业的经济网站,也可以是微信朋友圈,QQ 空间,甚至是 B 站或抖音。此外,永不停歇的数据流使得财经新闻的生产不再受到时空限制,人们可以随时将自己发现的财经新闻素材进行实时传播。

与此同时,相比于过去只能被动地接受信息的传递,如今的受众会根据自己的需求和兴趣,对各类信息进行搜索、查找,主动性非常强。比如,普通的中小散户会在网络上查询自己所关注上市公司的各种动态,并了解其所在行业的情况,为自己的投资决策做依据。再比如,在财经热点事件出现的时候,受众的关注度也会推动事件的进展,宝万之争发生之初,万科公司股价出现了剧烈波动,微博上的关注度也非常高,搜索量达到一个峰值,在这种情况下,第一财经广播《财经早点》栏目,持续关注事件进展,在阿基米德的平台上,听众提出了各种疑问,节目邀请专家学者对事件本身以及听众的问题进行解读,重点关注金融市场受到的冲击,以及相关行业的反应,通过多元角度的报道,引发了各界对于公司治理的思辨,节目在相关时段取得了较高的收听率,社会反响非常热烈。应该说,受众的求知欲在一定程度上推动了该类财经新闻的进展。

2. 财经新闻内容和表现形式的变化

(1)对数据的挖掘上升到前所未有的高度

在互联网技术日新月异的大背景之下,在网络中广泛传播的"开放数据"也越来越多,只要合理的对其进行挖掘和整理,就可以找到报道素材。不仅如此,很多行业协会和专业市场调查公司也会定期发布其整理和调查的相关数据供公众浏览和使用,这更可以为数据新闻报道者提供报道素材。如,中国国家统计局建立了国家数据网用于定期发布全国各项月度、季度、年度的经济数据。这些数据都可以成为新闻报道的来源,新闻报道者只要对其做一个简要的分析整理,就可以编辑出一条好的财经新闻报道。

在实际的报道中,作为专业财经媒体并不是简单地为受众展示数据,我们还要挖掘、融合数据,让数据变成有意义、有价值的财经信息或观点,揭示更深层次的问题。

2010 年起,第一财经广播《财经早点》节目推出《数读财经》栏目,以数字起步,通过大数据抓取的方式,每天筛选出最具代表性的数字,借助数据解读经济生活的方方面面。栏目选题多元化,既包括影视娱乐、旅游、医药等产经新闻,也囊括宏观经济、上市公司经营、股票证券、理财投资等较为专业的金融新闻,栏目着重对数字背后的财经新闻事件进行深层次的剖析。如,《从全国金融工作会议看金融发展新动向,要以"一盘棋"思维和手段保证国家金融稳定》立足宏观金融政策,重点提示风险窗口,传递出确保国家金融安全的信号;如《2016 天猫"双11"开启,6 分 58 秒成交额过百亿》以"双 11"为切入点,通过节节攀升的交易金额,透析出消费转型的新动向;如《国际化再迈坚实一步,明晟今晨宣布将 A 股正式纳入 MSCI 新兴市场指数,成功后 A 股将会大变样吗?》聚焦三年三度闯关失利后,A 股成功入摩的意义和影响;《全球市场惨淡难掩"独角兽"火热,"人造肉"概念异军突起,是投资热土还是市场泡沫?》第一时间关注资本市场产生的新概念,等等。通过这些贴近民生、紧跟热点、时效性强的专题,用数据说话,《数读财经》栏目已经形成鲜明的数字特色,收听率长期占据节目榜首,并得到了专业听众的一致好评。

值得注意的是,在大数据时代,"为什么"不重要,重要的是"是什么"。相关关系在很大程度上取代了因果关系,进而衍生出事物之间新型的逻辑关系。基于这样的思维,大数据时代的财经新闻视角也随之转变——从对过去事实的追问到对未来发生的预测。利用大数据技术来预测事物未来发展的动向,已经成为当前财经新闻一个新的发展方向。比如经济学家们可以借助大数据,设计合适的模型,对未来一段时间 GDP 增长、信贷投放等数据进行前瞻性预测,并依此形成未来一段时间投资的建议。

(2)可视化的财经新闻成为一种潮流

进入大数据时代以来,数据可视化成为财经新闻报道焕发新的生命力的重要手段。

财经新闻的可视化呈现方式千差万别,基本手段是将财经数据放入特定的情境中,用图表、图形、图解、地图、列表、表格等形式。2013 年斯坦福大学的纪录片《数据时代的新闻学》中提到,作为一种讲故事的方式,可视化理论运用了许多其他领域发展出来的技术,生成各类可视化图表,比如杂志风格的图表(Magazine Style)、加注释的图表(Annotated Chart)、科学展览海报式图表(Science Fair Poster)、动态流程图(Flow Chart)、连环漫画图(Comic Strip)、幻灯片(Slide Show)、电影/视频/动画(Film/Video/Animation)等。[1]

斯坦福大学杰夫·麦吉(Geoff McGhee)教授认为,现在的新闻越来越多地和数据有关,媒体的责任是如何向公众解释复杂难懂的数据,数据可视化专家正在开发工具帮助我们更好地理解和使用数据,媒体工作者的任务是运用数据使新闻报道更加有说服力。[2]

目前国内有不少的媒体运用大数据做节目,比如财新的数据化可视实验室、腾讯的数据控、澎湃的美数课,等等,这些都是可圈可点的作品。而央视2015年推出的"一带一路"特别报道《数说命运共同体》,在大数据和可视化技术方面创下了全国数据新闻的多个第一,引发业界的极大关注和观众的强烈反响。节目挖掘超过1亿GB的数据,以大数据为依托,利用可视化技术将数据进行重新编辑,分析发现"一带一路"沿线国家40多亿百姓休戚相关的密切联系。比如,一个中国消费者对睡眠质量的关注会影响到泰国橡胶业整体的提升,甚至是帮助沿线国家出口贸易额的增长,通过追踪泰国橡胶枕头的来龙去脉不仅可以彰显中泰两国的联系,还可以展现出一带一路沿线国家的贸易往来关系。

可视化的报道方式使原本枯燥、乏味的数据变得更加生动、直观,帮助受众更好地理解复杂的财经问题,同时也能进一步帮助受众洞察财经新闻数据之间隐藏的关系和规律。

(3)人工智能加码财经新闻生产过程

随着大数据、云计算等技术的精进,人工智能底层的算法技术,逐渐成为财经新闻的标配。智能机器采写与编辑、智能机器交互、智能机器的内容审核、智能播报与分发,财经新闻的生产方式被打上鲜明的智能标识。

从2006年开始,国际金融资讯服务商——汤森路透就一直在利用电脑生产部分新闻,根据设定好的算法,以数据库作为支撑,电脑写手通过调用数据库中的史料,可以判断一家公司的业绩是高于还是低于预期,并在上市公司公布业绩后0.3秒就发布一篇报道。

国内也有类似的例子,以"数据宝"为例,作为证券时报旗下的智能原创新媒体,2015年"数据宝"开始研发机器人写作,2016年6月全面推出股市数据机器人,并对接微信公众号,成为国内第一家把机器人写作植入到移动端的新媒体。依托证券时报作为证监会指定信息披露媒体的数据库资源,"数据宝"通过机器人写作技术进行数据智能开发,形成13大类142小类,这142类覆盖了股市常见的各类数据需求。人工智能＋大数据的策略，使得"数据宝"保持了较高的用户黏性，其微信用户数在 2016 年底就突破 22 万。

2015 年 6 月，第一财经商业数据中心（CBNData）成立，作为阿里巴巴入股第一财经成立的第一财经新媒体科技有限公司，CBNData 定位于商业数据生产传播平台，借力阿里的商业大数据资源，同时整合第一财经作为国内最大财经全媒体的集群优势，展开数据媒体化、数据商业化和数据自动化等三方面的业务拓展。成立当天，CBNData 就发布了 50 份覆盖中国主流消费市场的大数据商业报告，涉及母婴、家居、运动户外、家电、时尚美妆、食品、鞋包、服装八大行业，全面覆盖了中国主流消费市场。这也是大淘宝平台首次发布全局性和系统性的消费级大数据内容。这一系列报告涉及不同年龄层消费群体的独特喜好，不同时空场景下的消费行为，以及不同行业不同品牌的现状趋势，完整刻画了健康、智能、个性、传统、年轻的消费五大趋势，还原出一个真实的中国商业图景。在"媒体＋数据"的叠加效应下，CBNData 希望能提高中国商业世界的运行效率，提升市场创新的质量、降低全社会创业的资源门槛，实现 DT 时代的产业变革。

3. 财经新闻盈利模式的变化

传统意义上财经新闻多是通过人工筛选、编辑信息，基于用户的共性需求推荐同样的新闻内容，即共性化推送。覆盖面要广，收听、收视率足够高才能够让更多人看到、听到广告，这样才能更好地盈利。

随着大数据技术的发展，广告的信息模式发生了巨大的变化，特别是移动互联网的兴起，APP、HTML5、二维码、LBS 已经成为常规的技术和功能。在这些技术的基础上，个性化的需求成为广告商关注的焦点，与此同时，用户付费模式开始出现并成为流行。

以财联社为例，作为由蓝鲸传媒与证券时报共同打造的证券资讯终端，自从 2015 年成立以来，财联社一直采用的模式是电报式快讯报道，为投资者提供"快速、专业、精准"的信息服务。通过人工智能的监控系统，财联社实时监控全球 30 000 多个信息源，基于语义分析的人工智能系统以及自编程序，在 0.01 秒的极限上再次提速，在财经新闻的"速度"之争中表现抢眼。截至目前，财联社用户已突破 300 万，其中移动端用户超过 100 万，每日访问量超过千万，囊括了 A 股投资界的大部分机构投资者和游资。在个性化推送的同时，财联社的小额付费模式发展得不错，并为高净值用户量身打造了盘中宝、风口研报、九点特供、机构调研、龙虎榜、公告全知道等多款 VIP 高端资讯产品。

看中付费的除了财联社还有第一财经的"有看投"App。"有看投"是第一财经电视探索新兴商业模式的一项尝试，通过将多年运营的三档证券节目——《今日股市》《谈股论金》《公司与行业》中的嘉宾资源进行整合,通过数据流分析,根据不同嘉宾的特点开设付费课程,从而形成了依托媒体优质资源的投资者教育付费应用。"有看投"App 在 2015 年 12 月上线,2016 年 9 月正式加入付费产品,一经运营就产生利润,销售基本定在单月 300 万元左右。在传统媒体普通依靠广告收入来源下降的背景下,对直接付费等替代性商业模式的探索是第一财经转型的重要步骤,而利用大数据技术为新闻产品增值,拓宽媒体的盈利渠道,不失为一条可行的路径。

三、大数据时代,财经新闻编辑的转型之道

大数据时代下的新闻报道利用技术对数据进行收集、整理和分析,它改变了以收集信息为工作重心的传统新闻报道,将传统新闻工作者挖掘新闻的能力与数据叙事的技巧完美地结合在一起。[3]财经新闻工作者作为财经新闻报道的主体,必须挖掘大数据的价值和内涵,掌握更加先进的可视化呈现形式,以适应大据时代的潮流。而在人员构成上,传统上以单一学科背景为主的新闻采编团队将变为包括记者、编辑与数据团队在内复合多元型新闻采编团队。

1. 提升数据获取的能力

当前,信息资源膨胀的速度非常快、数据资源的迭代更新能力令人目眩。因此,要重视财经新闻从业人员对于数据的采集能力,只有采集能力提高了,才能满足了受众对于信息的需求,适应当前裂变式网状传播的特性。这就要求相关从业人员不仅仅是具有良好新闻传播素养的人才,更是能对数据进行检索、统计,熟练操作数据处理软件,快速对数据格式进行转换,通过对数据的分析得出科学结论或解决问题的新型的新闻传播人才。

2. 深入挖掘财经数据的能力

面对海量的信息数据,从业人员需要充分运用自身的专业知识和职业敏感度,从纷繁琐碎的非结构化数据中发现具有财经新闻价值的核心数据,引导读者对各类新闻事件进行财经方面的深度解读,在保证新闻时效性基础上发现新闻点、抢到独家财经新闻。

首先,要做的是保证数据的质量和可信度。大数据是客观存在的,大数据技术却并不是完全客观的。数据相同,但模型、算法不同,结果可能存在差异,甚至相反。

其次,财经新闻工作者在分析数据时,应以问题为导向,将挖掘的数据置于

特定的语境中进行分析,理顺数据之间的逻辑关系,加深对财经新闻事实真相与意义的理解。

最后,财经新闻的目标是及时高效地为受众提供财经资讯和理财指导,因此,财经新闻工作者在对数据进行分析时,要切记将其与受众的切身利益紧密联系起来,增强财经新闻的服务性和可读性。

3. 数据团队进驻财经新闻编辑部

数据团队,指的是基本各部门融合的、跨领域合作的数据新闻生产团队。他们加入编辑部也是如今发展的潮流之一。因为数据新闻比拼的不是采访力量和团队规模,更看重的是具有数据挖掘、分析和可视化呈现能力的人之间的相互协作。

《芝加哥论坛报》把数据团队加入新闻编辑部,明确两者进行直接的交流,数据团队协助记者调查和报道故事,在线描绘故事。澳大利亚全国广播公司则组建了包括网页开发以及设计人员、数据采集分析人员、图形可视化的技术人员等在内的数据新闻团队。应该说,这种推倒新闻编辑室的那面墙的尝试,让数据团队和传统的编辑团队有机结合,也能更好地适应大数据时代。

客观地说,传统媒体在技术研发方面可能不具备优势,但在新技术应用方面需要跟上市场的趋势,应该大力建设技术团队,在了解自己内容产品的基础上,加快探索技术和产品结合的可能,并辅助产品创新和升级迭代。

结 语

习近平总书记2018年在全国宣传思想工作会议上强调,要把握正确舆论导向,提高新闻舆论传播力、引导力、影响力、公信力,巩固壮大主流思想舆论。要加强传播手段和话语方式创新,让党的创新理论"飞入寻常百姓家"。对于财经新闻工作者来说,大数据新闻的关键不在于数据本身,而在于用数据讲故事的能力,能否基于受众的兴趣图谱,来进行个性化推荐和新闻定制,以及对未来趋势的预测性报道。因此,贯彻马克思主义新闻观是前提,坚持内容为主、技术为辅的理念,运用数据资源进行加持赋能,把数据贯穿整个财经新闻的采编流程中去,真正实现二者的深度融合。

参考文献:

[1] 参见斯坦福大学纪录片《数据时代的新闻学》,视频之三《用数据来讲故事》,http://djchina.org/2013/09/06/356/。

［2］郭晓科.数据新闻学的发展现状与功能［J］,编辑之友,2013(08)。

［3］徐锐,万宏蕾.数据新闻:大数据时代新闻生产的核心竞争力［J］.编辑之友,2013(12):71－74。

作者简介:

严萍,SMG 第一财经广播早新闻责任编辑。

辩证地看待"情感"在当今新闻生产中的作用

薛唯侃

提　要： 信息资源的公众化、新闻生产要素的大众化以及传播平台的不断拓展开放等因素,使参与广义新闻生产的门槛被降低。新闻的呈现方式、表达手段、报道理念、传播目的随之越来越复杂多样。在这样一个时代环境中,专业的新闻生产,一方面要继续信仰"新闻客观"对追求真实的意义。另一方面也要跳出"新闻客观"理念中成为镣铐的部分,辩证地看待主观的"情感"在新闻生产中的作用,让"情感"更好地服务于真实以及新闻价值的传播。而最终,新闻生产的"情感"不仅要体现在报道本身,还要体现在新闻从业者对职业的理解、对家国社会的使命感上。

关键词： 情感　后真相　客观　真实　新闻情怀

根据"认知-感情相符理论",人们总是试图使其认知与其感情相符。换句话说,人们的信念或认识在相当程度上受其感情所支配[1]。而新闻,不可避免地基于人的认知而实现生产、传播。因此,情感作为人认知的内在动力,成为新闻生产中不可回避的元素。

不过,传统新闻专业主义常认为,情感的折射量关系到新闻的客观程度。因为情感主诉的是人的视角,它不仅带有一定程度上的主观认知和见解,更有可能因为立场、站位、环境等因素带有某种态度和倾向;而客观主诉的是事实平等的视角,主张排除个人立场、情感而尽可能地接近事实真相及揭示事实真相的全部。

事实上,新闻生产中的情感倾注和表达并不意味着就一定影响真实和事实。

对于新闻从业者而言,在当下的环境中,一方面要继续信仰"新闻客观"对还原真实的意义,另一方面也要能跳出传统"新闻客观"理念中成为镣铐的部分,在不违背、捏造以及夸大真实的前提下,正视新闻生产中的情感。

一、现下时代对"情感"的诉求

2016 年,"后真相"被《牛津词典》以"诉诸情感及个人信念,较客观事实更能影响民意"[2]的释义宣布为年度词汇。这在很多研究者看来,意味着情感和立场优于实事的时代来临[3]。

从传播学的视角来分析,以"后真相"为主要特征的当下时代,其实很大程度上有赖于社交媒体平台的兴起。值得注意的是,大量的社交媒体从一开始就以用户"自我表达"及"表达自我"为特征进行社群化的信息分享,这使得用户在情感情绪的传递上往往优于对事实的传递。眼下,社交媒体已然成为各种各类信息、新闻的分发、传播、舆论回响的重要场景。传统新闻从业者也同样在这些场景中出现甚至谋求生存。他们的新闻产品如果不考虑传播客体、效率和效应,那就很大程度上失去了新闻生产的意义。而要兼顾这些传播环节的因素,新闻生产就不可避免对"情感"加以思考。因此,在以"后真相"为一大特征的现下时代里,新闻生产的"情感"附着不应该再考虑"能不能有""该不该有"。而是应该考虑:基于何种情感,以及如何附着这种情感。

二、情感:应以"服务真实"为目的,以"客观"为方法论

附着情感或基于某种情感(例如:政治立场、同情、悲悯等)的报道理念,对于强调"客观性"的新闻专业主义来说很难接纳。"客观性"是意识到新闻报道中的"主观",从而要求事实与价值分开的一种专业信念和道德准则,产生于 20 世纪 20 年代。从便士报开始的不偏不倚、事实与意见分开,到 19 世纪后期相信事实就是真相,是美国新闻职业化历程中的各种操作与观念的变迁[4]。但事实上,"情感"也可以以反映真实为目的,成为不囿于"客观性"思维范式的新闻表达。

这里有一个笔者亲历的新闻案例。2015 年 6 月 16 日凌晨 1 点 45 分,上海市闵行区华漕镇诸新三邨 14 号楼发生火灾,大火迅速吞噬整个楼道。住在 5 楼的小伙王海滨发现险情后,冲进了充斥着浓烟和烈火的楼道,敲响了 11 户居民的房门,并打开楼底被烧烫的铁门,救下了整栋楼邻居的生命,自己却 88% 深度烧伤,命悬一线。当笔者与本台另一名记者到达现场时,距离火灾的发生已经有八九个小时,当事人王海滨已被送往瑞金医院抢救。由于小区老旧,因此楼道没

有监控画面。着火的楼道内，也没有人目睹王海滨敲响整栋楼邻居房门的过程。对于这个看似已经无法再现的新闻现场，笔者作为当时的记者采用了一段出镜报道对这个没人看见的新闻现场进行了描述。

出镜文本：记者在现场测试了一下，1 楼到 6 楼的居民楼，总共有 80 级的台阶，即便是像记者这样睁着眼睛的情况下，都要花将近 40 秒的时间才能走完。可就是在这样的情况下，王海滨顶着明火，顶着令人窒息的浓烟，敲响了整栋楼11 户邻居的房门。

在这条备受关注的新闻中，记者的出镜内容被视为该报道中的点睛之笔。一些专家学者认为，通过记者的现场观察与测试，在受众内心再现了火灾中英雄敲响 11 户邻居房门的画面。当年，以该报道为主的系列报道《救火英雄：王海滨》荣获了上海新闻奖一等奖。

然而，在另一视角下，这段出镜也可以有更深层次的解读。笔者当时作为记者，对于火灾现场的表述更多的是受到了钦佩、同情等情感因素的影响。因为，笔者为了强调英雄不惧生死的大无畏精神，借用了客观数据进行的是主观推测。记者对居民楼台阶数的统计以及上下楼梯的计时测试虽然都是客观的，但还原的只是属于记者亲历的事实，而并不是火灾中王海滨经历的事实。在事件当时，王海滨从五楼到达一楼究竟是何种状态，笔者因实际情况未能做及时地考证。但不可否认的是，这一段出镜尽可能地接近和服务了真实。同时，对于这样的基于情感的表达，在受众端也更有效地引起了共鸣。

另有一则案例，来自长春《新文化报》的两幅著名版面。2008 年 6 月 14 日中国足球队兵败天津，小组赛提前被淘汰，彻底无缘南非世界杯。15 日，长春《新文化报》第 6 版上，只有 84 磅超粗黑体字做的一个大标题：《国足再败我们无话可说》。此后，国足世预赛输给伊拉克，《新文化报》又以"报道国足生死战的版面，不是留白，是白留了"寥寥数个大字作为报道的全部内容。[5]

《新文化报》的这两幅惊世骇俗、离经叛道的报道版面，既基于事实，又巧妙而另类地附着了情感。陈述没有捏造、夸张和歪曲真实的成分，却拥有了比事实本身更强的情绪煽动力。所谓的"无话可说"以及"版面不是留白，是白留了"看似已无言，却并非真无声。其字里行间杂裹的是各种复杂的情感，酝酿的是一片无边界的情绪喧哗。笔者通过百度搜索引擎发现，围绕这两个版面内容产生的网页直接搜索结果就合计超过了五十万条。这比同样对这两场赛事进行报道的几乎所有其他消息都要显得更有传播效果。

可见，倾注了情感的表达并不一定会妨碍还原真实。相反，恰当的情感倾注和表达，反而可能服务于更好地传递真实。至于"客观"，其实更应成为平衡"情感"的方法论。

人的经验情感直接关系到人的主观思维。因此,长久以来,运用情感与遵循客观的对垒成为新闻从业者理论争执和论证中的重要一项。在各种声音里,塞缪尔·G.弗里德曼的态度明显富有一个新闻从业者的情感:"要成为有道德的新闻记者,你必须永葆仁慈之心。"[6]他还提出,新闻是关于沟通情感的,而不是拒情感于千里之外的;"客观"是一个错误的词汇等。在对弗里德曼的观点进行分析后,我们得出这样的判断:新闻从业是与情感息息相关的。并且,要做好新闻职业,必须有向善的情感。至于他所说的"客观"是个错误的词汇,更多的应该是在质疑"客观"本身的矛盾性:因为新闻"客观"的原则,同样建立在人的"主观"认知之下。因此,与其把"客观"直接看作反映真实的充要条件,还不如把"客观"看作新闻从业者在沟通和平衡情感过程中的方法论。在这种方法论的作用下,新闻从业者能让自己报道中的政治站位、情感、观点的表达为更大范围乃至不同的受众群体所接受,甚至包括与该新闻从业者的站位、经验情感等相左的群体。

三、新闻情怀:情感在新闻生产中的升华

新闻情怀体现在新闻生产过程中,是新闻从业者经历了从自身对社会情感的积累,到情感对职业的反省,再到职业对人性和社会的思考之后,所产生的核心情感和行动自觉。这一职业的情感升华过程,是新闻从业者从职业回归人性的过程,也是职业回归社会的过程。新闻从业者对人性的坚守和对社会的责任意识就是新闻情怀中最重要的内容。

(一)对人性的坚守

说到对人性的坚守,一幅曾获得普利策新闻奖的照片和其拍摄者的故事不得不被再次提及。这幅名叫《饥饿的苏丹》的新闻照片,是摄影师凯文·卡特的作品,被刊登在《纽约时报》上。凭借《饥饿的苏丹》,凯文·卡特赢得 1994 年普利策新闻特写摄影奖。这是一幅极具争议的照片。1993 年,凯文·卡特在到处是饥饿场景的苏丹采访,当他看到一个苏丹小女孩在前往食物救济中心的路上趴倒在地,并且身后是一只虎视眈眈的秃鹫时,凯文·卡特据说是花了 20 分钟选取角度并拍摄了这一作品。尽管作品本身的震撼不言而喻,尽管作者在拍摄完照片之后,赶走了秃鹫。但是,当这样一幅作品出现在人们视野中时,人们依旧不能接受一个作为人的记者,为何忍心在这样一幅场景之下,依旧坚持举着手中的相机,而不是第一时间去为那个随时发生危险的女孩儿做些什么。哪怕不考虑危险,仅从人道而言,那一刻面对弱小者的旁观,也是让人很难容忍的。最

终,就在这幅作品获得普利策新闻奖后的短短几个月内,凯文·卡特坐在车里,用一氧化碳结束了自己的生命。根据相关的记载,在他的座位上有一张纸条:"真的,真的对不起大家,生活的痛苦远远超过了欢乐的程度。"[7]而在这一切之后,卡特更多留给同事回忆的,是他作为新闻记者遗失人性的那一刻。

所以,新闻从业者任何时候都不应该忘记,自己作为人的存在。保持对人性的坚守,是新闻从业者不可忽视的情怀。但是,对人性的坚守远不止是在面对凯文·卡特那幅作品场景时的要求。对人性的坚守内涵广阔,但也不妨被具化到一些切实的内容,比如对"人道主义"所关注的某些部分进行扩充:关心最基本的人的生命、基本生存状况的思想。关注人的幸福,强调人类之间的互助、关爱,与重视人类的价值[8]、人的尊严等。这些内容往往温和地存在于新闻从业者日常接触的各种采访对象和现象中,关键在于,新闻从业者有没有"带上"人性视角。

作品《救火英雄:王海滨》系列在当下,仍不失为一个具有探讨价值的案例。当王海滨在火灾中严重烧伤、生命垂危,被第一时间被送往以烧伤科见长的上海瑞金医院后,上海市闵行电视台的记者们便以自己的媒体方式对他展开"营救",这些记者甚至不惜把"火灾中,他敲响了 11 户邻居的门"这一独家新闻的首播给到了比自身平台更有影响力且可以更早播出的上海电视台、上海东方卫视等各档新闻栏目。为拯救英雄营造更及时和强有力的舆论环境和氛围。中央电视台在获得信息后,也随即播发。牺牲独家重量级报道的首播权,就是牺牲媒体的自身利益,但面对这样一个人物,闵行电视台及其记者首先考虑的是,眼下英雄需要舆论环境为他鼓劲,需要媒体引导关注,引导社会倾斜一切资源去拯救英雄的生命。当天,几乎整个申城都在关注王海滨的抢救进展,瑞金医院主要负责人以及烧伤科最权威的专家全部赶到医院。最终,王海滨成为在 88% 大面积深三度烧伤的情况下,依旧被成功救回的奇迹。在这一过程中,医者的医术自然是居功至伟,但同时也有媒体情怀与医者情怀的功劳。

此后三年里,这家小型的区级媒体基于人性的关爱,将王海滨后续作为策划的经常性选题,让社会尽可能久地去关注这个将一生作为救火救人代价的年轻英雄。不仅如此,笔者还跳脱了记者的报道本职,与辖区文明办一同参与组建了"王海滨先进事迹宣讲团",陪伴王海滨一同进行事迹宣讲,并撰写了以王海滨救火经历为内容的"宣传教育画册读本"。十数场宣讲,收获了人们无数感动的泪水。而读本的发放则覆盖了上海闵行的中小学校。这一切看似放下了新闻本职工作的行动,其实依旧是新闻从业者新闻情怀的体现。

2018 年,在获颁"全国道德模范"之后不久,"王海滨志愿服务工作室"也成立了。作为政府扶持的项目,这个工作室不仅让他找到回归社会的契机,更找回了实现人生价值的路径。

（二）对社会责任的坚守

对社会责任的坚守是体现媒体新闻情怀的另一个重要的方面。媒体践行社会责任的方式并不少，但这里主要想提到两种常被需要的方式。一种是对社会的冷思考，另一种是关注公共利益。这两种方式有一个共同的特点，即：都是通过新闻生产去改变或影响社会的某一种现状或某一方面的不合理。《中国青年报·冰点周刊》主编李大同对于这种坚守一直抱有这样的观点：新闻绝不是要记录历史，而是要影响今天。[9]这和很多强调新闻只是记录今天的"客观论"有很大不同。

1. 对社会的冷思考

本文所指的对社会的冷思考主要是对社会现象、事件的质疑、分析、论证及给予结论的过程。这要求新闻生产者有足够解读事件、解读背景、解读环境的能力，同时还需要一定的判断力，对事件或现象的真伪、走向、可能产生的结果、效应做出有理有据的预判。此外，对于一些事件和现象，要能够透过表层发现更值得关注的内核以及被隐藏的真实。

上海电视台记者王勇曾在参与一场关于轨道交通 6 号、8 号、9 号线攻克世界级施工难题最终实现通车的新闻发布活动时，以冷思考方式，在大多数媒体一片欢欣鼓舞的赞扬声中，发出了他理性的声音。当时，轨交世纪大道站为实现四线换乘，需在已有的 2 号线车站周围同时建设另三条线路的车站。为了避免 2 号线车站侧塌、上浮、移位等情况发生，施工方采用了多项世界首创的施工工艺。但是，上海电视台的记者在现场对工程专家采访时了解到，世纪大道四线换乘项目的开工仅比 2 号线通车晚两年。如果四线换乘车站早期能够同步规划，就不会产生后来那么多工程难题。如此一来，工程中所谓的"世界第一"更多体现的是规划不周导致付出代价的无奈。于是记者最终确定了这样的主题："我们要什么样的世界第一"。不止于此，记者还例举了 11 号线建设时，同样因为缺乏规划统筹，导致原规划路线被迫放弃，面临诸多世界级建设难题的情况。

记者的冷思考对当时的城市建设和规划起到了十分深远的影响。对加快城市硬件建设和发展起到了积极的作用。而这也就不止于记录历史，而是在影响今天，是记者从职业出发，对社会的责任体现。

2. 关注公共利益

公共利益是个十分复杂的概念，但在新闻生产的实践中，笔者建议新闻从业者对公共利益的关注,可以简单理解为"对他人合法权益"的关注。这种"他人"不局限于个人,还可以是群体的指代。同时,就新闻生产的内容来看,公共利益是涉及交通出行、医疗卫生、教育文化、环境治安等方方面面的人的基本权益。新闻从业者要善于发现和挖掘那些不利于公共利益的行为和现象,然后站牢在新闻场景中公平公正的脚跟,去厘清现象所涉及的是哪些群体的何种公共利益,以及公共利益受损的表象和实质是什么等。

需要强调的是,有时需要被关注的公共利益涉及的对象群体并不那么大众,也并不那么显眼。同时其应该享有的公共利益可能并非受到直接的损害,而是这部分群体的公共利益要么鲜为人知,要么是未被给予足够的重视,导致某些群体在社会各类角色中权益的失衡。这意味着,新闻实践中或许隐藏着不少"他人的合法权益"或被忽视,或被遗忘的情况。

以自闭症群体的公共利益为例,不少媒体都会在"自闭症日"对这一群体进行大量的报道。不少报道情感动人,在"星星的孩子"这一特殊称谓下关注了自闭症孩子和他们的家庭在生活中的不易。但事实上,笔者在对自闭症群体进行采访了解的过程中发现,对于这一群体,真正需要媒体关注和反映的,并不是那些孩子和家庭的爱、付出与艰辛。而是这一群体被忽视的公共利益问题。当星星的孩子不再是孩子,会是怎样? 在一些发达国家,自闭症话题并不一定以孩子为关注主体,社会更关注的是如何健全多样化的自闭症关怀帮扶机制。自闭症患者从确诊就进入了评级阶段,随后等待的可能是行为干预和矫正,再接下来,社会将会给予自闭症患者回归社会的通道,帮助他们按个体情况寻找踏上工作岗位的可能性和机会,甚至帮助他们参与实现社会价值。而这一切,在目前我们这些媒体的视野内,依旧远远关注不足,对他们的公共利益的本质还没有准确地把握。

所以,懂得如何关注公共利益,发现公共利益在哪里出现了缺憾是新闻从业者的情怀,也是素养。

结　语

在现下时代里,信息和新闻的产生和传播呈现很大的不确定性,情感和情绪成为环境中的一大因素。而专业新闻从业者置身环境之中,既要有情,更要有义。从新闻生产的情感,到新闻生产对人性的坚持,再到对社会责任的坚守,都是新闻情怀的体现。而比新闻情怀更高贵的,是家国情怀,是寄情服务"家国未来"的新闻使命。习近平总书记在 2018 年 8 月 21 日至 22 日召开的全国宣传思想工作会议上已经强调:要不断提升中华文化影响力,把握大势、区分对象、精准施策,主动宣介新时代中国特色社会主义思想,主动讲好中国共产党治国理政的故事、中国人民奋斗圆梦的故事、中国坚持和平发展合作共赢的故事,让世界更好了解中国。中华优秀传统文化是中华民族的文化根脉,其蕴含的思想观念、人文精神、道德规范,不仅是我们中国人思想和精神的内核,对解决人类问题也有重要价值。[10]对于中国的新闻从业者来说,实践总书记的这一系列要求,就是在实践新闻使命。

参考文献:

[1] 该词条由"科普中国"百科科学词条编写与应用工作项目审核 https://baike.baidu.com/item/%E8%AE%A4%E7%9F%A5-%E6%84%9F%E6%83%85%E7%9B%B8%E7%AC%A6%E7%90%86%E8%AE%BA/22198770?fr=aladdin。

[2] 环球网:"后真相"获评牛津年度热词 该词首先在反思战争文章中使用引用日期:2016-11-17。

[3] 李彪《新闻记者》杂志 2018 NO.05(总第 423 期)。

[4] 童兵 陈绚,新闻传播学大辞典:中国大百科全书出版社,2014。

[5] 搜狐评论 http://star.news.sohu.com/20080620/n257620317.shtml。

[6] [美]塞缪尔·G.弗里德曼《媒体的真相——至年轻记者》,中信出版社 2007-05-01。

[7] 《饥饿的苏丹》https://baike.baidu.com/item/%E9%A5%A5%E9%A5%BF%E7%9A%84%E8%8B%8F%E4%B8%B9/11043010?fr=aladdin。

[8] 百度百科,人道主义/发展 https://baike.baidu.com/item/%E4%BA%BA%E9%81%93%E4%B8%BB%E4%B9%89/1460878?fr=aladdin。

[9] 《后台·第一辑》作者:邓科主编　出版时间:2006-12 出版社:南方日报出版社。

[10] 新华社《习近平出席全国宣传思想工作会议并发表重要讲话》2018-08-22 http://www.gov.cn/xinwen/2018-08/22/content_5315723.htm。

作者简介:
薛唯侃,上海市闵行广播电视台新闻中心总监。

见微知著·深耕基层
发现新闻切入点

——浅析新闻报道《金山与浙江平湖等地医保联网四万多人次共享医疗资源》

李巾　金宏　朱奕

提　要： 本论文以2018年上海广播电视奖获奖作品——《金山与浙江平湖等地医保联网　四万多人次共享医疗资源》[1]这篇新闻报道为主要材料，通过分析文章中的多个实例和新闻知识点，论述如何在宣传国家重要方针政策过程中，摆脱以往的常规报道模式，通过寻找到日常生活中细微的切入点，并从基层报道出发，以小见大，反映国家政策，体现百姓的获得感。

关键词： 长三角　基层　切入点

引　言

研究背景：11月5日，国家主席习近平在首届中国国际进口博览会开幕式发表演讲时提到，将支持长江三角洲区域一体化发展并上升为国家战略，着力落实新发展理念，构建现代化经济体系，推进更高起点的深化改革和更高层次的对外开放。在这一大背景下，长三角一体化就显得格外重要。

研究的目的和意义：《金山与浙江平湖等地医保联网　四万多人次共享医疗资源》这一条新闻，通过两个生动的案例，深刻地反映了长三角一体化让百姓收获的切实感受，对这一大政方针起到了较为明显的新闻宣传作用。本文试从新闻的角度，分析文章中的所采用的新闻写作方法和写作特点，以及此类报道的模式、特点，以起到借鉴和推广的作用。

《金山与浙江平湖等地医保联网　四万多人次共享医疗资源》播出于 2018 年 12 月 28 日，金山广播电视台新闻栏目《金视新闻》。在长三角一体化上升为国家战略的大背景下，此条新闻深入基层、切入细节、以小见大，反映了金山与浙江平湖、海盐两地百姓，通过异地医保结算一年间，享受优质医疗资源，获得了长三角一体化看得见的、真正福利。

一、以小见大、见微知著的重要作用

其实在大部分涉及大政方针的宣传类报道当中，我们新闻工作者经常会陷入一种思维定式：需要找一些格局大的项目或政策，或者是找到一些明显的发展和变化，以更清晰地体现这一方针政策。然而新闻更多的方式是"飞入寻常百姓家"，一旦我们在这类报道当中不加以好好地解读，往往会让老百姓抑或是看不懂，或者新闻仅仅限于说理，老百姓了解的不透彻，限于表面。这个时候，我们就需要从更小、更微观的角度，去找到新闻宣传的点。

长三角一体化在 2018 年同样是个大选题，当时记者在寻找切入点时，有多个方向选择：首先，金山与浙江嘉兴的党建从 2015—2016 年就已经开始共同发展，至 2018 年已经有较为成熟的模式，活动内容非常丰富，也可以总结出较为成熟的经验；其次，金山拥有长三角科技城、长三角路演中心等一系列长三角产业链接点，也有多个正在发展的产业项目，可以作为例证；此外，在交通角度，同样在两地的交界处的交通要道正在建设，部分公交线路也已经通行。本来这三个都成为长三角一体化报道的选题，但是记者找到了从 2017 年开始的长三角异地医保结算。选择这一点主要基于三个原因："小人物与大背景""小故事与大收益""小细节与大例证"。

此条新闻当中，作者找到了两个重要的"小人物"。一位是"第一个吃螃蟹"的市民刘金花，一位是在危急时刻获得异地结算帮助的市民陆宝英。"'贴近实际、贴近生活、贴近群众'……讲述老百姓自己的生活，既是对新闻工作的要求，也是这个时代的需要、读者观众的需要。'以人为本'也意味着要尊重人，从人出发，以人的自由和全面发展为最终归宿……普通老百姓的生活经历，有乐有忧有喜有泪有血有肉，关注他们，就是关注当代中国，他们的故事无不折射着时代的光点。"[2]在新闻中，她们两位是长三角一体化的大背景当中最细枝末节的人物，但是就是这样的"小人物"，恰恰能够反映长三角一体化深入基层，深入群众。观众在收看新闻时，不会记得那些大政方针的具体政策内容，却能记得住小人物的小故事，体现新闻报道的力量。

新闻的第一个"小故事"，是一名普通的浙江平湖的村民刘金花得了白内障，去金山的医院医治完成的过程。虽然此类新闻在日常社会新闻当中甚至已经不能成为有新闻点的事件，然而她却拥有一个不一样的背景：她是第一批享受长三角异地医保结算的市民，具有足够的说服力。虽然当时新闻报道的第一落脚点——刘金花第一次去医院看病已经失去，但是通过被采访人形象生动的同期声，讲述了从第一次没有把握自己是否能够真正看好病，到能够真正享受到异地结算实惠的过程，并且带动了周边的村民共同参与，形象展现了一位普通村民享受长三角一体化便利的故事。新闻中的第二个"小故事"，则是另一位村民陆宝英突发脑溢血，在平湖地区无法诊治，送到复旦大学附属金山医院救治的过程。如果说第一个小故事，只是一位慢性病患者重获光明，并不是十分紧急的话，第二个小故事则是新闻中的关键故事。由于陆宝英家中贫困，并没有多余的现金，住院需要押金则需要四处借钱，对于突发脑溢血的人来说，一旦发病，时间就是生命。就在这个关键的时刻，异地结算让她家没有了后顾之忧。这个"小故事"，也恰恰能反映市民们所获得的救命的"大收益"，这是能充分证明长三角一体化的作用的。

此外，"小细节"也是这条新闻成功的关键："在新闻作品中使用细节，可使短小的新闻作品具有较大的张力和深刻的内涵，可使新闻作品具有可读性，使新闻人物、新闻事件印刻在读者的心灵，并渗透到读者的情感中，它比单调的抽象的说理更具有说服力。因此，新闻细节是新闻作品表现主题的重要手段，是衡量一篇新闻作品优劣的重要因素。"[3]在这条新闻当中，有相当多的小细节，能够证明新闻的真实性和可靠性。比如在刘金花的举例当中，他的同期声就相当有说服力，一句"本来三万多元肯定要自己掏出来的，然后还要（回平湖）报销，现在用不着了，只要跑一趟（就解决了）"，新闻中三万多块钱的费用，通过异地结算只要支付不到一万元，这一笔实实在在的经济账是算在刘金花的手中，记在了老百姓的心中。同样，在新闻的末尾，一年来异地门诊医保支付总费用超过 4 000 多万元，占比超过 70%，同样是证明了这一项政策是真真正正受到老百姓欢迎的。第二个细节则是陆宝英的采访："自己押金也会多，而且自己发票报销，先要拿到村里，然后村里再拿到保险公司去报销，现在刷卡直接报销，方便多了。"采访中陆宝英把长三角一体化未实现的难点、痛点直接表达了出来，这一细节恰恰反过来证明了异地医保结算的好处多多。

第一点，总结来说，以小见大方能见微知著。一个大选题，大政策，如果通过表面的解读或者大格局的构想，可能不一定能让市民百姓真正了解，反而从"小人物""小细节""小故事"，是老百姓看得见的身边人，摸得到的平常事，这样真切的情感和事件,才能让大家感受得到。此外,通过这样的切入点,是在真正讲故事的,往往不会显得太空洞,这样的新闻会更饱满,也更具有可读性。

二、深耕基层、耐心挖掘好的新闻点

"不断增强脚力、眼力、脑力、笔力,努力打造一支政治过硬、本领高强、求实创新、能打胜仗的宣传思想工作队伍。"这是在全国宣传思想工作会议上,习近平总书记明确强调的"四力"。在日常采访中,特别是有一些有经验的记者,对于采访对象和内容在未进行采访之初,就已经形成初稿,在采访中经常会出现"我要你说什么"而不是"你想说什么的情况"。此外,对于一些采访事实,没有研究推敲深耕,就会造成新闻作品浮于表面。在作者此次采访当中,记者充分调动了自己"四力",深入基层,深耕基层,找到了形象生动的案例,写出了作品。

"在路上心里才有时代,在基层心里才有群众,在现场心里才有感动。增强脚力,就是要把实践和基层当作最好的课堂,把人民群众当作最好的老师,发扬'光着脚板跑新闻'的好传统,行千山万水、入千家万户、吃千辛万苦,把脚印留在基层,把汗水洒在地上,真正沉下身子、付出真心、投入感情,走进群众的心坎,问需于民、问计于民,着力提升宣传服务群众的能力和水平。"[4]作者在采访中多次深入平湖农村,了解百姓需求。从走访中,记者得知第一个采访对象刘金花;随后又多次前往刘金花的家中了解情况,从而找了前不久在另一位村民陆宝英身上发生的事情。这样的例子不是被采访单位推荐出来的,而是记者真真正正走出来的,故而采访扎实,例子生动,人物有血有肉。

深耕基层,同样需要通过眼力来找到关键新闻点。由于这条新闻只是一条总结性报道,并没有特别时鲜的新闻点,所以第二落脚点在哪里特别重要。记者在了解了刘金花的情况后,并没有直接让刘金花选择在家中采访,而是等到了她前往医院进行复查的时候再进行跟踪拍摄采访,不仅收录了同期声,证明了刘金花已经接近康复,更用现场感来拉近与这条新闻的距离。此外,眼力还在于发现小细节,这个在新闻视频当中得以体现。比如说在新闻中多次出现的异地结算点的告示牌,以及市民陆宝英在家生活劳作的镜头,都体现出了文章的主旨。

"宣传思想工作,贵在多思多想。延安时期,毛泽东同志为《新中华报》题词'多想',鼓励报纸工作人员多动脑、多分析。如今,我们身处瞬息万变的信息爆炸时代,更需要让脑子动起来、活起来,掌握去伪存真的本领,练就拨云见日的功夫,千万不能脑袋里一片'糊涂账'。要在学习理论上舍得花精力,多问'为什么',多想'怎么办',争当善于思考、勇于求索的思想者,用心用情用力书写时代答卷。"[5]笔者认为,对于大政方针的宣传,关键是要多想,多用"脑力"。特别是现在自媒体时代,很多新闻自媒体比传统媒体先发一步,这个时候我们就需要思考怎么把新闻做活,做宣传做的更有内涵。新媒体、自媒体的优势与我们的优势都在于时间,他们的所用的时间更在于"快",快速整理、快速成稿、快速发布。而传统媒体所运用的时间则在于"长"。我们有充分的时间来思考新闻的格式,有充分的时间进行采访,有充分的时间来成稿、编辑。这就需要我们多动脑,多思考。在此篇新闻中,记者的文章结构和两个例子充分说明了,在采访中记者是动了脑子的,是想了办法的。两个例子的承接,一块是纵向地讲了时间,最早到最近,一块是横向讲了受益群体,最轻松的白内障手术,与最着急的脑溢血手术,逻辑思路非常清晰。

还有就是笔力。三个力练得再好,还是要落到笔力上。"想把文章写准、写实、写到位,需要遵循真、平、情、活的准则,更需要下苦功。在日常宣传工作中,既要遵守新闻宣传工作原则,也要熟悉自身领域业务工作,要从大局出发,也要贴近群众。撰写新闻时要注意有'度'。所谓'度',首先要适度,要把握好分寸,方能运筹帷幄。其次要有温度,心中有群众,新闻才有温度,力求用扎实、朴实、平实的文章,讲好百姓故事,诠释党的好政策。再次,报道要有力度,要胸怀大局、端正态度、因事而谋、顺势而为。用朴实和平实回应社会关切,用实话和白话连接群众内心,用温度和力量传递正能量。"[6]在撰写此类新闻中,还是需要回到一个问题:群众看不看得懂。我们列出了一大段数据,一堆专有名词,讲了半天长三角一体化的优势,市民一问三不知,这样的新闻是没有生命的,是没有温度的,也是没有价值和意义的。但是在这篇文章中,记者用平凡人的故事、朴实的语言和简单的数据,让市民群众看得一目了然,那么这样的笔力就能讲好故事、宣传好党和国家政策。此外,好笔力还必须运用在稿件的撰写当中。"铁肩担道义、妙手著文章",作为记者应该谨记这点。

最后,就是需要一个记者的耐心。记者在此次采访当中,第一个耐心,就是耐心等待选题。一个好的选题是磨出来的、也是等出来的,这么多长三角一体化的新鲜内容,我们必须找到一个最贴近百姓的。同样,由于失去了异地结算的第一落脚点,所以我们只能等待新的时机,好在我们等到了第二落脚点——一年的收获;第二个耐心,就是耐心寻找采访对象。如何才能最切题,最符合同期声的要求,就必须要找到那个"对的人";第三个就是要耐心采访、成稿,打造属于新闻的"匠人精神"。"多年的党报新闻采访工作让笔者明白了一个道理,那就是凡事要以大局为重,踏踏实实、认认真真,不怕吃苦才能做好工作。要多深入基层采访,不厌其烦查阅大量资料,要有被时间浸润的耐心,耐心倾听采访对象的话语等。写新闻稿时,要认真核实每一句话、每一个字,有时为了求证核实一个专业术语或提法,还会花费比较多的时间和精力……总之,要有做平凡事的耐心。"[7]

多问、多记,总是多想一步看看能不能挖得再深一点,写稿的时候看看能不能再能找到更好的角度,这都是我们需要去做到的。

总　结

　　此篇新闻结构严谨、布局得当,被采访对象事迹生动有力,文章简单朴实但具有说服力和感召力。新闻通过"小人物"、"小故事"、"小细节",以小见大,展现了十八大以来我国在长三角一体化中的工作成果,体现了党和国家在这一大政方针的正确性,为长三角一体化上升为国家战略后的继续布局提供了舆论的有力支撑和帮助。

参考文献:

[1] http://www.kankanews.com/a/2018 - 12 - 28/0018705315.shtml。

[2] 徐晓杭,从小人物的命运看时代变化,《新闻战线》,2006 年 04 期。

[3] 谭伟红,试论新闻细节与文学细节的差异,《新闻传播》,2010 年 04 期。

[4][5] 要有"铁肩膀" 更要有"真本领"——论新闻宣传战线不断增强"四力"打造过硬队伍,《酒泉日报》2019 年 5 月 28 日。

[6] 李宁,做好宣传思想工作 增强"四力"不停步,《人民法院报》,2019 年 6 月 4 日。

[7] 房名名,用耐心抵达初心——谈党报新闻记者的"工匠精神",《采写编》,2017,(03)7 - 8。

　　作者简介:

李巾,大学本科,上海市金山区新闻传媒中心全媒体采编部副主任。

金宏,大学本科,上海市金山区新闻传媒中心全媒体采编部副主任。

朱奕,大学本科,上海市金山区新闻传媒中心全媒体采编部记者。

新闻类主持人形象变迁探因

付庆杰

提　要：电视新闻主持人作为新闻媒体和主流文化的代言人，是电视台形象的体现，与其他综艺节目、娱乐节目主持人有着明显的不同，具有稳重、权威、大气的独特气质。随着改革开放政策的进一步推进，第四大媒体——网络的出现，以及受众心理需求的变化，新闻类主持人形象发生了很大变化，从外部形象来看，新闻类主持人除了保持传统的严肃端坐姿态外，有些还会选择站立播报，在服饰和妆容方面更加清新时尚，富有时代气息；内在形象的变化主要表现为主持风格的改变，由传统单一的千人一面的播报方式转变为现在的异彩纷呈，既有接近传统的播新闻风格，也有说新闻风格和记者型风格等，更具有亲和力。

关键词：新闻主持人　形象变迁　外在形象　内在形象

引　言

传统的新闻总是给人以严肃庄重的印象，过去由于节目类型单一、传播方式单一，人们获取新鲜的信息只能从新闻上获知，而随着时间的推移，各种传播方式都在不断创新，赚足了人们的眼球，在这个时候新闻怎样才能在这个精彩纷呈的社会大荧屏上仍然受到大家的喜爱和关注，是个值得讨论与关注的问题。众所周知，主持人是新闻的传播者，在信息内容相同的情况下，人们更愿意关注哪种形象风格的主持人，哪个节目就会得到大家的关注，所以新闻类主持人的整体形象塑造就日益重要起来。为了让新闻真正的走入民心，使得新闻类节目在各种综艺娱乐类节目日渐繁多的今天仍然能得到老百姓的喜爱和关注，新闻类主持人在整体形象塑造上发生了一系列的改变。本文侧重研究这种形象变迁的表现及成因。

一、新闻类主持人形象变迁的表现

主持人形象是指主持人的公共形象,是主持人的内在和外在形象,甚至包括参与节目制作的全体人员的共同创造力等多种因素的复合体。[1]电视新闻主持人作为新闻媒体和主流文化的代言人,是电视台形象的体现,与其他综艺节目、娱乐节目、文化节目的主持人有着明显的不同,"他们的模样属于新闻,他们的声音属于新闻,他们的做派属于新闻,他们的行为属于新闻。本质上,他们是记者,具有记者的素质,只不过比记者多了一些话筒前表达的能力"。[2]他们胜任并融合于新闻节目,是因为他们具有新闻气质和新闻素养,主要包括稳健、真诚、睿智、权威、大气,这是人们对新闻类主持人整体形象的共识。随着时代的发展,新闻类主持人形象虽然整体本性没有改变,但在外在形象和内在形象方面还是发生了一些变化。

(一)外部形象的变化

主持人是电视节目中最能传情达意的主导人物,也是电视连接观众最直接、最容易产生情感沟通的桥梁。而观众对主持人的印象首先是从看,所以主持人最好是一亮相,就能立马抓住观众的眼球,具备良好形象的主持人,他(她)的个性特质和艺术魅力更容易尽情释放。外部形象包括形体动作、服饰和妆容等方面。近年来,新闻类主持人在服饰和妆容方面发生了明显的变化。

1. 服饰方面:服饰包括服装和饰物两部分,服装能直接参与视觉形象的塑造,传达主持人的思想个性、文化修养、审美追求,帮助主持人与受众进行交流。饰物是点缀于身体和服装上的小物件,饰物选用得当,往往会给主持人的整体形象塑造起到画龙点睛的作用。[3]以《新闻联播》为例,过去主持人的着装除了重大节日是红色外,基本上都是深色的西装;现在在服装的选择上不再局限于深色的西服,也开始尝试一些比较青春的颜色,同时在原来西服的款式上加上一些新鲜元素,大多是在领子和肩膀上做一些变动,还有一些民生新闻的主持人把西装换成了衬衫加一步裙或者连衣裙套装,不仅整体保持了新闻应有的庄重,而且让新闻类主持人的形象更加清新,受众更乐于接受。

2. 妆容方面:妆容是主持人形象塑造的必要环节,它包括发型的选择、面容的修整、面部轮廓的调整,以及眉眼唇等部位的修饰等。在发型上,过去女主持人的发型基本上都是较显老气的,造型以短的卷发居多,当然其中原因也不排除受那个时代对时尚的评判标准所影响;而现在的女主持人在发型上不少倾向于短发直发,并用造型技术增强层次感,使其立体起来,看起来更加干练同时也富有朝气,还有的选择长发来修饰脸型或突出节目特点,增添女性的柔美。在化妆上,过去面部妆容比较严肃呆板,而且较浓重;而现在是选择更加自然的妆容,当然这种妆容仍然要把主持人的优点扩大,把缺点尽量遮盖住,毕竟新闻主持人肢体语言较少,最引人注意的还是整个脸上的妆容,自然大方更容易贴近老百姓。比如说央视新闻联播主持人欧阳夏丹,她额头前的斜刘海,俏皮活泼,富有时尚气息,彻底改变了以往主播们光光额头的装扮风格,发色也不再是沉闷的黑色,妆面上更加清新自然,富有新时代的朝气。

3. 姿态和动作方面:传统的新闻节目,主持人大多是端坐播报,这种形式端庄大气,但更适合时政类新闻,而民生新闻采用这种播报方式则显得有些刻板,现在不少偏重民生的新闻选择主持人站播,有些甚至主持人跟随镜头走入观众视野,还有的即便是坐播,也采用了家中常见的单人沙发,主播台换成了小矮几,亲切感十足。这类节目中,主持人大多会配合新闻内容增添一些手势动作,更有在倾诉的感觉,观众更愿意去收看并接受。

(二)内在形象的变化

内在形象是主持人的心理特点与知识积累、实践经验与智能锻炼等状况的综合表现,即主持人内在素质的表露,主持人的内在形象的变化主要表现为主持风格的改变。在主持风格方面,过去和现在的新闻类主持人也有不同。传统的新闻主要是以播报方式出现的,在外在表现上几乎是千人一面,很难形成个人风格,虽然具有了新闻的权威感,但是容易在观众心目当中造成"冷、高、远"的感觉。那个时候更确切地说应该叫播音员,没有太多自己的态度与表现方式。而现在的新闻类主持人多了一些自己对稿件的了解,在对内容的二次创作上加入了更多自己的想法,播报语言更加的口语化,贴合老百姓的胃口。现在在荧屏上出现的很多民生新闻里,主持人还会有一些体态语来充实新闻的内容,同时也增加了很多人文关怀,这一系列的改变不仅能抓住观众的眼球,更重要的是能够让观众更深刻的理解新闻内容,能真正的看进去。比如上海人常看的《新闻坊》栏目就是如此,这个节目不仅在形式上别出心裁,播音员的播报方式也发生了很大的变化,不再是一板一眼的播新闻,而是把发生在老百姓身边的事情,讲给大家听,尤其是其中的一些评论内容不仅幽默风趣而且更加接地气,这么一来,主持人的风格也被凸显出来,节目更像是老百姓的"新闻大客厅",深受观众的喜爱。

当下很多电视台的新闻主持人都根据自己的节目内容以及时代的发展做出了一些改变,还有一些电视台让记者由幕后走到台前做主持人,记者型的主持人做出的深度追踪报道也非常的抓人眼球,引人关注。比较有代表性的例子有以下几种:

1. 以海霞、康辉等为代表的央视叙述风格。央视的新闻节目从 1997 年左右开始有了变化,而实际上康辉早在播报晚间新闻的时候就已经调整了他的播报方式,这种风格以叙述的语言状态进行播报,语流起伏婉转,轻重表现比较突出,节奏变化比较丰富,语调平和,语速自然流畅,像是在听一个朋友将每天的新闻娓娓道来,贴近性强。不过由于他们在节目当中只是播音员的身份,所以很难对节目本身有太多的决定权,更多的仍只能通过自身的播报方式对所播报的新闻进行一些个性化的表现。

2. "说"新闻风格。这类风格最早引起大家注意的是陈鲁豫的《凤凰早班车》,以讲故事的方式来阐述,本身程序化的新闻语言被个性化的说话风格所替代,让新闻内容更容易理解,一些个人感受的轻微表露也使主播的风格更加凸显,增添了些许个人魅力。这类风格一出现就得到了观众的认可,观众需要轻松的接受信息的心理需求在某种程度上得到了满足。不过值得注意的是这种播报风格节奏比较缓慢,文字不够严谨,相对也减弱了新闻事实本身应有的力度,所以只适用于适合来"说"的新闻节目。

3. 记者型追问、评论风格。提到记者型主持人一定会想到柴静,观众最初认识她时,她是央视《新闻调查》的记者,出现在非典的第一线、矿难的真相调查。后来她则是以《面对面》《看见》等节目的主持人的身份亮相。事实证明,柴静的风格获得了观众的认同,她针对新闻事件的评论以及每次对新闻人物的追问都让人印象深刻,大呼过瘾。由于她是以一个个人化的记者的视角去介绍新闻,对话新闻人物,所以观众觉得真实可信,亲切贴近。

二、新闻类主持人形象变化的原因

新闻类主持人整体形象从过去到现在的变化,不仅仅是种表面现象,它有着深层的社会原因。主要有以下三个方面:

（一）受众在传播过程中地位的变化

主持人形象塑造的终极目标就是使受众对主持人形象表示认同,也就是说做主持人在形象塑造过程中体现的目标、价值与受众自身的目标、价值达到一致。过去受众对传媒膜拜使其无意更无力去提出和传媒不同的观念,电视节目发展到今天,"受众是上帝"这个口号已经被媒体认同。在媒体竞争日益激烈的今天,各级媒体清楚地意识到要想在竞争中获胜,就要拥有更多的受众。忽视受众在主持人形象塑造中的积极作用,过分强调主持人对受众的引导作用,时间长了就会使受众丧失参与的主动性,最终影响到主持人形象塑造与受众的一致关系。受众心理状况是性格、气质、心境、兴趣等多方面的综合构成。不同受众由于性格、气质等的不同,在收看电视节目中表现出心理倾向也会有差异,这种心理倾向对主持人的形象和节目形式都会产生一定的影响。只有符合受众的心理状况,才能取得好的效果。主持人在完成他的职业方式时,首先不是做主持而是做人。需要体现对人的关怀、对受众的关怀,达到"以受众为中心"的传播理念。

(二) 新闻内容的需求

除了受众的需求,新闻内容的变化无形之中也影响主持人形象。当今社会能够登上新闻类节目的,不仅仅是政治新闻,发生在老百姓身边的事情也开始在新闻中出现,这类民生新闻中不乏一些新鲜的奇特事件、一些需要通过幽默的语言来表达的新闻。所以单纯的播报已经满足不了丰富多样的新闻内容的需求,新闻内容的需求也变成了新闻类主持人发生变化的又一原因,为了满足这些丰富多彩的新闻内容以及节目形式,主持人就必须根据内容改变自己的整体形象风格以及自己的播报形式。当然,这些不同的新闻节目形式和新闻内容也造就了一大批具有个性魅力的优秀主持人。

(三) 时代变化的需求

当今时代处于改革的时期,不改革就要面临淘汰。首先电视面临网络等新媒体的冲击,现在人们获取新闻的渠道很多,不用说电脑上网,只要动动手指,用随身携带的手机就可以享受移动网络服务,了解很多的新闻内容,看电视了解新闻的受众也就便越来越少。第二是电视栏目的竞争,随着时代的发展,越来越多的节目类型出现在电视荧屏上,尤其是黄金时段,很多好看有趣味性的综艺节目登上了荧屏。在这个竞争如此激烈的今天,想要保证新闻节目存活的质量,就要让新闻节目在保证大气端庄的基础上,一样给人眼前一亮的感觉,而这种闪亮,单靠背景和灯光是不够的,主持人的整体形象塑造也是重要因素之一,毕竟电视新闻的发展也要随着时代的变迁而变化,也要符合时代的特色和需要。

结　语

总而言之,主持人就是节目的主人,新闻类主持人是即时真实的新闻消息的传递者,在当今社会,新闻类主持人不仅仅是党的喉舌,更是老百姓的喉舌,不仅仅要保持公平公正的态度,还要富有人文关怀,懂得用真心赢得老百姓的信任。所以说新闻类主持人要做一个正直又不失亲和力的主持人,想要做到这些,在妆容上,要大气又不失青春活力,在着装上要大方又不失多彩多姿,在播报方式上要正气又不失亲和力,而在个人魅力方面,每个人都有自己的特点,所以千万不要去模仿别人,要走自己的路线,展示真实的自我,这样更容易得到观众的喜爱。

主持人整体形象的变化是能够更深入民心的敲门砖,新闻类主持人一定要想受众之所想,说受众之所愿,外在形象的改变可以留住大家的眼球,但更重要的是主持人的个人魅力,新闻传媒这份工作需要每个新闻类主持人花更多的心思去研究和思考,整体形象的变化看似大多数都是外在形象的变化,其实这也是整体态度的变化。只有用心去对待这份工作,去用心对待受众,才会让节目越来越具有可看性。

参考文献:

[1] 李娜.电视节目主持人个性化的要求[J].视听天地,2005,(03):6.

[2] 晋化.人格魅力修养[M].北京:中央文献出版社,2008:45.

[3] 李洪涛.电视节目主持人个性化的塑造[J].荧屏内外,2004,(11):8.

作者简介:

付庆杰,本科学历,上海市嘉定区广播电视台电视《嘉定新闻》主播、电台《法宝在线》主持人。

声 频 传 播

历史类纪录片国际传播策略分析

——以重大外宣系列纪录片《东京审判2》为例

敖　雪

提　要： 历史类纪录片以历史话题为创作内容，通过回述历史引发对当下问题的思考，通过解析历史事件表达国家立场和价值观。因此，历史类纪录片作为纪录片的重要题材之一，具有很高的文献价值和对外传播价值。本文以外宣系列纪录片《东京审判2》为例，从重大历史类纪录片的选题把握、国际传播策略、全媒体融合传播三个方面总结历史类纪录片国际传播成功经验，期望对日后同类型题材纪录片的创作提供有益参考。

关键词： 历史类纪录片　国际传播策略　媒体融合传播

引　言

2017 年，党的十九大胜利召开，提出了中国特色社会主义进入了新时代的重大历史论断。新时代为对外传播工作创造了新的机遇，也提出了更高的要求。放眼全球，国际政局风云变幻、贸易摩擦纷争不断、逆全球化思潮层出纷乱，中国亟需构建起与时俱进的国家形象，需要在国际舆论场中传达中国立场和态度。纪录片作为一种跨时空、跨文化传播属性的媒介，承担着历史阐释、社会记录、文化传承与国家软实力提升等使命，在国际传播与文化交流中发挥着媒介"排头兵"作用[1]。而以某一段历史或以某一历史事件为题材创作的历史类纪录片，在表达国家态度，传递国家立场，展现国家形象等方面有着其他类型纪录片不可取代的重要作用。

2016 年,为纪念东京审判开庭 70 周年,也为了回击近年日本右翼势力接二连三地否定侵略历史、否定东京审判的错误史观,上海广播电视台制作并播出了外宣系列纪录片《东京审判 2》。《东京审判 2》是在《东京审判》第一季基础上创作的,共分三集,每集 48 分钟。相比于第一季,《东京审判 2》更加注重纪录片的国际化表达:通过第一手史料的公开展现,国际权威专家的理性解读,共情、生动的人物故事,阐明了东京审判的正义性,展现了中国对战后历史的关注以及对人类命运的关怀。

《东京审判 2》先后登陆美国纽约中文台、加拿大中文台、美国环球东方电视台等多家海外媒体,引发了国际社会的广泛关注。同时,为适应新媒体发展需要制作而成的短视频也通过上海电视台外宣新媒体平台 ShanghaiEye 分发覆盖多个海外社交平台,引发海外网友热议。

《东京审判 2》打破对外传播文化壁垒,以大国气度理性平和地传递了中国立场,成为历史类纪录片国际传播的成功案例。继《东京审判》第一季获得了新加坡第 21 届亚洲电视奖最佳系列纪录片大奖后,《东京审判 2》又先后斩获了第 27 届中国新闻奖国际传播一等奖、中国广播影视大奖电视对外宣传类大奖等一系列荣誉,并被中国国家档案馆永久收藏。笔者作为《东京审判 2》第一集分集导演全程参与了节目的策划和制作。在此,愿以《东京审判 2》的创作为例分享笔者关于历史类纪录片国际传播的几点思考。

一、选题把握策略

历时两年半的东京审判对日本 14 年的对外侵略史进行了清算,为我们留下了海量资料。这些资料涉及历史、法律、战时以及战后国际关系等多门学科,内容干涩,不易于理解。面对如此宏大的选题,如何解构? 如何提升话题的国际传播效果? 这些都是摆在导演面前最重要的问题。

1. 回应国际关切,精准设置国际传播目标

在传统媒体主导的时代,国际传播通常被认为是"以国家社会为基本单位,以大众传播为支柱的国与国之间的传播"。[2] 与大众传播等其他传播形式相比较,国际传播的突出特点是涉及国家核心利益,带有鲜明的战略目的[3]。因此,一部好的纪录片需要精准设定国际传播目标,明晰节目制作的初衷。

70 多年前的东京审判是人类历史上规模最大、参与国家最多,开庭时间最长,留下档案文献最为浩瀚的国际审判。作为人类社会的宝贵遗产,东京审判对战后国际关系,国际刑法的建立和发展都产生了积极且深远的影响。即使过去

了 70 多年，仍有大量有识之士强调东京审判的重要意义。然而，在日本，尤其是在安倍内阁上台之后，右翼势力频频作祟：内阁成员集体参拜靖国神社，不断篡改中学历史教科书，矢口否认南京大屠杀、慰安妇等战争罪行，更有甚者全盘否认东京审判的正义性，称其是"战后诸恶的根源"。

面对日本右翼的倒行逆施，中国有必要在国际舆论场上表达出中国立场，以正视听。随着中国东京审判研究的不断深入，中国也在该领域取得了突破性进展，这为中国在国际舆论场上发声提供了强有力的学术基础。因此《东京审判2》在创作初期就明确了对外传播目标：以客观、理性的纪实风格展现东京审判的正义性；回击日本右翼颠倒黑白的错误史观；以国际化的视听语言展现中国立场。

只有精准地设定了传播目标，才能有的放矢地制定传播方案和内容，才能更清晰地展现纪录片的传播价值。

2. 立足全球视野，设置话题激发受众共鸣

进入了新时代的中国正日益走近世界舞台的中央。与此相对应的，中国纪录片也应面向全球承担国际责任。在主题把握上需以全球视角加以规划，着眼于人类共同命运的表达，提升中国纪录片的世界格局。

东京审判是战后同盟国审判日本军国主义罪行的一次跨国合作，其话题本身就具有国际传播价值，容易引起海外受众的情感认同。所以《东京审判2》在选题设置上避免了只停留在对"中国事件"的关注上，而全方位地考量了海外受众对话题的关注点。

《东京审判2》第一集《没有硝烟的战场》全景式地展现了东京审判整个庭审过程，并选取了审判聚焦的三个重要案例进行解读：分别是"南京大屠杀""偷袭珍珠港"和"巴丹死亡行军"。"南京大屠杀"是亚太战场上规模最大的屠杀事件，有多位国内外证人出庭作证。日军"偷袭珍珠港"标志着太平洋战争的全面爆发。美国总统罗斯福称这一天是美国人必须永远铭记的国耻日，话题意义不言自明。而"巴丹死亡行军"这个话题虽然对于中国观众来说比较陌生，但它却是与"南京大屠杀""泰缅铁路修建"一道并称为"远东三大暴行"，是太平洋战场上最典型的俘虏虐待案例之一。三个话题角度不同，各有侧重，平衡了国内、国际两个舆论场。如果在话题设置上只关注"中国事件"，会让海外受众陷入对中国主流纪录片"宏大叙事"，"正面宣传"的误解中，缺少了对人类共同命运的关怀。只有跳脱"以我为主"的话题设置，全方位地考虑海外受众对话题的接受程度，才能在国际传播中产生更加积极的反响和互动。

2018 年 11 月 15 日，《东京审判2》受美国国家档案馆邀请，前往华盛顿进行

展映。这是来自中国的历史类纪录片第一次在美国国家档案馆播映。现场有300多名美国观众全程观看了第一集《没有硝烟的战场》,并在放映后与主创团队进行了长时间的探讨和交流。笔者认为,《东京审判2》之所以能在大洋彼岸"惊艳亮相",得益于主题设置以及表述方式的国际化。只有站得"高",才能传得"远"。

二、主题呈现策略

中国与西方国家由于根深蒂固的文化形态和思维意识上的差异,对很多问题的理解有偏差。国内受众熟悉的话语,国外受众不一定能够接受和认同。如果只是直接翻译、照搬照抄,很有可能丢失原有的意涵、引发误会,使双方之间无法有效沟通,甚至还有可能产生矛盾、摩擦与冲突。因此,积极打造融通中外的话语体系,用世界普遍接受的故事载体传播中国声音就显得十分必要[4]。

基于《东京审判2》的国际传播经验,笔者认为历史类纪录片可以从以下三个方面提升传播效果。

1. 扎根挖掘史实,让历史类纪录片更"真实"

"纪录片"一词,最初脱胎于法语"docuemntaire",意思是"具有文献资料价值的"。一个多世纪以来,纪录片的定义不下百种。不论是哪种定义,都有一个共同点,就是都围绕着"真实"这个词汇展开。[5]历史题材纪录片发展至今,面临着从制作理念、制作手法、播出方式等诸多挑战。但无论展现形式如何多样,重现历史的"原貌"、追求真实一直是历史题材纪录片的根本。纵观当下众多类型的历史纪录片,其表现手法主要有挖掘史料(文字、实物、视音频资料等)、情景再现、三维动画展示、口述历史等若干种方式。相比较而言,真实的史料最具有可信性,最接近于纪录片的本质。

《东京审判2》就是在史料挖掘上下足了工夫。节目最大的亮点就是在片中运用了大量美国随军摄影师实拍的、高清庭审影像,这些影像以最直观的方式为我们"再现"了70多年前东京法庭的全貌以及控辩双方的表现。为了得到这些珍贵的庭审影像,节目组两次飞赴美国国家档案馆查找、拷贝资料,使得很多影像第一次走出档案馆与观众见面。我们找到了中国末代皇帝溥仪出庭作证的庭审影像和同期声。溥仪连续七天出庭,用"地道"的北京口音证实了日本人在满洲犯下的罪行。年仅23岁的澳大利亚士兵布莱恩因装死捡回一条命。他在法庭现场脱下了上衣,向法庭展示脖子上的伤口。用摄影机拍摄了"南京大屠杀"的美国牧师约翰·马吉出庭作证:他在南京看到的一切都惨绝人寰。

建构在真实影像之上的交流比任何其他形式更为可信。这些高清影像对于历史类纪录片来说是可遇不可求的。相比之下,语言都显得匮乏无力。基于史料、文献、影像等客观元素能让历史类纪录片无限接近"真实",也能让纪录片在国际舆论场中经得住海外观众的检验。

2. 国际化视角结合国际权威解读,让历史类纪录片更有"态度"

真实不仅体现在史料的挖掘和展现上,更体现在观点的解读和选择上。传统的对外传播多以"宣传"和"弘扬主旋律"为主。无论在话题设置上,还是在传播方式上都陷入了"以自我为中心","自说自话"的常态,让受众产生抵触情绪,难以完成较好的国际传播。为了解决这种"自言自语"的问题,"借别人之口",特别是借"外国专家之口"往往会让节目在海外落地时更有说服力。

《东京审判 2》采访了中国、美国、德国、日本、新加坡、菲律宾等多国研究东京审判的权威专家。有不少专家通过我们的纪录片展示了他们最新的研究成果和发现。美国斯坦福大学历史系教授大卫·科恩在采访时与我们分享了他关于庭长韦伯以及荷兰法官勒林最新的研究成果。上海交通大学东京审判研究中心主任程兆奇教授也在采访中首次以翔实的证据证明了松井石根及其部下曾经在法庭上有组织地、大规模地做伪证。日本学者内海爱子在采访中向我们展示了战后关押日本战犯的巢鸭监狱地形图。这是经过修复后的巢鸭监狱地图第一次在电视上公开展示。这些新的研究和证据都为《东京审判 2》打下了坚实的学术基础。

除了专家的解读,《东京审判》系列纪录片还先后采访了三位日本前首相:村山富市、鸠山由纪夫和菅直人。作为日本政界的代表,三位前首相都通过我们的镜头表达了他们对"二战"的反思,表达了牢记战争、珍视和平的观点,这使得节目在国际传播中更有分量,政治立意上更有高度。

3. 历史关照现实,让历史类纪录片更有"人情味"

纪录片具有先天的文化感召力。无论国家和民族具有怎样的差异性,在个体情感体验上都会有共通性[6]。对外传播面临的挑战是如何在传播者和受众之间形成共情(Empathy)。一种思路就是往下尽量贴近共通的人性[7]。2016 年 2 月 19 日,习近平总书记在党的新闻舆论工作座谈会上指出:"讲故事,是国际传播的最佳方式。采用融通中外的概念、范畴、表述,使故事更多地为国际社会和海外受众所认同。"[8]

《东京审判 2》在宏观叙述历史事件的同时,更注重从"细小"的人物故事入手解读主题,让"硬话题"变的"柔软"并进一步引发思考。第二次世界大战是人类历史的浩劫。对于很多亚洲国家人民,包括日本人民来说,都是一段惨痛的历史。战争的残酷不仅仅体现在战场本身,更体现在对人的影响上。节目采访了德国前联邦建筑部长施耐德。如不是战争结束,这个 14 岁少年很可能早就战死沙场。他在采访中说:"战争真是太残酷了。"一生致力于南京大屠杀研究的日本学者笠原十九司也曾直面战争的残酷。他的父亲在战争结束前不久被征召入伍,工作就是抱着炸药冲向敌军的坦克。当"神风特工队"的后代山口宽将蒲公英撒落时,他的愿望是让和平的种子生根发芽。

以历史观照当下,以当下反观历史。通过这些鲜明的形象和人物故事使得节目整体风格跳脱呆板的说教,传播内容更加直指人心、易于接受。

三、融媒体传播策略

长期以来,中国的纪录片都是重创作、轻传播,导致的后果就是传播方式线性,传播效果受限。正应了那句"酒香也怕巷子深"。在新媒体时代,纪录片的国际传播渠道需要打造实体网络与虚拟网络"双通道"[9]。

以往传统媒体完成对外传播需要巨大的资金和技术投入,而如今新媒体的发展使得对外传播的门槛大大降低。随着技术的进步以及受众媒介使用习惯的改变,新媒体平台已经从辅助补充,变成了用户认可的主流平台,成了纪录片不可或缺的传播渠道。重视新媒体渠道建设,学习新媒体传播规律,已经成为传统媒体从业者的必修课题。

凭借数以亿计的海量用户,Facebook、Twitter、Instagram、Youtube 无疑是国外最受欢迎的社交平台,并成为海外民众获取新闻资讯、交换消息的主要渠道。信息传递"社交化"意味着我们除了要及时实现传统报道的转型升级外,还应积极对接互联网时代的最新趋势,精准定制适应新媒体传播规律的传播方案。

《东京审判 2》的策略是根据不同的新媒体平台"定制"传播内容,根据不同时间契机"定制"传播议题。Facebook 偏重视频分享,推广首次公开的庭审影像就比较合适。Twitter 更偏重短文和图片传播,选取拼图配短文等形式就更容易被关注。遇到"国家公祭日""珍珠港纪念日""投降纪念日"等重大事件,适时在新媒体平台策划、发起话题讨论。新媒体小编也会根据"事件""观点""故事"等不同形式分类并精准投放,为不同介质的新媒体端口量身定制不同类型的短视频内容。

基于正片内容制作的短视频先后在看看新闻 APP、秒拍、微博、ShanghaiEye 海外新媒体端口、Facebook、Twitter 等新媒体上推出,总触及量超过 600 万次。

结　语

　　一部好的纪录片一定是可以打通国内、国外两个舆论场，并能够经得住时间的考验。创作的关键在于把握客观真实与社会责任两个重要维度。

　　中国已经进入了一个新时代，作为新时代的电视工作者，精准制定国际传播目标，积极思考新形势下的国际传播策略，主动转变传播理念和方式是义不容辞的义务。对历史类纪录片来说，做经得起推敲的作品应是国际传播的根本和前提。在题材选取时更应从国际视角出发，以国际传播语言引起社会共鸣。正视历史，更应关照现实，从"人类命运共同体"的角度出发展现大国立场和担当。在媒体融合势不可挡的当下，"定制"新媒体传播方案，让更好的内容有更多元的传播途径。面对未来纷繁复杂的国际局势，中国历史类纪录片一定能展现出更高的国际传播价值。

参考文献：

［1］何建平、赵毅岗：《中西方纪录片的"文化折扣"研究》，《现代传播》2007 年第 3 期。

［2］郭庆光：《传播学教程》，人民大学出版社，第 237 页，1999 年版。

［3］刘琛：《国际传播理论及其发展的主要阶段与反思》，《人民大学学报》2017 年 5 月刊。

［4］秦汉、胡慧民：《改革开放 40 年中国对外传播观念的演变》，《对外传播》2018 年 12 月。

［5］张晓嫣：《纪录片的多重价值研究初探》，《中国广播电视学刊》2016 年 8 月。

［6］刘志刚：《纪录片的文化价值与对外传播策略》，《对外传播》2019 年 1 月。

［7］邓建国：《讲述小而美的中国故事——Sixth Tone 的融合对外传播》，《对外传播》2017 年第 5 期。

［8］胡正荣：《国际传播的三个关键：全媒体·一国一策·精准化》，《对外传播》2017 年 8 月。

［9］许光：《提升中国纪录片国际传播力的路径探析》，《电影评价》2017 年 11 月。

作者简介：

　　敖雪，上海外国语大学国际新闻与传播硕士，SMG 纪录片中心外语纪录片编导。

新媒体传播环境下，政府如何重塑突发事件中的信息权威

周　瑜

提　要： 当前新媒体、自媒体的特性已经影响了新闻真实性，在某些特定突发事件中对社会发展造成不利影响，有必要加强政府权威信息的有效传播管理。本文分析了出现热门话题或发生突发事件时，导致新媒体传播失实的传播环境因素，针对这些特点提出对策性思考。

关键词： 新媒体　突发事件　危机处理

引　言

我国经济快速发展，但配套相对欠缺，各种利益矛盾冲突频发，成为新常态。伴随着网络传播的迅速发展，政府通过传统媒体释放信息以应对舆情的方式已经大幅落后于时代。在近些年中，政府已经根据实践中得到的经验，对于突发事件的舆论应对措施做出了一些积极的改变，但整体应对机制仍相对滞后，导致真消息跑不过谣言，事件应对解释敌不过网民揣测的情况时有发生，政府在突发事件的舆论应对中发声的权威性下降，这一问题亟需解决。

本文首先梳理了大量以往研究文献，总结了目前突发事件舆论应对的相关研究，继而归纳了当前网络媒体崛起后的新传播环境特点，分析导致新媒体传播失实、难以引导舆情的传播环境原因，最后针对这些原因提出了关于政府如何在突发事件舆论应对中重塑信息权威的对策性思考。

一、突发事件的舆情及其应对成热门课题

对于突发事件中舆情及其应对的研究一直是学界的热门课题，针对我国情况，尤其是针对网络时代中变化迅速的舆论场的相关研究尤其丰富。近年来的研究取得了一些成果，主要体现在三方面：一是网络传播日益强大的背景下，传播环境的特点。例如，李良荣、杨涌等分别分析了网络环境下复杂的舆论场，从私密性、去中心化、信息窄化等角度展示了互联网传播的新兴特点。二是舆情形成、演化、传播的路径和机制。例如，喻发胜等基于传播学的视角探讨网络传播的衍生效应与网络舆论生成及演变的关系，在研究传播技术特征与传播人际特征的基础上，产生了"意见领袖作用凸显""信息控制力弱化""舆论场加速形成""议程设置全民化"等一系列衍生效应。三是舆情的应对处置研究。例如，张玉亮等提出突发事件网络舆情启动依据，划分应对启动登记、确定应对启动时间节点，以提高政府及相关部门的突发事件网络舆情导控能力，基于"信息需求—供给"之间的均衡分析界定了突发事件网络舆情演化阶段；李劭强以"舆论站队"现象为例，提出了消除刻板成见、建立理想交往，在舆论共振中达成有效共识的自媒体时代媒体官微舆论引导力建构途径。另外，笔者发现，关于突发事件中的政府舆论引导、新闻报道的研究近年来数目很多，国家社科基金项目中2011年、2012年都占到新闻类的十分之一左右。但是，大多数研究注重某种媒体报道的舆论引导，而对政府本身面临突发事件时的应对乃至危机管理则重视不够。

二、网络媒体崛起后导致传播失实的传播环境因素

互联网技术和新媒体的快速发展为受众营造了全新的新闻获取环境，多元化的内容来源爆炸般涌现，信息量、及时性大大提升，然而新闻最基本的属性"真实性"也饱受挑战。在全新的新媒体传播环境下，作为传播新闻信息的主载体，"三微一端（微博、微信、微视频和移动客户端）"上舆论混杂、真假难辨。尤其是出现热门社会话题、舆情和重大突发事件时，政府权威信息本应及时迅速传播，以稳定事态、避免舆论方向过于偏激，但往往此时其传播力不如"网络谣言""小道消息"甚至杜撰虚构的情绪化信息。当前阶段新媒体的特性已经影响了新闻真实性，在某些特定突发事件中对社会发展造成不利影响，有必要加强政府权威信息的有效传播管理。

现分析热门话题出现或突发事件发生时，导致新媒体传播失实的传播环境因素，以便针对这些特点提出对策性思考：

（一）网络把关的弱化，导致运营账号传播的所谓"新闻信息"鱼龙混杂

传统专业新闻媒体处理新闻要经过两个必要步骤：首先是记者采访，其次编辑选择、整合，然后才传播给受众。以传统电视新闻为例：记者采访信源必须明确，尽最大可能以画面和实况来呈现采访对象的原始样貌；编辑对于记者稿件的客观性进一步审视，谨防出现情绪性表达，并全面了解事件各方面报道并加以整合，综合掌握报道尺度，以免误导受众因报道产生错误的联想，这些步骤是对新闻真实性的有效把关。而网络上的失实新闻、虚假新闻或者谣言的产生，正是因为缺乏上述有效的监督和查证，忽视了新闻的真实性。尤其是大量运营账号和主体，其目的并不是传播客观真实的新闻，而是期待其发布的信息在网络上激起巨大的涟漪，达到"火"的目的，赚足眼球、吸引粉丝，从而快速达到赢利的营销目的，因而故意夸大事实、扭曲真相、煽动情绪、无中生有比比皆是。网络把关环节的弱化必然导致虚假新闻的出现。

（二）"人人都有麦克风"，传播主体的多元化、匿名性为不实信息提供了温床

新媒体传播环境下，所有网民随时随地都可以在微博、微信、论坛、贴吧等发表观点，加之与其他网民的互动，使得传播更迅速，反响发酵更激烈。在这样人人都可发言的环境中，网络的相对匿名性一定程度上正迎合了部分网民的心理需求："畅所欲言"，不为自己发布的信息承担责任。这就为想达到宣泄情绪、追求阅读量、恶作剧、引领舆论潮流等各种不同目的的造谣者、散布虚假新闻者提供了便利。而能够在网民中掀起舆论热潮的信息，往往是事关民生、安全等切身利益的话题或事件，谣言先行于政府权威信息、煽动情绪式评论与受众共鸣强于权威信息接受度的情况一再出现，使得信息的权威性和可信性大大降低，同时也增加了信息监管的难度。

（三）新媒体环境下的受众盲从心态甚于传统媒体时代

网络环境中充斥着铺天盖地的网络新闻，不管信息的来源是否准确，相当大一部分受众都会不经思考地盲目转载看似"令人震惊"的、耸人听闻的信息，而不去查证事情的真相如何。结合上文所述两种特性，发布者已经缺乏对真相的求证，加之

网络受众本身在求证环节的缺失,真实新闻的有效传播大打折扣。例如,在 2015 年 8 月 12 日天津港爆炸事件中,CNN 记者次日直播时被人干扰打断,视频迅速在网上传播,并配有解释性文字称"是中国当地官方的管理人员不允许其采访直播,强行打断",短时间内微博、微信上传播得沸沸扬扬,群情激奋。然而,仅四个多小时后,CNN 官网发布更正,"并非是官方人员打断,而是悲伤的死伤者家属和居民将其打断"。此时,事情真相已经还原,但是微博微信上,前者的转发量仍然大量持续上涨,而后者则更多出现在媒体从业者的圈子内,波澜不惊。

(四)"信息茧房"导致群体极化现象加剧

"信息茧房"是指人们的信息领域会习惯性地被自己的兴趣所引导,从而将自己的生活桎梏于像蚕茧一般的"茧房"中的现象。"三微一端"为受众提供了更自我的思想空间,网民更习惯与和自己兴趣或观点一致的同伴交流或传播此类信息,一定程度上丧失了与异质思维交流的机会,容易形成"信息茧房"。例如,微博上民粹主义日渐升温,甚至出现过分偏激情况,就是由于现实生活中的特定问题积蓄到一定程度,继而在信息茧房效应作用下,造成群体性的心理情绪迸发,形成一致的意见,出现群体极化现象。再例如,"头条新闻"等新闻客户端,利用大数据来判断用户喜好,进而推荐更多用户偏爱的报道内容,这种服务迎合了受众心理,但客观上催化了"信息茧房"的形成。

(五)新媒体监管的法规尚不健全

由于我国法律不完备,互联网行业监管不足,相关主体缺乏自律意识,新媒体有效管理难度空前增加,大多数情况下得不到相应的惩处。2016 年 8 月底,网络疯传上海将出台极为严格的楼市限购政策,直接导致 8 月最后一周交易量激增、离婚潮涌现。经网信办和公安部门调查后,认定这是一起房产中介造谣并由多个微信公众号传播形成的事件,责令关闭数个微信公众号,并刑事拘留 7 人。而这仅仅是一起社会影响特别恶劣的事件,方引起相关部门关注调查,类似案例少之又少,更多情况下,谣言和不实信息无法上纲上线到这个层面,而是在日常的貌似无伤大雅的散播中集聚着不良影响。

三、重塑新媒体传播环境下政府信息权威的途径

新媒体进行传播时虽然存在一些弊端,但更多的是为新闻接近真实提供了

必要的前提和可能性。从新媒体传播环境下影响新闻真实性的环境因素看,政府需要在面对热门话题或突发事件时多做对策性思考:不能靠权力压制、打压公民表达自由来获得舆论主导权,而是应当在主动发布权威信息的过程中占据话语主导权。

(一)热门话题以及突发事件通常会在短时间内迅速剧烈冲击和震撼社会,对本地区、全国产生重大影响。当话题产生或事件发生时,政府的舆论应对当遵循几个原则:

(1)必须主动、及时、迅速,在舆论滑向错误方向或难以控制之前予以正确引导。能成为热门话题或者影响甚广的突发事件,往往事关民众切身利益、生命安全、民生待遇等基本权利,而新媒体的传播来自四面八方的每一个事件相关个体,速度极快、可能出现的解读维度极广,稍有不慎就可能产生舆论上不必要的"次生灾害",因而快速反应有利于缓解疑虑情绪,有助问题解决。这方面的教训不少,如2009年7月10日,网络上开始流传河南开封杞县钴60将爆炸的谣言,直到7月17日,许多恐慌的群众逃离家乡,前往附近县市避难。事实上,这起事件的源头是6月7日开封市杞县利民辐照厂发生卡源故障,并无大碍。然而,一个多月的时间里,当地政府、媒体上都没有权威的解释和报道,以至于猜测无数、谣言四起。直到7月13日,开封市政府才在新闻发布会上表示,情况并不严重,没有辐射和污染,先前是为了避免引起恐慌,才没有公开相关情况。然而,如此之久才姗姗来迟的"澄清"早已让对未知的恐惧在民间发酵,起到了反效果;而政府在13日语焉不详的表态也未能遏制流言散播,直至17日,群众纷纷逃离家乡,造成社会震荡,事态发展已超出想象,最终警方出动,事件以"开封警方宣布抓获杞县钴60事件5名造谣者,且其中一名曾经传播虚假消息的网友被拘留"收场。

(2)热门话题的发酵和突发事件的发展都有一定的过程,在舆情产生的早期往往无法确认事件原因、责任等深层次信息,但此时应注重及时准确更新事实,态度正确,原因解读谨慎。2015年8月12日天津港爆炸事件中,天津市政府客观上无法在短时间内知晓事故原因,进行对外通报,但截至8月16日中午,天津市召开的六次新闻发布会,都因信息不透明被舆论批评。第一次新闻发布会记者提问环节时,央视、天津卫视都切回演播室主持人画面,央视称直播暂停,天津卫视则播放了几首歌曲,然后开始播放连续剧,令人大跌眼镜。之后几次新闻发布会,每到记者提问环节直播就中断,但是新媒体上各种短视频、文字记录、记者手记却基本还原了提问环节的全貌。另外,数次发布会中,对于死伤人数、救援情况等多个关于客观事实的问题,官方的回应中"不知道""不清楚""不掌握"一再出现,缺乏人文关怀的态度都成了舆论批评的重点。可见,新媒体时代,用老一套暂停直播的办法,靠堵、封、不予回应的态度来控制舆情实际毫无益处,不仅增添公众的质疑,更为不实流言制造了发酵空间。

(3)应对时必须尊重事实面对事实,保证所披露客观事实无误。新媒体时代也许可以对事实有不同的解读,但在公共事件的舆论引导中掩盖或扭曲事实,被网友识破在所难免,只会适得其反。例如,在雷洋案爆发的前期,警方一直断定雷洋是嫖娼者,并通过按摩店员工之口试图将舆论引导至雷洋嫖娼,因此可以忽略警方执法过当的事实。这样避开事实不谈,甚至掩盖、扭曲事实的言辞遭到舆论的批评,新媒体上各种反思文章不断。最终事件真相水落石出,雷洋并非警方寻找的嫖娼者,尸检报告证实警方存在执法过当行为,公众只能在警方自己造就的塔西佗陷阱中,越来越不信任所谓官方的"权威信息"。

(二)重新审视对媒体的管控方法,以更加开放的姿态面对媒体

传统的媒体舆论管控中,政府部门常常以"避免事态扩大""安全因素""维持稳定"等理由控制媒体报道,有时限制范围过大,群众关心的问题并没有解释清楚,导致群众对政府的不信任。在新媒体时代,对于传统媒体的管控依旧非常严格,然而新媒体总能找到其中的缝隙,将更多信息公之于众,这就使群众看来,传统媒体和新媒体上是两个割裂的世界,而且更倾向于选择相信信息更多的新媒体,哪怕其中有很多鱼龙混杂的假信息。这就要求政府部门一定要重新审视对媒体的管控方法,公开信息更加注意结合新媒体舆情,实事求是,对公众关心的问题予以更智慧的回应,不再使用简单粗暴围追堵截的手法,给专业新闻媒体更多采访报道的机会,给主流媒体足够的空间,事实上就是减少谣言和不实信息出现的概率。

(三)加强新媒体政务平台的日常建设

新媒体最大的特点和优势之一就是互动性强,能够及时和受众沟通,对群众的关切进行快速回复。政府在政务网站和各种新媒体应用中的表现和做法,会影响人们对政府公信力的评价,但有些政府部门在新媒体上政务公开的表现和受众对信息的渴望并不匹配,往往没有充分利用新媒体这一平台。政务平台应当适应新媒体的生态环境,用新媒体的思维和方式发布信息。

(四)继续加强立法与监管,改善网络监督滞后的现状

目前,我国尚不具备健全的网络监督法律法规,滞后于新媒体的迅速发展现实。不过,这种情况正在被扭转,例如2019年6月刚刚发生的网传"贵州毕节、凯里幼儿园和福利院幼儿被性侵"一事,由于网传内容社会影响恶劣、舆论反响强烈,警方迅速介入,并寻找到了造谣的赵某。如若以往,为了赚取关注度或点击量,故意编造发布虚假信息,可能面对的是治安处罚,行政拘留,而2015年底刑法修正案(九)施行后,这种行为就可能构成犯罪了,因为《刑法修正案(九)》在

第 291 条中增加一款规定:编造虚假的险情、疫情、灾情、警情,在信息网络或者其他媒体上传播,或者明知是上述虚假信息,故意在信息网络或者其他媒体上传播,严重扰乱社会秩序的,处 3 年以下有期徒刑、拘役或者管制;造成严重后果的,处 3 年以上 7 年以下有期徒刑。对于这样针对网络环境的法规修订仍需继续,逐步完善法律体系。

综上所述,新媒体环境下各种影响新闻事实传播的因素众多、复杂,对于舆论的正确合适引导比以往更加重要,对政府提出的要求也更高。政府部门必须掌握好手中的权威准确信息来源,学会在新媒体的海洋中游泳,面对热门话题和突发事件时,以直面事实、尊重事实的态度,真正从群众关心的角度出发,及时、迅速动作,公开透明通报客观事实,谨慎解读,在危机中引导舆论走向正确方向。同时,在日常工作中,更加开放的态度对待媒体,加强立法与监管,营造新媒体的健康舆论环境。

参考文献:

[1] 李良荣《2016 年网络舆论场的新生态、新业态、新取向》,新闻记者,2017(1):16‐19。

[2] 杨涌《微信舆论场:不能迟到的监控之手》,新媒体研究,2017(2):53‐54。

[3] 喻发胜,王晓红,陈波《网络传播的衍生效应与网络舆论》,湖北社会科学,2010(5):179‐181。

[4] 张玉亮《基于信息交换均衡的突发事件网络舆情传播研究》,现代情报,2013(1):8‐10,17。

[5] 李劭强《自媒体时代媒体官微舆论引导力构建——基于"舆论站队"现象的分析和应对》,中国出版,2016.(10 下):18‐21。

[6] 张玉亮,贾传玲《面向优化处置的突发事件网络舆情应对启动研究》,情报理论与实践,11‐16,2017(网络首发论文)。

[7] 孙振铄《我国对突发事件新闻舆论管理的模式及其发展研究》,华东理工大学,2010 级硕士毕业论文。

[8] 兰月新,曾润喜《突发事件网络舆情传播规律与预警阶段研究》,情报杂志,2013(5):16‐19。

[9] 陈明《政府应对突发事件舆论引导研究》,华中科技大学,2013 届博士论文。

[10] 兰月新《突发事件网络衍生舆情监测模型研究》,现代图书情报技术,2013(3):51‐57。

作者简介:
周瑜,复旦大学新闻学硕士研究生,SMG 融媒体中心主持人。

公共卫生事件的权威电视报道与政府传播

——基于非洲猪瘟事件的案例分析

吕圣璞

提 要：在所有公共卫生的危机事件中，因为发生时间短、涉及范围广、死亡人数多，重大的传染病成了政府应对最具挑战性的危机之一。在积累了"非典"和禽流感的经验后，当政府面对"非洲猪瘟"，凭借广播电视的权威报道，以及政府真诚恳切的态度、迅速专业的处理、公开透明的发布，成功化解危机，塑造了良好的政府形象。

关键词：传播策略 权威发布 广播电视 公信力

一、突发公共卫生事件与危机传播

根据国务院颁布的《突发公共卫生事件应急条例》，突发公共卫生事件的定义如下："突发公共卫生事件，就是指突然发生，造成或者可能造成社会公共健康严重损害的重大传染病疫情、群体性不明原因疾病、重大食物和职业中毒以及其他严重影响公众健康的事件。"[①]而在所有公共卫生的危机事件中，因为发生时间短、涉及范围广、死亡人数多，重大的传染病成了政府应对最具挑战性的危机之一。

"非典"是 21 世纪以来我国爆发的波及面最广、负面影响最大的一次公共卫生危机事件。由于我们的政府在那个时候并没有处理公共卫生危机事件的公关

---

① 庞欣.我国的公共卫生事件与政府危机公关[D].上海外国语大学.2011.

传播经验,错误的危机应对方式不仅导致了疾病的迅速扩散,也在全世界范围内造成了恶劣的影响。直到"非典"在我国大面积爆发,政府才不得不通过媒体向公众袒露实情及政府的应对措施。虽然最后"非典"在我国得到了控制,但客观上却导致政府的形象和公信力严重受损。此后,政府的危机公关受到了政府的高度重视,开始展开对于公共卫生事件中危机公关和政府形象的研究。

"政府的公共性决定了在进行危机公关时必须要把公众利益放在第一位,否则,不但会造成公众对政府的不满,还可能导致危机蔓延。"①此外,在信息发布方面,英国著名危机公关专家迈克尔·里杰斯特提出的"3T"原则也是必须要遵循的重要原则。在处理危机时,政府的信息发布必须做到"主动沟通",也就是把握传播的主动权,而不是被动地等待媒体和公众的质询;其二,就是要"全部沟通",也就是避免"报喜不报忧",而是要将政府目前所掌握的所有信息真实、透明地告知公众;第三,必须要"尽快沟通",在危机发生后,政府要第一时间通过媒体向公众公开危机的所有信息,把握信息沟通和传播的"黄金时间",不让谣言有滋长的空间。

二、我国"非洲猪瘟"事件回顾

非洲猪瘟始发于 2007 年,在世界多地流行、扩散,特别是俄罗斯及周边国家和地区。我国紧邻俄罗斯,又是养猪与猪肉消费生产大国,生猪出栏等数据都居于全球首位。因此,非洲猪瘟一直以来都是我国严格防控的对象。

2018 年 8 月 3 日,经中国动物卫生与流行病学中心诊断,沈阳市沈北新区沈北街道发生疑似非洲猪瘟疫情,并于 8 月 3 日上午 11 时确诊。截至 8 月 3 日 15 时,疫点内 913 头生猪已经全部扑杀和无害化处理。在农业农村部正式通报之前,微博上已经开始有网友发布"非洲猪瘟将肆虐中国""猪瘟疫苗可在人体内潜伏 15 年"等谣言,引来大量网友的转发和猜疑。2018 年 8 月开始,在近一年的时间里,农业农村部连续发布各地猪瘟疫情。2018 年 11 月 17 日,农业农村部新闻办公室发布,上海市金山区排查出非洲猪瘟疫情,上海市政府官方微博"上海发布"也及时发布了该消息。

这一次的非洲猪瘟疫情发生在上海,这让上海市政府处于较为被动的位置;但此后,市政府通过电视媒体权威的新闻发布和真诚恳切的交流回应,使得这一次的危机得到了很好的化解,也通过成功的危机公关传递了良好的政府形象。

在这次非洲猪瘟疫情的公共卫生事件中,上海市政府与电视报道的深入合

作可圈可点,从电视短新闻的迅速发布,到深度报道的剖析调查,再到直播访谈的关切回应,上海电视媒体对于此次公共卫生事件的报道,以及上海市政府的这一次危机管理都有许多亮点可循,而其中最值得关注和解析的就要数"现场直播访谈",以上海市动物疫病预防控制中心副主任赵洪进和市农委畜牧兽医办公室主任李建颖为代表的新闻发言人,及时向公众传递真实的信息、答疑解惑,使得非洲猪瘟疫情事件避免了"非典"时期的那种负面影响,可以说展现了"教科书式"的危机公关和传播策略。

因此,本文将以金山发生非洲猪瘟疫情后的一系列电视新闻报道作为案例研究的材料,从传播策略的视角结合相关专业理论,来重点解析公共卫生事件中电视媒体权威报道与政府危机传播的关系。

三、公共卫生事件危机传播策略分析

1. 及时主动发布科学准确的信息

上海市政府在农业农村部通报的当天,主动通过微信微博平台向公众说明事件原委和疫情现况,上海广播电视台作为主流媒体,联合腾讯大申网、东方网等本地的重要门户网站,第一时间对事件做了短平快的披露报道。电视媒体在上海具有很强的公信力,上海市政府在危机发生后,通过电视报道争取到了传播主动权,本着及时性、真诚性、透明性的原则,尽可能地引导舆论,确保传播渠道畅通,以此来消除公众的恐慌心态。[①]

另外一方面,在网络谣言四起的时候,电视台主动承担起了科普的职责,在迅速拍摄、制作、播出短平快的动态消息之后,晚间的深度报道也立刻跟进,深入剖析了关于非洲猪瘟这种新型的病毒,将舆论的焦点转移到了对非洲猪瘟这种新型病毒的解疑释惑上来。同时也争取到了公共部门的配合,媒体在公共卫生事件中做好了横向聚焦的工作,即议程设置。在议程设置的基础上,托马斯·伯克兰在1997年提出了"焦点事件"的视角,认为焦点事件在设置公众议题方面具备扮演主要角色的能力。[②] 非洲猪瘟病毒这一新的焦点事件的出现,为公众舆论设置了全新的议程,逐渐消解了谣言的传播度和影响力。

值得一提的是,此次事件爆发后,政府主动与媒体联系、说明情况,这在很大程度上争取到了政府的主动权,有利于引导社会舆论,也能够让大众看到政府足

---

① 唐钧.应急管理与危机公关[M].北京:中国人民大学出版社,2012:125.
② 唐钧.应急管理与危机公关[M].北京:中国人民大学出版社,2012:270.

够的诚意,从而在第一印象上对政府产生好感,有利于后期在报道中更多地传递政府的正面形象。

2. 公共部门权威发言人回应关切

在本案例中,电视报道有一个非常关键的核心,即权威发言人。权威发言人,是指"国家、政党、社会团体任命或者指定专职的新闻发布人员,一般是该部门中层以上的负责人。在一定时间内就某件事或时局的问题,约见记者,发布有关新闻或阐述本部门的观点立场,并代表有关部门回答记者的问题"。① 而非洲猪瘟疫情危机事件的电视报道,不仅在疫情发布当天形成了"新闻链",更在当天晚上将权威发言人请进了演播室参与节目直播,直面公众质疑。当晚请到的公共部门权威发言人是上海市动物疫病预防控制中心副主任赵洪进和上海市农委畜牧兽医办公室主任李建颖,他们不仅掌握着公共卫生方面的专业知识,还有着较高的媒介素养。

兼具专业知识和媒介素养,使得两位发言人在发布信息时保证语言规范、用词准确,经得起专业的推敲,也经得起媒体甚至权威的质疑;而当公众有疑问时,权威发言人又能够用通俗易懂、贴近生活的解读去传播非洲猪瘟病毒方面的专业知识,避免了专家学者在解答专业问题时过于晦涩的问题。权威发言人代表整个政府在与媒介和公众对话,任何一点信息和语言上的错误或失误都可能造成极大的负面影响,因此,一个权威发言人的素养直接关系到新闻发布会的成功与否,甚至关系到整个危机公关的成败。②

此外,面对媒体,两位发言人也有着较为开放和从容的心态。敢于直面媒体,并不对媒体采访的问题作出条条框框的限制,而是用坦诚的态度认真作答每一个问题,不回避问题、不转移话题,足够的媒介素养让媒体感受到了"合作"而不是"对立"。这不仅降低了媒体与政府的沟通成本,也塑造了一个负责任的政府形象。

3. 大小屏互动进行舆论引导

不同于"非典"时期的信息传播路径,非洲猪瘟疫情公共卫生危机发生在当今这个"自媒体时代",传统的"自上而下、单向传播"也早已有悖于当下的传播环境和传播规律。因此,电视新闻传播也不再满足于停留在电视端的大屏幕上,而是同时在上海电视台融媒体中心下属的看看新闻上发布政府更多的应对措施,

---

① 刘建明.宣传舆论学大辞典[M].经济日报出版社,1992:357-358.
② 唐钧.应急管理与危机公关[M].北京:中国人民大学出版社,2012:86.

及时且实时地跟进非洲猪瘟在上海的疫情防控情况,采用了以不同媒介形式对不同受众的分类引导方法。

首先,以电视端为代表的传统媒体,在信息发布的当晚,就请权威发言人走进上海电视台《新闻夜线·夜线约见》栏目的演播室,参与了当天的直播新闻访谈,接受主持人当面提问。相较于自媒体等网络新兴媒介,传统媒体具有更强的公信力和权威性,是公众较为信任的媒介。传统媒体是政府危机公关的主要阵地,危机发生后,政府充分应用传统媒体,有利于统一和规范危机传播的基调,发布有利于政府危机公关的信息。①

而对于包括"两微一端"等自媒体在内的网络新兴媒介,记者则将更多碎片化的信息进行及时推送,强调电视新闻网络端的即时性传播。此外,遵从网络受众的阅读习惯,将《新闻夜线·夜线约见》的权威访谈做成图文信息在网络端传播,抵达更广阔的受众。网络在传播信息方面有着及时性、互动性、海量性等不同于传统媒体的诸多特点,当前网络已经成为公众接收信息的主要渠道,但由于其传播速度快、范围广,政府应采取疏导的方式积极应对。②

4. 强化第三方权威机构公信力

除了两位委办局的权威专家,在电视新闻报道中还采访了公共卫生领域的权威专家卢洪洲教授,他也作为《新闻夜线·夜线约见》的嘉宾,在后续的访谈中回答主持人和公众的提问。卢洪洲教授是上海市公共卫生中心的党委书记,也是复旦大学附属华山医院的感染科专家。作为疾病传染和公共防控方面的第三方机构权威,卢洪洲教授的作答让信息的发布变得更具专业性、科学性和公信力。

公众的信任源于公信力,第三方机构独立于政府,而第三方机构的专家作为这个领域深入的研究者,其深厚的专业背景和高超的专业技术,是其公信力的保障。有了第三方权威机构专家的意见,政府的危机公关才更容易赢得公众的信任。

5. 坦诚回应民众质疑

在《新闻夜线·夜线约见》的访谈中,主持人代表民众提出疑问:非洲猪瘟究竟会不会传人? 政府是否会担心恐慌而故意隐瞒? 针对此问题,两位权威发言人拿出了非常详尽的数据来进行说明,其中包括近十年来其他国家的实践证

明,以及科学家长期对非洲猪瘟病毒的研究情况,包括难点在哪里? 目前研究的进展? 以及如何攻克难关等,以此来支持他们的论点,赢取公众的信任。

坦诚回应的技巧在于一边诉说危机产生过程中所遭遇的困难,引发受众共情;同时又表达自己在处理危机时的竭尽全力、毫无耽误。坦诚回应公众质疑的意义在于避免谣言占据"信息管道"。根据"信息管道"效应,危机公关的信息主体会通过"信息管道"将信息传播给受众,而在管道中的官方和权威信息如果到位不及时、不充足的话,就会给谣言和小道消息留下滋生的空间。所以,政府一定要在疫情爆发初期就做好相关的信息发布准备工作,以自己的声音、权威的信息去尽量填满管道。[1]

6. 传播防控知识

为了防止非洲猪瘟危机蔓延,上海市政府第一时间切断了金山生猪交易的渠道、及时扑灭,与此同时,通过电视的权威报道,以短新闻、深度报道、权威访谈等多形态的综合报道方式,向公众传播非洲猪瘟的防控知识,从科学普及的角度减少公众恐慌。

当然,危机发生后,传播防控知识的意义不仅停留在危机公共和有效传播的层面,更重要的是,这对于切断传播途径、防止疫情扩大有着重要的作用。

四、存在的问题和改进措施

上海市政府与电视新闻报道的合作,在非洲猪瘟疫情危机的传播策略上的这些举措都是值得肯定的,也代表着我国政府危机公关的进步。但是,这一次的危机传播仍然存在着一些值得改进的问题。比如,电视报道更多地呈现了理性思考和科学普及,但却少了人文关怀和情感共鸣。

在危机公关中体现情感交流,就是让公众能够感受到政府的关心和爱护,让大家相信政府是有能力和决心去处置危机事件的,是值得信赖的。[2] 在这一方面,新加坡就走在了我们的前面。在抗击"非典"的过程中,时任新加坡总理吴作栋在《联合时报》上发表了一封公开信,鼓励民众"要众志成城,以负责任的国民态度来应对 SARS 的挑战。"在文末,他以"您真诚的吴作栋"署名,让民众感受到了平等的姿态、浓郁的人情味,而不是政府冷冰冰的"机关脸"。吴作栋所写的这封公开信不仅鼓舞了民心,也为政府危机公关写下了精彩的示范。

---

① 王革,阎耀骏.国内外公共危机管理研究综述[A].2010 年中国社会学年会——"社会稳定与危机预警预控管理系统研究"论坛论文集[C].2010.
② 张自力.突发公共卫生事件报道中的媒体策略[J].中国记者.2005.10.

此外,舆论危机的应对要注重后期的传播,也更应该注重前期防范,尤其是公共卫生方面的危机。电视新闻对于公共卫生科普的报道应该是一个长期持续的系统性工程,这不仅牵涉到公共卫生、民政、医疗等各个部门的联动,将舆情危机消弭于发生之前,也需要政府公关和大众传媒的密切配合。

作者简介:
吕圣璞,SMG 融媒体中心《新闻夜线》主编。

论广播财经新闻节目的"互联网＋"

王　颖

提　要： 在全民关心财经的大时代背景下，财经新闻的受众呈现广泛化和多样化的趋势，新媒体时代，越来越多的网络媒体冲击着传统媒体的传播方式。财经新闻节目的困局也来自于此，如何平衡专业化和大众化这一对矛盾，如何在始终坚持正确的经济舆论导向的背景下通过新时代传播渠道提高影响力。在互联网蓬勃发展的今天，"互联网＋"正成为媒体演变和转型的大趋势，广播财经新闻节目的优劣势在哪里？广播财经新闻节目如何做好"互联网＋"？本文旨在针对广播财经新闻节目在新时代下融合媒体发展进行探析。

关键词： 大众媒体　多元化　融合传播　专业化

财经新闻在经济全球化的进程中日益受到各方面的关注，大到一个国家的宏观经济数据，小到日常百姓桌头的米价三五斗，都需要财经视角全方位的报道。在广播这种传统传播手段中，数字化的播报无法配上视觉的直观体验又极大地阻碍了广播财经新闻的广泛传播。我们近年来一直在思考如何运用新媒体多元化融合视角把广播财经新闻做到更"接地气"。

一、为什么"不能好好说话"？

财经新闻节目一直以来受到大众诟病的一点在于"不能好好说话"，节目的遣词造句过于苛求专业化而丧失了接地气的大众化，让受众听不懂或者需要带着基础知识才能听懂，这点大大阻碍了财经新闻节目的传播和推广。梅里尔因曾经提出过三阶段论：精英媒体阶段（政党报刊，满足少部分社会精英需求）、大众媒体阶段(力图满足大多数人需求)、专业媒体阶段(功能细分,受众群越来越小)[1]。财经新闻在设立初始就面临着在大众阶段和专业阶段的摇摆,到底如何满足更广范围的受众需要？一直以来财经新闻都是单一化报道形式,罗列数据加上专家分析,使得听众有枯燥感,导致吸引力下降,老百姓看到新闻后普遍反映有距离感,长此以往就会逐渐失去受众的认可。

这两年广播财经新闻就做出了重大尝试,走群众路线,赋予广播财经新闻"生命力"。第一种尝试是形象思维,繁冗沉闷的经济数字如何变成通俗理解的广播语言,我们就做了类似的尝试,比如"M2 增速 10％"转化为"印钞机多印了13 万亿钞票";"降低存款准备金率"转化为"银行每收进一块钱就要少交 5 分给央行从而有更多资金给全社会周转"等。第二种尝试是三贴近,广播媒体一直遵循"三贴近"原则,贴近实际、贴近生活、贴近群众,我们在财经广播节目中也一一落实了,比如,在报道国家重要宏观经济数据类似 CPI、PPI 等数字时,一方面请到专家对基本概念加以解释,一方面把宏观数据和百姓日常生活联系起来,像是"CPI 回落,买菜会不会更便宜？""人民币贬值,你会出国旅游吗？",这些专题的设立在努力打破专业化和大众化之间的矛盾。第三种尝试是碎片化,让专业化内容使得更多受众喜爱需要我们在财经新闻传播形式上面拆分得更加细腻,比如以前的整块财经新闻都是在早间 1—2 小时的新闻时段播送,现在就要把大段的新闻资讯拆成小板块,间隔 10 分钟就设置特色单元,让专业化的财经内容不至于产生疲劳感,同时也有利于未来碎片化地进一步传播。第四种尝试是用户思维,也就是循着收听习惯编排节目,过去媒体有着让受众找我们的固执思维,但新媒体时代需要根据受众去改变我们的节目时段和内容,比如需要听欧股、美股资讯的受众,往往会在 22 点之后下班开车路上收听,我们的外汇资讯就需要编排在 22 点之后,比如交易所的公告提前到晚饭 18 点 30 分左右都陆续出了一批,我们的市场资讯就需要在晚新闻的时段尽可能编排进类似的新闻等,迎合受众的消费习惯和口味去编排节目内容才能得到更积极有效的市场传播效果。

财经新闻节目的特点在于专业化,而阻碍进步的也是专业化,如何把握"度"是财经新闻节目需要思考的问题,我们一直在努力"好好说话"吸引我们的受众。

二、听众是谁？在哪里？要什么？

梁漱溟曾论及人的三大关系。第一,人与自然的关系,在广义上就是人与物的关系;第二,人与他人的关系,也就是人际关系;第三：人与自身的关系。[2]在讨论广播受众的问题上,我们也应该思考听众与媒介的关系,听众与内容的关系,听众与听众的关系。

首先，广播听众在哪里决定了听众与我们广播媒体的关系。过去的十多年汽车工业的蓬勃发展的确给广播人带来了第二春，但近五年的互联网媒体的裂变式崛起又打破了传统广播唯一论的格局。现如今各种免费音乐下载，各种汽车蓝牙链接，各种信息渠道不断涌现，最新数据显示听众对汽车广播的依赖性明显下降。比这更残酷的是，新媒体的"大鳄们"早就闻到了移动收听市场的气味，正大举向汽车移动终端进军，以替代和覆盖传统广播。于是我们发现广播听众可以是网络端，可以是汽车端，甚至未来物联网化之后还有更多终端会成为广播载体，我们的受众无处不在。

其次，听众与内容的关系才是体现节目热度和黏性的重中之重。我们都知道一句老话"内容为王"，广播财经媒体的核心要牢牢把握住公信力和影响力，无论怎么转型发展，内容生产和经营都是无法或缺的重要环节。但纵观传统广播财经节目，充斥了很多口水化、杂乱化的节目内容，表面上看时间段都被一一填满，实际上形式大于实质。怎么打破这种桎梏？我想两点是必须重视的，第一，内容本土化，虽然互联网时代打破了时空的局限，但听众的地域分布会影响到他们的收听习惯和内容偏好，所以我们的广播财经新闻、评论以及新媒体推送必须做到重点关注。例如广播财经几年以来发现我们的一档沪语财经节目《理财应建中》一直高居收听前几位，本土化的听众具有很高的节目黏性，也推动了节目生命力的持久不衰。第二，内容多元化，互联网信息充斥着我们耳边，但传统广播媒体必须做好"把关人"的角色。我们都知道新闻媒介的报道活动不是"有闻必录"，而是对众多的新闻素材进行取舍选择和加工的过程。在这个过程中，传播媒介形成一道关口，通过这个关口传达给受众的新闻或信息只是少数。[3]内容多元化要求我们广播财经媒体在整合高质量的互联网新闻的过程中带着思考去甄别，二次加工之后将资讯变得更丰富更加适合多媒体传播。比如针对某家上市公司疑似财务造假的新闻，系列的报道充斥了一年之久，那么在官方机构未对此事提起公诉或调查报告出具之前，广播财经媒体就不能为吸引眼球做出自我推断，保持媒体公信力，但在多元化上我们可以做到音频图片文字，管理层分析人士等多角度评论思考，让听众尽可能获得更大的信息量。

最后，听众与听众的关系是基于融媒体时代产生的新课题。微信、微博、社交网站、即时通信工具等媒介迅速兴起，社会化"自媒体"时代来临。每一个人从传统媒体时代的"旁观者"转变成为现在的"当事人"，每一个人都是信息资讯的传播者，都有属于自己的媒介渠道。广播作为传统媒体在过往时代最大的优势是互动性强，怎么在新时代把这种互动黏性继承下来并发扬光大，我们近几年也在做相应地尝试。比如，建立广播的交互平台"阿基米德"，一边收听广播一边在社群参与讨论，这个理念也是来自麦克卢汉对于广播发展的思考，他将广播比喻为"部落鼓",原话是:"收音机的阈下深处饱含着部落号角和悠远鼓声那种响亮的回声。它是广播这种媒介的性质本身的特征,广播有力量将心灵和社会变成合二为一的共鸣箱。""这种部落鼓使他们的中枢神经系统延伸,造成了人人深度介入的局面。"[4] 按照麦克卢汉的理论,人类生活在多元化的社群中,同一个社群趋同性更强,不同社群差异巨大。传统广播媒体也针对人类基本诉求开发产品,在"阿基米德"社群中,听众能聚集、交流、扩大,形成一个个社群黏性,有利于建立听众与听众的关系。

三、广播财经新闻如何做好"互联网＋"?

前面讨论了内容生产和用户思维,接下来就要提到传播方式的革命性转变了。这两年传统媒体内部一直有一种声音在讨论广播这样的传统媒体要做"＋互联网"还是"互联网＋"。虽然这个名字只是加号的前后置关系,但内涵却差了十万八千。"＋互联网"也就是将传统的内容通过新媒体的介质发播出去,如自媒体、微博、小视频等,但只是多了几条介质而已,在原有路径上面做增量。而"互联网＋"则有着全然不同的概念,在保持媒体立场的前提下,用做产品的心态来"做"新闻。对传统广播而言,我们不仅需要发布新闻,还要把新闻制作成产品营销出去,推出自己的媒体产品做好后期的运营维护,通过优质原创的内容聚集线上流量,再将流量导入广告、电商、线下服务等来实现变现。

广播人的"互联网＋"是被一股巨大的知识付费浪潮推动向前的,虽然信息爆炸时代我们被海量的免费信息裹挟着前行,但这两年更强的一股浪潮来自大家愿意为原创精品的内容付费。举个例子,在喜马拉雅 FM 和蜻蜓 FM,内容付费节目收入占据平台总内容收入的一半,在财经类广播节目尤为明显,用户黏度高、使用频次高、付费意愿强烈成为做好财经广播内容的三大动力。有了动力,我们就更有理由砥砺前行,创新改革。

广播财经新闻要实现"互联网＋"第一步就是要有针对性地制作节目,比如"股市大家谈"这种听友互动式的广播证券节目,在传统广播时代注重的是热线电话,但在"互联网＋"时代,网络用户应该更加注重他们的体验,网络平台听友的反馈可以作为节目内容,同样地节目中的碎片化小栏目可以发播到网络平台,扩大受众范围。另外还有交互式的线上线下活动,在传统时代,线下活动独立地存在,但在"互联网＋"时代,线下活动的影像资料,音频内容,可以多次发播推送,甚至再编辑成为新的内容推广。

第二步,应当充分发挥好"听众"资源,注重将用户生产内容(UGC)模式与传统广播业务结合起来。比如阿基米德平台就尝试过"人人当主播"的模式,用户成了一个个广播产品的生产商和运营商,这是区分浅层次互动的媒体与用户的深度融合。"互联网+"并不是简单地通过新媒体平台互动,更多的应该是将内容选择和制作权"交到"用户手里,比如阿基米德上经常在每档节目后有听众会用"钳刀"工具将他们感兴趣的节目音频剪辑出来再次发播,甚至转发到他们的自媒体平台上,这就是新媒体时代,传统广播与用户共同打造"节目产品"。这种模式能增进媒体与用户的关系渠道,不仅能够完成媒体到用户的点对点传播,而且能带来用户与其他陌生用户之间的再推广和再扩散,产生更加优质的传播效果。

第三步,线上联动、线下反哺。广播财经新闻节目的特点在于线上联动模式不够强,但线下活动的空间巨大。现如今广播媒体基本都有自营的自媒体平台,但和一些新生媒体的合作空间就比较小,比如小视频平台,带有"神秘感"的广播人偶尔参与视频互动也能带来极佳的效果。这就需要把节目当作产品来运营,依靠品牌的力量走出去,通过联动合作增强品牌的影响力。线下活动方面,广播财经节目具有先天优势,将专业化的内容变成脱口秀、讲座、甚至剧目等形式,不仅在娱乐化上能增进和受众的关系,又能在言而有物上做到精耕细作。

四、融媒体时代来了吗?

所谓的"融媒体"指的是充分利用媒介载体,把广播、电视、报纸等既有共同点,又存在互补性的不同媒体,在人力、内容、宣传等方面进行全面整合,实现"资源通融、内容兼融、宣传互融、利益共融"的新型媒体。[5] 2018 年,广电总局成立媒体融合发展司,当前,各大广电媒体的"两微一端"普遍建成,传播矩阵也已形成。广播财经新闻节目作为融媒体时代下的组成部分,最近阶段我们也在寻找财经媒体融合的发展方向。目前,广播的融媒体整合还处于起步阶段,多种传播形式的简单累积,还没有进行广泛融合。大家都把重点放在了不断开设微信公众号、客户端、微博平台等上,虽然形式上的确看上去很热闹,但实质只是增加了很多重复信息传播和堆砌,没有从根本上做到融合。前几年,广播财经新闻节目也做过融合的尝试,比如走进上市公司的栏目中,电视广播纸媒记者同时前往显得过于繁杂,精简人员只委派几路记者前往即可,但记者本身既要掌握电视画面的传播,又能用广播音频传送制作,同时又能把感受书面化成稿,再者记者本身又能把三种形式捏合起来形成微信公众号上的文章推送,这对于融合人才具有很高的要求。这样做一来能集中力量完成任务,二来又能多重传播避免了资源浪费。融合媒体时代的来临,不是简单意味着开发新的传媒平台,开设新媒体中心,最终造成传统媒体和新媒体重复传播,甚至出现抢新闻各自为战,而是要充分资源共享,协同提高传播效率,得到"1＋1＞2"的结果。

结　语

　　虽然在受到新媒体重重冲击下,广播财经媒体经历了剧烈变革,但本文也指出了广播最强的两大生命源泉,伴随性和互动性,只要立足于这两大优势,我们牢牢地把握舆论导向,坚持以精耕细作的原创内容为王,广播财经节目的生命力必将愈发辉煌。

参考文献:

[1] 郭庆光:《传播学教程》,2011 年 4 月版。

[2] 梁漱溟:《东西文化及其哲学》,1999 年 7 月版。

[3] 李良荣:《新闻学概论(第六版)》,2018 年 4 月版。

[4] 马歇尔·麦克卢汉:《理解媒介:论人的延伸》,2019 年 3 月版。

[5] 胡洪春:《机遇、挑战与使命:融媒体时代的传媒教育》,2017 年 12 月版。

　　作者简介:

　　王颖,大学本科,SMG 东方广播中心第一财经广播主持人。

AI 主播热给播音主持从业者带来的冷思考

韩 欣

提 要: 当前,人工智能技术在播音主持行业的最新应用引起了广泛关注。继新华社于去年 11 月推出全球首个 AI 合成主播之后,央视、人民日报、光明网等各大国家级主流媒体的虚拟主播竞相上岗。这些 AI 主播全天候、全场景、无疲惫、零差错、多语种地完成了播报工作,不仅大幅降低了节目的制作成本,提高了新闻工作的效率,也颠覆了未来内容生产方式。虽然相较于真人播音,AI 主播尚存在不小差距,但其出现标志着人工智能技术与有声语言传播行业融合发展的时代来临,也昭示着播音主持行业正面临着独具这个时期特征的新问题、新挑战,传播生态进入了一个机遇与风险叠加并行的新时期。本文主要结合 AI 主播和播音主持专业的特性和潜质,分析人工智能背景下播音员和主持人群体的应对策略和转型路径。

关键词: AI 主播 真人主播 人工智能

引 言

AI 主播掀起的旋风正势不可挡。"大家好,我是主播果果,很高兴能与大家见面",继新华社、央视相继推出新小浩、新小萌和康小辉等系列 AI 主播之后,2019 年 5 月 25 日,人民日报也推出了首款人工智能虚拟主播——果果。这些 AI 主播不仅其形象和声音几可乱真,而且还能轮番用普通话、粤语、英语、法语、韩语等多语种介绍自己,24 小时用各种语言不停地播报新闻。在互联网的推动下,自带粉丝和流量的 AI 主播为受众打开了新视野,他们强大的用户黏性和感召力,是很多传统主播孜孜以求的。

AI 主播的出现,意味着主持人的不可替代性逐步降低。从这一角度看来,其对当前主播行业造成的冲击也是显而易见的。AI 主播与播音主持从业者的关系逐渐成为业内的焦点。有人认为,在人工智能时代,若主持人不能给智能语境下的节目赋能,那么便面临着被时代淘汰的风险;也有人认为 AI 主播终究是一种工具,它们无法如同人类主播那样向观众传达真情实感,并对观众的情绪作出有效回应。在可预见时期内,AI 主播仍然无法取代真人主播在播音主持行业中的地位。

以上观点的出现,是人工智能时代播音主持专业变革的必然现象。其本质是播音主持从业者们如何认识、应对以 AI 为代表的人工智能对本行业造成的影响。对以上问题的回答,不仅关系到人工智能技术在播音主持行业的发展与应用前景,而且也关系到播音主持从业者今后的职业观念与发展取向。本文主要在归纳 AI 主播的优势与局限的基础上,分析 AI 主播与真人主播的关系,并据此探讨播音主持从业者应如何适应人工智能时代的职业环境。

一、AI 主播的优势与局限分析

首先,AI 主播的首要技能就是克隆出与真人主播同样播报能力的分身,这项技术可以让机器人做到逼真模拟人类说话的声音、唇形和表情等,长期来看,逼真度会越来越接近人类,从而代替真人主播从事一系列简单重复的工作。而其工作效率与运作成本也是真人主播无法比拟的。它们在源源不断地输出"类人类创造"的同时,其高效、省心、出错率低等"超人类"特征更是有目共睹:AI 主播从不生病,从不抱怨,绝不怯场,极少失控,无须关怀、抚慰,不需饮食,不需排泄。在碰到突发事件,主持人来不及上场时,AI 主播可以迅速替补,快速生成新闻视频,提高报道时效和质量。作为一个不吃不喝、准确无误的工作者,AI 主播可谓是十足的"救急高手"。同时,培养一个真人主播需要耗费大量的人力、物力及时间,还要为其发放工资、福利等,而 AI 主播只要插通电源就可以全天不间断上岗了。正如北京师范大学喻国明教授分析人工智能优势时所言,快速生成的文本可以配合智能播报技术提供语言信息,配合可视化图表完成可视化新闻的转变,配合 VR 及 AR 技术实现受众的沉浸式体验。

然而,AI 主播同样存在诸多局限。在当前技术条件下,AI 主播仍未完全解决仿真播报语言流畅度的问题,还无法全方位模拟人类语言表达的语感、语势、语流和基调等人类情感细枝末节的温度、温情与精妙的灵性跃动;仍不具备人类的感觉、直觉、想象、判断、推理等能力,没有人性的概念,无法真正带有感情、情绪甚至信念去播报新闻。而且 AI 主播也面临着所谓的"恐怖谷理论"问题,即一旦机器人与人类相似程度超过一定阈值(相似度 95％以上),人会对其突然变得极其反感,即便细微的差别也会显得非常显眼刺目,整个机器人有非常僵硬恐怖的感觉。最为重要的是,主播是一个有象征意义的符号,或者说是一个 IP。每个国家都有官方新闻主播,每个地方台都有金牌主播,观众会对其产生感情,而这种感情是难以和机器人维系的。人工智能领域专家、创新工场董事长李开复曾说,人工智能还远远没有达到智能的阶段,至少情感和思想,人工智能永远也无法主观生成。换言之,AI 主播在"诠释人性塑造"方面差距巨大,新闻播报不是 AI 播报拟声的还原,还需要完成"人格化输出"。

总之,对 AI 主播的优势与局限的回顾结果表明,AI 主播并不会取代真人主播。AI 主播从诞生之日起就奠定了其"工具"属性,它是机器,与人是不同的物种,两者在属性上有差别。它是由人类研究开发出来,扩展、延伸人智能的技术,它的出现不是为了取代人,而是为了服务人,两者在从属关系上有区别。智能主播出现的主要目的有两个,一是增加受众数量,二是提高媒体工作者的工作效率。前者,就是改变过去以少量人工播报的稿件吸引大量受众的方式,而是通过数量庞大的自动生成的稿件吸引更多受众。后者,就是帮助媒体人快速制作新闻,让他们可以有更多时间做其他有技术含量的事情。新华社 AI 主播"新小浩"的原型邱浩说,自从有了 AI 主播,他播音的工作越来越少了,做主持人的工作多了。这就回归到人工智能诞生的原本目的,它是为解放人类的双手,替代重复性的脑力工作,让人类做更有意义的事情。有了这个模仿者、复刻者,就相当于为人类主播配备了一位得力助手,让他们去挖掘更多更广的选题,深入解读、分析富有人类情感和温度的内容。

此外,在现阶段做新闻工作,必须倡导"人的在场"。爱荷华大学传播教授彼得斯在《对空言说》的书中提出一个问题:"在人类交流中人体在多大程度上可以保持缺席?"这是传播观念里一直存在的焦虑。比如与机器人交流时,我们无法确定机器是在跟我们交流思想还是在无意义地模仿交流说的"模仿游戏",或者说我们和机器能否产生爱情?跟动物的交流也一样,即使鹦鹉学会了人类的语言,我们还是无法体会它的世界,因为我们的身体和它的构造不一样。对于传播而言,亲身在场是至关重要的,一旦缺席,比如在大众传播、网络或新媒体的传播中,参与者就会产生一种焦虑。两千多年前的庄子曾说过"物物者非物",我们创造了一个事物,那我们一定不是物。工厂里安置了机器,仍需要人现场监督,直播室出现了 AI 主播,仍需要人现场监测。在远距离大行其道的今天,身体在场成为确信交流成功的基本前提,这就可以理解为什么如今有那么丰富的传播方式,人们仍喜欢通过饭局谈天说地。

二、人工智能时代真人主播的应有态度

2019年1月25日,习近平总书记就全媒体时代和媒体融合发展发表重要讲话,明确提出要探索将人工智能运用在新闻采集、生产、分发、接收、反馈中,全面提高舆论引导能力。他站在推进治理体系和治理能力现代化的高度,深刻分析了新形势下全媒体传播的重大理论和现实问题,系统阐述了媒体融合的方向、目标和任务,是我们深入推进媒体融合发展的根本遵循和重要指引。全媒体时代是大势所趋,"人工智能+媒体",是打造新型主流媒体的"良方",也是媒体人必须写好的"大文章"。据统计,截至去年6月,我国网民已经超过8亿。面对互联网这个最大的变量,主流媒体要积极作为,利用好人工智能这把双刃剑,将各方面受众聚拢来、吸引住、服务好,牢牢掌握舆论场的主动权和主导权。

那么,如何写好这篇人工智能时代的"大文章"呢?答案是"批判地接受"AI主播及其背后的人工智能技术。我们要辩证地看待它的现状和未来,这符合马克思主义新闻观,更符合唯物主义和辩证法。对于人工智能技术的应用,关键看掌握核心技术的人怎么运用它,如果使用得当,便能解放生产力;如果使用不当,便可能适得其反。对于有声语言来说,一方面,它的确代替了有声读物主播、普通话测试员、服务行业的接线员等,解决了有声语言工作者的专业资源匮乏的社会问题。另一方面,它提高了播音主持领域的专业门槛,使重复性播报和创造性主持等业务的行业边际更加明晰。从技术角度看,包括播音主持行业在内,关键是要看核心技术掌握在什么样的人手里,在道德和文明规范允许的范围内被使用。"人机协同"无疑是面对人工智能应该秉持的最恰切的态度。

那么,如何在播音主持实践中"批判接受"人工智能呢?事实上,无论人工智能技术在媒体领域怎样发展,人始终是内容生产的核心要素,机器是人的附属。人工智能归属于科学技术的产物,只不过它可以取代部分人类的工作岗位,智能传媒是一种人工智能与人类智能协同的在线社会信息传播系统。它的工具性、产品性、算法属性等明白无误地告诉人们,它是可以归纳推理的机器。而人是具有演绎能力的,这是AI主播在技术层面始终做不到的事情。这就意味着,真人主播和AI主播,两者是互补、共生的关系,人机协同是两者存在的最佳使用方式。

何为人机协同?它强调机器能够自主配合要素变化和人的工作。它不是简

单粗暴的"机器替人",而应是将工业革命以来极度细化,甚至异化的工作流水线作业,重新拉回"以人为本"的模式,让机器承担更多简单重复甚至危险的工作,而人承担更多管理和创作工作。这就需要我们考虑人工智能如何在我们的工作、生活中扮演它应有的角色。利用它的长板补齐短板,将其塑造成我们的得力干将。例如,在访谈节目中,AI 主播可以负责纯粹播报的部分,还可以利用强大的记忆力随时为真人主播补齐信息提示,让真人主播可以更好地归纳、提炼和总结,形成访谈问题的立场、观点和推理,从而让嘉宾把话说得更好。同样地,有声读物的介绍类和工具类的播报完全可以借助人工智能超强的工作能力完成,拥有感情和思想的人类主播,则拥有更充足的时间和精力去体现人类灵韵的、能激发人类的想象力的有声语言。无论是取长补短,还是扬长避短,合作共赢,才是目的。

三、智媒时代从业者的应对策略

AI 主播的到来,给播音主持从业者敲响了警钟,仅仅静观其变,无所作为,无异于坐以待毙,惨遭淘汰。由此可见,面对智能主播的挑战,只能用提高主播的智能来回应。

首先,成为播音主持业务领域的专家。人工智能本质是数据智能,它是用大量的数据作导向,换句话说,AI 主播诞生的基础是以专家主播播报时的语音语调、表情动作等为采样量,而这些专家主播都是业界标杆性人物,他们的举手投足是设定 AI 主播的标准和规则。AI 主播的到来注定要替代只会播报的一部分人员,由此可见,主播的职责已经不仅是对某一新闻事件进行播报,更要整合社会各方面的智慧与力量,对事件背后进行深度解析,这要求主播要努力成为专家型主播,要有相当的知识储备与职业素养,需要捕捉到行业先声,获取最新的前沿观点,成为意见领袖,并不断发现现有能力的不足,挑战高难度业务,赢得行业专家的信任和尊重。

其次,提升不能被轻易替代的技能。AI 主播或许可以成为新闻、资讯等多种类型的主播,但它仍然无法替代真人主播完成与观众的情感交流。AI 主播注定要取代一部分只会播报的主播,然而,我们无法想象一个 AI 主播可以通过收集数据的方式替换一位用自己所有生命去体验角色生命的人,所以我们要努力将生命体验融入我们的作品的创作里,并不断更新迭代自身的技能。如果总是循规蹈矩,不突破框架和限度,那就很容易被总结成一套数据公式,被人工智能收集和分析,而一位不断创新和进步,具备一身随时可以变通和转换的技能的主播,就很难被数据套牢。

再者,掌握跨专业的职业能力。媒体融合不仅需要技术的融合,还需要各个专业的融合。财经主播,不仅要懂主持,还要会炒股懂理财;体育主播,不仅要会播报,还要有体育素养;音乐主播,不仅要会表达,还要能唱歌……主播不仅要做"专家",还要做"杂家",正所谓"技不压身"。而在智媒时代,跨专业的能力尤为重要。现在许多高校都有除本专业之外的第二专业选择,很多媒体更喜欢招收播音主持专业之外的学生,因为他们有更宽阔的视野和思路,能提供更多新鲜的元素,让受众耳目一新。眼下,跨界主持人是中国电视节目中无法忽视的一部分。如湖南卫视的《我是歌手》,江苏卫视的《最强大脑》,东方卫视的《欢乐喜剧人》等节目的主持人胡海泉、蒋昌建、郭德纲等,为提升节目收视率和知名度起了重要作用。同样,对于科班主播来说,跨专业的能力昔日可能只是锦上添花,现在已经全然变为雪中送炭,是让你脱颖而出的制胜法宝。

最后,探索人设化传播的转型方向。在技术语境下,谁将可能取代主持人?不是AI主播,而是数据,因为只有数据才能真正了解用户喜欢什么,在什么场景下喜欢。对于数据的获得,有一个规律是越有鲜明的人设,就越能沉淀用户并获取数据。在大众传播学中有一个霍夫兰学说,"传播对象喜欢传播者,就很可能被说服"。这里的人设,不是像传统的主持人那样,仅仅是串联、调度、渲染节目效果,而是作为"人"的主体,持续不断的通过跨平台曝光和作品塑造,让用户对这个"人"有共同的认知和想象。像董卿在《朗读者》《中国诗词大会》里,已经把她"腹有诗书气自华的人设形象"发挥到淋漓尽致,以至于她来到《声临其境》,即便以倪萍助演嘉宾的身份出现,我们还是对其有深度、有温度的访谈互动赞叹有加,她的受关注度也丝毫没有缺失。所以人设化传播将成为传统主持人转型的题中之义。

结　语

无论AI主播出现与否,我们被取代的理由永远不是因为技术,而是因为自身。即便AI不出现,不思进取、不劳而获的主播也会被时代淘汰,抑或是被更优秀的人取代,所以说机遇和挑战是并存的,我们要勇敢地抓住人工智能带来的机遇,积极应对挑战。信息时代,即时的信息是无限的,人类获取信息的需求也是无限的,AI主播只是给我们受众增添了一道可供选择的美味快餐,正因如此,真人主播不正好有更多的时间去烹饪更美味的饕餮盛宴了吗?

参考文献:

[1] 吕尚彬,刘奕夫.传媒智能化与智能传媒[J].当代传播,2016(04):4-8.

[2] 喻国明,郭超凯,王美莹,刘苏,王晓虹.人工智能驱动下的智能传媒运作范式的考察——
兼介美联社的智媒实践[J].江淮论坛,2017(03):134-138.
[3] 张志刚."智媒"时代下的播音主持艺术新观[J].视听,2019(03).
[4] 朱永祥.记者编辑都在转型,那主持人呢.传媒内参,2019(05).

作者简介:
韩欣,硕士研究生,现任职于 SMG 东方广播中心第一财经频率。

用创新理念和辩证思维解析播音主持的几个关系

朱少石

提　要：播音主持工作在改革创新中需着力破解几个突出的关系问题，即和国际惯例接轨与保持民族播音特色的关系、播新闻与说新闻中的守旧与创新的关系、播音员主持人恪守岗位规范标准与发挥个性风格特色的关系，以及提倡普通话的主导性与语言表达多元化的关系。本文试图用创新理念和辩证思维方法，从全面、联系和发展的观点对上述几个关系问题进行粗浅的解析。

关键词：广播电视　播音主持　辩证关系

在当前深入学习贯彻习近平新闻舆论工作的重要论述和推动融媒体发展的热潮中，对新闻舆论工作改革、创新、发展关系的认识和讨论成了热门话题。通过学习习近平新闻舆论工作重要讲话中有关创新的一系列论述，反复体味贯穿其中的唯物辩证科学思维方式，笔者结合自身岗位实践，对播音主持工作改革、创新与发展中几个突出的关系问题，尝试用辩证思维予以粗浅剖析，力求"敢于面对矛盾问题，善于科学分析问题"，达到"解惑释疑，析事明理，形成共识"[1]之目的。

一、和国际惯例接轨与保持民族播音特色的关系

我们的事业要创新、要发展，要走向全球化，就势必要与国际惯例接轨，这是我们播音员、主持人业已确立了的发展新理念。但是这种接轨国际的共性趋向，与弘扬我们民族文化传统的个性特色，这两者的位置关系应该摆正。而多年来

这方面一些"接轨"与"引进"的状况令人担忧：一是把语气语调模仿照搬"欧美风""韩日系""港台腔"，心甘情愿地扮演"大众情人"角色的，竟戴上"解放思想""锐意创新"的帽子，奉为时尚；而对强调语言规范、字正腔圆，客观公正地做好"党的喉舌"的，则贴上"因循守旧、不求进取"的标签，贬为"老土"。二是为摆弄噱头，吸引眼球产生所谓个性化的播音员主持人，诸如"愤怒主播""杀马特主播""美妆主播""二次元主播"等类型化称号，这些带有庸俗化和浓烈西方意识形态的称呼字眼，实与我们国家主流媒体的本质属性有悖，与社会主义核心价值观背道而驰，却披上"与国际接轨"的外衣被堂而皇之地引进来。

问题的关键是怎样理解"全球化"。我们播音主持行业与国际的这个"轨"究竟应该如何"接"？美国著名的未来学家阿尔温·托夫勒认为："全球化不等于同一化。我们可能看到的不是已故加拿大传播学家马歇尔·麦克卢汉所预言的单个的地球村落，而是大量不同的地球村落——它们都被纳入新的传播系统，同时又努力保持或加强各自的文化、种族、国家或政治个性。"[2] 这就是说，"全球化"是大量各具特色的差异化地球村落，在接受新的全球化传播系统的同时，必然会想尽办法保持和加强各个国家原有的文化、种族和政治个性。请看，连西方的专家学者也强调与国际接轨应该"保持或加强"本民族的文化特色和政治个性，而我们国内一些同行的观念中，竟把全球化与"同一化"画上了等号。于是乎，语气语调要与欧美、日韩、港台"同一"，"党之喉舌"要向"大众情人"靠拢，播音员、主持人的类型要与个性异类（愤怒主播等）称呼接轨。什么"语言规范"、什么"字正腔圆"，都统统"同一"到欧美、韩日、港台标准中去。长此以往，我们中华民族的优良传统将渐渐式微，我们长期培育的、经过革命战火洗礼的、牢牢根植于人民的、党的播音主持风格和特色也将受到侵蚀和威胁。不敢想象，这样不辨方向、不持原则、不作选择的"与国际接轨"法，到头来能不遭遇脱轨、翻车的危险吗？

说到底，与国际惯例接轨与保持民族特色，就是共性和个性、实行对外业务开放和坚持本国政治原则的关系问题。为了正确应对广电事业全球化的发展趋势，我们播音主持工作在与国际接轨过程中，既要博采众长、为我所用，又要严肃对待、慎重分析，"刻意迎合，取悦受众不行，庸俗低媚，极端表达也不行"[3] 做到对外开放中坚持马克思主义新闻观，坚持党性、人民性，有了这根主心骨，我们就能取舍有道、收放自如，做到既参与全球化、遵守接轨国际惯例的共性规则，又独立自主、保持与发扬我们民族文化的个性特色，只要方向看得准、接轨接得稳，就必定能确保播音主持工作凭借充满竞争的国际舞台和无比广阔的全球空间而取得长足发展。唯其如此，方能加强习近平总书记所强调的"国际话语权"和"国际传播能力建设"[4]，让播音员主持人更鲜明地展示中国形象，更清晰地传播中国声音，更优美地讲好中国故事。

二、"'播'新闻是守旧，'说'新闻是创新"质疑

业内有一种说法，认为"说"新闻生动形象，贴近实际、贴近生活，而"播"新闻平淡死板，只是念念稿；据此得出结论："说"新闻是改革创新，"播"新闻是因循守旧。

对于新闻，采用"说"还是"播"，其实是内容与形式、语言环境和语言要求的关系问题。对某个具体的新闻节目，是"说"好还是"播"好，不能一概而论，应该就具体情况作具体分析，即要看节目的特定内容和具体的语言环境。因为内容决定形式，语言环境制约语言要求。一般情况下，如果节目的内容是有关民生方面的，那么采用"说"新闻或"聊"新闻的形式就显得生动、轻松些，往往会收到较为理想的收视效果，例如笔者主持过的松江电视台的午间档民生新闻《云间播报》，从着装、语态、站姿等方面都尽量靠近说新闻的要求，贴近午间受众；而如果节目内容涉及宣传国家主导意识形态的，传递党和政府声音的，一般以采用庄严稳重、规范标准的传统播报形式为好，即"联播体"，比如笔者播报过的松江电视台黄金档新闻节目《松视新闻》，采用的就是大方、端庄、严谨、客观的播报方式，准确、及时地传递区委区府的声音。倘若一味强调宣传形式的活泼、刻意追求趣味性和新鲜感，不顾节目的特定内容和语言环境，来一个"想怎么说就这么说"，甚至一概"聊"新闻、"侃"新闻、"戏说"新闻，这就纯粹变成了一种与内容严重脱离的盲目的形式追求，势必东施效颦，弄巧成拙，其效果只会适得其反。

因此，不能简单化地判定"说新闻就是创新，播新闻就是守旧"。这种评判之所以不正确，一是因为它把形式的单一变革当作"创新"的唯一标准，而把内容的决定和制约作用抛在一边。其实，只有与内容相适应、相融合的形式创新才是真正的创新，而与内容相割裂甚至相冲突的形式"创新"，只能是形式主义的"立异"和"标新"；二是因为它把新闻播报的传统形式视为"守旧"，却没有看到与这种传统播报形式相吻合、相匹配的新闻内容和新闻环境还存在，这就决定了"播"新闻这种历史悠久的传统形式至今仍有其空间和作用。可以预见，只要宣传国家主导意识、传递党和政府声音的新闻内容、新闻环境在我们的荧屏上没有消逝，"播"新闻这一传统播音方式就将继续存在，并会不断延续和发展。

因此，我们对任何一种宣传形式的褒贬与取舍要慎重对待，要视其与宣传内容的匹配情况而定，即"需要区别不同情况，不同内容，合理运用宣传方式，才能拿捏好传播的分寸，取得良好的宣传效果"。[5]这就要求我们用相互联系的观点看问题，它有助于克服思想方法的片面性和绝对化，而这恰恰是我们在实际工作中迫切需要却没有得到很好掌握的。

三、规范标准与个性风格的良性互补

在我们这批年轻播音员、主持人中存在这样的现象：参加普通话测试的前夕磨刀霍霍、日夜鏖战，即使"为伊消得人憔悴"，也"衣带渐宽终不悔"；然而一旦拿到了"一级甲等""一级乙等"的红本本，便从此"刀枪入库""马放南山"了：什么"普通话三要素"、什么"字头要咬住""字腹要展开"，哪有那么多的坛坛罐罐、条条框框，只要赶潮流、迎时尚，扬我所长，避我所短，不就"与时俱进"了？于是乎，在实际工作中，语言的规范标准被抛在脑后，基本功的勤学苦练也成为过去式，而模仿怪腔怪调成为时尚，还美其名曰"是在形成个性风格"。这种与规范标准相脱离的"个性风格论"实在要不得。

事实上，党的宣传员、新闻人和语言艺术工作者"三位一体"的岗位工作的性质定位，已经规定了我们播音员、主持人个性风格的培养和发展方向。离开这个总体定位，个性风格就无从说起。应该说，普通话的基本功、语言的规范标准，是播音主持的工作前提和业务基础；而每一个体在工作实践中形成的个性风格和艺术特色，无非就是从长期恪守语言规范和反复磨炼语言功底这个基础土壤里孕育出来的成果。只有土壤的厚实、肥沃，才能长出异彩纷呈的百花；正因为首先有规范与功底这个前提和基础，然后才能有风格与特色的形成与发展。真正的个性播音特色必然牢牢扎根于共性规范标准的深厚土壤之中。这两者的内在因果联系表明：脱离语言规范的"风格"只能是装腔作势、华而不实，"头重脚轻根底浅"；缺少语言功底的"特色"，也势必金玉其外、败絮其中，"嘴尖皮薄腹中空"。只有让规范标准与个性特色有机结合、良性互补，才能向习近平总书记提出的"努力成为专家型人才"[6]的高素养新闻工作者的目标靠近。

四、普通话播报与方言播报：统筹协调、和谐发展

近年来，一股强劲的方言风正在全国媒体蔓延。各地广播电视媒体纷纷推出了一批新闻播报的方言节目，形成了一股"方言热"现象。关注与研究广播电视新闻节目表达方式，几乎无法避开"方言节目"这一热点，因此，如何正确认识和把握新闻播报中普通话节目与方言节目之间的关系，进而从总体上正确把握广播电视新闻节目的多元化表达方式，已成为当前亟待破解的一大课题。

中华民族需要有共同语言文字，媒体对此肩负着重大的法律责任与社会使命。《中华人民共和国通用语言文字法》规定："广播电台、电视台以普通话为基本用语。"而正当方言风强劲蔓延的节骨眼上，上海、浙江等地适时出台关于语言

文字方面的地方性法规,再次强调了"广播电台、电视台的播音、主持和采访用语等都应当以普通话为基本用语",并对方言类节目的使用形式、报批部门、播出时段和加配汉字字幕等作出适度控制的规定。上述为"加强国家通用语言文字使用管理,发挥国家通用语言文字在社会生活中的作用"而先后制定出台的国家法律和地方法规,应该是我们认识和把握广播电视新闻节目表达方式即普通话播报与方言播报两者关系的基本前提和出发点。

普通话播报和方言播报这两种形式,其实是一对矛盾的两个方面,它们既共处于广播电视新闻节目表达形式的统一体中,又在各自的定位、功能、特色等方面有着质的区别。从推广普通话是国家法规的基本要求,广播电视又是推广普通话的重要阵地这一基本点着眼,普通话播报无疑处于新闻节目表达形式的主导地位,属于矛盾的主要方面;但是弘扬主旋律并不排斥多样化,以"三贴近"为功能优势、以凸显地域文化为特色的方言播报形式,经过地方广播电视媒体的精心策划与打造而取得了较好的收听收视效果,为广大百姓所欢迎。这一独特的形式虽处于表达形式的从属地位和矛盾的次要方面,但已成为普通话播报的有益补充,是主流语言节目的一种天然调和剂。总之,两种播报形式,一个起主导作用,一个当辅助角色,两者已形成提倡普通话的主导性与凸显语言表达多样性的和谐统一关系。

不过,任何矛盾关系都有在动态的演变过程中发生转化的可能。这种转化的临界就是对事物发展的"度"的把握。虽然方言播报尚有一定的开凿空间,但如果过多过滥,甚至喧宾夺主、取普通话播报而代之,就会因为量的失控而出现"度"的超越,使事物发生质变和逆转,因为这种过"度"的方言播报只会从总体上影响普通话的推广普及,影响国家语言文字法律的贯彻实施。

所以我们一定要增强对事物量质互变的临界点——"度"的把握能力,来促使、引导我们的播音主持工作朝着健康、有利的方向发展。而始终坚持与恪守法律法规中"应当以普通话为基本用语"的主导性原则,和对方言节目适度控制的具体规定,正是对两者"在力度、分寸的把握上准确、精当"。[7]唯其如此,普通话和方言这两种播报形式才能达到最佳结合,这对矛盾才能做到主次兼顾,提倡普通话的主导性与语言表达多元化的两者关系才能统筹协调、并行不悖、和谐发展。

注释

[1]《习近平新闻思想讲义》,人民出版社、学习出版社 2018 年版,第 52 页。

[2][美] 阿尔温·托夫勒:《权力的变移》,四川人民出版社,318 - 319 页。

[3]《习近平新闻思想讲义》,人民出版社、学习出版社 2018 年版,第 79 页。

[4]《习近平新闻思想讲义》,人民出版社、学习出版社 2018 年版,第 30 页。
[5]《习近平新闻思想讲义》,人民出版社、学习出版社 2018 年版,第 93、94 页。
[6]《习近平新闻思想讲义》,人民出版社、学习出版社 2018 年版,第 200 页。
[7]《习近平新闻思想讲义》,人民出版社、学习出版社 2018 年版,第 95 页。

作者简介:
朱少石,大学本科,上海市松江区融媒体中心电视专题部主任。

探索以趣味传播提升主题宣传效果

——以浦东电视台新媒体 H5《闯关自贸区》为例

张梦蕗

提　要：融媒体时代下，对于主流媒体而言，政治立场要用传播效果来检验。入耳入脑入心的有效传播，才能增强舆论引导力、壮大主流思想舆论，达到媒体融合发展的目标。主题宣传如何达到更好的传播效果？为此，媒体都在寻求创新的方式。浦东新区广播电视台策划制作的 H5 游戏《闯关自贸区》，把宏大、抽象的主题放到喜闻乐见的游戏框架中，将主旋律宣传内容"润物细无声"地融入沉浸式、交互式的游戏场景，在上海自贸区成立五周年之际给用户带来了新鲜体验，也在众多新媒体产品中脱颖而出。本文通过深入分析该 H5 产品的创新优势和遇到的瓶颈，浅谈其改进的路径，给今后主题宣传的新媒体策划及媒体融合提供借鉴和启示。

关键词：新媒体　主题宣传　H5 游戏

引　言

在全媒体高速发展的今天，如何让主题宣传"活"起来，让主旋律飞入老百姓的心坎，成了传统主流媒体日常最重要的课题。时任人民日报社副总编辑的卢新宁在 2018 媒体融合发展论坛上提出了一个很现实的观点：对于媒体而言，政治立场要用传播效果来检验。如果只有数量，而无质量；只有覆盖面、可见度，而无到达率、打开率，自说自话、自娱自乐，不仅不会带来正能量，还会产生负效应。这正符合习近平总书记对于新闻舆论工作、宣传思想工作所提出的"增强传播力、引导力、影响力、公信力"效果导向标准。

如何让主旋律宣传入耳入脑入心地有效传播？H5 的应运而生，提供了全新思路。目前，H5(HTML5)技术已支持覆盖用户所有能接触到的媒体形式，包括图文、音频、视频、嵌入网页、全景、VR、直播流、可视化图表、动画等，也全面支持移动端设备和拍照、录音、定位、发送消息甚至 AI 等交互行为。而在信息爆炸的浪潮中，类似"翻页展示"型的初级交互 H5 早已无法满足人们的阅读兴趣。传统主流媒体，尤其是区级媒体如何"出奇制胜"？让我们从 2018 年的这个 H5 游戏说起。

一、H5《闯关自贸区》：39 处互动引爆流量

2018 年 9 月 28 日，是中国(上海)自由贸易试验区成立五周年纪念日的前一天。这天上午，一款《闯关自贸区》H5 互动游戏开始在浦东人的朋友圈中扩散开来。这是浦东新区广播电视台新媒体发展部继 2017 年浦东两会"一镜到底＋创意互动"之后推出的又一款新型宣传样态，是基于 H5 游戏技术的创新产品。作为中国新一轮对外开放重要战略排头兵的上海自贸试验区，全都坐落在浦东，对自贸区广泛宣传、扩大影响的重要性不言而喻。这也是浦东电视台首次尝试以游戏的形式呈现宏大、抽象的主题宣传。让人惊喜的是，H5 上线仅 6 小时就收获了近 7 万用户的参与，取得了意想不到的宣传效果。

H5 游戏是什么？众所周知，HTML5 常用于制作和编辑网页，那么 H5 游戏，可以看作是移动端的 web 游戏。它的显著优点是生动新颖，无须下载即点

图：《闯关自贸区》H5 主视觉及二维码

即用，有极强的交互性和沉浸体验感，这也是 H5 游戏在传播上的优势。

主题宣传类的 H5 游戏在传统主流媒体中并不多见，《闯关自贸区》可谓是一次大胆的尝试。这个游戏主框架为"考眼力"小游戏，共设三关场景、共计 39 处目标。玩家需在每一关至少找到 6 个隐藏目标，才能通往下一关。扫码进入 H5，用户看到的不再是图文、视频等传统展示页面，而是一个动态的游戏加载界面以及"开始闯关"按钮。点击按钮，就进入了"凹造型"的场景，场景内提供多套小人的衣服、发型、配饰等选项卡任用户自由发挥想象力，制作属于自己的造型。完成后，点击"凹好了"，就能进入游戏的第一关——企业服务中心。在轻快的音乐中，用户仿佛置身于真实场景内开始"找东西"，每一个目标的背后都埋着一个经典的自贸区故事弹窗，用户点击正确目标物就会触发弹窗，一边玩游戏，一边直观地了解五年来上海自贸区的建设成果和老百姓的获得感，主题鲜明，交互性强，极具沉浸感。

一个好的 H5 作品，是内容（题材与文案）、创意、音乐、手绘与界面设计，以及流畅的动效、声效、触发等技术支持的优质综合体。为了讲好内容，主创人员先后 6 次深入自贸区开展实地探访，查阅了大量文献与报道，围绕自贸区成立五周年来在贸易便利化、投资便利化和监管便利化等方面取得的显著成效，先后收集了 100 多个小故事，并从中提炼出 39 个典型又喜闻乐见的案例，绘制成"目标"融于游戏场景中。在 H5 中，工人们正在搬运的英国著名蝴蝶标本艺术品《魔鬼》，背后是 2014 年 4 月通过上海检验检疫部门启用"先入区再检验"使其顺利赶上 10 天后佳士得中国春拍及特展的故事；找到坐在银行前办理业务的马来西亚籍高管 Jyn，他会为你讲述如今通过 FT 账户（自由贸易账户），能直接把人民币打到境外账户，当场完成划转的便利；还有"徐根宝借道""一支口红""俄罗斯帝王蟹"等自贸区晦涩的"知识点"，在 H5 中变成了一个个生动的小故事，宏大的主题一下子变得活泼有趣、浅显易懂起来。

在设计风格上，我们选择了最贴近年轻人的"二次元"手绘风格。我们的画师先后四易其稿，以"企业服务大厅""外贸港区"和"商业街区"实景为样本，手绘出三幅典型场景作为三个关卡的背景，并将 39 个典型案例中的关键物品设计成具象的"目标"，"大开脑洞"而又合理地埋藏在三幅场景中，画面中的每一层元素都是文案所讲述内容的投射，使得内容与场景结合得非常紧密，浑然一体。

除了故事、数据和画面的有机结合，为了增加游戏的有趣性，我们还特别设置了"彩蛋"，如 2018 年正当红的《延禧攻略》中的"大猪蹄子·乾隆"，也被"穿越"到了游戏内，他可能躲在一辆自贸区进口 SUV 中暗中观察，也可能藏在企业服务中心外的人群中围观起哄。如此"细节"，却能大大提升可玩性。这种"二次元＋考眼力游戏"的呈现方式，将主题宣传可视化发挥得淋漓尽致，让用户沉浸其中;同时,游戏天生自带的强交互性和传播激励机制,让用户找到了自贸区建设与自己、党和国家利益的交汇点,生动体现出这一国家战略的重要性。

2018 年 9 月 28 日上午,"浦东头条"微信公众号、"魔都行囊"客户端相继推送了这个 H5 作品,迅速在朋友圈发酵,在自贸区五周年纪念日前后三天时间内,《闯关自贸区》的总流量达到了 27 万人次。事实证明,只要创意到位,手段得当,即便没有刻意推广,主题宣传同样会赢得用户的青睐。

二、《闯关自贸区》H5 的创新与优势

作为党的媒体,发挥舆论引导力需要传播力和影响力的支撑。没有用户,没有流量,你引导谁呢? 而提高传播力、影响力的关键就在于是否有效传播,传播的范围是否有效覆盖,即传播效果好不好。不可否认,新媒体在传播手段上比传统媒体更有优势,这就迫切要求主流媒体高度重视传播方式的创新。出自传统广电媒体的新媒体互动作品《闯关自贸区》,确有许多创新之处值得探讨和借鉴:

(一)"高级交互"建立媒体与人的有效连接,引发高度参与

任何产品为了应对时代发展与用户的需求,都需要不断更新与发展。广播电视新闻界常说,好新闻是"抢"出来的,是"守"出来的,是"挖"出来的;而新媒体的出现打破了原有的格局、舆论生态和传播方式,游戏技术也可以作为媒体宣传的手段,将图文、音频、视频、动画、VR、交互等传播要素整合呈现,因此,好的主题宣传,完全可以"玩"出来。

以往的主题宣传传播形式单一,在茫茫信息的海洋中,用户很难注意到一篇普通的图文。游戏化的主题宣传将大量枯燥的数据、新闻、资讯、图片等材料进行二度开发,有逻辑、有趣地呈现,使人们有主动体验和阅读的冲动。虽然如今 H5 新闻已经越来越多,然而,目前传统媒体对 H5"交互"的开发还处于初级阶段,调动用户积极性的动力不足。很多 H5 的套路——通过滑屏、点击、拖动、摇一摇、长按屏幕等方式浏览内容,其实仅属于"操作",算不上真正的交互。

交互,即交流互动,是让用户不仅获得相关资讯、信息和服务,同时还能使用户与用户之间、用户与平台之间相互交流与互动,从而碰撞出创意和需求。媒体融合发展的目的是什么? 其实就是媒体与人的有效连接。习近平总书记曾说:"宣传思想工作是做人的工作的,人在哪儿重点就应该在哪儿。"因此,融合发展的关键,就是要与人、与用户之间建立有效连接。

随着用户日益见多识广,如今"操作"类 H5 已难以引起大众的普遍兴趣。

《闯关自贸区》则是一个通过"高级交互"收获良好传播效果的典型案例。用户通过完成游戏任务获得奖励,这就是深层、实时地在与平台交互,他们在游戏中了解自贸区建设五年来取得的成就,这也就达到了制作者欲实现的宣传目的。

而就在 2019 年 4 月 18 日,我们的"交互"理念再度升级,策划发布了浦东首款在线实时对战答题游戏《烧脑对抗赛 问鼎大浦东》,通过用户两两在线匹配 PK 的形式,让用户在紧张的答题过程中了解浦东大小知识。发布后的 24 小时内,就收获了 41 774 人次同时在线 PK。这便是"用户与用户"之间的高级交互。

值得注意的是,"高级交互"对于技术的要求比较高,这是传统媒体普遍的弱项。对此,需要加强人才招募和培养,或者寻找第三方技术支持。

(二)细节入手搭建场景,让用户沉浸趣味体验

H5 技术打开了主题宣传可视化的大门。如今,场景化、动态化的新闻 H5 已经越来越普遍了,"精细化"将是主题宣传 H5 未来比拼的重要一环。玩过《闯关自贸区》的人,会发现"小心思"遍布场景内的每一个角落。比如企业服务中心内,一个正在办事的秃头中年男人(点击他会咳嗽),其实是办完"简易注销"的破产公司老总;点击办事大厅内拿相机的男孩子,他真的会举起相机按下快门;点击港口仓库的大门,大门会打开,里面也许就藏着需要寻找的目标……这样的触发类动效和声效在游戏中多达 100 多处。这是创意团队通过仔细观察人物、生活习惯与环境,赋予场景内的人和物各种动画和声音,从细节入手营造一个全屏、全景、浸入式的游戏场景。

此外,在还原三幅场景的同时,游戏中还加入了吸引眼球的"彩蛋"元素,比如出没在企业服务大厅外的骆驼(对应"一带一路")、小姐姐拿着的手机里暗藏着一张"臭美的你"照片(对应游戏开始"凹造型")、穿越到自贸区进口车里的"大猪蹄子·乾隆"(点击他会比剪刀手,并对你说"哈哈")等,既营造了真实的游戏场景,同时也妙趣横生,惊喜不断,大大消解了用户对主题宣传的刻板印象,激发用户的转发分享欲。

(三)用户思维:与我有关,刺激转发

曾操刀《快看呐!这是我的军装》《两会喊你来群聊》《支付宝十年账单》等多个现象级 H5 的未来应用创始人陈鸿在一次主题演讲中曾总结道,要想做出"爆款",一定要抓住传播的节点,最基本的是遵循人性,给用户带来荣誉、金钱、奖励或是其他人性需要的东西,给用户一个转发的理由和动机。不难看出,"用户思

维"是 H5 刷屏的关键之一,这恰恰是传统主流媒体做主题宣传时的短板。

自贸区建设究竟如何影响我们的生活?《闯关自贸区》的创意团队一开始就想找到宣传内容与用户自身利益的情感共鸣点,让用户感受到"与我有关"。

在游戏中,用户能找到许多从老百姓生活中而挖掘的故事,以小见大,来反映自贸区建设的成果。比如"快递柜前拿海淘奶粉的孕妇,海淘奶粉昨天下单,今天就到了",其实这正是自贸区"通关便利化"政策带来的红利,可大部分老百姓并不了解海淘与自贸区之间的联系。在游戏中,用户一旦点击"孕妇",快递门打开,孕妇还会发出开心的笑声,同时触发图文弹框,以简短精练小故事的形式,让主旋律内容在用户心中引起回响,产生共鸣,从而成为传播链上的志愿者。

此外,《闯关自贸区》特别设置"秀出战绩"和"排行榜"功能,满足用户玩游戏后的炫耀心理,刺激二次传播。同时,还设置红包奖励机制,当用户找齐三关 39个目标后,就能抽取获得随机金额的微信红包,此举是为了更大限度地打开了社群的流量入口,为自贸区建设宣传引流。在发布当天的 20 点后,后台服务器曾警报在线人数过多,几度出现宕机,可见参与者踊跃。

(四)技术流畅支撑,助力口碑传播

一个优秀的融媒体作品,在于体现新闻性、互动性和技术性的高度统一。根据腾讯发布的《移动页面用户行为报告》,H5 加载超过 5 秒就会有 74% 的用户离开页面,由 H5 页面引导去下载 App 的转化率平均值为 11.3%,最高值仅为36.6%。由此可见,有力的技术支持必不可少。创意竞赛固然重要,然而如果在同等条件下,更流畅的 H5 定会在传播效果上更胜一筹,这也是对用户体验最基本的尊重。在《闯关自贸区》开发阶段,为确保整个游戏体验顺畅,画师与技术人员密切合作,共花费了两个月时间编写叙事框架和动态代码,对每一个细节都进行反复测试,前后修改了十几个版本,使其精细程度已与 App 十分接近。比如,针对 H5"黄金 5 秒"的概念,特地将首页设计成带有进度条和动画的加载页,来分散用户等待的注意力。由此,加深了这一场景化游戏的冲击力,最大限度地满足了用户的沉浸式体验,进一步为 H5 的口碑和传播效果保驾护航。

三、《闯关自贸区》H5 遇到的瓶颈及其启示

(一)传播平台单一带来风险

根据本 H5 的游戏机制,需要获取用户信息才能实现个人排名、红包点对点

发放等功能，因此，《闯关自贸区》H5 是基于微信环境开发的，只能在微信环境下打开。从传播渠道来看，第一是依靠朋友圈，其次是公众号、微信群、个人窗口，再加上"魔都行囊"客户端的少量引流，平台非常单一。

事实上，《闯关自贸区》并不是传播平台单一的个例。iH5 发布的《2015 年度 H5 数据报告》对平台上浏览量较高的前 100 个 H5 作品作数据分析得出：用微信打开的用户占 94％，其余方式只占 6％。而 MAKA 基于平台 1 000 多万企业用户发布的《2016 年度 H5 数据报告》显示，7.9％的用户从微信公众号打开 H5，成为一次传播的主力；59.6％的用户通过微信朋友圈进入 H5，得朋友圈者得天下。可以看出，H5 对于微信这个"超级 App"非常依赖。笔者认为，这是存在很大风险的。

微信团队已经宣布，禁止利用微信产品功能进行诱导分享行为，一旦发现将进行封禁处理。2018 年 5 月 18 日国际博物馆日之际，抖音联合七大博物馆推出的《第一届文物戏精大会》霸屏朋友圈，却被微信以"涉嫌诱导分享"为理由封杀，严重影响了传播效果，也为媒体从业者敲响了警钟。而另一个刚刚发生的案例却给了我们启示。2019 年 5 月 28 日下午，网易哒哒 H5《饲养手册》刷屏朋友圈，可仅仅在发布 4 小时后被微信关停，点开朋友圈链接显示"已停止访问该网页"。即使如此，《饲养手册》在当天的全网浏览量也超过了 1 000 万，并登上微博热搜。网易哒哒表示，H5 除了在微信传播，在 QQ 和微博也可以传播，因此在微信外的流量比例也很高。

据不完全统计，包括人民日报在内的多家媒体都曾因为制作的 H5 作品中包含诱导分享的内容而遭封杀，如果媒体开发的 H5 是兼容多平台传播的，那么在作品遭遇封杀等突发情况时就能有效规避风险。单一的传播平台和传播模式已经无法满足媒体发展的需求，需要开拓和兼容新的传播渠道，让产品具有全网传播的潜力。

（二）流量后劲不足

虽然《闯关自贸区》在三天内达到了 27 万人次的浏览量，可流量后劲不足，三天之后就进入了衰退期，最终"死亡"。笔者分析，这一部分是由于《闯关自贸区》H5 的传播渠道主要在微信朋友圈，从而造成的问题是个人朋友圈用户范围狭窄，目标对象不明确，无法对用户进行画像从而进行有效分组和精准投放，导致到达率、打开率大打折扣；其次，由于技术限制，《闯关自贸区》只能对测试出的 bug 进行修复，却无法实时掌握用户行为数据，从而对游戏流程做出人性优化。简而言之，投放不精准，优化不及时。这也是传统媒体投放融媒体产品时普遍遇到的困境。

《闯关自贸区》作为一款内含"脑洞"的 H5 小游戏，目标用户应该是对二次元文化、游戏文化感兴趣的年轻人。从投放效果出发，首先，H5 应该选择投放在用户画像匹配自身定位的公众号和平台上作为首发，并且可以与定位相近的流量大号进行合作，通过精准的种子用户进行二次传播；其次，应储备和运营不同用户画像的社群并精准投放，通过社群裂变传播，提升宣传效果。

在技术方面，不断与时俱进提升创新能力，利用大数据加强对用户行为的了解和预判，是传统主流媒体，尤其是区县级媒体急需加强的课题。在人才方面，应重视培养更专业的技术人才，或是依托专业技术团队，从而拥有更强的竞争力。

（三）内容始终是立身之本

除了《闯关自贸区》，纵观新闻媒体现象级的 H5 作品，再次印证了"内容为王"始终是金科玉律。2017 年建军九十周年纪念之际，由人民日报和天天 P 图推出的《快看呐！这是我的军装照》霸屏朋友圈。人们纷纷上传自己的照片，秀了一把军装，表达对军人的膜拜，H5 四天的访问量就突破 8 亿。此外，人民日报《两会喊你加入群聊》、中国网《部长请回答》、央广中国之声《央广主播朋友圈里都有啥?》等带有两会元素的 H5 产品，无一例外都是因为其喜闻乐见的内容打破了用户对时政类主题宣传的刻板印象，触发了"惊喜"式的刷屏。

内容始终是信息传播基础，好的创意是内容产业的核心。技术能改变用户参与分享的方式，但没有好内容、好创意，再好的技术也无法使人"沉浸"其中。

结　语

H5 游戏《闯关自贸区》的创新探索仅仅是一个开始，主题宣传的 H5"玩法"还有很多。在政治方向、舆论导向正确的前提下，传统媒体一是要从用户思维出发，走场景化、动态化、强交互之路，有趣的产品才能获得用户的关注；二是要坚持"内容为王，深挖技术"的思路，深耕内容与创意，注重技术创新人才的培养；三是要做好党和国家主流宣传信息的"转译"工作，充分注重社交传播，找到与老百姓的利益交汇点、情感共鸣点，让用户感受到"与我有关"，从而成为传播链上的志愿者。

同时，媒体还面临着 H5 雷同化的问题。怎样根据广电媒体自身的定位、主题宣传的特点来策划并制作出差异化的 H5 主题宣传作品，以创新的传播力、影响力提升舆论引导力，也是传统媒体应该思考的课题。

参考文献：

[1] 人民日报社副总编辑卢新宁：媒体融合如何"合而为一"[EB/OL].http：//media.people. com.cn/n1/2018/0910/c40606－30283544.html.

[2] 张宇.从央广"王小艺的朋友圈"看 H5 创新[J].中国广播电视学刊,2018,No.328(07)： 104－106.

[3] 韩长玲,陈洋.新媒体时代下 H5 的发展策略分析及启示——以《薛之谦史上最疯狂的广告》为例[J].传播与版权,2017(5)：103－105.

[4] 腾讯大数据.移动页面用户行为报告[EB/OL].https：//www.digitaling.com/articles/ 23533.html.

[5] 为什么人民日报、BAT 都找他作 H5？[EB/OL].http：//www.sohu.com/a/16803221 5_99937286.

[6] MAKA.2016 年度 H5 数据报告[R/OL].2016.

[7] iH5.cn.2015 年度 H5 数据报告[R/OL].2015.

[8] 丁柏铨[1,2].论新闻舆论传播力、引导力、影响力、公信力[J].新闻爱好者,2018.

作者简介：

张梦蕗,语言学文学硕士,上海市浦东新区广播电视台新媒体发展部主管。

用影像唤起上海记忆
用档案讲好上海故事

——解析"上海影像＋沪语节目"模式

贺僖　钟鸣

提　要：2017年起，SMG版权资产中心暨上海音像资料馆以"上海影像＋沪语节目"作为模式，参与《嘎讪胡》的内容制作，涵盖了吃、穿、住、行等方面，揭示上海改革开放四十年来的变化，将上海影像档案应用于内容制作。"上海影像＋沪语节目"模式是在建设"上海文化品牌"的大环境下形成的，作为文化单位，发挥自己的影像档案优势，探索档案新的诠释方式，将影像应用不仅体现在历史佐证，还要肩负文化传承的责任，以及升华到人文情怀，达到情感共鸣。

关键词：上海影像　上海文化　沪语节目　影像应用　新媒体

前　言

SMG版权资产中心暨上海音像资料馆（SAVA）始建于1984年，上海市唯一的专业音像资料馆，目前隶属于上海广播电视台上海文化广播影视集团有限公司（SMG），为全国首家对广播电视节目进行集中管理的专业机构，拥有13万小时上海影像资料，涵盖1898年至今的各类新闻纪录片、专题片及素材档案等。一家单位两块牌子，对内为广播电视新媒体提供节目资料采集、储存、管理、应用等服务，分布于集团下属广播、上视、广电、东视各楼宇，为频道栏目提供进驻式服务，对外则发挥社会效益，组织上海影像相关的系列活动。

2017年起，上海音像资料馆秉承着"用影像唤起上海记忆，用档案讲好上海故事"为理念,以"上海影像＋沪语节目"作为模式,参与沪语节目《嘎讪胡》的内容制作,在此过程中完成了影像资料服务、短视频剪辑、新媒体传播等一系列工作。

一、上海影像＋沪语节目,激活档案新生命

将"上海影像＋沪语节目"作为模式进行内容制作,这一举措无疑是将上海影像从过去的采集、馆藏工作升华至应用的层面,这是从量变到质变、厚积而薄发的过程。将上海影像应用于内容制作,目的在于传播上海本土文化,唤起老上海人对于本土历史、文化的记忆,促进上海年轻一代及新上海人了解上海文化历史,从而传承城市人文精神、融入城市发展建设。此时的影像档案不再是静静躺在资料馆柜架上的一盘盘实体带、一卷卷胶片,也不是机构数据库中的一串串信息,而是可以勾起人们对上海城市记忆与情感的纽带,由此激发了其新生命。

1. 上海影像的多渠道采集

影像档案能够得以应用是以前期大量采集储备为基础的。上海音像资料馆自成立至今已走过三十多年光阴,一直致力于上海影像的采集、修复、馆藏等工作,在多年研究中开辟了多渠道采集路径。

第一,广播电视渠道。上海音像资料馆隶属于上海广播电视台,对 15 个电视频道、11 个广播频率所有音视频资料实施管理。内容资源包含:135 万盘广播电视节目资料;55 万小时广播电视数字化资料;13 万小时上海影像资料,涵盖 1898 年至今的各类新闻纪录片、专题片及素材档案。380 万条音视频内容资源。

第二,海内外机构渠道。资料馆内专设采集部门,以挖掘上海影像为出发点,以研究与考证史实为落脚点进行策划采集。采集方式分为线上与线下两种,线上为根据国内外机构影像数据库信息进行资料购买交易,线下为专项团队赴当地采集。

第三,民间收藏渠道。文物市场、拍卖机构、私人收藏家、家族遗留物等均为采集上海影像的民间渠道。这对采集团队来说要求更高,须有四面八方的消息渠道,也要对影像收藏品具有历史嗅觉、真假辨别、价值评估等能力。

2. "上海影像＋沪语节目"创新模式

以"上海影像＋沪语节目"为模式的《嘎讪胡》栏目每一期都有着不同的主题,每一主题都是关于老上海人的生活,涵盖了吃、穿、住、行等方面,并且作了今

昔对比,揭示上海改革开放四十年来的变化。将上海影像应用于内容制作的同时,还配以一位知名上海滑稽戏演员进行沪语解说,并且用生动形象的肢体语言实现情景模仿,达到情景再现,讲述上海故事。为了将栏目内容与上海影像紧密结合,栏目组与资料馆则是经历了一段时间的思考、探讨与策划,从而确立了节目主题、呈现方式、解说风格等。

节目主题侧重于上海人的吃、穿、住、行等。相对物化的主题更能抓取匹配的影像资料,这里的"物化"内容是上海人通过辛勤劳动与发挥聪明才智而输出的物象载体,从而通过物象载体反映上海人的生活方式。具体的则以极具上海特色的产品为主,如上海美食"鲜肉月饼""柴爿馄饨",上海服饰"西装旗袍",上海建筑"石库门",上海交通"电车""老上海火车站"等,再进一步则会延伸到上海品牌文化,如因糕点闻名的"真老大房",因糖果闻名的"大白兔奶糖",因裁缝手艺佳而闻名的"培罗蒙",上海滩知名照相馆"王开照相馆"等。

呈现方式以上海影像与解说演示相结合。栏目组邀请知名上海滑稽戏演员舒悦以评书人的身份进行沪语解说。"评书人"是一种古老的中国传统口头讲说表演艺术形式,清末民初时,评书的表演为一人坐于桌后表演,道具有折扇和醒木,服装为长衫;至 20 世纪中叶,有出现站立说演,服装也较不固定。"评书人"一边解说一边配以上海影像画面,两者相得益彰。在无影像资料呈现的情况下,则以演员本身的形体动作来角色扮演重现生活景象。

解说风格一改历史说教的沉重之感,而是营造诙谐幽默、乐观积极的氛围。"评书人"也会以老上海人身份做今昔对比,畅谈个人感悟。

"上海影像＋沪语节目"模式旨在传播上海本土文化,唤起老上海人对于本土历史、文化的记忆,促进上海年轻一代及新上海人了解上海文化历史,传承城市人文精神、融入城市发展建设。上海影像在其中则是传递上海城市精神的情感纽带。

3.“短视频＋新媒体”助力传播

考虑到当代人的信息汲取方式,为了将上海影像传播得更远,受众范围更广,上海音像资料馆采用传统媒体与新媒体双渠道传播的方式。《嘎讪胡》不仅在地方电视媒体上进行播出,还在上海音像资料馆官方微信公众号上以短视频形式进行推送。

在中国,人们早已习惯从手机等移动智能客户端汲取信息及休闲娱乐,对简短、快速、反转为特征的视频节目接受度颇高。于是将原本每期 10—15 分钟的节目精剪、包装、合成约 5 分钟的短视频,最大限度保留含有上海影像画面的部分。通过新媒体渠道——上海音像资料馆微信公众号进行内容产品发布,其中不仅有短视频,还提供视频文字摘录与补充信息,即从短视频观看扩充到图文阅读。

制作与传播过程中,我们力求作品具有互联网属性,如节目时间短,节奏快,突出重点,适合广泛传播。选择手机等移动终端进行传播是为了将节目传播到公共领域,尤其让上海年轻一代和新上海人观看,让他们了解上海本土文化。

二、影像佐证、文化传承、情感共鸣,影像应用的含义

通过"上海影像＋沪语节目"模式的案例可知,如今,越来越多的音像档案机构将研究重心从采集、馆藏、研究,拓展到了应用的层面,并且对于影像应用逐渐划分出三层含义——影像佐证、文化传承、情感共鸣,这三者之间是一个循序渐进、不断升华的过程,也是对视听档案价值和社会效益的探索。

1. 影像佐证

第一层是影像佐证。通过渠道挖掘采集影像,其目的在于佐证史实,并通过影像实现对普罗大众的传播,以至于达到认知的程度。例如历史纪录片,讲述史实的同时会以历史影像加以佐证。值得注意的是,很多历史纪录片中由于缺少历史影像的画面证据,而使用影视剧画面,或雇佣演员拍摄达到情景再现目的,然而这些都没有历史影像具有说服力,纪录片叙事的信念感锐减。因此影像的多渠道路径采集工作具有不可替代的作用,有其独有的价值。影像采集工作应当引起业内重视。

SMG 版权资产中心暨上海音像资料馆近些年的历史影像采集项目如《东京审判》《饶家驹》《张家宅》等,这些是针对年度重大选题而策划的采集项目,以及配合节目制作播出,将真实影像与亲历者口述、专家采访相结合,叙述不为人知的故事,还原历史真面貌。

在纪念东京审判宣判 70 年之际,为配合纪录片《东京审判》一片的拍摄制作,上海音像资料馆特派采集团队赴美国国家档案馆采集一手影像资料,取得了一些独家的新发现:远东国际军事法庭上中国法官、检察官庭审、证人作证、法庭上的东条英机等实录,这批珍贵影像在《东京审判》一片中首次公之于世。

纪念世界反法西斯胜利 70 周年前夕,上海音像资料馆从海外采集到二战中有关上海一个难民区的历史影像,在其中发现了重大史实:1937 年 11 月,侵华日军烧杀抢掠所造成的难民潮从四面八方涌向上海租界。一位名叫饶家驹的法

国神父联络各方爱心人士,努力游说斡旋交战各方,在紧挨着法租界的南市老城厢一带建立起了一片收容和保护中国难民的"南市难民区"(饶家驹安全区)。为了深入了解和考证这段历史,采集团队赴饶家驹故乡进行寻访,力求影像背后的故事叙述得更具体、更生动,最终呈现于《上海故事》栏目。

上海音像资料馆有一份拍摄于 1978 年改革前夜的影像资料——日本纪录片《中国新风:与上海市民一起生活》,这个特殊的时间点正是述说改革开放 40 周年人民生活发展变迁的良好契机,由此上海音像资料馆开展了一系列活动如寻找片中相关人物、征集老影像,唤起人们的集体记忆。通过与大时代共呼吸的人物命运变化,述说 40 年间的故事,以小见大反映历史缩影,展示改革开放的成果。

2. 文化传承

这里说的文化传承,主要通过对影像资料的有机结合传递历史文化,影像成为知识化身,具有工具性。例如上海音像资料馆的媒资百科网。借助词条的形式,以知识管理为出发点,以文化传播为目的,词条分类已包括空镜、历史、曲艺、文娱、体育、政治、经济、社会民生等。一个词条拥有一个主题,将与主题相关的视频、音频、图片、文字等物理形态聚合起来呈现于网页。再将词条分门别类整合在一起,创建"主题库"。这就像百科全书一般,具有海量的知识。而由词条产品汇集而成的是鲜活的视听百科。

词条的最初角色设定是作为节目制作的资料包,为记者、编辑、导演提供画面资料,多用于纪录片、人物访谈、新闻报道等偏社教类的节目中,画面资料的运用使得节目画面语言更为丰富,增强了说服力,也让节目更完整。

自 2012 年词条制作至今,选题量已达到相对饱和,总量约达 28 840 条,所涉类别也较为全面,正是进一步开发词条这一文化传承载体作用的时机。从其角色定位的角度出发,最初那个服务者的角色功能应当做出适当增量与增值,首要考虑的便是增加服务对象。以上海音像资料馆的角度出发,对内服务于广播电视媒体等节目制作单位,对外则可以对合作对象与服务范围进行有益探索与适当拓展,参与其他文化单位的文化活动,如为主题展览活动提供视音频资料、图片文案资料,创意园区产品制作提供服务,企事业单位共建联建等,由此更好地体现百科词条的文化传承作用,以及践行社会责任,实现社会效益。

3. 情感共鸣

以影像的力量升华至人文情怀,引起情感共鸣,继而跨越民族、国家,成为人类共通的语言。例如本文所述的"上海影像＋沪语节目"模式案例,使得节目具有海派基因,增添了人情味。影像融入现实生活,成为情感与精神纽带,述说老上海故事,展示上海历史影像,唤起上海人的集体记忆。影像档案不再有拒人千里之外的神秘感,不再是承载厚重历史而显得冷冰冰的载体,而是有温度的暖流,无声无息中给人以感动和力量。

同样有着海派基因的栏目《侬是上海人伐》也遵循着利用历史影像唤起城市记忆的方法,栏目自 2018 年起播出,第一季以沪语俗语、生活习俗、情感观念等作为主题来勾起上海人的回忆和讨论,节目中穿插着相关影像画面资料。第二季则以沪上荧屏经典栏目、电视剧、上海名人作为主题,节目中邀请各大剧组成员重聚,在如同"合家欢"一般的氛围里重温经典,辅以当时节目或剧集中的经典桥段,让演员们回忆过往拍摄趣事、故事情节,在荧屏前同样看过这些经典作品的受众便会不由自主地参与到其中,这也是向传播上海文化、演绎经典的艺术家、工作者致敬。

关于用影像抒发人文情怀,唤起集体记忆的案例,日本 NHK 的一个项目《Dementia：Reminiscence for Seniors》(痴呆症：老年人的回忆)是档案资料行业内比较知名的案例,这个项目是首次将电视档案资料应用于应对老年痴呆趋势增多的案例,在 NHK 音像档案馆搭建的专门的网站上放置了 300 多个节目,通过这些怀旧和老年人喜爱的节目来唤起年长者们的记忆。相关影像一经传播,在日本国内引起了强烈反响。这是一种情怀的释放,影像真正融入了现实生活之中,也将影像提升到一个跨越国界的、共通的人文新高度。

结　语

"上海影像＋沪语节目"模式是在提倡传播海派文化,保护上海历史文化遗产,打响"上海文化品牌"建设的大环境下而形成的。作为文化单位,发挥自己的影像档案资料优势,探索档案新的诠释方式,将影像的应用不仅体现在历史佐证,还要肩负文化传承的责任,以及升华为具有人文情怀的纽带,达到情感共鸣的作用。还有将历史影像通过现代信息技术、数字技术发挥其真正的使命。

文末不得不发出感慨:影像档案的魅力就在于历史亲历者看了会激动、流泪、产生共鸣;后人看了会震撼并主动去了解历史和文化。对于影像应用的探索与拓展还须继续,不仅是用历史影像去唤起人们的集体记忆,不忘历史、不忘初心、牢记使命;还是对人类文明发展、人文历史的敬重,激励后人,砥砺前行。

参考文献：

[1] 李欧梵.上海摩登[M].上海三联书店,2008。

[2] 钱乃荣.上海的方言戏剧与海派文化[J].上海戏剧,2010(04)。

[3] 薛理勇.消逝的上海风景[M].福建美术出版社,2006。

作者简介：

贺僖,大学本科学历,SMG 版权资产中心编研。

钟鸣,大学本科学历,SMG 版权资产中心编研。

浅析新媒体环境下广播节目的
互动传播

武　文

提　要： 广播，作为一种传统的媒体形式，具有传播广泛性、接收便捷性、互动即时性等特点，受到广大听众朋友的喜爱。如今，随着智能手机的普及，媒体形式日益多元，人们使用媒体的习惯也正在发生转变，传统广播节目单一线性的传播方式已很难满足听众多样的需求。广播节目在新媒体环境下，如何使用新媒体的方式，加强与听众的互动，留住听众，培养听众收听惯性，成为广播媒体人普遍要面对的一个问题。本文将结合工作实际，简要的分析新媒体环境下，广播节目如何实现有效多向的互动传播。

关键词： 广播　新媒体　互动

广播诞生于 20 世纪 20 年代，一经问世，就因为覆盖广泛、传播及时、便携灵活的特点，广受人们的喜爱，在相当长的时期内都是主要的媒体传播形式。现今，随着互联网技术的兴起，智能手机的日益普及，广播所拥有的特点不再是它的独有优势，广播媒体的地位受到新媒体的冲击。面对新的传播形式和发展现状，在多种媒体并存的形势下，广播节目抓住互动性这个抓手，充分运用新媒体的技术手段，加强与听众间的有效互动，或许能成为广播节目异军突起的新突破口。[1]

一、广播节目的互动方式

长期以来，广播节目由于收听方便，传播灵活及时等特点，广播节目的互动功能非常突出,也深受听众的喜爱。回顾 20 世纪的广播节目,往往都开通了听众信箱,听众通过书信的方式给节目组提出意见建议或者分享收听感受等,广播电台设有例如"群工部"来专职负责接收和回复听众来信。节目中往往也有"听众来信"这样一个板块,主持人选取有代表性或者内容新颖的来信在节目中回复听众。1985 年 5 月,陕西人民广播电台甚至还开办了一档《听众来信日》的节目[2],1996 年,中央人民广播电台共接收国内外听众来信 186 万件,成为中央人民广播电台历史上听众来信最多的一年[3]。一方面说明广播节目受到听众的欢迎和喜爱,另一层面也说明,书信的方式是当时广播节目和听众互动沟通的最主要方式,建立起"节目——听众——节目"的正向反馈的传播机制。

进入 21 世纪后,随着传播技术的改进,广播节目也进入直播互动的阶段,这时拨打热线电话成为听众与节目互动的主要方式。以嘉定人们广播电台 2009 年开办的直播互动访谈节目《民生热线》为例,节目甫一播出,就迎来了听众的热切关注,开播首周的热线电话就超过 20 条。但是,近几年,已经很少有听众热线电话,这也是因为听众的习惯在发生变化,越来越多的听众习惯了使用手机微信、APP 进行互动。目前,嘉定人民广播电台每周一至周五,每天播出五档直播节目,早晚高峰节目《早安嘉定》和《下班去哪儿》,早高峰节目以提供实时路况、天气信息、新闻资讯为主要内容,满足听众早间出行的资讯需求。晚高峰节目《下班去哪儿》,除了提供路况、信息资讯外,节目选取核心话题,跟听众分享交流,提供一个开车在路上,伴随收听的节目模式。每天上午时段是音乐直播节目《动听 1003》和互动访谈节目《民生热线》,中午时段是新闻节目《午间新闻》。在这五档直播节目中,除了《午间新闻》是比较传统的新闻直播节目,其他四档都是直播互动节目。互动既是主要的节目形式,又是搭通节目和听众的桥梁,所以,怎么使用好新的互动方式,把握主导权,增强听众黏性,正成为广播节目主持人、编导需要思考的最重要问题之一。

进入新媒体时期,虽然目前对于新媒体的界定,业界学界众说纷纭,并没有统一的定论,关于新媒体的边界也不是非常清晰,但是不管哪个概念,都指向一个现状,就是新媒体是有别于报刊和广播电视传统意义上的媒体,新媒体是相对于传统媒体而言,也是在报刊、广播、电视等传统媒体以后发展起来的新的媒体形态,是利用数字技术,网络技术,移动技术,通过互联网,无线通信网,有线网络等渠道以及电脑、手机、数字电视机等终端,向用户提供信息和娱乐的传播形态和媒体形态。[4]新媒体给广播电视等传统媒体带来了冲击和挑战,造成了部分广播电视媒体受众的流失,但是,挑战和机遇并存,面对新媒体,传统媒体也迎来了新的发展。新媒体具有传播及时快速、共享开放、表现手段丰富等多种特点。既能满足不同层面受众对信息的需求,还能满足受众表达自我意见的需求。新媒体的这些特性,与广播媒体有共通之处,比如,互动性,这也是广播媒体的重要特性之一。在新媒体环境下,广播互动除了保留电话热线以外,大多的互动方式是基于智能手机使用的微博、微信、手机 App 客户端。广播节目互动也要适应听众的收听使用习惯的改变,开展更直接有效的互动。

二、广播节目互动的重要意义

广播的播出方式比较特别,它是通过语音的形式跟听众沟通,称为"电波中的声音",是一种主持人和听众在同一时间,却不在同一空间的独特的交流方式。主持人在直播间传递的信息是听众需要的还是不需要的,已知的还是未知的,感兴趣的还是无聊的,主持人没法得到听众直接的反馈,没法知道另一端的听众是点头还是摇头,又或是提出怎样的意见建议。这种交流方式区别于面对面在同一时空里的交流方式,这种方式被称为"类交流"。可以说,这样的交流方式,主持人和听众不能直接沟通,因此,广播节目和听众的互动就显得尤为重要了,良好的互动,是可以成为节目中最活跃的组成部分。例如,嘉定人民广播电台每天17:00 播出的节目《下班去哪儿》,该节目是一档晚高峰资讯类节目,节目时长 1小时 10 分钟,分为信息资讯、路况播报、游戏互动等多个板块,其中游戏互动板块尤为活跃,游戏互动通过微信听友群和阿基米德 App 邀请听友通过拨打热线电话的方式,参与答题,每天提供两套题目,设置统一拨打热线时间(精确到秒,即,每天 17:20:00)听众参与热情极高,四部热线电话几乎同时响起,每天能成功参与的听众都是秒杀状态拨打热线。游戏互动板块成了整档节目中最活跃、最抢眼的单元。互动板块的成功,大大带动了节目人气,使得该节目获得了大量的关注。

《下班去哪儿》节目借助阿基米德互动平台,听众可以在节目直播期间,通过互动留言跟节目互动,主持人通过在节目中回复留言的方式,实现跟听众的即时互动。听众还可以在直播结束的任何时段内,通过平台的回听、点播、收藏等功能,在自己方便的时候,选择喜欢的内容收听,真正实现了听众和广播节目的双向有效的互动方式,相比传统的互动方式,这种方式显然更受到听众的欢迎。

三、广播节目互动新特征

新媒体环境下,广播节目越来越多的借助新媒体平台,也在逐步转变思维,以适应新媒体环境下,对广播互动提出的新要求。以往,我们的广播节目,虽然也在新媒体平台上发布内容,但是,往往流于形式,似乎为了发而发,很难引起听众的关注,难以形成热点和集聚效应。例如,嘉定人民广播电台《民生热线》,早期的节目互动,节目开始前在微博平台上发布节目预告信息,节目直播结束后,再发布一条简短的节目内容总结,在网站上发布完整的节目音频,微博上互动的听众很少,网站上点击收听节目音频的听众更少。现在,《民生热线》的互动,主要在微信听友群和阿基米德平台展开,除了提前发布节目预告外,更重要的是节目直播期间的,在微信和客户端提供图文直播,在节目中分享听众留言,让听友形成集聚,节目播出期间,大量的网友涌入互动平台,高峰留言过百条,因此,节目还增设的互动主持人,专职负责互动直播。节目结束后,一改发布节目内容总结的形式,而是在微信群和客户端,把节目核心音频提炼,再辅以图文进行重新编排,实现二次传播,听众的关注度和传播广度都得到了大幅提升。

四、广播新互动的主要特点

在新媒体背景下,广播节目在保留自己原有的节目制作模式,又加入新媒体思维,产生了新互动,这种新互动既是节目构成部分,又使节目得到延伸,同时又反馈回到节目,一次直播节目在传播过程中,实现了两次闭环反馈,形成了良性互动的循环模式。[5]

这种互动方式我们称之为新互动,基于新媒体平台,使用新媒体思维的互动模式,这种新互动无论是关注度、传播力还是对节目的反馈等方面都要强于传统互动方式。新互动有如下三个主要特点:

1. 内容丰富

现在广播频率里播放的节目更适合伴随性场景。例如,开车的时候收听,开车一族也成为现在广播的主要目标听众群体。嘉定人民广播电台《下班去哪儿》作为一档晚高峰直播节目,定位于为下班在路上的听众提供路况、服务信息资讯,节目播出前,在微信和 App 上发布节目话题预告,提示收听,同时也收集整理听众留言,在节目播出时,将听众留言内容播报,回答听众提出的问题,或者分享听众的感受、建议意见等。听众留言作为节目播出内容的一部分,既解答听众问题,满足听众需求,又丰富了节目内容,提高节目的可听性。节目播出后,主持人再挑选出节目中最受听众关注的一个或几个方面,用文字和图片的形式发送到微信和客户端中,让听众即便不收听节目,通过迅速浏览的方式就能抓住关键问题,了解节目大概内容,非常适合现代受众快节奏获取信息的方式。

2. 多媒体形式

随着信息技术的不断发展,智能手机等接收终端的日益普及,守在收音机前等着收听节目的听众越来越少,听众和广播节目的"约会意识"也越来越淡薄,"约会意识"是由广播线性传播方式所决定的[6],新媒体的环境下,听众的选择很多,客户端可以为听众提供回听、点播服务,听众还可以收藏评价节目,线性传播被打破,不再"约会"也实属正常。多媒体的方式,为听众提供了方便,2018 年 10月 29 日《民生热线》一期节目中,有听众打进直播热线,这位听众讲的就是"我在阿基米德看到你们的节目,我现在正在收听这个节目,我有问题想咨询。"多媒体的方式,让我们的节目信息不仅可以传播到电波另一端的听众,而且还可以传播到使用新媒体,比如微信和客户端的其他受众,又为把新媒体受众引导成为广播听众提供了可能性,同时也具有可行性和现实性。

3. 渠道广泛

嘉定人民广播电台是一家区级地方媒体,作为地区广播电台,电波覆盖范围有限,离开嘉定的地理范围,就难以通过搜寻广播频率的方式收听到节目,这是区级媒体的一大劣势。但是,新媒体的传播方式,打破了这种技术壁垒,打破了空间范围的限制,只要听众打开手机 App 阿基米德,在电台中搜索嘉定人民广播电台,就能实时收听到各档直播节目,也可以回听任何节目,并且听众还能在任何时候给节目留言,反馈信息。听众收听渠道更为广泛,提高了节目的收听率,能更好地体现广播节目的特色,对广播节目进行有力的推动。互动渠道也更为广泛,听众可以更方便地接触到节目,实现有效互动,增强广播节目的亲和力,让广大听众有很强的参与感,也可以说是一种吸引听众收听节目的有效途径。

五、广播节目互动新思考

1. 提高节目质量

媒体激烈竞争的当下,主流媒体想要得到更多的关注,吸引到更多的听众收听,关键在于提供"人无我有,人有我独"的内容,新媒体环境下,无论微信还是客户端,为节目为听众提供了更丰富的技术手段,更广泛的传播渠道,更多彩的形态形式,最终,还是要靠扎实可靠、真实新鲜的节目内容留住听众,听众收听节目的最终目的还是要通过节目得到需要的信息。嘉定人民广播电台《民生热线》节目中有一个子栏目《健康有道》,每周三固定播出,该栏目甫一播出就受到广大听众的热烈欢迎,每期节目听众留言都要超过百条,就是因为该栏目定位清晰、内容扎实,充分利用自己主流媒体的优势,邀请三甲医院各个科室专家走进直播间,聚焦听众看病难的痛点,解答听众关心的健康话题,普及健康知识。有了好的节目内容,才有活跃的节目互动,活跃的节目互动,又能刺激节目提高质量。

2. 凸显地方特色

嘉定人民广播电台作为一家区级广播媒体,嘉定本地听众是我们节目最主要的收听群体,也是推动我们节目发展的最重要根基,我们的广播节目只有多吸收有地方特色的内容,增强本地性,增强接近性,才能更好地引起本地听众的情感共鸣,提高节目的收听率。我们在互动方式是也要多下功夫,比如《下班去哪儿》节目有一个板块"一起嘎闹忙"在节目中融入方言的成分和地方特色内容,非常具有地方性,在节目互动方面,也邀请听众使用方言的方式在微信和 APP 平台上进行互动留言,深受本地听众的欢迎。因此,一方面,我们要对能体现当地特色的内容深度挖掘,形成广播和新媒体的联合效应,向听众、观众推送丰富的地方特色的内容。另一方面,我们还要对当地听众的媒体使用习惯等行为进行分析,了解听众爱好,做到有的放矢。

3. 增强听众服务

现在的听众互动,早已不再局限于听众和节目或者主持人之间的互动,新的媒介工具,比如微信群、QQ 群等,可以实现听众和听众之间的交流互动。进入到群组里的听众是对节目的话题、内容感兴趣,而参与讨论的,可以说,这部分听众是有着共同兴趣爱好的一个小群体,根据不同节目特点和听众偏好,有针对性地设置群组,这对加强听众凝聚力,增强节目的组织性,提高听众参与互动的黏性和惯性是非常有积极意义的。如今的广播节目正在从单一的信息传递向听众服务转变,增强互动服务性,正在成为广播的一项基本功。我们可以在节目中设置互动奖品环节,吸引听众的参与,并且要创新奖品领取方式,比如设置奖品池、红包池等,使用红包摇一摇、喊红包等方式,快速有针对性完成奖品发放的环节,改变以往上门领取的模式,为听众带来更好的互动体验。

结 语

新媒体的快速发展,给我们传统广播媒体带来了挑战,同时,新媒体的技术手段也为广播媒体创新了互动模式,这就需要我们的广播媒体,改变传统思维,按照新媒体的互动思维,在狠抓内容,加强互动等方面下工夫,不断扩大节目影响力,实现广播媒体的新发展。

参考文献:

[1] 马烨.广播媒体与新媒体融合的路径与方式[J],中国广播,2018(07):48-50。

[2] 廉耕川.办好《听众来信日》节目[J],新闻知识,1986(09):11。

[3] 中央人民广播电台1996年听众来信创纪录[J],中国广播电视学刊,1997(02):67。

[4] 百度百科"新媒体"(媒体形态的一种)https://baike.baidu.com/item/%E6%96%B0%E5%AA%92%E4%BD%93/6206?fr=aladdin。

[5] 李应龙.新媒体时代广播节目互动方式的发展与创新[J],西部广播电视,2017(02):22。

[6] 萧辉.细化广播预告 强化"约会"意识[J],记者摇篮 2008(07):95。

作者简介:

武文,中国传媒大学广播电视新闻学专业硕士研究生,上海市嘉定区广播电视台广播节目导播。

演变中的留学类电视节目解析
——以《海外路路通》为例

袁宏云

提　要： 近年越来越多的学生选择国际化教育道路，留学成为一个较为普遍的社会现象。因此，一方面是应运而生的留学类电视节目受众群体不断扩大；另一方面，随着新媒体的发展壮大，各种留学类的自媒体阅读量节节攀升。在这样的条件下，留学类电视节目面临着挑战和机遇。本文从留学类电视节目的发展历史，以及节目的受众需求和生态环境改变进行剖析，分析了留学节目发展困境，探讨了留学节目的解困之路。作者以上海广播电视台《海外路路通》节目为例，提出通过留学节目专业内容沉淀、建立节目媒体矩阵、利用新媒体平台二次开发节目价值，以及尝试市场运营新思路等方式，来谋求留学类电视节目的融媒体发展之路。
关键词： 留学　电视节目　发展

20 世纪 90 年代，随着改革开放的深入和政府留学政策的调整，我国出现了第一次自费留学热潮。随着中国经济的崛起，越来越多的家长愿意把孩子送出国门进行深造，出现了第二次自费留学热潮。据教育部数据统计，历年留学生数量逐年增长，2018 年度我国出国留学人员总数为 66.21 万人，继续保持世界最大留学生生源国地位。于是，在留学活动较为普及的北上广和苏浙沪地区，出现了一种特殊的节目类型——留学类电视节目。

一、留学类电视节目的发展演变

留学类节目最初以纪实类为主，更多地向国内观众展示海外大学学习和生活的原生状态。比如北京电视台在 2005 年播出的 16 集首部留学题材纪实片《留学生》,真实反映当代留学大潮中的人生百态;上海广播电视台的《海外路路通》深入海外顶尖大学如哈佛、麻省理工、杜克、西北、南加大,以及英属哥伦比亚大学、奥克兰大学、都柏林大学等地拍摄和纪录中国学生的学习和生活,着实也成为当时开播后一大亮点。

随着互联网和社交媒体的快速发展,人们对海外陌生感降低,以前的信息不对称格局逐步被打破。因而,留学类电视节目开始转向资讯和信息类的访谈节目,比如《海外路路通》开始以棚内嘉宾访谈为主,每期一个话题,邀请三位嘉宾从不同视角和主持人进行观点碰撞;江苏省广播电视台的《学游天下》,包含"学游新鲜看""学游座上宾""学游进行时"和"学游小贴士"等板块,以资讯信息和访谈类为主要内容载体。中国教育电视台三频道与光明日报《留学》杂志联合打造了《留学为你来》,以谈话类节目为主,每期嘉宾人数不限定;另外,曾经存在过一段时间的上海电视台财经频道《出国策》、北京青年频道的《北京客·留学圈儿》等,也都是资讯类的谈话节目。

之后,留学教育主题开始与真人秀进行初步结合的尝试,如中央电视台财经频道 2015 年和 2016 年播出的教育体验类跨国真人秀节目《青春季》,5 位中国中学生与 5 位加拿大中学生共赴对方国度,进行一个月的学习、生活体验,多维度立体展现中加教育文化的交流与差异[1];2015 年开播的北京电视台科教频道的《留学生》,采取站台灭灯制顾问进行 PK,以及 2018 年针对低龄学生如何实现成功留学的真人秀节目《留学吧!少年》在星空卫视播出。后两个节目都是聚焦真实家庭中孩子和父母,聚焦于他们留学成长中的困惑,同时邀请教育专家在不同视角对留学教育现象进行思辨和碰撞,最后由学生挑选出自己心仪的专家顾问。

二、留学类电视节目的受众演变和分析

成功的电视节目首先需要对目标观众进行精准描述,对其需求进行系统严谨的分析,找准定位,针对性地规划设计电视节目内容。留学类节目的观众不一定都是出国留学的学生,以上海《海外路路通》为例,收视群体更多的是对留学和国际化教育感兴趣的家长,年龄为 35 岁至 50 岁为主。随着家长们对子女教育规划越来越早,留学类节目需求也随受众群体的变化呈现以下几个特征,节目内容需要随之进行调整。

(一)满足留学活动各个阶段的周期性需求

目前,留学已经从高中或大学毕业时选择去国外留学深造的短期需求,逐步

转向从早期就着手准备留学的长期规划。现在很多家长已经在初中,甚至从小学就开始着手了解和规划子女留学。留学活动也逐渐形成一个完整的周期性特点:首先家长往往通过前期大量调研,了解国内外教育的特点,再评估自己孩子的性格特征和适应能力,以决定孩子出国留学路线;然后积极准备和培养孩子的相应能力和素质,进行背景提升和选择目标学校,后期进行申请文书准备以及择校;最后才是国外留学生活的适应,甚至一直到留学毕业归国的求职。这也就是对留学从了解、评估、准备、择校、出国、就读直至归国等环节一个完整的留学活动周期链条。不同阶段所需要了解的留学信息都各有不同,有所侧重,而传统的留学类电视节目难以同时满足留学活动中不同阶段的需求。

(二)留学人员流动式的收视需求

留学类电视节目的收视人群和其他电视类节目有所不同,呈现一定的成长性和流动式特点。比如高中三年级即十二年级学生,在完成了留学申请之后,一定时期内将不再关注这类话题,但是新的十二年级的学生又会对申请和选校等有针对性的话题感兴趣。受教育者本身的成长性和流动式特点容易造成话题的重复性。

三、留学节目的市场发展困境

2018 年,前瞻产业研究院发布《中国留学服务行业发展前景与投资预测分析报告》显示,留学市场规模已达 2 500 亿元,留学前市场占据整个留学市场的 15%,其中语言培训约 310 亿元,中介服务约 50 亿元,游学占据 80 亿元规模[2]。随着媒体内部的改革和调整,很多电视台栏目也都实行了市场化操作,无论是项目制或者是工作室制度,也都承担了一定的经营指标。也正是因为留学市场规模和热度,让留学类电视节目在其他栏目纷纷停播的情况下能够保留下来。但是要想更好地发展,依旧困难重重。

(一)节目广告经营的困境

传统电视节目都是电视台自制,广告部门进行全面运营。其中最直接也是对节目影响最小的广告经营方式是冠名赞助,比如上海电视台的《海外路路通》2014 年和北京电视台《留学生》2015 年曾在节目初创时期分别有平安银行和兴业银行的赞助,才让节目得以到海外各个大学拍摄记录或者进行真人秀的拍摄。

但是近年来,大企业冠名和植入越来越看重卫星电视平台和综艺类节目,本地且又是教育类垂直类节目再难有冠名资助的机会。

(二)电视节目是内容生产,难以直接将收视观众进行市场转化

在亚洲,特别是在中国,留学已经演变成一个产业链:语言培训、软实力打造、留学考试、留学申请服务、海外服务以及创业就业服务等。蓬勃发展的国际化双语学校、海外的院校也都是留学相关的产业链条上的重要环节。这些环节对于留学类电视节目来说,都是潜在客户群体。但是对于这些机构或者学校而言,能够准确地招来生源,才有机会快速实现投入的转化,而这是他们最为迫切需要的事情。电视台的内容和平台则更像是市场品牌营销,虽然其制作精良、权威公正,但需要长期品牌树立,才能见效。短期内导流数据难以量化,难以进行市场化操作,因而会流失很多潜在的客户。

(三)国际化教育的自媒体蓬勃发展

2014年自媒体开始步入人们的视野和生活。教育媒体相关公众号粉丝数迅速累计,甚至可达到百万,阅读量"10万+"的文章也比比皆是。瞬间流量在哪里? 广告在哪里? 传统媒体的压力接踵而至。比如上海的国际化教育媒体大号"爸爸真棒",拥有30万的粉丝基数,头条内容广告费为每篇3.5万元,已经和本地电视台一期节目冠名的金额相当。它本身有小程序或者报名链接以及线下活动,不但可以看到文章阅读人次,更重要的是能得到客户信息,进行客户跟踪,进一步进行销售。万一效果不佳,客户试错的成本也仅仅是一次性的投入。

从传统留学类电视节目来说,其自身的特点造成无法进行数据转化,同时外界的环境也发生了变化。一方面观众获取信息从大屏转向小屏,获取信息更加碎片化;一方面新媒体的发展如火如荼,这都让留学类电视节目的发展步履维艰。但是如果要在红海中找到蓝海,以《海外路路通》为例,依旧可以根据观众需求在市场化的进程中做进一步大胆的尝试。

四、留学类电视节目的出路

留学类电视节目经过一段时间的内容打造和累积,可以建立节目的矩阵,一是能通过内容上的专业化细分,二是利用新媒体的渠道进行二次分发和传播,前

者体现专业性,后者增加影响力。当有了节目自己的矩阵之后,可以同时进行经营模式上的探索,量化自己的核心价值,打通上下游产业链条,从而实现良性循环。

(一) 打造垂直领域权威性、公正性的专业内容

观众是成长性和流动性的,但对于留学基本知识类的需求是互通的。留学类电视节目应该充分利用其权威性、公正性特征,着力打造一系列专业化知识性的留学内容,并经过一段时间的累积,满足观众知识性内容需求。在这个体系搭建过程中,可以通过与新媒体或者视频网站等合作建立相应的留学板块,使往期的节目容易被观众搜索,实现知识性节目的重复利用,而不是节目的重复生产。笔者作为《海外路路通》节目的制片人,主张细分专业内容,将软实力内容、考试知识类内容、大学介绍内容等基础类、入门类内容在自己微信公众平台进行分类上载,一方面利用新媒体平台避免重复性制作,一方面也体现了内容的专业性。

权威性和公正性依旧是利器,比如电视台独有的资源和优势。以《海外路路通》为例,每年都会有大使馆或领事馆的相关官员、顶尖大学的招生官、海外大学的校长、考试机构的负责人来做节目,提供官方的、权威性的解读,而这些资源是其他新媒体所难以拥有的。

(二) 打造基本能力建设内容、增加收视人群基数

培养国际化事业的人才其实不分国际化教育和体制内教育,它本身有很多相同的基本能力建设,这方面的内容不但能增加电视人群的收视基数,还能正确地引导目标观众认识国际教育,缓解焦虑情绪。《海外路路通》节目 2019 年开始尝试,比如《新年给自己的第一个礼物:做自己情绪魔法师》《如何成为时间管理达人》《会玩的教育,让孩子会玩更会学》等这类的话题。

(三) 完善留学后时代的链条和服务

一档留学节目的初衷大都类似:培养更具有国际视野的人才,回国为祖国的建设添砖加瓦。留学不是只为了出去,更重要的是回来。留学的周期性需求中,回国就业创业的群体也不容忽视。而我们也惊喜地发现,2018 年度各类留学回国人员总数为 51.94 万人,留学回国人数增加 3.85 万人,增长了 8%。对于海外回国的人员,寻找不同行业中比较成功的海归分享留学心得、就业、创业经

验,不但是未来想去留学家长希望能够了解和借鉴的,也是上海国际化大都市精神文明建设的需要。目前上海的《海外路路通》五分钟板块《我是海归》是留学类节目第一个关注留学后时代的节目,有着非常重要的意义。

(四)充分利用新媒体平台进行有效传播

节目制作完成后,不能简单地当成一次性商品,播完了就存档,这样其所产生的价值就非常有限。频道自行开发的节目可以利用新媒体流动起来,进一步开发它们的剩余价值和衍生价值,更是适应融合传播之电视、电脑和手机"三屏"贯通的内在需求[3]。

利用电视台自身的优势,建立节目自己的媒体矩阵,实现节目的 IP 化。官方公众号、微博,以及现在的头条、抖音、喜马拉雅等进行多渠道、多账户、多点分发;同时也要研究各个新媒体不同的特点,有针对性地进行二次传播,包括互联网宽频、手机和其他移动流媒体平台等。2019 年《海外路路通》通过上海电视台的看看新闻网站和其 App 进行直播,再次开拓了新的渠道。一方面,直播的时间长,容易对一个话题说得比较透彻和全面;另一方面,直播的内容通过新媒体App 更容易分享和传播、快速收集数据、进行统计和分析。以《海外路路通》为例,从 2019 年 2 月到 5 月初,累计直播 8 次,其中"给自己新年第一个礼物:做自己情绪魔法师"直播数据为 PV14814(页面点击数),UV10215(用户点击数)。其衍生内容精剪版的一分钟短视频在抖音播放后,点击率一晚就达到 7.2 万。这些也侧面说明融媒体时代,有好的内容,结合各自特点,做好三屏合一是有可能的。

(五)深入打造市场化运营模式

1. 成立上下游公司,进行市场衔接

现有的节目一部分是电视台和外面公司合作运营,无论是一次性广告收入还是业务分成,模式比较简单,比如《海外路路通》和第三方平台合作,中央教育台三套的《留学为你来》是与佰事嘉利文化公司联合经营[4]。相比之下,江苏国际电视台走到了市场前列,通过自营的留学中介和培训公司进行反哺,比如《学游天下》通过其集团旗下的全资子公司——江苏广电新启程国际文化交流服务公司进行市场化操作。公司通过海外升学、语言培训业务、国际教育及文化交流项目与节目进行结合,实现留学产业链的整合,从而达到市场化操

作的整体效果。

2. 建立自己的社群、定期进行活动实现转化

有了亮眼的数据,如果能够将这些数据更好地进行市场转化,将上下游打通,也是为留学类节目增加营收的一个方法。《海外路路通》曾经和第三方平台合作一起开办展会。机构和学校付费参加展会,平台负责通过自身的社群和广告进行招募潜在的有留学和国际化学校意向的家庭,从而实现转化和营收。如果节目可以建立自己的社群,定期从家长的需求出发举办活动,招募相应的机构和公司,从而可以实现节目价值的快速转化。这不但可以吸引更多的客户参与到节目中,也可以成为新的营收增长点。

3. 打造留学产业链的服务共享平台

对留学消费者而言,一是获取知识难,消费者缺乏靠谱的获取留学知识渠道,没有大众认可的留学资讯门户;二是消费者挑选商家难。由于缺乏信誉监管体系,商家和顾问失信成本低,消费者维权成本高。而台内的栏目本身具有了相应的知识体系搭建,另一方面,每个来到节目的机构和学校都有认证和资质,且多为优秀顶级顾问团队参与。栏目本身已经具有很好的资源,加上电视台的公信力,如果迈向市场化再进一步,可以利用本身资源优势,整合促进留学市场产业链上下游的合作,为消费者、顾问和产品供应商提供一个共享平台。这样一个单一留学类服务电视内容生产,发展为嫁接各种各样的留学后服务,而决胜在未来的也正是服务本身。

结　语

具有国际视野与中国情怀、通晓国际规则、具有国际交往能力、能够参与国际事务与国际竞争的国际化综合型人才[5],是我们的留学的目的和意义,也是留学类电视节目服务的意义所在。尽管面临困境,留学类节目如上海广播电视台的《海外路路通》依然不忘初心,继续扎根传统媒体平台,打造专业内容,进行媒体融合和节目自身 IP 的开发,为上海成为国际化大都市的人才培养做好宣传引导。

注释:
[1] 姚飞 跨国教育交流真人秀《青春季》创作解析.电视研究,2015(12):57-58.
[2] 前瞻展业研究院《2019—2024 中国留学服务行业发展前景与投资预测分析报告》,2018-

10 - 16.

[3] 白传之《论电视节目创意过程中的观众精准描述》教育传媒研究,2018(01):61 - 65.

[4]《留学为你来》教育传媒研究,2017(03):100.

[5] 王红军《留学准备如何做"加减法"》中国教育报,2019 - 03 - 22(006).

作者简介：

袁宏云,SMG 融媒体中心《海外路路通》节目制片人。

试论"土味视频"的文化出路问题

宋　俊

提　要："土味视频"作为一种社会文化现象,已被人们所熟知。"土味视频"产生的源头和受到追捧的原因自有用户与受众的社会需求在其中起作用。作为特定群体的亚文化现象,不能再继续任其自我表达转而迎合审丑式追捧!其中出现的种种社会问题需要行政管理部门妥善处理与引导,更需要"土味视频"的生产者与赏析者自己完成向优质文化方向的蜕变,以求得良好的文化出路。

关键词:"土味视频""土味文化"　文化出路

近几年来,在互联网快速发展为移动互联网的过程中,中国互联网用户在构成结构上也在不断地向三四线城市和乡镇农村拓展。对于大量持着手机进入互联网的新网民来说,之前十多年以 PC 为主的互联网所积累的内容很快就不能再满足他们的需求;另一方面社交网络的充分发展也使得新一代网民比之前更加具有表达欲。相对于文字的创作形式,举起手机拍摄上传内容创作方式,可以说是毫无进入门槛。"小镇青年"们在自我表达、自我满足的同时,也发展出了自己独特的亚文化:"土味文化",最直接的表现形式就是"土味视频"。

有人把"土味"文化的特征归结为"声台形表":"声",指浓浓的社会语言和地方方言,以及时常出现嘶吼般的"喊麦"或者一本正经的"胡说八道";"台"就是台词,包括搞笑的用语、土味情话和众多听起来蛮有道理的、带有"社会"气息的言论;"形",指的是充满所谓"社会气质"和"土味十足"的个人形象:豆豆鞋、紧身裤、搞怪的发型和装扮等;"表"又称"社会尬演",在短短十几秒的时间内,在简单甚至简陋的环境中演绎别样人生,或者是一群人在动感的音乐中,来一段"社会摇"。目前网络上流行的土味视频大致有三类:土味喊麦、土味社会摇和土味情景剧,大多在快手上传播。视频拍摄的地点多为农村、乡镇以及一些小城市,场景多是网吧、田间、土坯房、乡镇集市等,内容和故事老套,演员的演技用力浮夸。和早年间的第一代拍客不同,土味视频的拍摄者不是什么白领、大学生,而是生活在城镇、农村的年轻人,他们学历不高,甚至很早便辍学打工,混迹于网吧、KTV、夜店等娱乐场所,生活的环境和经历为他们提供了土味视频的创作素材。

下面试对"土味视频"及其所属"土味文化"的源起、发展与异化、反思与前景作一剖析与探索,以寻求其良好的文化出路。

一、源起:"土味文化"的出现是中国互联网发展必然的社会现象

互联网虽然强调互通互联,但它并不是作为普通人的日常消费品而被发明的。中国互联网络信息中心的第 1 次《中国互联网络发展状况统计报告》中提到,截止到 1997 年 10 月,中国上网用户只有 62 万,上网计算机只有 29 万台。此后的十多年间,由于计算机技术、购机费用和宽带资费、速度等门槛,使得网民构成始终以高收入、高学历人群为主。到了 2012 年发布的第 29 次报告,中国网民已经达到 5.13 亿,与此同时手机网民规模也达到了 3.56 亿。随着智能手机技术发展、宽带资费降低、4G 网络普及等因素,越来越多的新网民拿着手机开始走入互联网。这些新网民无法在精英文化构筑的互联网世界里找到认同,无法融入主流网络世界,他们只好选择用手机拍摄视频的方式来表达他们最原始的创作欲望、展示他们思想意识中的自我。也是在 2012 年,快手开始转型为短视频社区,正是抓住了这些新生网民的强烈的表达需求,从而一跃成为移动互联网中最有影响力的短视频社区之一,同时带来了巨大的短视频内容和流量。

与此相对的,新网民里面最张扬的小镇青年也遭到了精英文化群体的抵触和乡土文化的排斥,无法获得主流文化和乡土文化的认同使他们不得不投向亚文化的怀抱。英国学者迪克·赫伯迪格认为,亚文化并非从正面直接对主流文化进行挑战,而是通过风格来表达其抵抗意义。约翰·克拉克对风格作了进一步解释,他认为风格由拼贴实现。"土味"一词本身不带有贬义,但在网络语境中,"土味"意味着落后和过时,是精致和时髦的反面。小镇青年不仅将"土味"概念嫁接到短视频中,还发明了"土家军""中华土味"等名词来展现自身风格,以至于他们从发型装束到穿衣打扮,从言谈举止到舞蹈动作,从内容选择到视频剪辑,都遵循着严密的组织逻辑。豆豆鞋、锅盖头、紧身裤是"社会摇"青年的装扮标志;缺乏听觉享受的背景音乐成为"土味视频"的标配;狗血剧情是土味情景剧的主要叙事方式。小镇青年对"土味"的运用完美契合了拼贴的概念,即对物品意义的重组和再语境化。而这种拼贴的形式既能够让这些追求"土味"表达的青

年以很低的门槛进行模仿,又能够轻易地在移动互联网上获得流量,而更为广泛的传播。

二、发展和异化:"土味视频"自我表达遭遇了审丑式的追捧

"土味视频"在快手等短视频平台出现之后,短时间内就获得了大量用户的追捧,也有越来越多的用户开始模仿这些土味网红,开始制作自己的土味视频。然而小镇青年们的自娱自乐没过多久被主流网络世界所察觉。2016 年一篇叫作《残酷底层物语:一个视频软件的中国》的文章向城市写字楼里的上班族白领们揭示了一个完全陌生的网络世界,在这个世界里流行的制作粗糙、审美落后的短视频,完全无视精英文化的审美和价值观的或奇特或疯狂的内容,很快受到了猎奇和审丑式的追捧。

2017 年 3 月,一个名为"土味挖掘机"的微博号开始将快手上的"土味视频"配上略带嘲讽的文字说明搬到微博,之后他还创造了名为"人间土味"的话题,将反响较好的土味视频剪辑到了一起。连续做了十期后,每期都可以收获到上万的评论与转发。同年 5 月,"土味老爹"这个微博也开始将快手上的视频搬运到微博。这两个土味视频营销号后来被新浪关闭账号之前都已经收获了四五百万的粉丝,只要他们一发微博,粉丝就会自行到评论区用土味圈流行语与博主以及其他"土家军"进行互动。和快手上的认同和点赞类的评论不同,土味微博的评论里往往充斥着居高临下的揶揄和戏谑。而在以二次元文化为主的哔哩哔哩网,一个专门搬运剪辑土味视频的账号"土味角虫"也拥有了 38 万的粉丝和超过6 000 万的总播放量。

有一位"土味视频"作者叫灵寒子,他在快手 App 上拥有将近百万的粉丝。虽然面孔稚嫩看起来刚刚成年,但在视频中总是以一种"混社会"的青年大哥形象出现:头发是染成黄色的西瓜皮造型,身穿社会青年流行的潮流服装,戴着墨镜叼着烟卷,常常带着两个目光木讷的小弟出现在桌球厅或是商场里。剧情经常是面对对方的挑衅,念完一串带押韵的顺口溜,像是"做人是该傲,但是给你脸,你得要""天生一身傲骨,你别在你寒哥眼前摆谱",然后转身大笑离场。灵寒子的观众有两类,一类是快手粉丝,大多是与他的境况相似的小镇青年;另一类则是微博用户,常常带着猎奇和审丑心态在"土味合集"里观看他的视频。快手粉丝们认为灵寒子塑造的不惧恶势力、讲述人生道理的形象非常符合小镇青年们的对于社会大哥的理想形象和追求,为灵寒子能代表自己群体在互联网平台上发声、满足自己的文化诉求而感到自豪。而微博观众们则是通过鄙夷和嘲笑,迫不及待地想与以灵寒子为代表的土味文化划清界限,来表达自认为自己处于

或是更接近城市文化的优越感。然而这类受众越是吐槽、越是揶揄"土味视频"，就越说明"土味文化"已经形成了相当大的规模和社会影响力，对主流文化与精英文化都产生了冲击。

三、反思：质量堪忧、庸俗难以产生经典

"土味视频"在网络世界里站稳脚跟，随即出现了大量的拍摄者和模仿者。每个拍摄者都在挖空心思想要一鸣惊人成为网红，由于拍摄者本身受教育水平和审美情趣的限制，再加上很多视频受众自身文化及审美水平限制，看重的就是"土味视频"里"丑"的元素，因而越低级越无聊的内容越容易受到追捧。"土味视频"的拍摄者们在这些扭曲的流行元素的影响和引导下，也渐渐放弃原本艺术创作的追求和自我表达的需要，转而开始迎合这些审丑的需求，内容愈发走向低俗和媚俗。

（一）单调重复，缺乏创意

虽然"土味视频"的制作者大多高产，但其内容却很多都是单调和重复的。比如男生通过奋发努力终于出人头地，获得了财富和社会地位，然后回头控诉前女友当初贪图钱财；比如多年不见的老同学聚会，势利的同学看不起穿着朴素的董事长，真相大白后羞愧难当，诸如此类剧情的土味情景剧被演了又演。社会摇只需隔段时间换一段流行的伴奏乐。喊麦无非要求熟练运用4个字"我，他，这，那"来衔接，然后押韵喊即可完成。而对于一些土味小视频来说，语录很重要，把一些大道理、土话喊出来就行，例如"人生只有两季，努力就是旺季，不努力就是淡季"，"日落西山你不陪，东山再起你是谁？"。这些众多小镇青年乐此不疲地表演的重复套路，无论创作多少内容，都跳不出既定的框架，更不可能有艺术价值和社会价值，如果这样的状况持续下去，不仅难以有经典的内容产生，更不利于有创意的内容产生。

（二）丑陋低俗，违悖公德

在"土味视频"原生平台之外的观众对待"土味视频"更多是一种看热闹、看笑话的心态。在微博、知乎，以及哔哩哔哩网上，评论往往是"看猴戏""文明观猴、请勿喂食"这样贬低性的话语，或者干脆以"演技太好了""我哭了"这样的暗讽来加入狂欢。土味视频的制作者们在原生平台之外受到这样的"追捧"、关注，

恐怕是他们意想不到的。很多制作者往往把热度理解为大家就是喜欢看这些，于是就更加无底线、无节制地继续"俗"下去、"丑"下去。特别是很多人走红后，尝到甜头，为了利益而被商业绑架，发展成为一种"眼球经济"。背离了表达自我、抵抗主流的初衷，不仅没能给观众带来良好的体验，反而低俗过度，变得"辣眼睛"。低俗过度不仅无法带来娱乐享受，反而让观众恶心、反胃，传播巨额社会负能量。很多土味情景剧为了博取眼球，内容日趋低俗，女性往往不是拜金就是出轨，主题永远是丑不要紧，有钱就有豪车，就有美女相伴，这种违背社会主义核心价值观的输出难免让人反感。流行文化由于创作和接受的门槛都较低，因而呈现乡村文化的所谓的"土味"文化很容易在这个过程中把握不好尺度，而形成"滥俗"文化。

四、"土味视频"未来：坚守正确价值观、传递正能量才是出路

"土味视频"在网络世界里受到了不小的关注和追捧，甚至一度在网络宣传的时候以"土"为优势，而这些网络世界中的受众们对审丑现象的狂欢愈演愈烈，终于引来了管理部门的出手。快手和今日头条先后被相关管理部门约谈，并公开发文批评其传播有违社会道德的节目。随后快手宣布整改，封杀其平台上最红的4个主播牌牌琦、仙洋、杨清柠、王乐乐，加上之前的 mc 天佑、陈山和郭乐乐，快手上的几个红人已经基本淡出公众视野。很多"土味视频"的作者也变得谨慎了许多，已无往日"败帝王，斗苍天"似的狂傲不羁。在微博上炒作土味视频的营销号"土味挖掘机"和"土味老爹"也被新浪关闭了账号。

管理部门针对"土味视频"已经开始从方向上做出指示，而对于短视频平台和内容创作者，不应只关注短期流量及其带来的眼前利益，更应目光长远的进行内容建设和规划，因而在跟随管理部门政策方向的同时，还有以下几个方面可以探讨：

（一）弘扬民俗与传统文化

在各大短视频平台上，除了这些热衷搏出位的"土味视频"之外，也有很多在展现真实的乡镇生活、民间才艺、传统艺术的视频制作者，也受到了观众的普遍欢迎。比如快手上的"南江木匠"，一位广西农村木匠，每天录制自己做手工活的情形，凭借自己精湛的木工手艺斩获 20 多万粉丝；比如"美食作家王刚"录制的教做菜的系列短视频，只靠朴素的风格和扎实的厨艺，就征服了大量观众，累计视频播放已经超过亿次；再比如来自农村的"华农兄弟"，录制的日常养殖竹鼠的视频，语言诙谐的同时展现真实生活气息，也受到了年轻观众的热烈追捧。足以

见得,即使不去迎合审丑,依然能够凭借优质内容获得认可。民俗和传统文化在中国悠久的历史和民族融合中已经沉淀出了足够的魅力,成为源自民间的"土"而不"俗"的独特文化,这种文化更加贴近大众生活,也更容易传播和接受,在移动互联网短视频这种新形势的推动下,也能赋予传统文化以新的生命力。

(二)体现文化的价值和社会责任

文化对人类社会的影响是潜移默化的,影响深远的。流行文化很容易对观看这些内容的年幼及年轻一代人的世界观、价值观产生影响。而文化内容的低俗过度带来的恶果远远不止于此,更严重的是这种风气还会造成网络及社会资源的浪费,引发地域、职业歧视等社会矛盾,甚至还会加深不同社会群体之间的隔阂。文化内容的创作者和传播者们应该深刻认识到,内容的创作并非那几十秒视频本身,其在传播过程中所具备社会的属性更加重要。文化虽然是无形的,但是却在人们的生活中无处不在,时刻影响人们的认识和思维方式,影响人生观、价值观的形成,这是对社会发展有着持久而深远的影响的,也是社会最重要的精神力量之一。文化的创作者和传播者更应积极遵守社会道德,弘扬优秀的民俗与传统文化,为创建社会主义精神文明履行应有的社会责任。

(三)坚持社会主义核心价值观

无节制地去迎合审丑,生产俗文化就算刺激了受众一时的情绪,获得了短期的流量,在真正有意义的互联网文化中也终究无法长久。文化上的边缘群体在表达自我意识上也应该有所坚持,找到正确、适当的表达方式,进行有自信有内涵的创作,而不是抛弃文化创作的初衷,一味地迎合庸众的低级趣味,挑战社会道德底线。管理部门应该依循文化发展的主流方向,把握核心价值,同时鼓励文化的多样性,对网络视频内容进行适当引导,对优秀的创作者和优质的创作内容进行鼓励,改善网络文化内容传播的风气,提高广大网络受众的审美水平。作为"土味视频"发展和传播的平台,各个视频网站也应加强自律和监管,有倾向性的引导,传播正能量,传播有社会和艺术价值的内容,弘扬真善美,摒弃假恶丑。

结 语

"土味视频"是大众文化(又称"通俗文化")之一,要通俗,但不是庸俗、低俗,要真正成为中国特色社会主义新时代的精神产品,讲究的是"内容为王",应以弘扬社会主义核心价值观、体现社会进步的正能量为己任。它的文化出路问题,肯定应在加强社会主义精神文明建设方面下工夫,这是不言而喻的。

至于网民中的"土味视频"生产者、传播者与赏析者,更要提高作品制作水平与赏析水平,摆脱违法乱纪行为与庸俗情趣,则除了加强社会主义核心价值观的学习与贯彻,还必须加强法制观念与道德伦理修养,加强美学修养与新闻传播职业规范修养。这更是刻不容缓的任务。

参考文献:

[1] 刘诗捷.从快手到微博:"土味文化"的发展历程,视听界,2018(07),140-141。

[2] 陈志翔.抵抗与收编:"土味视频"的亚文化解读,新闻研究导刊,2018(07)。

[3] 胡疆锋,陆道夫.抵抗·风格·收编——英国伯明翰学派亚文化理论关键词解读,南京社会科学,2006(04)。

作者简介:

宋俊,上海交通大学计算机科学与工程专业毕业,上海市文化广播影视监测中心网络文化科科长。

论新闻集控演播室导播的角色定位

赖　岚

提　要：本文通过对上海广播电视台新闻集控演播室的系统构成和功能的详细介绍、对集控理念的引入和操作实践的详细阐述，重点论述新闻集控播出系统中导播的角色定位。

关键词：新闻立台　新闻直播　技术创新　集控演播室　编单导播

引　言

在媒体融合改革创新的当下，新闻媒体，要把好舆论导向，坚持改革创新，强化新闻立台，在继续做优做强传统媒体的同时，牢牢把握现代新闻传播规律和新媒体发展规律，立足新技术发展前沿，踩准新技术发展节点，加快创新媒体业态，加快推动融合转型发展。上海广播电视台融媒体中心正是抓住了改革契机，积极朝一流的全媒体新闻机构转型。

新闻媒体的融合发展其中很重要的一个方面就是对传统采编播流程的再造，是对技术手段的升级。然而，导播作为采编播流程中"播"的这一个重要岗位，无疑也需要顺应时代要求转型发展。

导播是广播电视节目直播或棚内录制时的现场总调度和总指挥，是电视直播节目中的领军人物。新闻导播，既要有新闻的素质和功底，也要有摄影、摄像、剪辑、美学、艺术、设备使用等方面的专业知识，还要有与主编、责编、摄像师、灯光师、字幕员、技术人员等工种的沟通协调能力，更要有冷静沉着、眼观六路耳听八方、反应灵敏的业务素质。新闻导播的职责是根据节目形式和内容计划在直播现场指挥、调度整场节目直播或录制工作,包括机位设置、拍摄角度、运镜轨迹、景别选择、画面切换、各种命令的下达,并把控节目的整体画面效果,选择最佳画面和声音,控制节目长度和播出时间等,当一场直播正式开始,导播将对现场播出效果负总责。

然而随着广电技术的不断升级,媒体融合的转型发展,更为先进的播控系统横空出世,所谓集控就是集中控制。集控系统的引入、集控演播室的产生,对整个制作、播出流程尤其对导播在直播流程中的角色定位都有了颠覆性的改变。

一、集控演播室的系统构成和功能

2016 年 1 月 18 日,中国第一套集控演播室电视新闻直播系统,暨上海广播电视台融媒体中心全媒体演播室"魔都之眼"正式启用了。"魔都之眼"是上海广播电视台融媒体中心在全媒体时代下新型的开放式大型新闻演播室,它的前身是上视 S2 演播室。经过近一年的精心改造,惊艳亮相于上视新闻综合频道的各档新闻直播节目和各类大型特别报道节目。

经过改造后的 S2 演播室名为"魔都之眼",集大屏、虚拟、互动、多媒体聚合技术于一体。在这里,可以做到全自动一体化播控、摄像机虚拟场景跟踪。新闻主播在这个空间中不仅可以像以往那样坐着播、站着播,现在还可以走着播,主播还可以通过一组既能各自拆分也能组合的交互触屏,让新闻播报变得更加生动鲜活。

二、集控理念的引入和操作实践

"魔都之眼"演播室最大亮点在于它是目前国内第一个引入集控系统概念的演播室。集控系统的核心理念是基于文稿系统流程,将技术系统中的软硬件设备进行集中统一控制管理,以统一的操作界面实现自动或手动对新闻节目的播出控制。它的优势在于,节目的制播流程流水线化、规范化,减少了协同操作引起的人为失误,大幅降低了人力成本。但是它的实现难度在于,需要对现有的节目制播流程大幅再造,使得系统的复杂度大幅增加,需要对安全播出规范和架构进行重建,另外对岗位技能的素质要求大大提高了。

目前"魔都之眼"的集控系统与现有的播出系统是并行的,它只是调用被控系统的本地资源,可以随时手动介入。

集控系统的核心制作流程:1. 模板制作;2. 调取模板库;3. 制作播出串联;4. 审核;5. 集控界面播控。其中模板制作成为相当关键的一个环节。在这个环节中,我们将电视新闻播出剧本化、模块化、固定化。日常使用时,只需要在文稿系统中调用相应的功能模块即可。

集控系统下制作播出串联单需要调用集控及包装专用插件,进行相关的模块选择、设置、调用。设置顺序将直接影响后续的播控环节。

集控系统播控与以往的传统播控一样是基于之前在 inews 中的制作提示,顺序显示在主播控界面上,依顺序播出。

我们以《新闻报道》直播为例,每天的开场前三个镜头是固化不变的,我们设置第一个演播室全景镜头 10 秒加载虚拟前景,在全景摄像机上设置好运镜轨迹;再设置第二个主持人双人中景缓推至双人近景,同样在摄像机上设置好运镜轨迹;随后设置第三个主持人单人景,摄像机提前调整好机位。把这三个设置存于一个模板,标注为 inews 中的制作提示,每天调用固定模板,直播时在播控界面依次播出即可,这样一来大大提高了每一个镜头衔接的准确率和画面的精准度,尤其是虚拟前景的跟踪将变得更为精确,同时也避免了人工操作摄像机带来的画面偏差和可能造成的一些人为差错。

另外,集控模式的应用,对融媒体中心长期以来一直使用的图文包装系统在设计架构上也有了很大的改变。

整个包装系统分为线下的创作系统及线上的传统图文系统、虚拟包装系统、触屏包装系统、大屏包装系统。除了触摸屏由于控制主体是主持人,故不在集控系统范围内。其余所有的 DVG 渲染引擎将通过主备 2 台 3Dcontroller 进行控制。通过从集控、文稿系统中获取串联单信息,3Dcontroller 会生成针对所有DVG 的统一的播出列表。对应的播出条目能够被集控系统控制播出。

可以理解为:在集控系统架构下,可以减少调取包装、连线框、图文等中间环节,为导播在关注包装方面腾出精力。

三、集控播出系统中导播的角色定位

综上所述,由于集控系统的引入,对我们现有的制播流程也产生了较大的变化。

1. 非集控模式下的导播工作职责

现有的非集控状态下的播出流程基于 inews 文稿平台,主编通过 inews 平台编辑、审核稿件、负责串联单编排、新闻稿件形式的确认(口播,现配或者图像)以及调整、播出内容的确认、播出顺序的调整,完成制作需求提示。在此流程中,inews 平台连接提词器、在线包装、通过 mos 网关控制 airspeed 播放器。

进入到直播时间,导控室内的各个工种根据导播发出的口令各司其职,直播的完美与否,关键在于各工种的配合默契程度。

导播除了在播出前确认主持人的各个机位外,直播时负责画面切换,通过口令来指挥管理直播各工种包括摄像师、灯光师、放像员、美术编辑、字幕员、音响师的实时工作,同时指挥主持人的播出状态,负责播出画面的应急指挥、确认等。

直播中,导播向各工种发出不同的指令,其中,摄像师听从导播口令,负责在演播室现场根据节目制作需求操作相关摄像机及摇臂摄像机,提供导播需要的画面,且有几台摄像机就需配备几名摄像师。灯光师负责在演播室现场根据节目制作需求开关相关灯组。放像员按串联单播放顺序,依次播放新闻片并提示播放片的倒计时,确认播出列表中新闻片的到片情况及时告之导播。美术编辑根据节目制作需求上大屏包装、虚拟前景、触屏等包装元素。字幕员根据节目制作需求上标题、题花以及各种连线框等。音响师根据节目制作需求负责调音台的操作。

而在集控状态下,这个流程有了极大的改变。

2. 集控模式下的导播角色定位

首先主编制作串联单,在节目准备期间完成播出串联单版面编排工作,并负责完成文稿系统包含内容的制作提示。

此后,非常重要的改变破茧而出,导播分成编单导播和播控导播!

编单导播必须在直播前全面、系统了解已编排的 inews 串联单情况下,制作完成节目准备期间串联单集控系统编排工作,其主要职责就是按制作提示设置调取相应集控模板,跟踪主编串联单的修改,并在直播期间根据串联单的实时变化对集控系统做出对应操作。编单导播的准确定位在于,他是连接 inews 和集控播出系统的重要纽带,编单导播工作准确与否,直接影响到整个直播的准确度。编单导播必须以高度责任心、严谨细致、一丝不苟地完成每一项操作,并对每个细节反复确认。

播控导播,其职责是在直播中把编单导播所完成的集控系统的编排进行有效的播出操作。

整个直播过程中,播控导播将编单导播编排好的集控系统按节目内容及版面编排依次拍出,所有的相关系统运行包括摄像机运镜轨迹、放像机放片、字幕上标题下标题、连线框的选用、外来信号源的调用、声音控制、灯光开关、美术包装等动作都自动完成,无须人工干预。

但因新闻直播所特有的严肃性、政治性、时效性,为防止集控系统出现故障对新闻直播造成差错,新闻中心制定了集控系统直播应急方案。

直播中,播控导播按播控界面直接拍出直播,一旦出现系统问题,可以利用直切设备来进行应急,当集控出现故障时,播控导播进行视频应急与键混操作,并按传统播出模式指挥各工种继续完成后续直播,并下达准确指令。

根据播控导播的指令放像员负责集控出错时的新闻片应急播放;摄像师负责集控出现运镜偏差时的及时手动调整,但不需要每个机位都配备一名摄像师。音响师负责音频系统操作及链路微调,集控系统故障时,负责手动操作调音台;字幕员负责集控出错时,进行手动上下标题、题花等。美术编辑负责集控出错时,手动操作各类美术包装、虚拟前景等。

集控概念的引入,打破传统架构以功能类型进行区分,分类进行人工操作的播出模式,转为集中控制系统考量,采用统一控制管理系统进行播控的方式。

应该说集控系统的提出是基于减少人为干预的进化模式。在技术系统的进化过程中,由所开发的技术系统更多地承担执行职能,将操作人员解脱出来。这个理念的提出是具有创新性的,在达到多功能、高自由度、高可控性、高可靠性方面,集控系统做到了多功能,提高了可控性。

而作为整个流程运行中的重要一环,编单导播是一个不可或缺的重要角色。由于各档新闻节目的需求不尽相同,有着各自复杂的应用形式,编单导播需要根据节目方提出的需求制作出大量针对各个具象应用的独立模块,包括各种机位设置、灯光控制以及实时包装命令,并在此基础上进行模块的规范整合。同时,在应对日播的新闻节目,编单导播需要实时掌握新闻条目的编排顺序、制作提示的修改等。

在传统直播模式下,导播必须把各种因素聚合为一体,紧密协作,一气呵成。导播下达的口令必须简洁明确,声音必须响亮,如果受指挥者没有听清楚或者听不明白,就容易产生配合失误,导致播出差错。

不同于传统模式下导播在直播现场的直接调度,编单导播在节目直播前就必须根据节目的 inews 串联单制定机位调度以及图像的包装。原来在直播前必须交代给直播群体的意图、对镜头的选择、对声音的选择,以及导播在直播中需发出的所有口令,事实上已经提前在编单导播编制的集控系统串联单中体现出来了,进而由播控导播进行直播拍出。既在一定程度上规避了差错的风险,又提高了问题的可预见性,增强了直播的安全感。

在集控的架构下,编单导播同样需要具有标准化的编辑思路。尽管各档新闻的需求不尽相同,但是制作模板提供的机位、灯光以及声音控制都是标准化的,字幕的使用同样有标准,诸如标题何时出,出多长时间,以何种形式出等都有统一细化,集控架构中的标准化渗透到每一个细节。

以上标题条为例,传统模式下,导播手动上标题会不可避免地出现长长短短的现象,但是在集控系统里,编单导播可以设置好每一条新闻片的第二秒开始上标题到第十五秒下标题。特别情况除外。直播时由播控导播按顺序拍出即可,这样就形成了统一。

当然,任何形式的直播都不可避免地会遇到突发状况,编单导播和播控导播都必须具备良好的心理素质和处置突发情况的应急能力。

"集控"改变了传统演播室的直播作业模式,导播的工作工具也不再是一张超大的切换台而是一台由两个屏幕组成的集控系统电脑。以前在传统切换台上按的每一个按键,现在都被集控系统的每一个命令所取代。这一大胆突破使得新闻制作和播出效率大大提升,让多景区大屏、摄像机、无级变色灯光、实时包装、音响等创造出 $1+1>2$ 的功能效果,使虚拟前景等包装制作定位更加精准更富视觉冲击力,而编单导播则是整个过程中的"灵魂再造"。当然这也对编单导播和播控导播提出了更高的要求,双方在做好积极沟通的前提下,彼此的工作都必须要像绣花针一样精细。

作者简介:

赖岚,SMG 融媒体中心首席导播。

专 业 探 究

国产影视剧衍生品产业链设计和发展研究

——以电影《喜羊羊与灰太狼》为例

唐　荷

提　要：衍生，即演变而产生，衍生品是演变而产生的物品。在文化产业领域，衍生品也可称为周边产品。在影视剧行业，用来称呼除播出放映外一切增加影视产业产值的产品。

　　电影衍生品根据与知识产权的关联性，分为两类：第一类，电影的影院产品，即电影本身。此时，产品的物质载体是影片的胶片或数字拷贝，与消费者交易的场所是影院，交易所需的物质条件是影视院和播放设备。第二类，非影院产品形态，包括视听产品，如 VCD、DVD、影视原声唱片等；非视听产品，如出售的电影海报、小说、画册、相关玩具等。除此之外，还包括提供旅游或制作服务的主题公园、影视城、相关设备制造业以及电视转播权、网络点播权等。本文的研究对象以非影院产品形态为主。

关键词：喜羊羊与灰太狼　好莱坞　影视衍生品产业链　国家软实力

引　言

　　我国电影产业产值约占 GDP 比重为 0.032%，美国电影产值占其 GDP 比重 1%，是我国的 31 倍。在我国，90% 以上影视产业的收入来自票房、版权和广告。好莱坞在这方面的业务收入占行业产值的 30%，其他 70% 的收入来自电影衍生品。

目前我国的影视制作,大部分出品方赚不到钱。影视衍生品的开发是"开源"的最佳方案。国产电影《喜羊羊与灰太狼》衍生品营销模式不同于其他国产影片,相当接近好莱坞的营销模式。本文通过对此案例的详细研究、对比好莱坞的经验,设计出符合我国国情的影视衍生品产业链模型,以期具有一定的现实意义,更能指导国产影视衍生品的开发。

一、阻碍国产影视剧衍生品发展的五个层面原因

1. 法律法规和制度层面

(1) 盗版。国内不少生产商以正版产品为原型,在影视档期中快速生产盗版衍生品,并依靠批发市场和网络等渠道投放出货,已经形成了完整的盗版产业链。其压缩了正版产品的盈利空间、侵占了大量的市场份额,还产生逆向挤出的效应。盗版猖獗的原因大致如下:A. 价格低廉甚至免费;B. 部分盗版的质量高于正版;C. 更新速度能够达到世界同步;D. 成本低廉、收益快;E. 影院观影成本过高;

(2) 地方保护主义。国内不少工厂是靠生产盗版衍生品发家、存活的,地方政府向其收取税费,对盗版行为闭上了一只眼。

(3) 加强制定衍生品开发的流程和行业规范。国内影视版权,很多只有发行权、没有原授权,不具备衍生品的开发条件;或者,即使有了授权,却没有开发的意识。

2. 市场层面

影视衍生品发展滞后,不完全是因为我们还不够富裕。重要原因是目前我国电影平均票价高,导致了我们只能消费其本身,衍生品的销售市场萧条。目前我们需要正视并有耐心地培养观众的衍生品消费习惯。据国外的成熟经验,拍一部专门介绍影视衍生品的低成本实验影视,来引爆国内的影视衍生品市场。

3. 人才层面

(1) 复合型编剧人才的缺失。好莱坞在创作中多半采取编剧中心制,编剧具有与制作、营销团队密切合作的全面素质。国内编剧还是更习惯于纯写作,在影视产业中未能承担更多的角色。因此,国内的编剧如何才能身兼数职、接近市场,从剧本创作阶段开始考虑衍生品的介入?

（2）品牌管理人才的缺失。影视衍生品依附于影视作品,其品牌的管理至关重要。创造一个影视品牌不容易,如何让该品牌的生命力持续旺盛则更不易。品牌的管理,一是机制、二是人。好莱坞除去雄厚的经济实力,与其严格的运营机制和管理机制是紧密相连的。目前我国影视公司的管理层相当一部分是影视科班出身,相对缺乏系统的品牌运营的经营理念、知识和经验,这也是中国影视品牌运营上的硬伤。我们需要既懂得经营管理又有一定外语交流能力、熟悉国际运作的人才。

（3）设计人才的缺失。观众喜欢好的品质、丰富的功能以及有个性的衍生品,并且愿意付更多的钱。国内影视衍生品开发不好,不是因为没有人去做,反而大家都觉得这是一个空白区域,很多人挤着往里进。但步入的误区是都认为拿一些批发市场上的小商品,打上 LOGO 就算衍生品了。我们急需衍生品研发人才来弥补这一缺陷。

4. 适合开发衍生品的影视题材

开发衍生品能延长影视产业的价值链,但不是任何题材都适合。只有经典的、有品牌影响力的作品才能广泛传播、让人争先恐后地购买它的衍生品并永久追捧下去。适合开发衍生品的题材建议如下:

（1）科幻题材适合开发衍生品。但国产影视剧大多数是《赤壁》《赵氏孤儿》《一九四二》等历史题材。科幻题材的影片在衍生品研发上相当有想象空间,其实,我国的神话题材就很适合,比如《西游记》。

（2）利用影视品牌的延续影响力。开发成功的衍生品大部分是系列影片。通过与迪士尼、华纳兄弟负责国际合作的负责人的交流,作者得知:好莱坞在做第一部影片时,一般不考虑开发衍生品,只有在第一部叫好又叫座、开发续集时才会在衍生品上发力。从而形成持续的影响力,如《哈利·波特》《指环王》《蜘蛛侠》《变形金刚》等。

5. 资本层面

（1）热钱的涌入使得制片无法保证品质。在经历了影视行业的黄金十年后,我国影视产业在发展中表现出某些不专业和泡沫化的倾向。有人说煤老板也掺和进了影视圈,这代表了一种暴发户的思维方式、导致了一些不专业的制片行为,从而影响了影片的品质,使得无法在保证影片品质的前提下开发衍生品。

（2）没有足够资本介入衍生品销售渠道。目前的衍生品销售渠道不健全,衍生品第一销售途径应该是在影院。但若需要成规模地建设,就需要嫁接资本进入。而目前国内没有大型投资公司或者玩具商愿意介入这个渠道。这就需要倡议出品方、发行商、品牌商与院线公司形成合力,在影院内开设衍生品专卖店。在专卖店里,除了卖商品,还能让人们了解到更多的东西,如拍摄场地、道具等。甚至可以在店里摆个小型影视放映机,让人们体会自己动手放映影片的乐趣。

二、国外影视衍生品发展的借鉴,以好莱坞为例

1. 好莱坞影视衍生品概况

20 世纪 90 年代,《玩具总动员》衍生品成功之后,影视营销成了一门大有学问的生意。根据贸易出版许可管理,当时美国全年特许经营的玩具产品约 730 亿美元,其中 160 亿美元是影视衍生品玩具。三部《星球大战》的票房 18 亿美元,衍生品超过 45 亿美元;《狮子王》前期投资 4 500 万美元,票房 7.8 亿美元,衍生品收入超过 20 亿美元;《汽车总动员》的衍生品开发和销售获得了 50 亿美元的收入。

好莱坞是世界影视先进生产力的代表,超过 70% 的产业收入来自衍生品,票房、版权和广告只占其 30% 的收益。一般而言,40% 的衍生品的销售产生在公映之前。一部好莱坞电影的利润,大致分为三部分:第一部分,发行和广告;第二部分,直接衍生品,如原声唱片、家庭 DVD 等;第三部分,与影视相关的影视衍生产品,如服装、玩具等。尤其是第三块的业务收入,利润相当丰厚。

2. 衍生品代理公司分析

经测算,商品植入有影响力的影视剧后可以大大提高销量,其综合成本比投放硬广便宜。由此,影视制作公司开始在作品里植入合适的桥段。而影视产业发展到一定阶段,出品方的主要精力在创作上,衍生品的创意设计、开发营销都需要有专门的人负责。于是,衍生品代理公司出现了,这是好莱坞影视衍生品产业发展到高级阶段的标志。

品牌商与出品方的合作一般沿用两种模式:1. 产品植入,在影视中出现产品的形象;2. 出品方授权产品商使用影视的名字、角色和作品制作玩具、服装、图书和音像制品等。

在诸多的代理工作中,授权代理是一种相对复杂的代理形式。授权代理的好处是:一是给出品方现金:品牌商以期在影视作品中出现其产品或者拿到形

象授权去生产相关产品,而付钱给出品方。二是代为操作规范的行业文本,使得出品方完全不用担心潜在的侵权诉讼风险。三是免费商品:代理公司作为出品方和产品方的中介,会向制片人提供糖果、免费机票、整卡车的啤酒等免费商品。如果影视中涉及非常昂贵的道具,如汽车、貂皮或者名牌珠宝,代理公司会想方设法借到这些物品。四是推广:对于兔子罗杰的出品方来说,如果接受麦当劳的植入,麦当劳同意向它的顾客发放数百万只兔子罗杰的模型杯,再花几百万做活动的促销广告,无疑是收益巨大的。

三、国内影视衍生品探索,以《喜羊羊与灰太狼》为例

1. 国产影视《喜羊羊与灰太狼》衍生品开发概况

(1)衍生品开发历程及成果

广东原创动力是集影视制作、卡通动画创作于一体的专业影视公司,"喜羊羊"系列由电影又改编为电视动画。2006年,原创动力成立了衍生品授权部门,所开发的衍生品品种繁多,有音像制品、图书、毛绒玩具、文具、服装、礼品、食品、日用品以及网络形象等。2009年,"喜羊羊"衍生品进一步落地开花、开始了全方位发展:两部音乐剧的全国巡演大获成功,《喜羊羊与灰太狼》同名杂志每期销量突破25万册,成为国内发行量最高的儿童杂志;与此同时,推出了118种图书,销售量约1 200万册。

在国际上,动画片创意＋电影电视＋游戏＋品牌衍生品是惯常的做法,但在中国真正能把这个产业链打通的动画影视,堪称标杆的是《喜羊羊与灰太狼》。在"喜羊羊"的收入中,播出版权占30%,其余70%来自衍生产品的形象授权等方面。"喜羊羊"拉动国内内需超过100亿。经过正式授权的"喜羊羊"衍生产品种类超过100种,细类目超过1 000种产品,几乎将全部的衍生品产品都开发了。

(2)SWOT分析《喜羊羊与灰太狼》影视衍生品

① "喜羊羊"的衍生品开发优势

狼羊组合使得故事不断、人物形象鲜明、动物形象玩偶比人偶形象更适合衍生产品的开发。原创动力的团队引入的合作方上海文广(SMG)与优扬传媒拥有强大的宣传资源。上海文广旗下自有近20个电视频道和广播频率,优扬传媒拥有几乎国内所有少儿动画频道的广告代理权,这使得"喜羊羊"预告片和卡通形象有机会在全国范围内大面积投放。

2010年,"喜羊羊"授权迪士尼在其电视渠道内播出。2011年,"喜羊羊"的形象版权授权给迪斯尼,迪士尼消费品部下所有产品品类均可生产相关产品。

通过合作,"喜羊羊"解决了自身的发展问题、拉长了衍生品产业链、也开拓了国际视野。

S	W
1. 形象鲜明,深入人心 2. 故事有哲理,契合现实	1. 内容简单,品牌忠诚度低 2. 衍生产品缺少强大的购买说服力
O	T
1. 强大的受众基础 2. 营销策略的成功运用带来了销售机会 3. 迪士尼的背靠力	1. 缺失品牌打造 2. 过度消费 3. 盗版的威胁

《喜羊羊与灰太狼》系列动画影视衍生品 SWOT 分析

② "喜羊羊"的产品劣势

在我国,大部分动画影视对象是 12 岁以下低龄儿童,"喜羊羊"也不例外。虽然有一部分受众是青年群体、白领人群,但其内容过于简单,这批受众不像儿童那样有较高的品牌忠诚度。随着"喜羊羊"年复一年地发展,其剧情的套路化日益明显、情节局限、内容没能进一步提升。这种缺少对心灵的拉动力,降低了观众对产品的品牌认知,也减少了消费者的"购买"行为。

③ "喜羊羊"的销售机会

有广大的受众基础。"喜羊羊"以少年儿童为主要受众群,兼顾了青年人。针对故事情节,观众会有规律地交谈以及进行互动,对于许多人来说,影片中的人物形象就像是现实生活在身边的人一样。

与此同时,出品方利用春节这一特殊时间点,融合了新春和生肖两大元素,使其位列贺岁档影片,使得各路营销一举成功。

④ "喜羊羊"的市场威胁

缺少品牌打造。尽管"喜羊羊"的营销活动整合得比较成功,但缺少了对品牌的系统打造。如今市场,做品牌才是王道,"喜羊羊"必须强化影视品牌形象的构建、为今后的发展考虑才是长远之计。

盗版的威胁。盗版衍生品获得的利润是正版的 4 倍,目前全国各省市区几乎都有"喜羊羊"的盗版产品,这严重影响了正版衍生品开发积极性和发展的规范性。盗版衍生品所占的市场份额达到 80%。

2. "喜羊羊"衍生品产业链分析

原创动力"喜羊羊"目前在成本控制和营收上的比例可以见下图:

```
                投入  ←——— 互为支援 ———→   收入

      10%—20%         80%—90%        40%    20%    10%    30%
      推广成本         制作成本       播出市场 衍生产品 图书音像制品 其他

   媒  媒  动      内  剧  人  后     电  影      文  儿  各  食      漫  音
   体  体  漫      容  本  物  期     视  视      具  童  类  品      画  响
   广  审  节      制  制  制  制     台  票      书  服  玩  饮      图  光
   告  片      展   作  作  作  作         房     包  装  具  料      书  碟
   10% 10%  80%    70% 10% 10% 10%
```

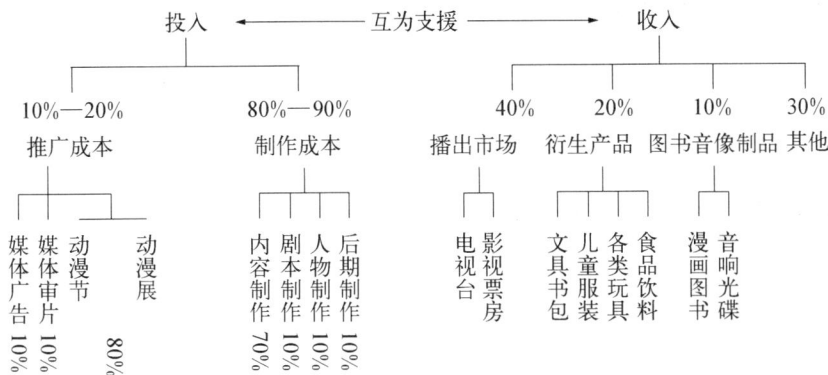

"喜羊羊"影视项目收支图

衍生品为"喜羊羊"提前收回了大量成本,衍生品收益占据其上下游产业的最大一块。出品方把衍生品开发放在了项目运营的核心位置。"喜羊羊"有着完整和紧密的产业价值链,沿着"开发→生产→出版→演出→播出→销售"的流程来完成营销行为。"喜羊羊"的直接衍生品包含动漫图书、报刊音像制品舞台剧等,间接衍生品包括与动漫形象有关的服装、玩具食品等衍生产品和经营。

原创动力把影视衍生品产业链从一般意义上的"动画制作→衍生产品→消费者"变为了"衍生品制造商互动开发→动画制作→衍生产品→消费者",而这正是后来《喜羊羊》能经受住市场考验的根本原因。

四、国产影视衍生品产业链设计及其运用

1. 国产影视衍生品类型

我国影视宣传和发行手段日新月异、日益成熟,但唯独对衍生品的创新和营销远远不够。我国影视人可以参考以下九个品类:

① 音像制品:DVD、原声大碟等;

② 印刷出版物:图书、小说、原画设定、漫画、海报、签名海报、剧照、剧情卡、签名剧照、脚本 & 故事板等;

③ 定制产品:邮票、纪念章等;

④ 角色形象衍生:玩具、文具等;

⑤ 道具衍生品:影视道具、剧情卡等;

⑥ 建筑衍生品:主题公园、影城、影视基地、实景演出、外景地等;

⑦ 贴标产品和授权衍生品：服装、饰品等；

⑧ 游戏衍生品：App、网游等；

⑨ 其他商业或合作项目：音乐会、展销会、签名纪念品、改编权、行业杂志、宣传材料、商业收藏品（类似于好莱坞有一些影视衍生品的收藏馆）等。

专业的影视公司在影视项目策划前期，就做好了衍生品的研发、生产和营销计划，以确保衍生品能与影视放映同步。一般来说，衍生品早于影视剧两周上市。

2. 国产影视衍生品产业链设计

影视项目在剧本阶段即可考虑衍生品开发，与此同时，专业的代理公司介入衍生品的前期开发。出品方、品牌方和代理公司三方介入，注重衍生商品的稀缺感、提高商品本身的价值，使模仿的成本过高而不可替代，这样可以从根本上避免盗版。

通过衍生品代理公司，制片商立足于影视剧本身，将影片的全部或部分资源，比如人物形象、标识、故事情节等的使用权出售给其他经营者，由对方进行衍生品的经营。这种模式又分为两种形式：一是分成模式；二是买断经营。依照衍生品的开发节点作者绘制了影视衍生品产业流程表（下表）：

影视项目周期	影视项目筹备（出品方-代理公司-品牌商）	剧本磨合器	拍摄期	后期制作期	宣发期	播出放映期	衍生品长尾期
衍生品启动节点	衍生品创意（授权、贴标）	衍生品情节设计（产品植入）	角色形象衍生品启动	建筑衍生品	音像制品		
		衍生品形象设计	道具衍生品	定制产品	印刷出版物		
		衍生品计划制订	产品植入衍生品启动	游戏、家具、视频等启动			
			其他商业或合作项目				
			贴标产品和授权				

产业流程表的第一行是制片时间轴，第二行是不同衍生品的介入时间。通过整体运作，品牌商最终希望通过影视作品的传播，把其当作商品的巨大广告片，带来商品的大量销售。通过三方合作，挖掘影片内在的东西，保证品质和原

创性地设计出与影片相应年龄层次观众喜欢的东西。使衍生品能与影片紧密结合、与影片内在精神相契合。

3. 国产影视衍生品的销售实践

（1）消费者对影视衍生品的心理行为模式

有人说，衍生品只是影视上映期间图的一时新鲜，没必要花那么多钱去购买，玩几天就失去兴趣了。低价衍生品在短期内实现薄利多销，收益也很可观。两种说法都是正确的，分别对应着不同的人群：一是粉丝拥簇；二是普通热爱影视剧的粉丝。衍生品针对不同层面消费者要做不同的营销计划。通过高、中、低价格的产品来覆盖各个消费层次的观众。

目前国内的影视衍生品市场现状可以用不等式来描述：看的＞关注的＞询问的＞购买的＞持续购买的。在目前影视衍生品市场没有培育起来的现状下，价格不是主要的问题，消费习惯的培养是重中之重。

（2）衍生品的定价及促销

国产影视衍生品最优先选择的应该是"随行就市"定价。制定价格之前需要以国内行业的平均价格为参照标准，尽量避免定价过高，等同于支持盗版；而定价过低则与盗版贴身肉搏，亦无利润可言。除了通过有技巧的定价方式来推动衍生品的销售，还可以通过各种促销手段来提升销量：

向上销售：组建影视衍生品俱乐部，向既有的粉丝进行推销。在一定范围内组织粉丝群体，继而在该群体内根据粉丝的消费喜好，提供更高价值的衍生品或服务，刺激更多的消费。

交叉销售：客户购买衍生品时可以有技巧地"提示"客户发觉自身的多种需求，并满足客户对于衍生品的需求。但这样的销售方式需要阵地，即在不久的将来出现的衍生品专卖店。营销人员在完成本职工作以后，主动积极地向现有客户、市场等销售其他的、额外的产品或服务。

价格歧视：就是价格差异，向不同的接受者提供相同的商品或服务时，实行不同的销售价格或收费标准。价格歧视会让商家和客户间形成一场博弈。有的顾客看到最新款的预售玩具就想买，出品公司会提高初始价格，然后等半年左右再降价。给学生打折也是一种价格歧视的手段。作为建筑衍生品之一的世界主题公园销售也可以使用价格歧视的定价策略。比如游客带小孩去游公园时，最怕遇到排长队的情况。可如果顾客愿意多加一些钱，可以有少排队的特别通道。

（3）国产影视衍生品的宣传营销

衍生品的宣传可以搭影视宣传的顺风车，前期可以随着影片的海报等宣传物料中出现。随着影视剧的播出放映引起市场的高度关注度,并有计划有步骤地推出相关衍生品。衍生品最盛大的亮相是首映式的惊艳登场,可以尽量多地在现场出现、并配以足够人手进行解说和互动。随着影视剧的放映,品牌形象越来越深入人心。但需要注意的是衍生商品的宣传不能等到影视上映之时才开始,一般应该在影视上映前 2 周开始预热宣传并铺货,以备影视上映期铺天盖地的销售需求。贴片广告的形式也很有实际意义。形象宣传和产品宣传并重、宣传和铺货销售并举,切不可变成"看得到、买不到"的局面。

与此同时,影视衍生品的销售还可以借助于各类衍生品展销会、庙会、影视剧专有衍生品网站、社交网站、粉丝俱乐部、影院渠道、衍生品专卖店等渠道和场合。

结 语

只有通过开发影视衍生品,才能为影视产业增加收益、改变目前影视行业只重发行的现状,为出品方增加利润的同时延长影视产业价值链。

本文通过研究《喜羊羊与灰太狼》案例得出结论:我国影视衍生品产业召唤专业衍生品代理公司的出现,在出品方、品牌方和代理公司的三方合力下,影视作品的品牌影响力在播出期后延续,影视产业的收益也会源源不断地会增加。中国影视人只有不断地借鉴和学习,才能使影视行业走上健康的产业化发展道路,也才能更好地与以好莱坞为代表的世界影视界进行对话交流。

作为文化产业核心——影视产业,在某种意义上已超越其经济效益会带来的效益,被赋予了很强的政治色彩。影视产业是各国文化形态、生活方式、国家形象输出的重要载体,也是国家体系的重要文化符号,影视作品可以让国家形象在世界上树立正面光辉。《喜羊羊与灰太狼》衍生品开发的成功不仅为影视产业带来了勃勃生机、找到了产业内的利益增长点,更为发展民族影视事业做出了贡献,在国际竞争舞台上增强国家软实力也将有重要的意义。

参考文献:

[1] 谷淞.好莱坞营销[M].中国广播电视出版社,2007 年 1 月第 1 版.

[2] 赵抗卫著.主题公园的创意和产业链.华东师范大学出版社,2010 年 7 月 1 日第 1 版.

[3] (美)卡雷西尔弗.潘勇等译.价值链[M].经济管理出版社,2011 年 8 月 1 日第 2 版.

[4] Hollywood domination of the Chinese kung fu market. Inter-Asia cultural studies [M]. p414 - 424.

[5] 张业军.喜羊羊倒挂动漫产业链[M].中国经营报.2009 年 2 月 9 日第 C13 版.

［6］金敏.品牌延伸的客户心理分析［J］.当代经济.2005 年第 7 期.

［7］黄凯.战略管理——竞争与创新［J］.石油工业出版社,2010 年 10 月.

［8］李晓灵.新时期以来中国电影国际竞争力研究［D］.兰州大学博士学位论文,2008 年.

作者简介:

唐荷,同济大学英语语言文学学士、上海外国语大学工商管理硕士,现任 SMG 影视剧中心宣传主管。

从第一财经《中国经济论坛》的实践看电视论坛影响力共赢机制

傅　娆

提　要：在国际大型经济类论坛中，都会设有"电视论坛"，如著名的世界经济论坛、亚洲博鳌论坛等。电视论坛的模式，可以让合作双方同时实现多维度的影响力打造，因此深受活动组织者和媒体双方喜爱。第一财经《中国经济论坛》是中国唯一一个和线下真实论坛相结合的周播电视专题节目，也是除了中央电视台以外的唯一一家与达沃斯论坛冬季年会建立合作的电视节目，本文通过它过去十年运行的经验，探究了电视论坛这一模式的影响力发生和实现机制，分析了它让论坛活动方和媒体节目方实现影响力共赢的路径，以及电视论坛未来存在的挑战及应对。

关键词：电视论坛　中国经济论坛　影响力

一、"电视论坛"在国际经济类论坛的地位

电视论坛是在国际大型综合类经济论坛活动中流行的一种论坛设置形式，即论坛组织者与专业的电视媒体合作，联合策划设置论坛议程，并通过电视媒体，把完整的论坛讨论现场，经过适当编辑，成为节目进行播出，以实现内容和品牌传播和影响力最大化的论坛模式。近十几年来，国际大型经济类论坛中，都会设有"电视论坛"的专场，如著名的达沃斯世界经济论坛、博鳌亚洲论坛等，在每年的年会论坛上，他们都会选择有专业影响力的电视媒体进行合作。

以全球最著名的经济论坛——世界经济论坛即达沃斯论坛为例，在它的议

程设置中，与电视专业媒体合作的"电视论坛"每年都是主办方最看重、最重要的合作场次。每年，世界经济论坛在它的冬季和夏季年会里，都会在全世界范围内选择最具有专业影响力的媒体进行合作，全球知名的媒体都在他们的选择合作之中，其中包括：BBC、CNBC、NHK、CNN、路透、瑞士国家电视台、FOX、Bloomberg、印度新德里电视台、法国 24 台、NBC、阿拉伯卫视、欧洲新闻台、dw 德国之声电视台、中国中央电视台、第一财经等。近几年，随着媒体融合的发展，达沃斯论坛也会选择有些平面媒体合作设置媒体互动专场，虽然这些场次也会通过会议的 App 和官网进行直播，但从主办方所投入的精力和财力来看，还无法达到与电视论坛相同的诉求。在达沃斯世界经济论坛之后，更多的国际性经济论坛活动引入了电视论坛专场的机制，如中国的博鳌亚洲论坛，以求最大限度地扩大活动的影响力。

二、电视论坛的一个典型：第一财经《中国经济论坛》

虽然以电视节目为线上传播载体的电视论坛在国际大型专业论坛中有着很重要的地位，但是，在我国的电视媒体中，却少有固定的以此为形式的电视节目，第一财经《中国经济论坛》是迄今为止中国唯一一个每周固定播出的、以真实论坛为运作基础的电视节目，是媒体中电视论坛的一个典型。笔者负责的第一财经《中国经济论坛》成立于 2009 年，它通过电视媒体的策划和议程设置能力的优势，运用电视技术，把线下的真实的论坛活动现场电视化，以直播的方式进行录制，再通过电视编辑的手段把线下产生的内容加以精编，通过节目、视频等多种形式，进行多次扩展性线上传播。在每次的论坛活动上，它都会针对性策划、组织、邀请经济学家、知名企业家、行业领军者、先锋创业者、政府政策制定者、政策研究者、专家学者等影响力人物发表前瞻观点。第一财经《中国经济论坛》利用其操作机制的独特性和经济领域的专业性，借助有效的内容、传播和运行策略，其在行业中的影响力越来越大，随着"一带一路"倡议的弘扬，它还走出国门，分别在欧亚非等三大洲 6 个国家举办了国际经济贸易合作论坛，受到当地企业、媒体和领事馆的高度重视。第一财经中国经济论坛十年来，播出了 500 多期节目，汇聚了 1 260 位经济领域重要嘉宾的前沿观点。

2014 年，第一财经《中国经济论坛》开始成为达沃斯世界经济论坛夏季年会的电视专场论坛的合作伙伴，达沃斯论坛设立了第一财经电视专场。2017 年，冬季达沃斯论坛上，中国国家主席习近平出席并做了特别演讲，第一财经《中国经济论坛》正式走进瑞士，成为达沃斯世界经济论坛冬季年会的电视合作伙伴，也是迄今为止中国电视媒体除了中央电视台以外、唯一的另一个与世界经济论坛建立合作的电视节目,与全球的其他知名媒体同台展示中国电视媒体的专业能力。它同时也是博鳌亚洲论坛、陆家嘴论坛、浦江创新论坛、全球智库论坛等的多个国际知名论坛合作伙伴。在常年的电视论坛制作中,第一财经《中国经济论坛》积累了电视论坛的运作经验,对电视论坛有着深刻的认识,对电视论坛的运作中影响力的发生机制有着非常深入而充分的了解。

三、《中国经济论坛》成功运行十年的原因

周播电视论坛节目第一财经《中国经济论坛》能够成功运行十年,分析其原因主要有三:

第一,其所处在全国的经济金融中心上海,第一财经作为财经专业的电视媒体有着先天的专业优势,有条件成功实现电视媒体和经济论坛之间的跨界创新。

第二,电视节目采用与真实的经济论坛结合运行的形式,满足了新媒体时代受众需求和媒体内容产生机制的变化,即:电视论坛节目符合新媒体时代的UGC、PGC、OGC的内容产生机制和观众需要提升体验感的时代变化。互联网时代,受众呈现双向趋势,由被动接受转变为主动参与,精心设计的信息开始不再吸引人们的注意力,人们更加在意和别人交流他们的体验和感受。同时,内容生产也呈现新的趋势,包括;更加强调内容为王、强调现场感亲和力、内容呈现定制化、个性化、专业化、碎片化易转发等趋势,互动对节目的议程设置也产生了新的影响。

第一财经《中国经济论坛》线下活动与线上电视节目相结合的电视论坛就满足这些新的趋势需求。电视论坛集线下活动和线上节目为一体,从论坛的主题的策划设计开始,就紧密与参与方进行紧密互动,这些参与方包括活动的组织方、论坛目标现场听众、论坛的演讲讨论嘉宾等,经过多方的充分参与后,在综合了各方意见后,设定论坛的主题,往往也是事后电视节目的主题。在论坛举办过程中,听众可以在现场与各方嘉宾建立联系、与台上嘉宾互动,也可以通过论坛活动的互联网渠道进行提问和评价,这些的内容都可以实时有机地传递给发言的嘉宾,使嘉宾的观点更多的具有针对性和指导性。也使事后的节目内容更加丰富,以此产生的内容也同样给到观众更多的满足感。论坛活动与电视节目之间的所产生的良性互动,是电视论坛能成为大型经济论坛特定的议程设置、是第一财经《中国经济论坛》这个周播节目能够成功运行十年的厚实的社会和市场基础。

第三,电视论坛的模式实现了影响力供应机制,即其同时可以满足了论坛活动与电视节目对品牌和内容的诉求,实现了双向的影响力打造。

四、电视论坛影响力的打造与实现

传播学理论告诉我们，传播实现的五要素为：传播者与受传者、传播内容、媒介、传播环境和反馈。[1]电视论坛是由论坛活动和电视媒体结合而形成的，对双方特点的分析显示，它们各自一方，天生都存在着这五要素资源的不足情况。它们两者的互相结合，使得各自不够完善的资源得到了跨界整合，使论坛活动和电视媒体影响力实现了双向打造，产生很好的影响力共振效应。具体表现为：一方面，论坛主办方借助电视媒体的内容表现能力和传播媒介的优势，可以更好地进行活动设计，促使嘉宾能更好地贡献观点形成有价值的内容，经过媒体的渠道传播发散，扩大了受众范围，提高了论坛的影响力；另一方面，电视媒体也同时可以利用论坛活动的品牌影响力以及所有论坛活动的资源，提升媒体自身的品牌和内容影响力。

1. 电视论坛模式中，对论坛举办方的影响力实现

（1）电视论坛增加了论坛活动更广泛的受众和体验。在传播实现的五要素中，达沃斯论坛主办方很好地利用了传播者和媒介渠道扩大了受众，使传播内容在不同的环境中得到了传播。以达沃斯论坛为例：

世界经济论坛因其举办地而得名为达沃斯论坛。达沃斯是瑞士的一个小镇，面积不足284平方公里，人口只有约为11 000人[2]由于面积、场地和小镇的设施的容纳量有限，使得达沃斯论坛会场中每年仅能容纳三四千人亲临现场参加会议。而如今全世界的人们都能领略到达沃斯论坛举行的场面，较长时间观看并体验论坛精彩讨论的实况风采，短短的新闻镜头无法实现这些，这就要归功于电视论坛的合作。传播学研究学者喻国明认为，影响力的发生机制中的第一个环节就是接触环节，如果受众接触不到，影响力就不会产生。[3]通过录制剪辑和深度精编后，达沃斯电视专场论坛专题节目的播出，使得媒体所处的国度里的目标受众能身临其境般地看到听到从达沃斯产生并传来的全球嘉宾的观点。更多的受众通过电视媒体渠道间接地得到了论坛体验，有效帮助论坛影响力的到达。

（2）电视论坛增加了主办方与嘉宾的黏性。参加电视论坛的嘉宾的发言观点借助媒体渠道得到了更广泛的传播，可以满足与会嘉宾期望通过参加活动使自己的影响力达到最大化的诉求。达沃斯论坛主办方邀约嘉宾参与电视论坛以及为电视论坛进行的充分沟通和讨论，通过这些过程，在无形中增加主办方和嘉宾间的关系纽带。

（3）电视论坛提升了论坛议题设置的热点性和表现力，强化了内容影响力。

从新闻媒体关注的视角,电视专业的媒体合作者与论坛议程设计的工作人员一起策划主题、勾画内容、进行嘉宾的选择和邀请,可以使论坛讨论的话题更符合媒体关注的热点,使参与的嘉宾是最有新闻效应的嘉宾。借助这些热点话题和焦点人物,可以很好提升论坛的影响力。从第一财经《中国经济论坛》与达沃斯合作的历次专场主题及嘉宾就可以看出这一特点(见下表一):

(表一) 第一财经《中国经济论坛》达沃斯电视专场的历次合作信息

活动名称	主 题	嘉宾(部分、时任职务、按参加时间顺序)
2014 年达沃斯论坛夏季年会	中国:下一个创新型国家	刘积仁 东软集团股份有限公司董事长兼首席执行官 马蔚华 招商银行前行长 徐井宏 清华控股有限公司董事长 温伯格 安永全球董事长兼首席执行官 李稻葵 前央行货币政策委员 周延礼 中国保险监督管理委员会副主席 黄益平 央行货币政策委员会委员 贾 康 华夏新供给经济学研究院院长 Pravin Gordhan 南非财政部部长 刘明康 中国银监会前主席 Carmen. M. Reinhart 美国哈佛教授 刘世锦 央行货币政策委员会委员 梁治文 摩根大通(中国)首席执行官 Robert J. Shiller 2013 年诺贝尔经济学奖得主 Cecilia Skingsley 瑞典央行副行长 方星海 中国证监会副主席 Timothy Adams 国际金融协会(IIF)总裁 Glenn Youngkin 凯雷投资集团联合首席执行官 赵令欢 弘毅投资董事长 CEO
2015 年达沃斯论坛夏季年会	人民币国际化的雄心	
2016 年达沃斯论坛夏季年会	中国金融前景展望	
2017 年达沃斯论坛夏季年会	中国金融改革的全球影响	
2017 年达沃斯论坛冬季年会	全球成长型市场增长前景	
2018 年达沃斯论坛夏季年会	中国的金融开放	
2018 年达沃斯论坛冬季年会	数字货币:泡沫资产?	
2019 年达沃斯论坛冬季年会	中国经济展望	

(4) 电视论坛专场结合了电视表现形式生动的优势,运用电视的表现手段,如视频短片、漫画等,通过电视主持人生动幽默的串场,使得严肃的经济话题讨

论平添了活泼性,避免了枯燥性,直接优化了论坛的参加体验,增强了品牌美誉度。

(5)设置电视论坛专场,借助电视台的明星主持人的明星效应,可以更广泛的扩大了论坛的品牌影响力。

(6)电视论坛节目的播出周期,延长了社会对论坛影响力的保持度。传播学理论认为:影响力的发生并不是一次完成的。只有持续不断的接触(即保持)才能使影响力延续而价值"丰厚"。[4]因为精编制作周期性的规律使然,专场的节目播出时间往往要延后于论坛正式举办的时间,这使得达沃斯论坛的影响时间超过活动召开期限,直接影响至少延长1周左右的时间或更长。

2. 电视专场论坛模式中,对媒体方的影响力实现

媒体影响力研究学者喻国明认为:传媒影响力的本质特征在于它为受众的社会认知、社会判断、社会决策和社会行为所打上的"渠道烙印"。[5]他同时认为,从传媒的社会能动性的角度看,传媒影响力的发生和建构,主要依赖于传媒在接触、保持和影响力提升三个环节的资源配置和运作模式。他强调,在影响力的提升环节中,需要选择最具社会行动能力的人群,才能占据最重要的市场制高点,是提升传媒社会影响力的至关重要之"点"。[6]电视论坛专场对电视媒体和节目来说,形成了多重影响力效果的叠加,具体体现在以下几个方面。

(1)媒体实现借船出海,全面打造品牌和内容影响力。一个经济型论坛活动往往集中了嘉宾资源以及政府关系、市场关系、媒体关系等所有高端资源,参与其中,对有着相同目标受众群体的媒体进行影响力塑造是个很好的时机,媒体品牌借助论坛活动的平台可以有效实现自身影响力。

(2)借助论坛活动,媒体可以精准聚焦实现受众影响力。在合作论坛专场的过程中,媒体节目可以与前来参加论坛的台上和台下嘉宾直接接触,建立关系。特别是对有区域性特点的媒体,其品牌可以更广泛地被前来参加论坛活动的、非本区域的目标受众所认知,精准有效的扩大影响力。

(3)借助论坛活动的其他媒体资源,最大程度实现媒体品牌的影响力。论坛主办方邀请的新闻媒体资源都可以为我所用,当他们对电视专场论坛进行报道的同时,不可避免地也宣传了合作媒体节目的品牌,可使媒体实现借船出海扬帆远航。

(4)借助论坛活动,媒体可以拓展潜在商业资源。媒体与论坛活动合作设置电视论坛,可以有效挖掘和建立商业资源。品牌营销专家 Kevin Lane Keller 认为:在事件或活动中能容易建立与顾客间的亲密关系,并将品牌共鸣最大化。这种方式提供更全面、个性化的品牌体验,从而建立更加紧密的顾客关系。事件

和活动为媒体提供了一种与目标受众市场沟通的方式。参与活动,是一个使品牌产品融入受众生活中的特殊而个性化的时刻。这样,媒体和节目的品牌与目标受众的联系就会深入、更加广泛。[7]在实践中,第一财经《中国经济论坛》就有很多由参加电视专场讨论的嘉宾主动发起形成的市场关系的案例,电视论坛对潜在的商业资源的影响力不容忽视。

3. 电视论坛中的较高执行标准有效保证了影响力的实现。

无论是论坛活动还是电视制作,都是复杂性非常强的工程,因此,双方如何在共同的目标诉求中,实施高效的合作,使不可控的因素减少到最小程度,最终产生预期的影响力效果,是模式运行中的关键。第一财经《中国经济论坛》在实践中拥有一整套成熟的运作标准和办法,以保证每场电视论坛的合作成功。

在电视论坛的操作过程中,在合作选择与实施过程里,由于节目传播和电视录制技术等方面的要求,往往要求的活动执行标准要高于一般的论坛活动的组织和实施。从第一财经《中国经济论坛》的实践来看,坚持高标准,是打造和实现专业影响力的关键,也是电视论坛成功的关键。为了达到最佳的电视论坛效果,其中的每个工作环节落实的标准都需要非常清晰明确。

(1)选择与确定合作阶段

经济论坛的活动的核心是主题与嘉宾的设置与安排,这与媒体以内容为王的理念是一致的。第一财经《中国经济论坛》在选择和确定合作伙伴或者合作项目时坚持严格地按照以内容为王进行社会效益和经济效益的综合考量。以最佳影响力效果为目标,来确定合作伙伴,或是进行品牌合作,或是进行行业产业话题的定制性合作,但不管哪一种,坚持内容第一即话题和观点的专业性和前瞻性,是节目决策的宗旨。

(2)合作实施阶段

第一财经《中国经济论坛》会从电视的专业性角度与论坛活动的主办方紧密合作,从主题的方向,主题的描述,话题的结构,到具体的文字表述、嘉宾选择和邀请计划以及现场技术方案舞台背景声光电、会务流程等,都会与活动方进行充分讨论,作为专业的财经电视媒体并结合主办方的需求,提出最专业的解决方案。如在和达沃斯论坛合作电视论坛专场时,每次合作的专场论坛现场的背景板设计,都是由第一财经《中国经济论坛》根据主题来进行设计。正是这些严格的标准和执行,保证了节目的专业度和品质,高品质的专业性的展现又同时给活动和节目带来了良好的口碑,从而扩大了领域内影响力。达沃斯世界经济论坛借助媒体的传播力,使它在不同国家举办的电视论坛的合作都能达到预期的质量效果,很好的放大了它在全世界的影响力。

五、电视论坛未来的挑战及应对

如上所述,电视论坛可以实现影响力的双向放大,近年来,和大型国际化的经济论坛寻求合作的媒体竞争也呈越来越激烈的趋势,也给电视论坛带来了新的挑战,这些挑战表现在:

1. 媒体团队的经济内容话题的策划和把控能力。经济类媒体的经济专业能力有多强,是直接影响电视专场论坛质量的关键因素。

2. 媒体团队的论坛议程设置能力。作为媒体团队,是否了解、理解和能掌控一个论坛活动的运行和实施,很大程度的决定了一个高标准的电视论坛能否成功的关键。

3. 电视能力。现在越来越多的平面媒体借助自身的新媒体平台播出渠道,参与到电视论坛的竞争序列中,同样,越来越多的论坛也希望能与媒体合作,但是,合作双方的电视综合把控能力直接决定了一个电视论坛表现力和影响力。同时,进行论坛主持的主持人真正同时具有电视+经济专业能力的,又有多少?

4. 新技术手段的运用能力。媒体融合时代,电视论坛虽然还被称为"电视",但其影响力实现所依赖的媒体渠道已经不局限在电视媒体上了,论坛内容还会通过新媒体的网和端的视频形式呈现和传播。但是,作为一种具有特定影响力实现功能的论坛活动模式,电视论坛所聚焦的是电视媒体的核心能力优势的属性,即从业人员所体现出来的内容策划、议程设置、丰富表现、高质量音视频信号制作和运用等这些由电视媒体形态所形成的专业能力。这也是达沃斯世界经济论坛等大型国际经济论坛活动还坚持使用这一名称的原因。

第一财经《中国经济论坛》的模式相对于互联网时代对媒体的要求,尚有很大的空间可以转变和开拓。数字经济时代的影响力打造,电视论坛无论在内容生成生产、传播模式还是运行模式上都存在着新的突破空间。这些问题具体体现在:

1. 在内容生产机制上还没有充分利用数据库做到充分和深入的互动机制。

2. 在传播机制上,还没有利用好新技术做到精准化个性化,数据库开发使用还有待深耕细作。

3. 在经营模式上,互联网新技术没有得到充分开发、衍生产品没有得到有效设计,没有产生新的增长点。

综上所述,媒体如想在电视论坛领域中占有一席之地,应对挑战的唯一出路就是增强团队人员的综合专业素质,即要拥有一支集经济领域里内容策划和嘉宾设计、现场电视录制把控和后期制作、论坛活动的现场执行和组织协调、了解和使用新媒体技术等能力为一身的团队,这种复合型的专业人才队伍,才是未来电视论坛这一模式最终能实现影响力最大化的基础和最可靠保障。同时,如何利用数字媒体渠道,在内容主题生成、议程设置、传播、营销等每个环节,充分借助新技术手段、融合各个媒体形态的优势进行整合创新和开拓,是未来电视论坛影响力打造的核心思考点。

结　语

在媒体融合时代,未来的电视论坛,会有更多的非电视基础的媒体进行参与,但无论什么媒体形态的参与,所不能改变的是本文中所探究和分析的电视论坛影响力的形成和发生机制与规律。在当下的媒体大融合的时期,不管是所谓的传统媒体还是新媒体,在数字经济的大潮的冲击下,如何利用大数据来定制专业内容、设计出目标受众乐于参与的形式、进行有效精准的传播,更有效打造影响力,是第一财经《中国经济论坛》和所有电视论坛模式的运营者们当下乃至未来所要深刻思索和勇于实践的。

参考文献:

[1] 李凌凌主编;方雪琴,郑素侠副主编,《传播学概论》第 2 版,郑州大学出版社,第 55 - 56 页,2014 年 1 月。

[2] https://baike.baidu.com/item/%E8%BE%BE%E6%B2%83%E6%96%AF/1202158? fr=aladdin。

[3] 喻国明著,《传媒影响力:传媒产业本质与竞争优势》,南方日报出版社,第 1 版,第 7 页,2003 年 6 月。

[4] 喻国明著,《传媒影响力:传媒产业本质与竞争优势》,南方日报出版社,第 1 版,第 7 - 12 页,2003 年 6 月。

[5] http://www.people.com.cn/GB/14677/22114/36721/36725/2723138.html。

[6] 喻国明著,《传媒影响力:传媒产业本质与竞争优势》,南方日报出版社,第 1 版,第 7 - 12 页,2003 年 6 月。

[7] Kevin Lane Keller 著,《战略品牌管理》(第四版),中国人民大学出版社,P152 - P206,2014。

作者简介:
傅娆,大学本科学历、硕士研究生学位,SMG 第一财经电视项目总监。

提高同期声运用质量探索

徐卫平

提　要：同期声在电视新闻报道和纪录片中有着非常重要的作用，与画面有机结合，可以产生强烈的感染力。在实践中，要运用好同期声，首先根据内容和所表达的主题，有所取舍；其次，在现场捕捉时，要有耐心、预判和感悟，不放过任何精彩的瞬间，同时，还要使用一些方法和技巧，去采集到高质量的同期声。做到这些之后，我们才能很好地发挥出同期声的魅力来！

关键词：不可取代　取舍原则　语言音响　捕捉同期声

引　言

电视节目的同期声，一般是指非虚构类的电视节目在采访拍摄现场与画面同步记录的自然音响和人物语言。同期声与电视画面一样，也是电视节目中不可或缺的语言要素。同期声与电视画面的有机融合，给观众还原了一个真实的有声有色的时空环境，它真实记录人物的现场阐述、对话交流、内心独白和各种带有情绪内涵的音响表达。由于同期声富含真实的现场感和别样的感染力，所以它在电视新闻报道和纪录片中得到广泛的运用。但是，在实践中，有时往往会出现一些问题。本文试图通过具体案例探讨同期声运用的规律和技巧，以期对同期声运用有一个更全面更深刻的认识。

一、同期声在各种非虚构电视节目中所起的重要作用,是画面、解说和字幕所不能替代的

电视是一个声画并茂、视听兼备的大众传播媒介,它既作用于人的视觉、又作用于人的听觉,对比广播和报纸只单纯地作用于人们的听觉或视觉,它显然具有更为强烈的感染力。

多年前,我曾看过一部揭露西藏农奴主罪恶的纪录片,农奴主动辄把农奴打入水牢。画面是一处水牢的空镜头,惨淡的幽光冷冷地照在水牢的门上,水牢门艰难地打开,潮湿而笨重的牢门随即发出一阵刺耳的"吱呀"声。影片此时没有一句解说,只有这个一声沉重的"吱呀",它让人仿佛听到水牢里农奴痛苦的呻吟,一声无助的呐喊。多少年过去了,我至今忘不掉这一声"吱呀"在我心灵引起的震颤。我想这就是同期声的魅力。

我还看过这样一部得奖纪录片,它是纪录一位免费英语辅导老师的。记者问这位辅导老师的妻子:"这些年来你们把钱都花在免费教育上,您自己有什么遗憾吗?"老师的妻子刚开始的回答是平静的,但是说到对自己儿子的亏欠,她的声音哽咽了。她显然不愿意当着众人流泪,于是起身走到房间的另一头,背对着记者坐了下来。此时观众看不到她的表情,但依稀能听到她轻声的抽泣,情绪稍稍平复之后,她缓缓地回过头来,满脸的羞涩和泪痕。有经验的记者不失时机地把这一分多钟的画面和音响全部都记录下来并一刀不剪地保留在节目里,成了感人至深的经典。

这些成功的经验告诉我们,同期声是电视媒体的一大优势,我们必须牢牢地抓住并充分发挥这一竞争优势。在事发现场既要"挑等抢"拍摄瞬间即逝的生动影像,又要同步采录有特点、有意义的人物和环境的现场音响,让声画同步,相互补充、相互辉映。

榜样在前,给了我们启发。去年夏天,我们在拍摄纪录片《做好"最难的小事"》时,对此便深有体会。"最难的小事",指的是小区居民生活垃圾分类这件事。事关老百姓一种长期生活习惯的历史性转变,"小事"其实不小。在先期策划和采访的时候,我们就意识到这部片子在拍摄过程中,现场同期声的录制是绝对不能缺席的。必须真实地记录下在这场生活习惯历史性的转变中,广大群众从不适应到适应过程中的呼声和心路历程,也要记录下里委会干部为推进这场历史性转变中他们所历经的艰难、采取的措施和发挥的智慧。这部片子,我们突破了长期习惯使用的画面加解说的制作模式,而让当事人直接发声,让现场同期声配合画面参与叙事,整部片子显得真实、鲜活、亲切,充满了来自生活本源的生

动气息,取得了很好的效果。

回顾我们过往采访,忽视现场声表情达意作用的现象比比皆是,在拍摄现场我们顶多就是录几段当事人的讲话,很少去预判、感知或留意现场其他同期声,许多精彩的同期声由于我们的疏忽因此失之交臂。出现在我们节目中的许多生活场景,常常是悄无声息的,我们习惯于用播音员的解说去替代现场人物的发声,就是不相信富有个性的群众语言永远比我们的转述高明,在我们的节目中观众感觉不到强烈的社会氛围,也难以直接感受到生动活泼的生活气息。编导们有时也明显感觉到这样的影像过于冷清,实在缺少人间烟火气息,于是就人为地去寻找库存的音乐来凑凑热闹,甚至让一段与节目内容几乎毫不相干的乐曲从片头开始一直响到节目终了,让观众不胜其烦,不堪其扰。

须知离开了生活原本的色香味,这样的电视节目是没有生命力的。只有让画面与同期声有机结合,由此产生声画同步、声像并茂、视听兼备的效果,才会与人们在日常生活中感知相一致,观众对节目的真实感、亲近感才会油然而生。因为真实,所以亲近,因为亲近,内容才容易被接受,并在人们的情感深处产生强烈的共鸣。

二、同期声是为内容服务的,内容决定了同期声的选择和取舍

知道了同期声的重要性,不等于就能使用好同期声。同期声的运用其实是一门学问,值得我们认真探讨。

在日常工作中,我们经常会看到这样一些片子:不知出于什么考虑,在这些片子的声道里充斥着许多杂乱无章的声音,既有嘈杂的现场音响,又有播音员的画外解说,还时不时会窜出一段配乐来凑热闹,它们彼此以同样高的分贝你来我往,互不相让,争当主角。结果是:同期声到底想表达什么观众一头雾水,播音员解说滔滔不绝究竟说了些啥谁也没听清楚。

产生这种状况有多方面的原因,其中最重要的是,记者和主创人员在前期拍摄和后期制作中,忘记了使用同期声的两条很重要的原则:即内容上突出主题的原则,表现手段上以画面为主的原则。

也就是说,同期声在电视节目中是一种语言要素,但它并非无所依傍的独立存在的游离体,它必须为节目所要表达的内容和主题思想服务,电视作为一种以影像语言为主要特征的艺术,同期声必须与影像融为一体才具有表情达意的实际意义。因此,凡是有助于主题的突出、有助于画面效果深化的同期声,我们就必须加以突出和强化;反之,凡是无助于甚至妨碍主题表达并与画面内容无关的同期声,就必须弱化,甚至舍去不用。

当然,在采录现场,声音的录制人员应该对声音保持足够的敏感并提高及时捕捉的能力。有了前期的广泛而丰富的采撷,才可能有后期制作时精选的充分自由。有一定的量,方有一定的质。

还应该看到,在现实生活中,声响常常具有突发性的特点,谈话也经常是即兴式的,它们稍纵即逝,不可复制。一般来说,越是有特点的声响,就越受时间、地点、条件的限制。这就更加需要我们练就过硬的基本功,努力做一个采撷高质量同期声的能手。

三、语言采集、耐心、预判与技巧

不同的拍摄现场,对同期声的捕捉提出不同的要求,结合自己二十多年的从业过程中的所见所闻和实践经验,想就这方面内容谈些粗浅的感受,并与同行一起探讨。

1. 人物的语言采录是同期声的第一要素

在人类社会和自然环境中,同期声资源极为丰富,但对于电视节目的制作来说,信息包容量最大的、最富于感情魅力的、最能打动人心的当然是人物的语言。因此,我们重视同期声首要就是要把人物的自述或人物之间对话记录好,剪接好,使用好。而在事件发生的现场保证把人物的声音高质量地采录到手,则又是一件最为基础的工作。所以每次采访,笔者对录音设备都要过细地进行检查,绝对不敢掉以轻心。根据目前的设备条件,我们采录人物语音的主要手段,近距离的用的是短杆话筒,远距离用的是无线话筒。至于录像机的本机话筒虽然对采集环境声音能起到一定作用,但如果用来采录人物对话,不仅临场操作很不方便,更主要的是音质难以保证。所以在一般的情况下,笔者不主张使用本机话筒的。对于区县电视台来说,目前的主要的困难是由于人手紧张,难以配备专职的录音员,需要逐步予以解决。

人物语言的采录,除了声音的质量,更为重要的还有人物语言内容的质量问题。这方面常见的弊病是,人物的自述或对话"太有准备",如同背书,自我雕琢或导演的痕迹太重,因此失去了言为心声应有的原生状态,无论是内容的真实性,还是作品的感染力都受到很大的损伤。笔者认识一些很有经验的编导,他们的成功值得推荐和发扬。在采录现场,他们绝不会去干预人物的语言表达,绝不会去告诉对方应该说什么不该说什么和如何说。相反的,他们非常重视珍惜在宽松的不受任何干扰的语言环境下采访对象的第一遍表达讲述,他们认为那才是最真实的,最富有生活质感的,即便是发现有明显的错误,他们也不会提同样的问题要求对方重讲,而是在后续的交谈中,寻找到对方最准确的表达。这种对采访对象的尊重,对真实性的敬畏,是非常值得我们学习的。

2. 捕捉同期声要有足够的耐心

在很多场合,尤其在纪录片的跟踪拍摄中,对同期声的捕捉,是要有足够耐心的。

笔者曾拍过一部纪录片《从"农民工"到"总管家"》,片子的主人公是一位地地道道的农民。他在园艺场干的主要农活是种菜。为了突显他在艰苦的环境肯干、苦干和巧干的性格,我们与这位农民工连续多天同吃同住在一起。只要一打开摄像机镜头,我们必定也同时打开录音话筒。除了录下人们的说话的声音和农用拖拉机耕田声和运输蔬菜的物流车辆发出的声响外,但凡他在田间用铁锹挖沟时的声音、夯实土基的拍打声、劳动号子声、播撒种子和肥料时落地的声音、田间农作物随风摇曳发出的窸窣声,我们都有意识地融进画面里。在跟拍这位农民工的日常生活时,我还采录了他和妻子一起做饭、烧菜时发出的各种声响、录下了他在购买热水瓶时与商店老板讨价还价被旁人嘲笑的声音等。坦率地说,采撷这些同期声的当时,琐碎、枯燥,是需要有相当耐心的。但是,正是这些鲜活的声音对于真实地塑造主人公作为农民工的那种勤劳、朴实、节俭、热爱生活的性格起了很好的作用,这些声音充满了泥土气息和生活情趣,它触动人心,意味深长,为片子增添了别样的光彩。看到这些,之前所有的辛劳都是值得的。

3. 捕捉同期声要有新闻的敏感和预判

生活中精彩的同期声,往往是不可复制的,一旦错过,便难以弥补。所以,在拍摄现场对于声音要尽量做到有警觉、有预判。只有这样才能使那些精彩的、稍纵即逝的同期声不致失之交臂。

邓小平同志南巡时有一段即兴谈话在现场得以成功抢录和保留,对于同期声的捕捉来说是具有教科书的意义。那是1992年2月3日,邓小平同志参观上海闵行经济开发区,按照原定计划,小平同志只是视察和听介绍而不发表讲话的。但小平同志听完闵行开发区已经形成良性经济循环的发展动态的汇报,非常高兴,不住地点头微笑。这时原定的视察时间到了,在保卫人员不断催促下,上海电视台的随行记者都已收拾好摄像机准备离开了,不料,小平同志突然表示:"我要讲一点"。面临突发情况,经验丰富又具有高度职业敏感的上海电视台记者邬志豪迅即重新架起摄像机,打开随机话筒进行拍摄和录音。"改革开放胆子要大一些,敢于实验……"88 岁高龄的小平同志一口气讲了 5 分多钟,邬志豪完整地记录下这一珍贵的历史性画面和声音。这便是举世瞩目的南巡讲话中最为关键的部分。

试想,如果邬志豪当时缺乏新闻敏感,技术不过硬或稍有延误,将会酿成令人多么遗憾的历史性失误。

4. 同期声的采录要讲究方法和技巧

在采访过程中,我们经常还会碰到画面和声音无法同步的难关,为了弥补缺憾,我们可以尝试一些其他办法。

2018 年,我国改革开放四十周年,在春暖花开的季节,我受命拍摄一部展现上海市闵行区在绿化建设方面取得成就的专题片。由于采录设备的缺失和技术手段不够,造成许多画面背后的同期声很不理想,或者嘈杂得无法使用,或者有画面没有声音,成了"哑巴画面"。比如,在闵行体育公园采录现场,这里绿树成荫、花海环绕,百姓在广场上或健身步道上跑步、打拳、跳舞,野鸭在清澈见底的湖面上嬉水,各种鸟儿在别有洞天的岛上或树梢上休息。传统的电视拍摄技术手段多以地面的推拉摇移为主,平视和仰视视角较多,而从高处俯瞰的视角较少。为了给观众独特的视角,我决定采用无人飞机航摄,用"上帝视角"从空中进行多角度的拍摄,这种拍法,增强画面视觉冲击力的目的虽然达到了,但是同期声采录却成了一大难题,因为目前航拍无人机还不能解决同步收录同期声的问题。于是我只好在同一现场同时采用双机位拍摄,在后期制作时把在地面机位采录的百姓广场跳舞、跑步、野鸭湖中嬉水等同期声与空中航拍的画面有机结合起来,取得了很好的效果。

电视摄像机是个无生命的物体,但有了人它就变得有了灵性,它拍下了人类社会的音容笑貌,它采录了自然世界的风雨呼啸,只有"眼观六路,耳听八方"才能创作出真实的,具有强烈感染力的电视作品。它所摄录的影像和音响,都将作为一份有声有色的档案被存放在人类和自然的档案里,历万古而不朽。这是我们作为时代记录者的一份荣光。

结　语

电视节目的同期声,作为电视传播的要素之一,与画面有机结合可以产生烘托现场气氛、交代新闻背景、刻画人物性格、深化主题思想等多种作用,因此"当你打开摄像机镜头时,请你同步打开你的录音话筒",我想这应该成为我们的守则和基本功。同时,要提高同期声的采录质量,必须不断提高我们的新闻敏感能力、现场观察能力与拍摄录音技巧,不断提高我们的全媒体业务能力。愿以此和同行共勉。

作者简介:
徐卫平,上海市闵行区广播电视台专题部副主任。

试论历史影像的考证思路

施依娜

提　要： 有专家提出："传统学术的严谨考证、现代影像技术的科学实证、当代历史影像表达的艺术化特征相结合,将引导影像史学的发展方向。"传统史学对史料的考证有着一套严谨科学的方法,但国内目前对于影像内容的考证研究还比较薄弱,本文将以一例历史影像考证实例,阶段性总结历史影像考证的思考路径和方式方法,并提出考证的影像运用于媒资服务、媒资研发的思考。

关键词： 影像史学　影像史料　影像考证　媒资服务

1988年美国历史学家海登·怀特在《书写史学和影像史学》中提出了"影像史学"的概念,即"以视觉影像和影片的论述,来传达历史以及我们对历史的见解"。这是以影像手段认识和研究历史的发端。传统学术的严谨考证、现代影像技术的科学实证、当代历史影像表达的艺术化特征相结合,将引导影像史学的发展方向。目前,在影像内容数字化已经可以完成大量基础工作的前提下,我们编研人员需要进一步提升媒资服务的质量,其中一项就是完成专业细分,对已有的影像资料进行深入的挖掘、探索和再利用。本文将以考证影像资料"中国电影展在莫斯科开幕"为例,尝试阶段性总结历史影像考证的思考路径和方式方法,以期对今后的考证工作提供参考。需要说明的是,由于版面限制,较为直观的配图不能在本文得以呈现,尽可能转用文字描述。

一、影像史料的特点

影像史料和文本材料不同,它是靠直面现实或影像中的现实认知而存在的,认识的手段要借助于光电信息和机械技术。和传统史料相比,影像作为史料具有更丰富的物理属性。除了画面,声音也是影像史料的重要组成部分。

以"中国电影展在莫斯科开幕"为例,画面方面的信息是:黑白影像,4:3,片长 10 分 21 秒。声音方面的信息是:有解说词(俄语),部分有现场声(俄语、中文)。掌握影像史料的基本特点,可以更加有针对性地对它进行解读。由于这段影像史料有原始的俄语解说词,给考证带来了极大的帮助。俄语解说词介绍了片中出现的人物,尤其是中国的电影人,相似的名字发音让考证得到参考。其中有一位名字发音为 QiYi 的中国电影人,通过《中国电影电视艺术家辞典》查到车毅这个名字,和解说的俄语发音比较相像。再通过查询车毅的资料,比对照片和经历,最后确认是演员车毅。

二、影像史料的研究思路

根据以往的影像考证尝试,我将影像史料的研究思路初步可以总结为以传统史学研究为基础、以新媒体技术为辅助手段、以专家学者为指导三个原则。

1. 以传统史学研究为基础——影像史料与传统史料的相互支撑

以"中国电影展在莫斯科开幕"为例,传统史料是通过各种文献、报刊查询得知这段影像拍摄的是 1954 年 12 月 20 日至 26 日,在苏联莫斯科举行的中华人民共和国电影节。查询史料具体信息如下[1]:

苏联文化部于去年 12 月 20 日至 26 日在莫斯科、列宁格勒、斯大林格勒及各加盟共和国首都举行了第二届中华人民共和国电影展览周。在展览周期间放映了四部首次在苏联上映的故事片:《斩断魔爪》《智取华山》《龙须沟》《鸡毛信》;同时还放映了过去上映过的《中华女儿》《白毛女》《钢铁战士》等故事片,以及《中国人民的胜利》《解放了的中国》和《成渝铁路》等纪录片。以电影导演张骏祥为首的中国电影工作者代表团应苏联文化部邀请到苏联参加了展览周的活动。12 月 20 日在莫斯科电影之家隆重地举行了第二届中华人民共和国电影展览周揭幕典礼。苏联文化部部长 R.亚历山德罗夫、著名导演 C.格拉西莫夫、中国电影工作者代表团团长张骏祥都在会上讲了话。

1954 年 12 月 22 日《人民日报》第四版,刊登新华社报道《中华人民共和国电影周在莫斯科等地开幕》,内容如下[2]:

12 月 20 日,中华人民共和国电影周在莫斯科的 40 个电影院、许多俱乐部、文化宫和苏联各加盟共和国的首都开始了。20 日晚间,在莫斯科的"电影工作者之家"举行了庆祝仪式。到场苏联文学艺术界代表人士数百人。我驻苏联大使张闻天和使馆人员,我电影工作者代表团也参加了庆祝会。苏联文化部部长亚历山德罗夫、名导演格拉西莫夫、我电影工作者代表团团长张骏祥等人都在会上讲了话。他们指出这次电影展览在促进两国人民友谊中的作用。会后放映了展览周中的新片《斩断魔爪》。

为了迎接这次电影周,莫斯科各电影院都像过节一样打扮起来。电影院的门口悬挂着中苏两国国旗。"首都""集忆场所""大剧场"三个电影院的大楼,悬挂着中国影片《斩断魔爪》《鸡毛信》《智取华山》和《龙须沟》的主角的画像。"中央"电影院的正门挂着葱绿的针叶树枝叶制成的花环。许多电影院的休息室内还举办图片展览,展出了许多介绍中华人民共和国、苏联出版的中国文学作品和中国新影片的照片。莫斯科的街道上到处都张贴着关于电影周的广告。

画面内容与史料的印证	
时间码	画　面　内　容
010023	海报:中华人民共和国电影节
010027	电影《鸡毛信》海报(俄语:紧急的信)
010433	1954 年 12 月 20 日,在莫斯科电影之家举行第二届中华人民共和国电影展览周揭幕典礼
010451	左:张骏祥　右:张闻天
010700	导演 C.格拉西莫夫讲话(无现场声)

另外,作为印证的是 1954 年 12 月 29 日《人民日报》刊载《苏联对外文化协会理事会副主席维兹日林的讲话》[3],他在讲话中提道:

12 月 20 日在莫斯科"电影工作者之家"隆重地举行了第二届中华人民共和国电影展览的开幕典礼。苏联观众在莫斯科各大电影院怀着巨大的兴趣看了《斩断魔爪》《鸡毛信》《龙须沟》等中国新影片。在莫斯科、各加盟共和国的首都,以及苏联其他城市举行第二届中国电影展览的期间里,一共放映了十八部中国故事影片和纪录影片。看过这些影片的千百万苏联人民,对兄弟的中国人民的生活有了更加深入的了解。

本例使用的传统史料,主要是文本和照片信息,充分考证了这段影像资料的内容,而影像中考证出的信息,又反过来丰富了之前的传统史料。可以说,以传统史学研究为基础,影像史料与传统史料的相互支撑的方法,将在很长一段时间里成为影像资料从业者的必修课。

2. 以新媒体技术为辅助手段——人脸识别技术[4]的积极运用

传统的视频检索分为两种方式：其一是基于视频元信息的文本检索方式，这种检索方式是根据视频元信息，采用人工标注的方式，将视频信息以文字形式标注，采用关键字检索等文本检索技术进行检索，目前大部分主流搜索引擎的视频检索功能都是基于上述方法进行。其二是基于内容的视频检索方式，这种检索方式主要根据媒体的内容及上下文联系进行检索，主要利用图像处理、计算机视觉、模式识别、图像理解等学科中的一些方法作为基础技术，是目前视频检索领域研究的热点。

其中人脸识别技术在图像与视频内容分析方面有广泛的应用。媒资视频中人物信息是影像资料的关键信息，能有效地提取出影像资料中的人物信息，对于视频内容的分析、运用以及今后的视频检索都有很大的意义。

在计算机视觉领域，人脸识别问题可以归纳为：给出一个场景的静态图像或是一段视频序列，利用一个储存好的人脸特征库去验明一个或者多个场景中的人物。

面对一段全新的影像史料，常常会出现我们不熟悉的脸孔，借助人脸识别功能可以帮助我们辨认一些人物。以百度的图片搜索功能为例，准确地辨认出了视频中的国民党官员白崇禧。

但这基于数据库里已有相关人物的照片信息，在很多情况下得到的搜索结果并不尽如人意。在实际操作里面，由于人脸获取过程中的不可控性，存在多方面的难点。

其一，光照变化。由皮肤反射作用和摄像机内部控制造成。很多基于灰度图的人脸识别方法，需要在不变或微变的光照条件进行，当光照条件发生变化，识别率会迅速下降。

其二，姿势变化。由于姿势变化会引起投影变形和自我遮挡，所以会影响人脸识别的认证过程。尽管存在能处理高达 320 度头部旋转的方法，但是由于摄像机可以引起超出其范围的视角弧度，姿势变化依然对识别率造成很大影响。

其三，时间因素。由于随着时间的推移，人脸会慢慢发生非线性的改变。通常这种因年龄问题造成的人脸非线性变化很难被解决。

其四，遮挡。遮挡会动态地影响人脸识别算法的准确度，尤其是遮挡发生在人脸上半部分的时候。

在"中国电影展在莫斯科开幕"这段影像资料里，这个方法就没有决定性的帮助。虽然依然存在各种难点，但是建立更为专业的人脸数据库已经是大势所趋,通过更为精细化、专业化的操作,可以帮助我们辨别越来越多的影像资料。

3. 以专家学者为指导——跨学科合作的绝对优势

由于所学有限,在不同专业的影像资料中出现的事件、地点或人物,相对应行业的从业人员或相关领域的专家可能比我们更为熟悉。如果在考证的过程里可以掌握跨学科专业的特点,邀请各行各业的专家参与到影像资料的鉴别中来,那绝对是如虎添翼。以"中国电影展在莫斯科开幕"这段资料为例,我就请教了精通中国电影史的上海交通大学媒体与设计学院李亦中教授,通过他辨认出其中一位电影人疑似中国导演凌子风。之后根据导演的自传《风——凌子风自述》[5]一书记载:

拍完《春风吹遍诺敏河》,组织安排我们去苏联学习,我拒绝了,但是随后参加了"赴苏中国电影代表团"访问了苏联。回来后我又被借调到上海电影制片厂,准备拍摄我酝酿许久的《母亲》。

由此确定影像中的人物就是导演凌子风。他是此次展映片《中华女儿》的导演。

根据《中国电影大辞典》[6]记载:建国后,凌子风任北京电影制片厂导演。导演的影片《中华女儿》,于 1950 年获第五届卡罗维发利国际电影节自由斗争奖;1957 年获文化部"1949—1955 年优秀影片"二等奖。苏联导演格拉西莫夫把《中华女儿》带到苏联,并译成俄文版向苏联观众放映,受到广泛欢迎和好评。凌子风在苏联访问期间和苏联观众一起观看此片,并认为译制后的俄文版被剪辑得更加紧凑了。

可以发现,年轻和年老的凌子风导演在长相上变化还是挺大的。如果没有李教授的鼎力相助,只依靠传统史料和人脸识别技术,是难以辨认的。我们亟待建立跨学科合作的机制,让更多的专家学者加入到影像资料的考证里面来,相信对完善媒资系统、提升媒资服务是大有帮助的。

三、影像史料的实际应用

完成一段影像史料基本信息的考证,录入数据库后,并不意味着这项工作就完成了。与此相关的资讯都是值得挖掘和探索的。[7]以"中国电影展在莫斯科开幕"来说,为什么会在 1954 年举办中苏电影节,前后的时代背景是什么样的,这个过程中有什么故事,不断深入的挖掘可以看到更多影像之外的细节。根据《岁月有情——张瑞芳回忆录》[8]中张瑞芳的回忆:

我们发现,国外的电影专家和观众,注意到对我们的电影"只鼓政治掌而不鼓艺术掌",同样都是社会主义国家的电影人,同样的政治理念,而我们的电影在艺术上显示是有差距的。代表团带着这样的反省回到北京,继续我们的创作会议,大家一致认识到:要繁荣社会主义的电影,就要在电影创作上反对公式化、概念化,要懂得电影的特征,同时题材范围也应当多样化。这个精神确实给20世纪50年代中期的电影事业带来一股活力,并在被不断的"反右"与纠"左"的较量中,非常艰难地向前发展。

诸如此类的挖掘,可以无限延伸一段影像史料,这是远远超出考证一段影像史料本身的价值。2016年,深圳越众历史影像馆独立策划了一个名为"一个有问题的展览——从一段潮汕旧影像说起"的展览。一次偶然的机会,越众历史影像馆在2015年收藏了一段潮汕地区活动旧影像。这段黑白无声的影像初步推测为私人拍摄,拍摄年代大致在1921—1939年间。根据目前的资料显示,这是当下所见的最早的潮汕地区影像,"越众"由此策划了一场潮汕历史的展览,反响热烈。

结　语

在内容为王的年代,考证影像史料是基础工作,拓展延伸它的实际应用是重要步骤,它们都需要踏实、韧劲和专业,可谓"众里寻他千百度,蓦然回首,那人却在灯火阑珊处"。而在网络传播与大数据的年代,考证影像史料,更是追溯相关人物与事件的历史背景、拓展历史文化底蕴、探究历史真相、深化影视作品思想内涵与促进历史回忆与反思的重要环节。以史为鉴,才能警示今天,前瞻未来,给人以启迪。

参考文献:

[1]《苏联莫斯科等地举行中国电影展览周》,《世界电影》,1955年第2期。

[2]《中华人民共和国电影周在莫斯科等地开幕》,《人民日报》第四版,1954年12月22日。

[3]《苏联对外文化协会理事会副主席维兹日林的讲话》,《人民日报》第二版,1954年12月29日

[4] 张志伟:《基于人脸识别的媒资视频检索技术的研究与实践》,北京邮电大学硕士论文,2013年1月3日。

[5] 凌子风:《风——凌子风自述》,二十一世纪出版社,2015年。

[6] 张骏祥、程季华主编:《中国电影大辞典》,上海辞书出版社,1995年。

[7] 吴琼:《影像史学研究的基本问题探析》,《史学理论与史学史学刊》,2014年12月31日。

[8] 张瑞芳、金以枫:《岁月有情——张瑞芳回忆录》,中央文献出版社,2005年。

作者简介:

施依娜,上海音像资料馆馆员。

浅谈 Vlog 在新闻报道中的应用

金晓易

提　要： 习近平总书记指出，要加快推动媒体融合发展，构建全媒体传播格局。第 28 届中国新闻奖评选就首次增设了"媒体融合奖项"。顺应并发展媒体融合这一趋势，已经是对每一位新闻从业人员提出的必然要求，编辑记者们开始不断创新、探索、尝试不同于传统新闻报道的手段方式。最近两年，一种叫 Vlog 的自拍视频模式开始在网络中流行开来，它风格轻松活泼，通过播客以第一人称视角在特定场景的讲述，使得观众有强烈的互动交流和代入感。正因为如此特点鲜明的风格，Vlog 逐渐与新闻报道融合并擦出火花，给新时代的媒体受众以全新的信息接收体验。

关键词： 媒体融合　Vlog　自拍视频　第一人称视角

引　言

2020 年底之前，县级融媒体中心要基本在全国范围内实现全覆盖。根据中宣部和国家广播电视总局 2019 年 1 月发布的建设规范，各县级融媒体中心应按照移动优先的原则，利用移动传播技术，形成渠道丰富、覆盖广泛、传播有效、可管可控的移动传播矩阵；要按照互联网＋的理念，增强互动性，满足用户多样化的需求。这些明确要求，也为区县级媒体指明了转型方向。

随着互联网、智能手机的普及，媒体的表现形式变得越发多样，视频新闻有了更广泛的发展空间。当一家家报纸、广播等传统媒体，都不再局限于纸张、频率等阵地，而同样在努力制作出高质量的视频新闻时，可想而知，现如今的媒体竞争有多激烈。为此,大家都在创新形式,提升传播效果。为了适应新时代的需求,大量传统媒体的记者,开始举起手机,拍视频、做直播,各式各样最新最潮的新媒体技术也陆续被运用到新闻报道中。

媒体融合的大背景,加上"可秒下高清电影"的 5G 网络正在逐渐走向前台,技术优势下,也给所有新闻人制作更好的内容创造了条件,许许多多短视频形式的新闻开始涌现,其中,以第一视角自拍,风格轻松,给受众以更多代入感和吸引力的 Vlog 正被越来越多媒体所应用。

一、融媒体大背景下,短视频大行其道

刷手机早已成为现代人的习惯,作为媒体,我们不得不承认的是,年轻的低头族,已经成为新闻产品的主要受众。面对越来越挑剔的用户,我们的传播手段势必也要跟上时代步伐。习近平总书记今年 1 月在中央政治局集体学习上指出:"要加强传播手段建设和创新,发展网站、微博、微信、电子阅报栏、手机报、网络电视等各类新媒体,积极发展各种互动式、服务式、体验式新闻信息服务,实现新闻传播的全方位覆盖、全天候延伸、多领域拓展,推动党的声音直接进入各类用户终端,努力占领新的舆论场。"有互动性、体验感强,身临其境的新闻报道,是传统媒体人必须要学习和尝试的一种方式。

根据中国互联网络信息中心今年 2 月发布的第 43 次《中国互联网络发展状况统计报告》显示,截至 2018 年 12 月,我国短视频用户已经达到 6.48 亿人,随着众多互联网企业布局短视频,市场成熟度逐渐提高,内容生产的专业度与垂直度不断加深,优质内容成为各平台的核心竞争力[1]。过去一年里,短视频内容生产呈井喷状,而 Vlog 作为深受年轻群体喜爱的短视频类型,展现出了不俗的传播实力。

根据百度指数趋势,分析 2017 年 1 月 1 日至 2019 年 4 月 14 日的数据,可

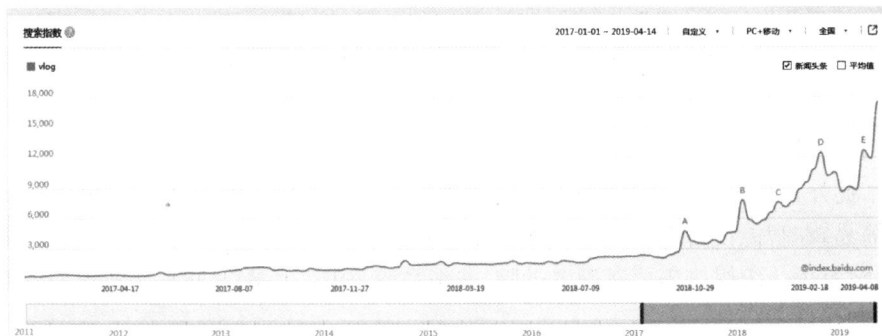

以看到关于 Vlog 的搜索一直呈现稳定的上升曲线,短短两年,相关搜索数值上升超过 54 倍。而从 2018 年起,上升速率开始加速,因此,可以把这一年定义为 Vlog 走红的元年。

二、什么是 Vlog?

从字面上看,Vlog 是 Video blog 的简称,即视频博客,区别于以前曾十分流行的文字博客(blog),Vlog 作者以影像视频代替图文,记录其个人观点心声,并上传与网友分享。宽泛来讲,Vlog 可以理解为视频日志,是一种分享体验、记录见闻,制作者通过镜头说话,将自己的生活经历记录下来,拼接剪辑加上字幕和音乐,制作成极具个人色彩、风格的视频。

Vlog 起源于国外知名视频网站 Youtube,该网站第一个视频片段"我在动物园"(Me at the zoo)即 Vlog 形式,由网站的联合创始人贾德·卡里姆(Jawed Karim)在 2005 年 4 月上传。这段 19 秒的视频中,卡里姆站在美国圣迭戈动物园的大象区前,面对镜头介绍看到大象的真实感受。

从 2012 年开始,Vlog 的形式逐渐开始流行。据统计,现如今,Youtube 网站每一个小时都会有 2 000 个 Vlog 上传,国内的优酷、爱奇艺等视频网站,每天都会有大量的 Vlog 视频片段出现。

三、Vlog 的特点

相较于传统的媒体视频,笔者认为,Vlog 具有以下几项特点。

1. 轻松随意:新媒体的崛起,更重要是因为年轻人成为信息的主要受众。目前,国内以"95 后""00 后"为主的年轻人是 Vlog 最大的受众,客观来讲也是最主要的内容生产、传播者,他们对内容的要求更"时尚",正襟危坐播报新闻的主持人或是在采访现场表情略显严肃的出镜记者,传统新闻视频相较于新媒体短视频就显得"一板一眼"。此外,相比传统媒体严肃、严谨,甚至有些咬文嚼字的新闻语态,Vlog 的视频显然可以更活泼,通过各类时尚、动感、综艺性强的后期特效和网络语言,可以让新闻传播焕发出不一样的生命力,也更符合如今年轻人自由的生活态度。

此外,对于 Vlog 来说,短平快的传播也更符合现代人的口味。Vlog 制作方式简易,在智能设备越来越高效的现在,可以轻而易举地通过手机或平板等完成,没有了传统媒体需要高配置电脑、非编系统、演播厅、配音间等专业设备的约束,制作难度降低。

2. 强烈的代入感：相比其他短视频形式，Vlog 最大的特点就是主观的第一人称视角拍摄。其中又分两种，一是主观镜头，主播手持拍摄，镜头成为观众的"眼睛"，一般是边移动边说的形式，对所处现场的内容做解说；二是主播出镜，以自拍的形式开展解说。无论哪种形式，观众都容易通过"我"视角所产生的在场效应，形成"当事人"的感觉，这样感同身受的连接无疑更有黏性。

比如足球比赛期间，Vlog 带观众展示从家里前往球场的全过程。随着临近球场，比赛的气氛越来越浓（地铁里、马路上到处都是身穿球服、喊着口号的狂热球迷），直至走进可容纳几万人球场那一刹那的震撼，观看者也好比买了票的观众，身临其境地体验足球比赛的激烈氛围，视频所能带来现场山呼海啸般的欢呼，比起单单在电视机前观看更让人血脉偾张。如果观者是一位铁杆球迷，那些电视转播中看不到的细节（球员的小动作，观众席上偶遇名人）等，这样的新奇和不可预知性，无疑是给予了持续观看的极大乐趣。

其实，Vlog 这一特点可以把它归类为"沉浸式新闻"，这一概念的出现，不仅改变了传统新闻报道的叙事思路，更延伸了用户的感知和行为系统。从"看"新闻到"体验"新闻的转变，为新闻传播业的发展迎来诸种可能。[2]

3. 自拍者鲜明的人格化表达：整个 Vlog 最关键的就在于说话的人，因此传播中一个非常核心的特点就是：个性化的表达。与传统媒体强调专业内容生产截然不同的是，视频博客更在乎一种情感体验，人格化表达有利于实现概念化传播向情感共振的转变。年轻用户的媒介使用心理从一开始的搜寻信息逐步转变为个体形象塑造，视频博客吸引众多年轻用户的原因恰好印证了这一趋势。[3]

一支 Vlog 大部分时间往往是拍摄者的自我表达，无论这样的"滔滔不绝"是在镜头前还是在镜头后，人格属性都非常强烈。受众所接触到的，不是冷冰冰的信息点，而是具备一定个性的"人"，这样更方便产生一种互动的满足。

四、Vlog 在新闻报道中的应用

根据第 43 次中国互联网络发展状况统计报告，截至 2018 年 12 月，我国手机网络新闻用户规模达 6.53 亿，占手机网民的 79.9%，年增长率为 5.4%。各新闻网站加大在短视频、语音、动漫等新型内容载体的发展力度，尤其短视频形式引起各家新闻网站重点布局。

用户数持续增长，也给了短视频和网络新闻以共振发展的空间和契机。随着 Vlog 漂洋过海来到我国，嗅觉敏锐的主流媒体也闻到了它的"网红潜质"。2016 年 3 月，中国日报推出以手机自拍形式呈现的《好运中国：英国小哥侃两

2017.12—2018.12网络新闻/手机网络新闻用户规模及使用率

单位：万人

64689　61959　　　　67473　65286
83.8%　　　　　　　81.4%
82.3%　　　　　　　79.9%

2017.12　　　　　　　2018.12

▬▬ 网络新闻用户规模　　　▬▬ 手机网络新闻用户规模
—▲— 网络新闻使用率（占网民比例）　—✕— 手机网络新闻使用率（占手机网民比例）

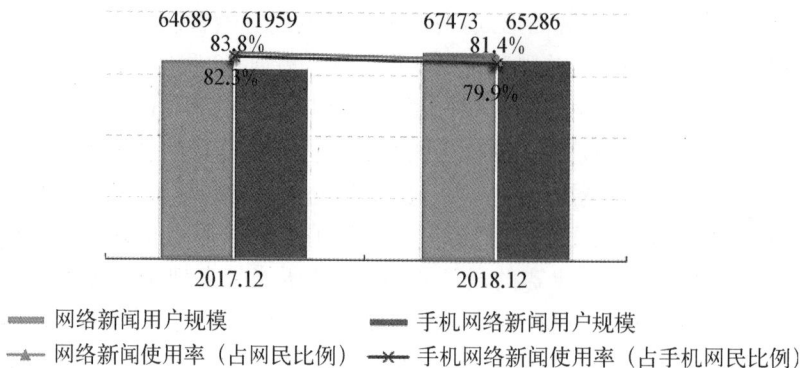

来源：CNNIC中国互联网络发展状况统计调查　　　　　　2018.12

会》，迅速引发热议。一个外国人在视频中通过"一镜到底"的自拍方式解读中国"两会"，强烈的反差对比和幽默诙谐的风格，为主旋律宣传报道开创了新的叙事手法。

如果说 2016 年《英国小哥侃两会》仅仅是试水，那通过两三年的探索发展，这一模式俨然已经成为主流媒体的重点发力方向。比如 2019 年春节，上海电视台新闻综合频道民生类栏目《新闻坊》也与时俱进，玩起了不一样，推出了"过年，跟我一起来"系列 Vlog 视频系列报道。7 天假期，记者带着手机、相机在上海的大街小巷，打卡各种新奇好玩的去处，在电视中展现过年的热闹氛围，收到了良好的收视效果。

每年的两会都是一场新闻大战，记者的长枪短炮也已经成为人们心中习惯的一道风景线。2019 年 3 月的两会，以 Vlog 为模式的新闻报道模式如雨后春笋般地被各媒体广泛应用，代表委员、记者等一线人员视角拍摄 Vlog，记录两会时间。就如同综艺领域内，一种节目题材模式，会被众多电视台、网络平台蜂拥而入，开展包装，输出爆款产品一样，今年的"两会"，似乎各大媒体都嗅到了Vlog 机遇，纷纷推出专题新闻栏目。

根据新浪微博数据，这一类的＃两会 Vlog＃标签阅读量超过了 1.5 亿。"两会"期间，人民日报、央视网等媒体和参加"两会"报道的记者，发布了数量众多、视角不同的 Vlog。通过这种人格化和故事化的视频表达方式，为公众展示了类型丰富、角度多样的会议信息。比如记者界中的大 V，拥有 50 多万粉丝的香港文汇报北京新闻中心执行总编辑@凯雷，抓住新媒体发展"时尚"，第一次尝试短视频，会议期间发布 7 条"两会"Vlog，内容结合他 20 多年参加"两会"报道的经历，涵盖采访技巧、会议茶杯的变迁、人民大会堂邮政所等，单个视频播放量最高超过 67 万。他的视频语速流畅、风格活泼、标题也极具网络气息：如山顶位记者的提问秘笈、吐槽"两会"禁止带充电宝、"两会"茶杯里的故事，通过以会议中的趣事为载体，举一些平时难得听见的"料"，潜移默化地让时政更轻松易懂。

而 3 月 4 日起，中国日报推出的年轻记者小彭第一次跑"两会"系列，意外成为众多"两会"Vlog 中的爆款。第一集从小彭首次参加"两会"的兴奋未知开始，激动得考虑穿什么样的服装，紧张得向副主编讨教如何面对大人物不怵的经验，内容轻松，却很清楚地展现了作为记者如何准备"两会"的过程。作为一家对外的媒体，也在一定程度上更好地向外界宣传"两会"。

该系列 Vlog 节奏轻松明快，"主角小姐姐"接地气又有网感，剪辑包装也很符合年轻人的审美。网友们习惯了过往的会议报道的严肃，突然看到记者在镜头前聊着装，不禁产生强烈反差感。极具网络感的台词与巧妙设置的环节在一定程度上颠覆了过往有关全国"两会"报道的严肃叙事。与此同时，这些交流场景本质上又在会议现场，因此迅速地拉近了时政报道与受众间的距离。系列视频累计播放量接近 300 万次。众网友对此就评论到："超可爱，这种风格的介绍更容易吸引年轻朋友关注时事。""主流媒体越来越年轻化活力化！"

大多数的 Vlog 报道，视频叙述者是参与采访的记者，但事实上，应用到新闻报道中，Vlog 完全可以跳出这一思维定式。

比如，今年 3 月 28 日，新民晚报 App 就尝试将 Vlog 用到了人物报道中，《宁国里"大管家"的一天》，采编人员通过巧妙的构思创意和拍摄技术手段配合，以采访对象仲根生的视角，来讲述视频故事，也产生了不错的效果。

通过第一人称主观镜头拍摄主人公扫地、清除小广告、与居民拉家常、帮独居老人保管钥匙，让观众很有代入感地感受到主人公一天的弄堂生活，他为热心肠的人物形象饱满立体地展现在观众眼前。比起用记者自拍介绍，上海爷叔在此片中朴实的自我叙述，更能产生一种亲和力。

从以上几个 Vlog 在新闻报道运用的实例可以看到，生活化、轻松活泼的视频博客加上平时在传统媒体上，很难觅的所谓"番外花絮"（新闻背后的故事），更容易满足年轻用户快餐式的认知方式和对新鲜事物的好奇感，这样的组合配然在如今的网络时代，能够达到一加一大于二的传播效果。特别是在展示专业、严肃的时政新闻时，Vlog 无疑可以成为一件秘密武器，给观众带来身临其境般的沉浸式体验。并且，相比 VR、AR 等技术带来的虚拟在场感，Vlog 在真实的亲和力方面更胜一筹，它的表达方式更能拉近新闻与用户之间的距离，因此也就自然而然地成了融媒体报道中的"最佳选择"之一。

五、依法、健康地发展 Vlog 新闻模式

中共中央政治局就全媒体时代和媒体融合发展举行的第十二次集体学习上，习近平总书记强调："要依法加强新兴媒体管理，使我们的网络空间更加清朗。"包括 Vlog 在内，无论何种新媒体时代下的新闻采制方式，都必须尊重法律法规和新闻伦理道德的约束。

2019 年 3 月 10 日，一架埃塞俄比亚航空公司飞机失事，机上 157 人全部遇难。由于遇难者中有多位中国公民，加上这一机型在短时间内第二次遭遇空难，因此事件在国内有很高的关注度。7 天后，《新京报》旗下视频新闻栏目《紧急呼叫》带来了长度为 9 分 16 秒的新闻视频：《重走埃航坠机线路》。记者独自一人用视频自拍的方式，带观众走入这个让人感到压抑的坠机现场。记者全程都保持肃穆，解说轻柔平缓，也从中发现了许多独家细节：一块被烧坏的带比亚迪字样的手机电池残骸、一副残缺的上颌牙齿、中国家属烧的纸钱和白酒。相比一般性的现场报道，这样极具代入感的 Vlog 视角带观众走入让人震撼的新闻现场，一经推出就获得广泛转载，一个月时间内该视频被转发近 17 000 次，点赞超过 45 000 次，观看播放量超过 1 300 万次，一度占据微博热搜前十。

拍摄过程中，现场有遇难中国乘客家属在祭奠亲人，记者没有去做任何的打扰和采访，仅仅从非常远的角度，拍摄了微小的背影，可观者已经能感同身受，切实对他们的不幸表示同情。对这样自己拍自己直播的记者小哥，网友纷纷点赞："很优秀的记者，整个报告得体，谢谢对家属的尊重。""这是我见过最优秀的记者采访，不打扰家属，是个素质很高的记者。"

能够采访到家属，也许能得到一些独家内容，但这必然会是对他们的二次伤害。因此，报道中不打扰家属，保护他们的隐私，既符合新闻伦理，也是遵守法律的底线。在人人都能自拍新闻的时代，如果在名和利的驱使下，触及这些基本准则，由于网络巨大的传播和影响力，会带来很大的社会负面影响。

今年 4 月 1 日，某网络主播在街头以第一人称视角直播时，偶遇带着孩子的某香港艺人。巧遇明星，对于视频节目的内容来看，无疑将意味着流量猛增，是可以吸引眼球的，于是主播上前搭讪，对方表示有孩子不方便后，主播依然不顾反对跟拍，造成双方爆发口角。事件一出，舆论一边倒批判主播的不道德：一是曝光了明星子女的隐私（拍到面容），二是在没有得到允许的情况下，继续偷拍。对此，中国文化管理协会网络文化工作委员会还特别发文，要求平台加强监管，严守内容安全生命线。

其实在 2019 年 1 月 9 日，中国网络视听节目服务协会就接连发布了《网络

短视频内容审核标准细则》和《网络短视频平台管理规范》,并列出 21 个方面,100 条短视频不得出现的具体内容,包括语言、表演、字幕、背景中均不得出现所提及的问题。这对于短视频审核和内容制作提出了更高要求,而这也正是国家正确引导短视频行业良好发展的有力措施。Vlog 作为处于"上升期"的视频形式,也需要在遵循相关政策的前提下传播,从而有助于更好地建立健康规范的网络环境。

结　语

媒体融合的大背景下,也对全媒体记者提出了更高的要求,采、拍、写、编甚至一定意义上的主持,这样的一个人分饰多角模式通过 Vlog 就能实现,因此,我们也有理由相信会有更多的 Vlog 会被运用到新闻报道中。当然,相比一般意义的娱乐化、商业化视频博客,当 Vlog 遇上新闻,产生比传统媒体更多的流量和话题时,我们每个新闻从业者更需要保持清醒的头脑,遵守法律法规和伦理道德,更规范地创新媒体传播模式。

参考文献:
[1] 第 43 次中国互联网络发展状况统计报告(全文)http://www.cac.gov.cn/wxb_pdf/0228043.pdf.
[2] 周勇,倪乐融,李潇潇."沉浸式新闻"传播效果的实证研究——基于信息认知、情感感知与态度意向的实验[J].现代传播,2018,40(5).
[3] 黄家圣.论视频博客兴起背后的传播转向[J].记者摇篮,2018(9).

作者简介:
金晓易,大学本科,上海市嘉定区广播电视台编辑、记者。

试论构建上海广播广告的纠错机制

吕民生

提　要：为何要构建广播广告的纠错机制，这是上海广播现实的需要也是社会的需要。上海广播广告年审稿量近万条，期盼着一个理性的、科学的、规范的广告纠错机制的存在，从而为日常广告审核提供标准、指明方向。广播广告要求坚持正确导向、必须传播正能量、必须有自己的红线与底线，所以更加渴望有一个安全保障机制。深究出现错误广告文案的原因，发现是由侥幸心理、放大心理、金钱万能心理、高人一等心理、擦边球心理、盲目猎奇心理等六大心理因素所造成的。为此期望构建一套广播广告的分级责任制、一票否决制、引领示范制、会同协商制、申述仲裁制五大纠错机制，从而形成确保广播广告正常的播出秩序。

关键词：广告导向偏差　广告导向偏差的心理成因分析　广播广告纠错机制

大众传播媒介是人类重要的一种传播形式，在其传播过程中产生巨大的社会影响力。传播学专家拉扎斯菲尔德在《大众传播，大众兴趣和有组织社会行为》中说："大众传播可以使社会事件和人物等正当化，树立威信，得到显著地位；也可使之威信扫地，败下阵来"，为此要求大众传播媒介在其传播过程中，必须确保传播行为与过程的客观性、公正性、社会性、完整性，而广播是大众传播媒介的一部分自然也具备其相应的属性，而广播广告又是广播不可分割的一部分，自然也承继着这样的属性与特点。

但是在具体实施过程中，这些属性受到严重的挑战，有时甚至被扭曲，产生不少非客观性、公正性、社会性、完整性的错误现象，为此本文就此现象进行深入浅出的探讨,以期获得一个有普遍共识的价值判断。

一、为何要构建广播广告的纠错机制?

1. 构建广播广告的纠错机制是现实的需要

上海广播广告每年广告文案的审稿量在 8 000 条至 10 000 条左右,仔细研究,我们不难发现在广告文案中依然存在着导向性问题的广告文案,形势是严峻的、也是不容乐观的。现实期盼着一个理性的、科学的、规范的广告纠错机制的存在。

具体而言,这四大类导向性问题主要涉及有:一、违法;二、违纪;三、违反宣传口径;四、违反社会主义精神文明建设以及语言规范等内容。就其日常表现形式上就有以下 12 种情况:

(1)总体性偏差:《中国国际航空》广告文案中有一"谈梦想是件挺俗的事"的字句,粗粗看来语句没什么问题,细细一想这一广告在习近平总书记提出"中国梦"之后不久,明显与主流思想显得格格不入。还有在《世界茶饮》的广告中,其中的文案将台湾与美国、法国、泰国混为一谈,这里的台湾变成与其他主权国家地位相同了,显然如果这广告播出去的话,必然会造成严重的"政治差错"。

(2)涉及宣传封建迷信:记得《荟星座》广告中有"用真实的视角探究 12 星座的大性格,云听荟星座带你解码星座"的字句;还有《江苏旅游》有"烧香拜佛保平安"等字句,这样的涉及宣传非科学的文字出现在大众传播媒体上显然不妥当。

(3)用新闻播报形式发布广告:如《海之言》广告就采用过这样的形式,被我们严拒了,因为广告与新闻报道完全不是一回事,两者不能混为一谈。

(4)偷用政治用语入广告:如《建设银行》广告中有"新时代炒股用建行鑫存管,到账快,更安全",其中"新时代"就与宣传纪律中的内容相违背。还有《宁翼资本》广告中出现"撸起袖子加油干"等字句,也因它违背相关的宣传规定,被我们婉拒了。

(5)与国家政策相违背:最明显的是一些汽车广告出现零购置税、免购置税等字句,税收是国家征收的项目,任何企业是无权也无法减免的,企业只能自行补贴购置税给消费者,如《福特汽车》广告中"优享零购置税及金融零利率方案",所以我们让他们将广告语改为"购置税补贴"。

(6)夸大宣传:《奥迪广告》出现"零压力享受焕彩新程"之句中的"零压力",尽管购买汽车可以享受各种政策与汽车企业的各类补贴,但买车者还是要承担一定的还贷压力,而出现零压力的字句显然是言过其实;而威斯康星花旗参只是普通食品,按照《广告法》普通食品不能宣传功效的,而它的广告语却这样表述"威斯康星花旗参中的营养来自其中的皂苷成分,皂苷具体清热降火、缓解身心疲劳、增强抵抗力等功效",这样就将普通食品功效混同于有特殊批文的保健品,显然这样的宣传是远超于客观事实了。

(7)混淆概念:如《长安汽车》广告中"长安新奔奔 EV260,免费申请上海牌照"与《广汽》广告中"购买广汽新能源 GS4,PHEV,无须出高价,即可免费上沪牌",其实消费者他们获得的是新能源车的"新能源沪牌"而不是平时一般通过竞拍的沪牌,而这样的沪牌是不能转让的,只能自用并且该车报废后牌照要被及时收回的,"免费上沪牌"这样表述的有误导消费者、混淆概念之嫌,关于新能源汽车我们建议用"免费上新能源沪牌"这样比较清晰的概念来表述。

(8)涉嫌表述不清:《苏宁》广告中有"不只红色,家电也可以膨胀啦,三二九苏宁以旧换新补贴百分之十,最高膨胀两倍"字句,这里的"膨胀"一词就涉及表述不清,让人不知所云;《领克汽车》广告中出现"购车至高可得 30 000co 币",其中 co 币是何种货币?中国现行的货币只有中国人民银行发行的人民币一种,任何企业、单位是无权发布货币的,企业提供的最多是抵用券,是不能作为货币进行流通的,这里的 30 000co 币就明显属于表述不清,同时还涉及违反 2018 年 3 月 19 日发布的《中华人民共和国人民币管理条例》第二十八条"任何单位与个人不得印刷、发售代币票券,以代替人民币在市场上流通"的相关规定。

(9)使用顶级用语:《一汽大众》广告中"真正的 A 级高端车领导者"中的"领导者"与《奥迪二手车》广告的"最优收车方案"中的"最优",均出现顶级用语现象,而顶级用语是禁止在广告中使用的。

(10)违反精神文明建设与社会语言规范:一个商场的万圣节促销广告中有一句"更有万圣跑带你鬼混"的字句,"鬼混"本来是一个贬义词,在这里变成了褒义词来使用了,明显不符语言规范。《别克君威》汽车广告中有一句话"在这个互怼的舞台上,我将在又红又黑的路上越走越远",可以看到广告是用网络节目《奇葩说》主持人马东的语气来做噱头,但在大众传播媒体中这样的表述是明显有违《广告法》"以健康的表现形式表达广告内容"的条款的。

(11)与广告传播的整体语言环境与社会环境相冲突:在"十九大"前夕,笔者无意中发现有一条世界魔术师大会的广告将在"十九大"(2017 年 10 月 18 日)当日上海交通广播中播出,广告语中就有一句"世界魔头大聚会"的内容,"十九大"与世界魔头大聚会放在一起,显然是不妥的,立即告知该条广告必须撤下并修改相关字句,从而避免了一起严重"误会"的发生。

(12)其他违法广告:如儿童声音出现在白酒广告中明显违反广告法第 40

条的规定;还有使用广告法禁用的比较广告:如《路虎捷豹》广告中出现"超越同级的豪华配置等"字句,涉嫌比较广告;更有《世博皮草节》广告中出现"买皮草、抽汽车,北京现代周周送活动等你来"就与《反不正当竞争法》中奖品价值不得超过 50 000 元的上限相违。

现实世界里正因为有这样导向性问题的存在,所以就必须引起我们足够的重视,否则这些问题将引发多米诺骨牌效应,一发而不可收。只有一个理性的纠错机制的确立,从而能正确地引导与指导日常的审稿工作的方向。

2. 构建广播广告的纠错机制是社会的需要

就大众传播媒介的自然属性而言:它享受着第一时间传播信息的权益,同时也承担着必不可少的社会责任;与此同时它还必须接受社会的监督与监管;不管是传统媒体还是新媒体都有这相同的义务与责任。新媒体的创新者脸书CEO 扎克伯格在谈及新西兰枪杀案时深有感触地呼吁道:互联网目前状况面临审查不严、审查不及时,希望与各国政府加强合作、要共同加强对脸书内容的监管。

(1)广播广告必须讲导向;习近平总书记在 2016 年 2 月召开的新闻舆论工作座谈会上指出:"新闻舆论工作各个方面、各个环节都要坚持正确舆论导向。各级党报党刊、电台电视台要讲导向,都市类报刊、新媒体也要讲导向;新闻报道要讲导向,副刊、专题节目、广告宣传也要讲导向;时政新闻要讲导向,娱乐类、社会类新闻也要讲导向;国内新闻报道要讲导向,国际新闻报道也要讲导向。"这是党和国家领导人首次就广告的导向性问题作出的论述,它鲜明地直指有些媒体要害之所在。一些省市一小时的节目时间有 50 分钟在卖药,节目中掺杂着大量的虚假内容,党的喉舌成了不法商人虚假广告的温床,这样唯利是图的做法,不仅坑害了消费者的合法权益,而且也彻底矮化、抹黑了大众传播媒体的形象,这样的错误现象已经存在多年,必须要予以制止,要知道导向错了,再多的成绩也无济于事。

(2)广播广告必须传播正能量:上海广播一直以"传播向上的力量"为己任,自 20 世纪 90 年代末上海广播的音乐版块率先在全国广播中提出杜绝口播"卖药广告",以期净化广播的播出环境。本以为这样的做法会造成一段时间内广告的流失,结果却让人大跌眼镜,广告播量不跌反升,一些品牌广告看到广播的播出品质提升了,播出环境优化了,相反则大幅提高了广播广告的投放量,一些从未投放过广播广告的一线汽车品牌、消费品牌广告也纷纷涌向了广播,为此上海广播在 2013 年左右 FM101.7 与 FM103.7 两大流行频率广告播出量分别超 2 亿元、1 亿元规模,这样的局面在全国广播行业中也是绝无仅有的,其广告的容量傲居全国音乐广播的首位,这种"驱邪扶正"的做法其实是十分值得大力推广的。

(3) 广播广告必须有禁区:广播广告除了有商品属性,有经济指标,经济压力外,当然它还是一种"特殊的商品","这种商品"则必须遵循一定的政治规范、纪律制约,及其人文关怀因素的呈现。例如在四川汶川大地震期间,上海广播就停播有娱乐倾向的品牌广告,加强了抗震救灾的公益广告播出量,有一年全国一些地方遭受雪灾,上海广播广告制作了一批公益广告,引起社会强力反响,结果公益广告的文案还因为其人文情愫被刊载在《新民晚报》上。日常在播出商业广告的同时,为凸显广播广告积极向上的社会形象与良好的社会责任感,我们也播放了各类公益广告。2018 年 1—12 月份,上海广播旗下所有频率每套节目每天公益广告播出时长与商业广告播出时长的比例最低为4.25%,最高为 3 169.01%,平均在 373.70%,共播出公益广告 136 636 条,共计3 716 400秒,平均每天每频率播出 31.19 条,848.49 秒,符合有关部门对公益广告播出规范。

广播广告有自己必须守住的底线与红线,它就是广播广告播出内容要遵守国家的法律、法规、规章、符合国家有关部门的宣传纪律、宣传口径、遵循社会主义精神文明建设规范等,就这是大众传播媒介的广告禁区。

二、产生广播广告错误认知的心理成因分析

任何问题的出现必然是由其特定的心理所造成的,法国社会学家居斯塔夫勒庞在《乌合之众——群体心理研究》指出"群体表现出来的感情,不管好坏都有极简单化和夸大化这双重特点"。深入探讨广播广告错误认知这些现象,不难发现这些导向性问题的产生是由侥幸心理、放大心理、金钱万能心理、高人一等心理、擦边球心理、盲目猎奇心理等六大错误心理与认知所造成的,下面我们就结合具体案例进行一一分析:

1. 侥幸心理:一些广告主有这么一个矛盾的心态,一方面希望自己的广告越多的人听到越好,一方面又不希望自身的广告让广告监管的人员听到,所以他们总是这么说的"要不先播了吧,工商有了罚单再说",言下之意是自己的广告工商是监管不到的盲区,这种自欺欺人的心理不光害了他人,也害了他们自身。

今年在都市广播的《为您服务》节目中就出现一条未经审核的"夕阳红门诊部"的软性广告,广告长度达十五六分钟,播出内容多处涉及疗效等违反《广告法》之内容,其播出结果换来的是工商局发来的"严重违法"的告知单。

2. 放大心理:一些广告主给点阳光就灿烂,听见风就是雨,在广告文案中往

往往会放大所属的内容。如某红木广告拿到了山东省某机构给予的证书，于是在文案中出现"红木标准领跑者"的字句，这种井底之蛙的做法让人又好气又好笑；还有《左庭右院》广告，说他的牛肉是活杀的，并且可以一小时送达，事后我们了解到他们是 4 小时送一次餐，并且还有地域限制，一小时送达是不可能做到的事，广告内容明显涉嫌虚假；再有《通用昱墅》房产广告，有一句"崇明今年地铁开建"明显有夸大其词之处，据官方消息崇明地铁线路目前还在线路论证阶段，离开建还有相当一段距离呢，为此我们建议客户改为"规划中的崇明地铁"；最近有一则《沪上茗居》广告中提及"有新加坡、中国台湾等国际设计师"之句，广告主本来的意思是夸大设计师的资质，但在这样的语句环境，出现台湾与国际混搭的字样就有严重问题，它的地位明显与新加坡相等的，会造成政治错误，为此我们果断地予以制止，建议改为"有新加坡、台湾设计师"，避免了一场不必要的麻烦；一些广告主喜欢用顶级用语也出于这样的心理，如《夏季国际足球赛》"夏季顶级国际足球赛事"中的"顶级"以及《WEY》汽车广告的"中国豪华车SUV WEY 品牌钜惠四月"中的"中国豪华车"明显有放大产品与项目品质、级别的心理。

3. 金钱万能心理：在一些广告主看来"有钱能使鬼推磨""有钱就是大爷"，有钱就要听我的，商品社会中广告主的利益必须得到确保，但它有一个前提就是在"合法合规"的前提下才能得以确保，否则我们的大众传播媒介就会沦为商人不法行为的保护伞与代言人了。洋河酒广告中有"洋河入驻国家宝藏"我们所知《国家宝藏》是央视一档文化类的节目，洋河只不过是节目冠名商，这样的语言明显表述不清，有偷换概念之嫌，建议修改相应字句，但客户坚持不肯修改文案，尽管他们号称有多达 150 万的广告量，我们还是坚持广告字句一定要表述清楚，有钱并不能使所有人来推磨的。

4. 高人一等心理：俗话说"癞痢头儿子自家好"，更何况自己有一些成绩，广告主就要大书特书了，广告不反对正确地表述自己产品的优点，但反对你说别人的不好，因为别人的不好是由市场、消费者、监管部门来评说的，所以广告中是不允许出现"比较广告"的，而在现实中比较广告俯拾即是，如《荣威》汽车广告中有"国内首用热泵空调技术，比传统空调节能 50％"就是明显一例；《浦发银行》广告中"新年到，好运到。汇率波动，有点焦躁，利率不稳，甚是烦恼，商品价格，更是心跳。浦银避险，您的法宝"，明显的就是癞痢头儿子自己好的写照；《上汽大众——T－CROSS》广告中有"T－CROSS 带你俘获全城注目礼"有盲目夸张的成分，体现的正是自己汽车高人一等的心理；而《沪小胖小龙虾》广告出现的"沪小胖小龙虾，虾蟹行业领导品牌"更是没有国家权威部门颁发的任何证书就在自己的脸上贴金，完全是这种心理的写实。

5. 擦边球心理：普拉提是一家健康会所，教练与相关人员也拥有相应的资质，其广告文案中有"配备一流教练及物理治疗团队"的语句，其中物理治疗团队就超出了健康会所的经营范畴，它属于医疗的范畴，故广告内容有打擦边球之嫌；还有《日本房产》广告中出现"收益率高达 10％以上"，投资理财等广告是不允许出现收益率的内容，这里出现高达 10％以上明显是与国家相关法律相抵触的；《华夏基金》广告提及本基金中高风险，还出现"长期投资价值"显然是矛盾的，再说基金广告也是不允许说投资价值的，因为投资是有风险的；某江苏启东房产广告中出现"环上海生活圈"的字句，显然打了花色的一个大大的擦边球，显然是不能通过的。

6. 盲目猎奇心理：追求新奇特的广告心理是不错，因为新奇特广告是能夺人眼球的，新奇特也是优秀广告的构成要素，但是物极必反，有时为了某些所谓的效果，结果会适得其反的，如《福特福克斯》广告中出现"包、包、包，一价全包啦，现在购买新一代福克斯，包购置税、包保险"，其中购置税是国家的税收，企业无法包的，企业可以做的就是将国家收取的购置税补贴给消费者，所以出现包购置税就明显不妥了；《沪上茗居》口播信息中"哈，你作死吗？"尽管广告主是想让语言气氛自然些、轻松些，但出现不文明的语句则让"一颗老鼠屎坏了一锅汤"，猎奇变了味，广告自然会变了质。

三、构建多重广播广告纠错的保障机制与制约机制

错误的心理往往会导致错误的行为，就会导致有问题的广告文案的出现，为此我们期望构建一套广播广告的分级责任制、一票否决制、引领示范制、会同协商制、申述仲裁制五大纠错机制，从而形成确保广播广告正常的播出秩序。

1. 分级责任制

广播广告很久以来就实行了三审制了，客户与业务员是一审、还有专业的二审与领导三审，这种守土有责的做法，使得每人头上一片天，应该说是行之有效的措施，只是在具体执行过程中三审制走样了：一审基本不审（客户拿什么文案来就原封不动提交上来），二审、三审压力甚大（有业务员的压力、有领导放行的压力）。要对分级责任制采取奖罚措施，这样才能使所有人都能各施其责、守土有责，一个岗位一张网，层层过滤层层刷，这样有问题的广告文案才不至于漏网。

2. 一票否决制

对于有严重违法现象的广告，就应该毫不留情地实行一票否决制。这是媒

介的大是大非问题,容不得忸忸怩怩、拖拖拉拉。这是媒介所必须服从的大局意识,是最大的政治,也是最大的安全,以往一些严重违法广告的出现就是因为鱼与熊掌两者不能得兼时,方向选择性的错误。

3. 引领示范制

那些可以通过调整、修改的广告文案,我们可以中肯地给客户修改的意见与方向,从而确保广告主的广告文案合法合规;同时我们可以建立一些优秀广告文案库,分门别类进行归档,这样有问题的文案上传后,我们可以让他们学习这些同行的优秀文案,获取养分,从而对广告市场形成引领示范作用,其实这也是媒介导向作用的一个重要的组成部分。

4. 会同协商制

一审、二审、三审对于广告文案有一般异议时,我们可以通过广告文案协调小组邀请几方人员会同协商的方法来解决问题。审稿人员拿出法规依据、修改意见与方向。客户方或业务员代表提出不同意见的理由。双方寻找出解决问题的共同点,从而寻找解决问题的文案方向,进而形成新的共识,或重新创作新的文案、或修改部分原有文案、或保留原有文案。

5. 申述仲裁制

对于经过广告文案协调小组沟通后仍无法达成共识的,我们建议可以上报由广播中心相关领导参与的仲裁小组来进行讨论,并最终形成仲裁决议。这样就能更好地解决误判、错判带来的负面影响。

结　语

构建多重的广播广告纠错的制约机制其实也是构建广告正常秩序的保障机制,这样做不仅必要而且是十分必要。因为这是新时代广告发展的必然,也是民主社会进程发展的必然,净化广播广告市场形势发展之必然,更是广播广告回归大众传播媒介属性的必然。

广播广告追求广告内容的导向性、客观性、公正性、社会性、完整性,这是职责也是使命,这才是"主流媒介具有强大传播力、引导力、影响力、公信力"的必由之路。

参考文献:

[1]《习近平主持召开新闻舆论工作座谈会并发表重要讲话》2016 年 2 月 20 日《央广网》。

[2]《中华人民共和国广告法》。

[3]《乌合之众——群体心理研究》(浙江文艺出版社 2018 年 9 月版)。

作者简介：

吕民生,毕业于复旦大学中文系,任职于 SMG 上海东方广播有限公司广告中心。

将"区块链"技术应用于媒体资产
管理刍议

郑文君

提　要: 在中国的体育市场,赛事版权争夺愈演愈烈,版权费用也是水涨船高。受限于体制而没有产业资本追捧的传统媒体(电视台)在失去了核心赛事的资源后,作为传统媒体的体育媒体资产管理部门犹如断了源头,如何在这个以内容为王的时代背景下生存呢?

本文结合国内体育产业发展现状,利用"区块链"技术的核心理念,打造新型的媒体管理应用发展之路。新型的媒体资产管理将是在多个对等的主体间形成的共识,从而达到共享业务状态,共享价值状态。最终,以达到加速内容资源配置和价值流通,最大化地实现价值互联。

关键词: 区块链　比特币　去中心化　分布式云存储　智能合约

一、何谓"区块链"

1. 白话"区块链"

假想在很久很久之前,有一个村子,村里一般都有一位记账先生,村里的每一笔支出或者收入都会由这个记账先生来记账,那么顺其自然的,这本账本就由这位记账先生来保管。年复一年,从来没出过错误。直到有一年年底,有村子里的人无意间发现这本账本数字不对,借方贷方的数字不能相等,于是一传十十传百,村子里的人都知道了这件事,这可不得了,大家都不干了,为了防止这本账本落在一个人的手里方便动手脚,于是大家决定轮流记账,这个月交给张三,下个月交给李四,大家轮着来,不让账本由一个人独占。几个月内一切都相安无事,直到有一天,王某想要挪用村内的公款,可他又怕被别人发现,于是便把账本上挪用公款的内容撕掉后烧毁,这样别人就查不出来,如果看到痕迹的话,只需要说不小心碰到蜡烛就行了。

果然不出所料,出事后大家都无可奈何。随即村民们开始编造各种理由:账本被狗咬了,掉水里了……终于大家愿意坐下来一起讨论如何解决这个问题。经过一番争论,大多数人达成一致:每个人都有一本账本,而如果有一个人改动了账本上的内容,则需要通知大家在各自的账本上记上一笔;如果有人发现账本上的内容有问题,可以拒绝接受,以少数服从多数为原则。

然而这种方法唯一的缺点就是很麻烦,时间长了就有人偷懒了,不愿意记账,希望别人记账好之后拿来抄一下。而这样,下一道记账的村民就有意见了。最终村民又坐下开会,决定掷骰子,根据点数来决定当天谁记账,其他人只需核对一下,复制过来即可。而每天随机被抽到记账的那个人将会获得一些奖励。

这就是以白话故事的形式介绍何谓区块链技术。

2. 区块链技术理念

区块链本质是一种记账方法,与人们手抄记账不同,它是通过一种软件,称为区块链客户端,比如村民张三、李四、王五、赵六等人相当于客户端上的一个个节点,他们的账目储存在不同的设备上,彼此之间独立工作。

在这个网络中,每个节点都会维护着自己的账本,账本中记载着网络中发生的每一笔交易,这种交易通常是具有价值交换的前提的,比如说商业合约等,网络中的每个节点都是独立记账的,可是每个节点的账本内容都需要保持一致,所用的方法就是设定一个游戏规则,通过这个规则选出一个记账的节点,这个所谓的"掷骰子"就称为共识算法。

在系统中,通过共识算法选出的节点就会获得一定的劳动报酬,毕竟他是负责整理数据,验证数据,打包数据,还要广而告之,这个劳动是很辛苦的(即花费大量 CPU 和电力)。这个奖励的雏形就是"比特币",有时候大家都会很积极地去竞争这个奖励,于是希望骰子能够选到自己,那么在区块链系统中,会设计出一个环节让大家去竞争这个奖励,让各个节点去抢这个机会,谁能抢到谁就能获得处理数据的机会,这种行为可以被形象地称为"挖矿"。

3. 区块链的技术栈

区块链技术本身只是一种数据的记录形式,就好像我们平时用的 EXCEL

之类的文档一样,但不同的是,区块链是将数据按照一定的时间间隔,分成了一个个数据块,再按照先后的关系串联起来。

这种数据记录的方式很新颖,在这种记录模式下,数据很难被篡改或者删除,因为区块链的数据格式是应用在一个去中心化的服务器上的,而要篡改某一项数据来达到个人的目的,则需花费全网一半以上节点认可的费用,然而这个费用显然要比篡改数据得到的灰色收入高得多。

无论是哪一种区块链系统,不管是比特币、莱特币、以太坊,还是其他,其工作的原理都是共同的,组成区块链技术的核心就是:共识机制,密码算法,网络路由,脚本系统。

二、区块链技术的特点

1. 去中心化

在一个分布有很多节点的系统中,每个节点都具有高度自治的特征。节点彼此可以自由链接,形成新的链接单元,任何一个节点即是中心,同样的任何一个节点都不是中心。节点与节点之间的影响会通过网络形成非线性因果关系,这种开放式的,扁平化的结构,称之为去中心化。

从原始社会到现今,人类很长时间都是以中心化形态存在,但是中心化也存在着致命的缺点,现在的一些传统企业就面临着这样的问题,通常是一个首席执行官几乎控制了企业内部所有的资源,而权力的集中一定会导致管理层的腐败,信息传递带来的失实失误,在互联网革命之后,很多企业就必须面对这个实际问题,不论生产出的产品信息有多高质量,无论管理层的人员有多么优秀,因为大家同为人类,在信息传递与数据计算方面永远也比不过计算机,而要解决价值信息传递与中心化管理所到来的漏洞,区块链技术仍然是当下解决去中心问题的最好技术。

2. 分布式云储存

基于区块链的分布式云储存和当下的中心化云储存空间不同(百度云盘之类),基于区块链技术的分布式云储存不仅可以解决储存问题,还可以同时证明这份数据是真实有效的,并且永远不会被修改。分布式云储存的特点就是每一个区块包含着一条交易记录,每一个区块都会记录前一个区块的ID,形成一个链状结构,以此来保证区块上的每一个信息或数字媒体都是不可更改的。其本质可以解释为分布式数据库,而且是加密的分布式云储存数据库。

3. 区块链将构建契约世界

阿里巴巴董事局主席马云曾经说道:"我相信今天的物联网不是真正意义上的IOT,都是一些卖电脑硬件找个理由卖得更好而已,今天的区块链技术也不是真正意义上的区块链技术,我本人并不支持比特币,但我认为区块链技术仍然是迄今为止解决数据安全和数据隐私加密的最好技术。"

虽然智能合约仍然处于初始阶段,但是其潜力显而易见。想象一下,分配你的遗产就像输入验证码一样简单快速,在未来的若干年,分配遗产、离婚资产分配问题、版权的盗版问题、盗窃隐私资料问题等法律难题就像滑动手机的开锁键一样简单。一旦智能合约确认触发条件,合约即开始执行。智能合约是一种可编程的合约,与法律条文相比,尽管法律条文已经编写得十分严谨,十分权威,可我们仔细思考,各国法律条文是使用各国的语言来编写的,先不说法律条文是否严谨,以中文为例,中国汉字本身就博大精深,容易发生一词多义的情况,那么以这种文字来编写的法律条文显然会出现歧义。所以律师和法官这类职业应运而生。那么,世界上有没有一种语言既能表达事件大概,也能准确无误地判断正误呢? 那就是计算机语言。计算机语言分为很多种,不论是C++、VB、PYTHON、JAVA等都具有可编程性。当然如果你不是一名程序员的话,一开始读懂智能合约需要花费一点时间,但一旦学会某一种程序的时候,简单的合约一般的用户就可以起草,特殊一点的合约也可通过平台上的专家进行起草。

从未来的角度来看,我们可以订立智能合约,使得这个原本充满虚假的个人承诺和渺茫的兑付希望带来一点实现的可能性。因此,随着基于区块链的智能合约的出现,版权问题、法律问题、资产问题等即将变得不是问题。

4. 区块链与数字货币相伴相生

2016年中国人民银行行长接受财新传媒的采访中罕见地对区块链和虚拟货币进行了表态:"从历史的发展趋势来看,货币从来都是伴随着技术进步,经济活动发展而演化的,从早期的贝壳类的实物货币,商品货币到后来的信用货币,都是适应人类商业社会发展而形成的自然选择。"作为上一代货币,纸币技术含量低,从安全、成本的角度来看,被新技术、新产品取代都是大势所趋。特别是随着互联网时代的发展,全球范围内的支付方式都发生了巨大变革,数字货币的发行,流通体系的建立,对于金融基础的设施建设,推动经济体制增效升级都是十分必要的。不难发现,中国人民银行已经完全意识到了数字货币是新时代发展的必然,而区块链技术是一种可选项。

众所周知,区块链是比特币的底层技术,比特币也称为区块链1.0。它隶属于数字货币的一种,可以从以下三个维度来看待这种数字货币:

它是一种资产,这一点与货币、黄金一样,可以用来作为支付的手段,但同时并不与一种主权货币必然联系,没有任何实体,没有任何官方权威的背书。

它具有内在的固定价值,比特币的挖矿是要消耗一定的计算机算力与电力,这些资源都是不可逆的,因此比特币的价值取决于愿意接受它,使用它的人,取决于这些人对于它未来的信心。

目前开发数字货币的第三方组织大都由"非银行组织"构成,这些机构在开发和维护数字货币和分布式账本上都表现得非常活跃。

三、区块链技术在媒体资产管理中的应用

在媒体资产管理行业内建立区块链有着现实意义。世界上任何一个广播电视档案保存机构或协会不分主体规模大小,抑或加入的先后顺序,都是这个区块链中的一个分布节点,他们是对等的主体,不存在谁是中心的概念。在这个区块链中的节点(主体)都要形成网络共识,网络共识机制直接关系着整个区块链的性能和安全。以区块链为基础,再加以辅助方法可在互联网上建立智能合约的机制,媒体资产管理的整条产业链依托区块链轻松实现了分布式云存储、共享价值传递、资产结算便利、数字版权保护四大功能。

1. 区块链的分布式云存储

分布式云存储的优点:

(1)实现碎片资源的可利用

基于区块链打造的分布式云储存可以使得每个人通过分享个人硬盘得到金钱回报,这个金钱回报可以由租户直接支付给个人(通过虚拟货币),提供服务的平台只收取极少的服务费。

(2)大众广泛参与

所有人可以访问公开区块链上的数据,所有人都可以发出交易等待被写入区块链。共识过程的参与者通过密码学的比较以及内建的经济鼓励机制维护数据库的安全。

(3)高效、低成本运行

区块链技术在网络上是公开、透明、开源的。不需要通过任何的机构及组织,可以随时随地上传、下载所需要的信息。比起购买昂贵的存储设备及配套的

人力来说,租用硬盘空间比较经济、实惠。

(4) 较高的安全性

传统的云储存公司购买或租用服务器来储存客户文件,同时使用 RAID 方案或多数据中心的方法来保护数据的安全性。而使用区块链技术不需要中心化,更不需要购买昂贵的设备以及聘请高层次的管理维护人员。区块链技术让文件存在于一个分布式,虚拟和分散的网络中,即不需要依靠硬件的维护来保证储存的可靠性。

这几年 SMG 媒资管理中心在媒资建设的发展上一直遵循着去中心化的思想,在新闻、体育、娱乐、财经频道分别建立生产型媒资,并且彼此相互联通,逐步淡化原先的中心媒资的核心功能。这是分布式存储理念在整体构架上的体现。而分布式云存储中实现点对点的直接交互,拓宽了媒资建设的外延。试想每个人的手机和电脑上都能安装客户端程序,在确保系统安全的前提下,来自社会的实时共享能给媒资带来多少最新的素材。20 世纪 90 年代 SMG 曾经有档《DV365》的栏目,这是一档日播栏目,节目取材就是来自社会上的 DV 爱好者的自拍。如今区块链提供了很好的技术平台,让媒体与百姓的距离更近,同时也降低了媒体的节目制作成本。

需要指出的是,区块链的分布式云存储特点并不适合大数据的存储。原因是区块链的每个节点都是同步的,在区块链上某一个节点的内容发生改变,其他节点也会随之去读取该节点数据变化,造成系统性能的严重浪费。数据越庞大,系统性能就越差。

2. 共享价值传递

建立媒资领域的区块链最大的目的,就是共享各个广播电视档案保存机构或协会的资源。让全球的影像资源使用方不再局限于某个国家某个地区的某个机构。区块链技术可以通过不可篡改的数字签名、可信时间戳提供影像资料的版权交易和数据增值服务。

在中国的体育市场,赛事版权争夺愈演愈烈,版权费用也是水涨船高。受限于体制而没有产业资本大肆宠幸的传统媒体(如电视台)在失去了核心赛事的资源后,作为传统媒体的体育媒体资产管理部门犹如断了源头,如何在这个以内容为王的时代背景下生存呢? 假设我们现在需要制作一个克利斯蒂亚·罗纳尔多职业生涯回顾的视频,由于 C 罗先后在葡超、英超、西甲、意甲踢球,而五大联赛的国内版权也是被多家媒体瓜分,我们缺失很多时期的画面,巧妇难为无米之炊,没有资源很难完成视频的制作。这个时候我们就可以仰仗建立的媒资区块链,寻求葡萄牙、英国、西班牙、意大利的同行帮助,请求他们提供 C 罗在该国联赛效力时的影像。

　　假设我们是 A 方,提供匹配的影像资料方是 B 方。在 B 方了解了 A 方的需求后,视频影像是如何通过区块链实现共享价值传递的呢?首先 B 方将视频影像进行数字摘要,缩短成一段字符串,然后用 B 方的私钥对摘要进行加密,形成数字签名。完成后,再将视频影像和数字签名一起广播给矿工(A 方),矿工用 B 方的公钥进行验证,如果验证成功,说明该笔交易确实是 B 方发出的,且信息未被更改。A 方可以接受使用并进行后续的价值结算。由于这些视频是私钥加密的,其他节点在没有被授权的情况下是无法观看使用的。以上的案例说明区块链可以拉近我们彼此的距离,但凡在这个区块链里的任何节点(主体)都能够得到价值共享,资源互惠的便利,媒资领域的区块链的建立以其去中心化的核心理念、加速内容资源配置和价值流通,最大化地实现了价值互联。

3. 资产交易结算便利

　　以比特币为代表的数字货币类似支付宝一类的支付系统,是对人民币等法币的补充,相当于国际跨界支付的一种中介信用。建立在去中心化的 P2P 信用基础之上,虚拟货币超出了国家和地域的局限,在全球互联网市场上,能够发挥出传统金融机构无法替代的高效率、低成本的作用。每个实体(个人或者企业)的密码学钱包都可以发展成一个"自金融"平台,它可以进行 P2P 的支付、存款、转账、换汇、借贷以及全网记账清算。

　　现实中我们在与国外同行进行素材交易、跨境结算时通常会使用 SWIFT,但高昂的手续费常常会受到诟病。不仅如此还需要在特定时间办理业务等都严重影响了用户的体验。我们可以在我们建立的区块链中开发一种类似比特币的虚拟货币,便于素材买卖交易时的结算。前提是这个区块链中所有的主体就虚拟货币的流通、价值、使用等达成信任共识,有了属于媒资领域自己的流通货币,就算身处两个半球,实时到账也成了可能。

4. 数字版权保护

　　版权确权是依照法律、政策的规定,经过向有关部门申报、权属调查、审核批准、登记注册、发放证书等登记规定程序,确认某一物体的所有权、使用权的隶属关系和他项权利。在现实中凡是涉及资产的各个领域,都需要借助第三方权威机构按照法律相关规定予以明确。在版权纠纷发生时,版权登记证书所能提供的法律证明力是十分有限的。因此,传统的版权登记呈现出如下明显缺点:第一,成本高昂,包括时间成本即较长的受理期限、烦琐的准备材料;

第二,借助中间平台,即版权局这一传统权威机构,这种依托信任平台的方式无疑会增加登记成本,且其登记效果易受到中间平台信任度变动的影响;第三,法律证明力不够理想,因版权机构只限于形式的审查,既缺乏专业人员的实质审查,又缺少借助大数据等搜索技术平台的应用,使得更多版权纠纷的解决仍有待于法院的进一步认定和审理,也在一定程度上使得权利人的举证能力并没有得到有力增长。

区块链可以很好地解决以上问题,在去信任机制和非对称密码学的双重保护下,系统中的交易方可在无须了解对方基本信息的情形下,实施可信任的价值交换和大规模协作。我们可以对影像文件进行"哈希",并把这个"哈希"公开发布,这就像给这段影像定制了一个电子指纹,通过这个电子指纹就可以对文件进行验证。无论影像被交易到哪里,这个电子指纹都是在区块链中可见的,同时我们也可以通过维护一个节点来更新不同的影像发起新的交易。美国纽约一家名为 MineLabs 的公司,已经为超二百万的原创数字图片创建元数据保护记录,开展版权认定、版权所有者的加密签名等服务。

区块链版权应用不仅仅是在版权的"生产"上,它真正的核心价值是在 IP 化运营上。利用区块链本身不可篡改的属性,可以有效记录权利人从最初的灵感到最终作品的所有状态的变化过程。有了这个系统的变化过程,便可以制作完整的智能合约,深度开发优质的 IP,实现从内容提供商向综合文化服务商的转型。上海音像资料馆旗下栏目《上海故事》是一档历史悠久有着极强地域特色的栏目,在网上频频被碎片化盗播,在确权和维权上都遇到相当大的难度。试想,若运用了区块链技术,如此优质的 IP 品牌就能在版权交易,构建版权价值流转的整套标准上规范化;实现内容的品牌衍生和跨媒介推广。

结　语

建立媒资领域的区块链,利用其两大特性一是去中心化,二是不会被伪造,信息高度透明,打造新型的媒资管理体系,十年前我们将传统磁带上的内容数字化到硬盘,媒资系统应运而生,如今区块链技术的成熟发展让媒体资产管理有了进一步提升的空间,从存储、共享、支付到确权,区块链能将整个世界的媒资联系在一起,更安全、更开放、更便捷。这就是区块链带给我们的福祉。

参考文献:

[1]《比特币白皮书》——中本聪,2008 年。

[2]《区块链技术的发展和展望》——王飞跃,2016 年,《自动化学报》。

[3]《基于区块链技术的媒体融合路径探索》——李鹏飞。

[4]《Blockchain：blueprint for a new economy》——M Swan.

[5]《Building blockchain project》——[India]Narayan Prusty.

作者简介：

郑文君,SMG 版权资产管理中心体育媒资组负责人。

Vlog 在国内互联网现状分析

王天云

提　要：Vlog 多为记录作者的个人生活日常，主题非常广泛，可以是参加大型活动的记录，也可以是日常生活琐事的集合。但 Vlog 最重要的是讲好故事，不管是镜头画面、字幕还是叙述人的"出镜"讲述，都是为了完整地叙事。真实完整地叙述事件才是 Vlog 的真正目的。

关键词：Vlog　视频平台　记录生活

引　言

近期抖音宣布全面开放用户 1 分钟视频权限，并推出"Vlog 十亿流量扶持计划"，百度旗下好看视频也被媒体曝出将 Vlog 作为今年发展的重点，加上微博、今日头条、哔哩哔哩网（下简称"B 站"）、小影、腾讯系等平台自上而下的推动，Vlog 迎来井喷，各大平台入局进一步推动了 Vlog 的大众化进程。

一、Vlog 是什么

百度百科对于 Vlog 定义为"视频博客（video weblog 或 video blog，简称 Vlog），源于'blog'的变体，意思是'视频博客'，也称为'视频网络日志'，也是博客的一类，Vlog 作者以影像代替文字或相片，写其个人网志，上载与网友分享"。因此 Vlog 多为记录作者的个人生活日常，主题非常广泛，可以是参加大型活动的记录，也可以是日常生活琐事的集合。但 Vlog 最重要的是讲好故事，不管是镜头画面、字幕还是叙述人的"出镜"讲述，都是为了完整地叙事。真实完整地叙述事件才是 Vlog 的真正目的。相比稍纵即逝的短视频，Vlog 的信息浓度要高得多，这种浓度可能使我们感到快感刚刚好。它们通常不会超过半小时，低于更需要时间的长视频。根据 QuestMobile 的 2018 年互联网半年大报告，短视频用户总使用时长已经增加了 3 倍，在二级细分热门行业里占比达到 8.8%，用户对于轻内容的需求已经逐渐明晰。

1. Vlog 的出现时间

2006 年 10 月，意大利的移动运营商推出一项成功的新应用"MyVideoBlog"，一种创新性移动视频博客服务。2009 年 Vlog 被收录进韦氏大词典。2012 年，Youtube 上出现了第一条 Vlog。至今，Youtube 平台上每个小时就会诞生超过 2 000 条 Vlog 作品。

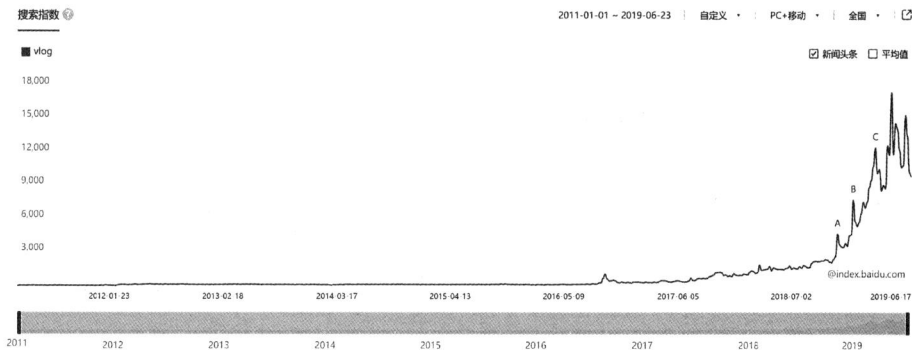

2011 年至今 Vlog 百度指数

根据百度指数显示 Vlog 在 2016 年才开始在国内崭露头角。彼时这一品类已经在海外大火，但在国内几乎为零，仅在 B 站上找到了一些国外留学生的 Vlog，时至今日，海外的博主也依然是 B 站最活跃的 Vlogger 群体，在知乎上某答主排名的 B 站 Vlogger 排行榜里，前三十名绝大部分都来自海外。

2. Vlog 的不同样式

目前 Vlog 大致有两种样式，一是对真实生活的记录，二是主题性拍摄。前者最佳的例子就是欧阳娜娜的系列 Vlog，她的 Vlog 既记录一般大学生的生活，熬夜赶论文，与家人、朋友聚会。但转一个场景就可以盛装出席看维秘秀，甚至有不少节目录制、杂志拍摄的幕后花絮内容。大多镜头都由她手持完成，完全褪去了明星滤镜。在"你们控制了我的一天"Vlog 中，欧阳娜娜通过网友线上评论、点赞、投票的互动，来决定她一天的行程安排，达到了一种主动分享、互动平等、传递包容的传播效果。

然而,很多人看到了欧阳娜娜拍一条 Vlog 有几十万人点赞,看到一些知名 Vlogger 拍自己的一天收获了百万播放量,却忽略了他们原本就拥有的几十万乃至百万的粉丝规模,以及他们原本可能就并不普通的生活。普通人如果只拍记录自己的日常,如何能引发陌生人的好奇心?于是,无论是 Youtube 当下的发展,还是国内市场的偏好,具有主题性的 Vlog,因其更接地气的内容,更新奇的视角,更受大众欢迎。曾是脱口秀编剧的 Vlogger 井越,定义自己的 Vlog 是即兴喜剧。井越 Vlog 中最经常出场的两个"角色"是女朋友小八和玩偶小箱,他们作为整体与世界的关系,是井越认为值得真正挖掘的内容,Vlog《Meaningless》中,正在看电影《2001 太空漫游》的玩偶小箱,被剪掉了"禁止机洗"标签,进入洗衣机经历了一趟"太空之旅",视角荒诞却创意十足。

二、Vlog 的形成原因

1. 摄影摄像装备平民化

拍摄 Vlog 不需要投资,不需要团队协作,自己一个人就可以开始。相对于其他载体,Vlog 的门槛非常低。随着八爪鱼三脚架、翻转屏相机等设备不断升级,Vlog 拍摄器材和制作门槛,在不断降低,手持相机＋稳定器＋外接收音的标配在 Vlogger 中随处可见。伴随 Vlog 的发展,适应 Vlog 拍摄的设备应运而生,如 GoPro、大疆 Osmo Pocket、Sony RX0 等产品将摄影器材的体积、价格、拍摄难度等全方位降低,让普罗大众更方便地进行创作。

不同于国外摄影因家庭 DV 使得专业摄影设备得到普及,国内大量底层短视频拍摄基本是由手机完成。手机加上自拍杆,手不抖保持画面稳定,简单地转换场景,后期配音,就能制作出 Vlog。这也使得越来越多手机制作商专注于提升手机摄像头的品质。以华为最新手机 P30pro 为例,后置四摄:4 000 万像素超感光摄像头、2 000 万像素超广角摄像头、800 万像素潜望式长焦摄像头及华为 ToF 摄像头,变焦更是达到惊人的 50 倍。不断更新的手机镜头,极大凸出了手机便携性的特点,成为新一代摄像利器。

2. 年轻人表达欲增强

从最初的用笔写日记,到 QQ 空间发表日志,到朋友圈更新图文或微博上分享段子,到开直播录短视频,再到 Vlog,记录生活的方式随着互联网的发展一直在变化。当"95 后""00 后"逐渐成为互联网主角,赋有个性化包装、讲究品质、形式新颖的 Vlog 恰恰迎合了他们自我表达的欲望,使年轻群体成为 Vlog 的主要受众。如今国内的 Vlog 更像是年轻人的"私人纪录片",年轻人会把自己生活中的点滴记录进去,但并非只是简单的拍摄,而是会通过后期、配乐等方式形成一个个动态的作品,同时他们也会根据视频去表达自己不同时期的观点。国内早期 Vlog 原创内容的提供者多为海外留学生,他们秉承"松圈主义",缺乏归属感和认同感,起初想通过 Vlog 内容分享,搭建一个或弱或强、或疏或亲的社交圈。在现实世界中,丧、孤独、抑郁是当代青年的内心写照。而 Vlog 为他们暂时逃离现实烦恼和传统规制,提供了全新的选择。作为观看者,青年群体通过在别人"适度真实"的 Vlog 生活日记中也可以找到情感共鸣。颇受欢迎的部分 Vlog 博主在作品中,有对社会热点的深刻见解,有对独立女性的鲜活展现,有对乐观生活的个性诠释。当个体透过 Vlog 深度参与到创作者的生活中时,该个体就产生了对该群体的身份认同和归属感。创作者与观众相辅相成,造就 Vlog 社群的逐渐壮大。

三、Vlog 平台

进入 2018 年,小影、VUE、微博、B 站等一批平台先后扶持 Vlog 创作,微博改版后开设 Vlog 板块,设立 Vlog 学院、实行 Vlogger 扶持计划和明星制片人微计划;作为国内 Vlog 重要基地的 B 站则针对 Vlog 开展一系列活动;腾讯推出以"Vlog＋Vstory"内容革新的 yoo 视频;抖音开测 5 分钟长视频播放;一时间各平台纷纷发力,引导 Vlogger 入驻创作。

1. 社交平台:明星 KOL 的聚集地

6 月 19 日微博首届"全明星 VLOG 大赛"正式启动,周冬雨、张艺兴、苏有朋等明星纷纷加入这一活动。蚁坊软件大数据分析,2019 年 Q1 微博 Vlog 日均原创热度值达到 5 000＋。目前,微博话题"VLOG"阅读量累计 45.7 亿,讨论人数近五百万。Vlog 这种内容形式正在逐渐出圈走向大众化。

除欧阳娜娜外,林允、王源、李易峰、易烊千玺、郭麒麟等明星陆续加入 Vlog 大军。明星看中了 Vlog 的人格化包装、粉丝黏性和内容品质,希望借此拉近自己与粉丝之间的交互距离。如今 Vlog 已经成为明星宣传的标配,自身涨粉的同时,也使国内 Vlog 受众圈层和影响力逐步扩大。根据蚁坊软件发布微博 Q1Vlog 数据,Vlog 影响力排行榜 TOP20 中 17 位均是明星艺人。明星本身自带流量,Vlog 又打开了连接粉丝的通路,明星 Vlogger 成为 KOL 也不难理解。

2. 视频网站：素人展现自己的广场

越来越多的普通素人也加入到了 Vlog 的队伍，作为中国 Vlog 的一大发源地，在 2018 年 1 月到 12 月，B 站 Vlog 品类的内容有超过 400％的增长。素人的 Vlog 创作热情被平台和头部创作者的成功全面激发出来。其两大热门选题：一是日常琐事，二是身边的奇人奇事。前者的代表是《日本 Vlog 和彭姐过一周》，播放量为 86 万，展现了发布者彭姐一周间的所见所闻；后者的代表是《女装大佬漫展被迫舌吻》，属于难以抗拒的大众噱头。

5 月 31 日 B 站上线"Vlog 星计划"，这是继去年网站针对 Vlog 推出"30 天挑战计划"后又一次参与"造风运动"。目前 B 站 Vlog 覆盖的内容广泛，不仅有萌宠、美食、学习、旅游、职业等数十种品类，多个特色细分垂直领域也增长迅速。无论是欧阳娜娜这样的明星示范，又或者是这些当红 Vlogger 的作品，似乎仅靠记录自己的真实生活就能吸引大把流量，但普通素人的 Vlog 如何吸引观众才是重点。B 站此次活动以"在 Vlog 里与有趣的灵魂相遇"，网站用"Vlog 的魔力是能够把平凡的琐事讲成有趣的故事"为着力点，并与站内多位知名 UP 主打造系列化 Vlog 精品内容。如 UP 主"中国 BOY 超级大猩猩"拍摄了《全职新手》系列 Vlog，作为职场新人的 UP 主挑战猩猩饲养员、旅游团全陪、鬼屋 NPC 等职业，通过真实的反应和有趣的突发事件博取关注。据悉，B 站此次"Vlog 星计划"将从流量、现金激励、账号认证、活动支持、深度合作和平台招商六方面对 Vlog 领域内容进行扶持，具体还包括全年 500 亿次的站内流量曝光，每月 100 万元的专项奖金，以及每月 1 亿专项活动站内曝光量等支持。

3. Vlog App：从剪辑工具到专业平台

2018 年 12 月，视频拍摄工具 VUE 正式发布 3.0 版本，并正式更名为 VUE Vlog。在名称转变的背后，是 VUE 基于 Vlog 爆发态势的新尝试——打造优质的 Vlog 社区，将"创作者、内容、观众"三个要素在同一平台上承载融合，形成完整的 Vlog 体验及消费闭环。早期靠受欢迎的视频滤镜，VUE 已经累积了超过 1 亿的注册用户，这些具备很强创作能力的用户，是 VUE 最珍贵的财富之一。转型 Vlog 社区后，新版本刚刚发布一周，每天已经有超过 5 万条优质短视频产出，为社区提供丰富的内容。根据 App 自家提供的数据显示，截至 2019 年 2 月底，VUE Vlog 的总安装量已经过亿，日活在 100 万以上，平台已累积超过 1 200 万条优质视频。平台拥有超过 10 万名优质视频内容创作者。用户每天可以产生 5 万条以上的 UGC 视频。升级为社区的 VUE Vlog 在 2019 年的春节之后，同时实现了活跃用户数量及用户使用时长的快速增长，月环比增速达 40％。

四、Vlog 为传统视频内容带来创新

用户注意力是移动社交媒体时代公认的最为稀缺的资源。作为区别于图片、文字甚至短视频等一种更新颖有效地表达方式,在明星、平台和内容加持下,Vlog 无疑足够吸引眼球,未来仍有很大发展潜力。

1. 更接地气的内容

Vlog 其实是到了国内才被划分到了短视频的阵营。在国外,大部分 Vlog 时长集中在 10—20 分钟左右,但是在国内,无论是平台的引导,或是观众被短视频风潮浸养的口味,似乎都更偏爱 10 分钟以内的 Vlog。面对这种差异化,创作者们要想在这片蓝海当中有所突破,就必须打破原有风格和内容的限制,去挖掘接地气、有意思的本土文化和生活,才有可能打破小众的魔咒,让 Vlog 这个市场在中国适应水土。事实上比如厨师、魔术师、房地产中介等人群,其日常和普通人有所区隔,自带新鲜感但又接地气,如果 Vlog 能够触达到这些人群才有可能真正走向大众。史里芬的迅速走红,很大一部分原因就是他对创作题材的突破,但这种突破并非一定要非常猎奇,即便是日常生活中同样也可以找到新鲜的角度。他的第一条 Vlog《霍格沃茨河北分校之旅》在 2018 年 5 月底上线,作为一个当时粉丝基础为零的博主,这条 Vlog 获得了 656 万的播放量。他把镜头对准了河北各个地方的"魔幻奇观":廊坊魔幻马戏团、石家庄空中威尼斯、北戴河农业迪士尼……史里芬会去亲自体验和记录这些"农家乐"式的内容,并配上自己段子式的叙事。在此之后,史里芬的每一条 Vlog 都达到了百万级别的播放量。最高的一条记录保定动物园的 Vlog 播放量甚至达到了 2 000 万,史里芬本人的微博粉丝量也在半年内上扬到了近百万,成为极个别"突围"头部成功的新人。

2. 更亲民的形式

而对于传统视频媒体,加快融媒体进程,运用 Vlog 创作,使得内容显得更人性化。以 2019 年两会报道为例,各家将 Vlog 作为标签的产品纷纷亮相。人民日报微博推出"人民日报新媒体记者两会 Vlog",人民网官方微博开设"我的上会 Vlog"话题。SMG 旗下看看新闻网在往年两会宣传的基础上,推出新专题"两会 Vlog",生动记录上海人大代表启程赴北京的真实过程、全国人大上海代表组团推选团长、代表履职一年间等题材,并对部分热门议案进行了"剧透",形式富有新意,节奏流畅明快,内容贴近受众。

3. 更便利的模式

优质的 Vlog 产出需要大量时间的拍摄、剪辑，如何让专职 Vlogger 们得到收益？微博拥有 200 万粉丝的头部 Vlogger"你好_竹子"就曾在社交媒体上发表观点"作为一名内容创作者，最羡慕 YouTuber 的一点是，他们可以靠点击率维持营生"。在国外，YouTube 的商业扶持已经非常成熟，如果一个博主的视频能够经常性地获得超过 1 000 次观看，就能通过广告获得商业变现，并且还能得到 YouTube 给的流量分成：1 000 次观看可获得大约 1.1 美元的收益。如果大部分观看者来自拥有高额广告投入的发达国家，博主更可以拿到千次观看 2—5 美元的收益。以 2017 年最赚钱的游戏博主 Daniel Middleton 为例，他的频道日均浏览量超过 900 万，平均日薪为 1.6 万美元。但在国内，商业广告似乎是最好的选择。相比传统投放至各类平台的硬广告，在影视剧、综艺等视频内容中植入软广俨然成为现今品牌宣传的更好选择。但国内僵硬粗制的软广却令消费者逐渐产生抵触情绪，近段时间 Vlog 的发展，普通人的高频介入和分布广泛的兴趣内容也让诸多品牌抓住了 Vlog 式营销新机遇，此前 OPPO R17Pro、华为 nova4 的 Vlog 品牌传播活动均取得了良好反响。

OPPO R17Pro 新品上线时，为了推广其主打的夜拍功能，OPPO 邀请了三位头部 Vlogger 让他们在日本东京、美国纽约、中国香港三座城市的街头发现夜的美好。正如广告词"夜色中震撼人心的美，只有被不知疲倦的 Vlogger 注意到"所说，Volgger 就像是观众的眼睛，让观众"云体验"中注意到很多平时不会关心的细节。其中一位 Vlogger"影视飓风 MediaStorm"在镜头前讲述了自己被剥去高端电影机，只剩下一台手机后，该如何去拍摄故事。以此来测评 OPPO 的夜拍功能，让观众对产品有更直观的认知，也更容易被说服。对 Vlogger 和观众来说，都是一次新的尝试。与植入软广不同，Vlogger 们更愿意在视频中直接告诉观者，这是个合作类视频，与普通广告不同，通过 Vlog 展示的产品不仅不会让观众反感，反而能激发观众更专注于视频中展现的产品内容，起到了更好的宣传效果。

作者简介：
王天云，本科学历，任职于上海市广播电视监测中心。

为听众提供"赏花、品乐、乐享人生"新体验

——辰山草地广播音乐节的创办与策划浅析

沈舒强

提　要： 辰山草地广播音乐节是目前中国最大的户外古典音乐节,也开创了中国户外大型古典音乐会的先河,音乐会提出了"赏花、品乐、乐享人生"的理念,期望通过这一理念给繁忙的都市生活增添一种新的生活方式。本文通过音乐节的创办、策划、操作,以及宣传策略,探讨辰山草地广播音乐节成为上海较有影响力的文化品牌的成因。

关键词： 户外古典音乐会　形式　定位　理念

辰山草地广播音乐节创办于 2012 年,起初是为上海人民广播电台的老牌音乐节目《星期广播音乐会》创办 30 周年而举行的庆典活动。上海辰山植物园拥有亚洲最大室内暖棚和上万个花卉品种,同时 12 000 平方米的绿色草坪四季常青,是理想的户外古典音乐会举办地。经过 8 年的不断丰富和改进,辰山草地广播音乐节已经成为每年一度上海爱乐者与音乐和自然的美丽相约。笔者作为创办者和运营者之一,见证了由最初的一场音乐会发展成为两天大小舞台四场音乐会的音乐节以及周边活动的丰富和发展。

一、形式的确立

2012 年是广播的品牌节目《星期广播音乐会》(以下简称"星广会")创办 30 周年,这个让许多听众走进音乐殿堂的老牌音乐节目经过多年媒体生态的风云变化,依然在听众中有着广泛的影响。三十而立,如何在星广会开播 30 年之际

举行一个庆典活动,进一步扩大其影响力?节目组和上级领导在 2011 年下半年就开始思考和筹划了。作为国际大都市的上海各种形式新颖的大型活动层出不穷,如何能有创意地举办一个形式新颖又能吸引听众,且有影响力的活动?节目组成员绞尽脑汁做了许多方案,但经多方考量,都因新意和特色不足而放弃。这时我想起 2009 年前往德国观摩柏林森林音乐会给我们带来的震撼。柏林森林音乐会是世界上最大的户外古典音乐会之一,每年的 6 月底来自世界各地的 2 万多乐迷齐聚柏林的瓦尔德尼森林剧场,欣赏柏林爱乐乐团和世界著名音乐家的精彩演绎。无论从音乐会规模、组织工作还是观众素质看,都是令人难忘的,尤其是现场音响的清晰效果更是令人印象深刻。上海能不能也办一个大型户外古典音乐会?经过几番讨论,以一场大型户外古典音乐会作为星广会 30 年庆典的方案终于确定了。

二、理念的定位

形式确定以后,定位尤其重要。户外大型古典音乐会在国外已经很多,如柏林森林音乐会、维也纳美泉宫夏夜音乐会、纽约中央公园音乐会等,而上海尚无先例。让上海的听众也能足不出"沪"感受户外音乐会的美妙,必须寻找一个理想的场所,这是首要的任务。2011 年 12 月初,上海天气已经较为寒冷,音乐会节目组跑遍浦东浦西的各个公园、绿地,看下来都不太理想,不是在市中心毗邻住宅区就是场地不够大或没有什么特色,半个月跑下来一筹莫展。一个偶然的机会,得知上海松江区新建了辰山植物园,里面有一个户外剧场,我们立刻驱车赶往。虽然是初冬季节,但一片一万多平方米的绿色草坪非常好看,而且草坪两边还有三个像鲤鱼一样的巨大温室,背后又是辰山塔。场地非常理想,但不利因素是距离市区近 40 公里。不过,如果音乐会安排在春暖花开的季节,一家人能近郊旅游,到植物园看看花再听一场高质量的音乐会,还是有可能的。于是,我们提出了"赏花、品乐、乐享人生"的理念,让听众能在紧张的都市生活中有机会享受音乐与自然结合,让生活节奏慢下来的体验。与辰山植物园沟通协商后,得到了他们的大力支持。事实表明,这样的定位是准确的,从音乐会的出票状况看,家庭套票占到总售票量的 90%。

三、内容的定位

做媒体是内容为王,而音乐会亦然。辰山草地广播音乐会的初衷,是举办"星期广播音乐会"30 周年的庆典,而"星广会"是传播古典音乐的一个普及型平台。所以古典音乐一定是辰山草地音乐节的主要内容。大凡音乐节都会根据乐团、音乐家以及当年的社会重大事件纪念日设定一个主题,这一方面使音乐节有鲜明的主题,同时也有利于加大对音乐节的宣传推广力度。因此,我们确定2012 年的辰山草地音乐节主题是"庆典",在曲目上选取了一些欢快的具有震撼力的曲目,如肖斯塔科维奇的《节日序曲》、柴可夫斯基的《1812 序曲》、歌剧《茶花女》中的二重唱《饮酒歌》等。在乐团和音乐家的方面,也选择与"星广会"有关联的,如具有一百多年历史的上海交响乐团是当时"星广会"舞台上的常客,歌唱家魏松、黄英、黄蒙拉都是与"星广会"共同成长的著名音乐家。另外,上海交响乐团和音乐总监余隆以及黄英在 2010 年参加了纽约中央公园的户外音乐会。这些因素都与"星广会"和户外音乐会有着密切的联系,也为音乐会的宣传提供了很好的元素。2013 年的音乐会有捷克布拉格交响乐团演奏,这个乐团录制过当时很有人气的以古典音乐为题材的日剧《交响情人梦》的音乐,音乐会就以此为切入点演出了《交响情人梦》里的曲目以及与此相配的电影音乐和音乐剧选段。2014 年邀请了意大利贝利尼歌剧院演出,而意大利歌剧是古典乐坛的瑰宝,节目组又与贝利尼歌剧院设计了一场意大利歌剧中的序曲、间奏曲、咏叹调、重唱合唱的精华,以此体现原汁原味的意大利歌剧的韵味。2015 年是世界反法西斯战争胜利 70 周年,上海歌剧院在音乐会中以中外两首合唱交响作品《黄河》和《欢乐颂》,以此纪念并反映人们对和平的渴望。2018 年音乐节有一场在"人造情人节"5 月 20 日举办,"爱上音乐"的主题,与爱的相关优美的古典音乐在听众中引起共鸣。

可以说,辰山草地广播音乐节在短期内成为一个新的文化品牌,与扎实的内容策划和准确的定位是密切相关的。

四、缜密的操作

户外大型的古典音乐会涉及合适的场地、天气、音响扩声、安保等一系列问题,2012 年以前国内没有任何经验可以借鉴。首先日期的选择需要与天气预报相结合,因为交响乐团的乐器都是价值不菲,必须防雨。2012 年首场音乐会预订在 4 月下旬,为了选定哪个周末,节目组查阅了近 5 年来 4 月下旬的天气状况。从资料看,4 月 22 日这天下雨概率最小,所以就把音乐会的日期定在这天。

其次,户外音乐会在音响方面要尽量做到扩声平衡,给人以听觉上的享受,节目组与广播技术中心协调,让音响师事先熟悉曲目,根据乐团编制设定话筒及返送音箱,同时在音箱、话筒等硬件上给予充足的保障,并请来丹麦富有经验的音响师现场指导。同时,为了保证良好的音响效果,演出前一天请来了一支学生乐团配合音响师对音响效果做调试。有了初次的经验,在以后的音乐会中在音响的调试方面不断提升,并形成了一个模式,使之真正成为听觉盛宴。

除了要保证听觉良好的效果外,在灯光等视觉方面也做了大量的准备工作,为了配合主舞台背后三个亚洲最大的花房夜晚不断变换的光影色彩,这个 20 米宽 18 米深的舞台上用到了平时不太会出现在古典音乐会中的多彩灯光,而灯光又不能像流行音乐演唱会那样绚丽多变,要大气又有美感。为此,节目组成员在演出前一天就提前去场地,与灯光师一起商量设计音乐会进行中与散场时使用的灯光变化和准备应急预案。他们根据每首乐曲所表现的音乐意境、速度节奏和情绪的起伏选择合适的灯光颜色、亮度、闪动速度频率,以及背景花片的样式。由于白天户外亮度比较强,无法准确看到舞台上的灯光颜色和照射角度,工作人员只能拿着对讲机走上舞台,犹如"移动靶"似的与灯光师对话调试,还顶着大风在导控室与舞台之间穿梭,确认每一个灯光环节的准确无误,力求能为音乐的演绎增光添彩,让观众真正享受一场视觉与听觉盛宴。

此外,在文明观赏音乐会方面,也做足功课。因为在户外,场地大、观众多,节目组在事先做了大量宣传,要求观众不要乱扔垃圾,并在现场放置了一些垃圾筒,使观众在一个文明而干净的环境里观赏精彩的户外音乐会。

五、体验的扩展

2012—2014 年三年辰山草地音乐会的成功举办,取得了良好的社会效果,在听众调查中,许多人提出是否可以多办几场。因此,从 2015 年开始音乐会升格为音乐节,周末在大舞台举办两场,小舞台举办两场,让音乐会更加丰富,让更多的人体验周末"慢生活",同时也让"赏花、品乐、乐享生活"的理念进一步扩展。除了演出规模的扩大,节目组还在白天安排了各种活动,以增强音乐节对听众的黏性和音乐节的影响力,如在植物园内安排音乐快闪活动,让白天在园内游玩的游客知晓音乐节。还设置亲子互动区,安排了与音乐和艺术相关的游戏与活动,使家庭的体验更加丰富。另外还开设了"爱的照相馆",让音乐会听众能在体验音乐与自然结合的过程中,留下美好的记忆。同时,结合音乐会的内容还开发了"音乐家咖啡",根据音乐会的演奏作品的音乐家特性,制作各种不同口味的咖啡,贴上标签,让听众在享受美味咖啡时加深理解音乐会曲目的内涵与特性。

六、全方位的宣传

当前中国社会已是一个文化生活和消费的多元化社会,任何一个文化产品若无合适的宣传渠道和营销策略,都是很难成功的。辰山草地广播音乐节除了在定位、内容操作等层面有较为全面的策划以外,立体化全方位的宣传和营销无疑为这个品牌的打造提供了重要保障。由于是东方广播中心主办的项目,在宣传渠道上有着天然的优势,每一年音乐节的宣传方案都提前 3 个月策划,提前 2 个月宣传。

首先在内容上提炼各种让受众可以近距离接受的故事,如主题、曲目、乐团艺术家等,分期分批在各种宣传渠道传播。比如 2018 年 5 月 20 日的音乐会,有一个宣传片就是"让你听到最多最会写爱情的作曲家的作品""让你有个音乐会现场表白的机会",让听众对音乐会期待的同时也对音乐会主题一目了然。2019 年的音乐节,邀请到著名指挥家艾森巴赫,在宣传海报上的标题是"他是从集中营走出来的音乐家,他是郎朗走向国际乐坛的伯乐",短短两句话就让听众对指挥家有所了解和期待。另外,利用新媒体制作的方式制作宣传片,比如邀请社会上知名的音乐家和各界人士制作短音频为音乐节宣传,微信微博的广泛转发不断扩展音乐节的知晓率。同时在两个月的宣传期内还组织线下活动,邀请即将在音乐节表演的音乐家与听众近距离交流,并通过网络的音视频直播。还有如公交车,小区的广告牌等户外广告的发布,也无疑为提升辰山草地广播音乐节的知晓率,营造音乐节的氛围,发挥良好的作用。

七、社会成效

2012 年发端的辰山草地广播音乐会,开创了上海乃至全国户外古典音乐会的先河,此后上海音乐厅草坪音乐会,上海科学会堂草坪音乐会、共青森林公园音乐会等各种户外古典音乐会陆续在上海的公园、绿地蓬勃开展,成为上海新的亮丽文化景观。辰山草地广播音乐节每年一万多张门票提前一两周售罄,也反映出广大听众对音乐节的喜爱和追捧。参加第一届音乐会演出的著名歌唱家黄英曾多次参加过国外的户外音乐会,她说:"辰山草地广播音乐会无论是组织还是内容,无论是环境还是观众的素质都是世界一流的。"2016 年中央电视台曾系列报道音乐节,在一篇报道中提到"一场音乐会近六千观众,离场后没有留下一片纸屑"引起全国媒体广泛关注和点赞。辰山草地广播音乐节不光为上海市民提供了美好的艺术享受,同时也是反映上海市民的文明的一个窗口。

结　语

辰山草地广播音乐节经过 8 年的举办,已成为上海的一张亮丽的文化品牌,运作团队精心的策划和精准的定位在文化和旅游相结合方面做了有益的尝试。音乐节的成功首先体现了上海广播电视台和东方广播中心作为主流媒体打造文化品牌的社会责任,其次是社会各界的广泛支持,尤其是上海辰山植物园与东方广播中心的通力合作以及松江区政府的大力支持,最重要的是上海有着众多对美好生活追求的听众和观众的大力支持。音乐节也锻炼了经典947频率的编播人员,他们不仅在广播里制作出优美的音乐节目,还有能力策划主办大型的户外音乐节。

虽然辰山草地广播音乐节已经取得了成功,但在衍生品的开发,创造出音乐节的更多生活体验以及品牌输出到全国方面,还有许多需要提升和拓展的空间。让更多的人体验"赏花、品乐,乐享人生"的美好,是我们创办辰山草地广播音乐节的初心,也是继续努力的方向。

作者简介:
沈舒强,上海人民广播电台经典音乐广播FM94.7总监。

基于学前儿童发展心理的动画创作模式研究

何　宇

提　要： 本文旨在从学前儿童的发展心理学角度出发，结合境外可借鉴动画片创作文本案例，就动画创制两大要义（剧作创意和视听语言）的模式研究，提供切实可行的借鉴或引导。

关键词： 动画　发展心理学　学前儿童

动画因其神妙独到的艺术形态，历来是伴随儿童受众群体认知成长的有效媒介。在当下所谓"融屏时代"，不论是基于教育、娱乐、文化或者商业诉求，动画片的创制业已呈现百舸争流、高歌猛进的态势。

然而值得关注的现象是，综合电视、网络、户外等媒介数据不难发现，境外动画产品事实上已力压国产群雄，成为家长和实际受众群体的首选。此中并不排斥一个客观因素，即动画本质上是一类文化折扣较低的视听产品，具有跨文化传播的先天优势。但同时也必须意识到，当前国产动画的"熊""羊""猪"等较之境外《玛莎和熊》《小羊肖恩》《小猪佩奇》等仍存在创作理念和方法上的可见差距。其中关键问题在于，创作者本位意识并未真正让渡于受众关照。

有鉴于此，本文旨在从学前（3—6岁）儿童的发展心理学角度出发，结合境外可鉴动画片创作文本案例，就动画创制两大要义（剧作创意和视听语言）的模式研究，提供切实可行的借鉴或引导。首先需明确的是，本研究之受众特指3—6岁学前期儿童，婴儿和学步期（0—3岁）、儿童中期（6—12岁）并不在文本研究范畴。这主要因为婴儿和学步期儿童，依照类似美国儿科学会等国际权威机构建议，应控制与电视等媒介的接触，以规避对其身心发育影响，而儿童中期接受知识和信息难度密度已经加大，动画内容和形式的选择已趋多元，并不适用于本文研究方法。

一、剧作：自我中心的万物有灵

影视动画的剧本创作和创意与真人影视别无二致，都围绕人物角色、故事情节、戏剧冲突、场景设置、对白旁白等要素铺陈。学前儿童介于在儿童心理学鼻祖让·皮亚杰(瑞士)定义的"前运算阶段"，其对事物的认知和理解具有特定心理状态。

皮亚杰认为，儿童的思维是一种处于"我向思维"与社会化思维之间的思维，谓之"自我中心的思维"。这种思维的基本特征是主客体不分，同原始人一样，缺乏自我艺术与对象意识，把主观情感和客观认知融为一体，进而造成类似原始意识中"万物有灵论"相类的"泛灵论"。于是，周边可触达的万物在学前期儿童看来都是具有生命的存在。技巧地利用儿童"万物皆备于我"的意识，借助幻想、夸张等艺术手法，塑造契合儿童审美心理结构的动画形象，是实现动画创作价值尺度的重要途径。

需要强调的是，人物形象设置在动画前期设定中可以脸谱或符号化，具有类似"变身出动"的招牌动作，贯穿全剧的口头禅，"跳泥坑"之类的专属爱好，但却不可完全抽象化，类似并不成功的作品案例有《头脑特工队》。因为前运算阶段，儿童才逐渐使用象征性符号思维，出现心理推理(例如将钥匙视作"乘车"的象征符号)，其组织性、形式化、逻辑性思维尚不健全。所以，人物角色设置可以是儿童所知的动物植物或所见的具体实物，但类似"情绪""外星物种""引力波"等抽象事物是不建议作为主要角色设定入故事主题中的。同时，基于重复并强化的心理需求，角色并不需要完成从好莱坞剧作法所谓的"A 点到 B 点"的成长转换。

同理，在场景的设置方面，应尽量以儿童熟悉的家庭、幼儿园、游乐场等为设定。因为陌生乃至抽象的行动场景往往会造成儿童知觉的不安全感。

在故事情节的装配环节，"戏剧冲突"这一戏剧本质论恰恰是需要淡化的。这一阶段的儿童处于自我中心思维，不能完全将他人观点进行信息加工。所以，冲突的要点可以设置为"风筝被大树夹住了"(《小猪佩奇》)、"下雨天没法出去玩儿"(《米菲大冒险》)，但应尽量避免人物与人物意识形态或行为逻辑的戏剧冲突。

经过 3 岁之前的语言发展基础阶段，3—6 岁幼儿语言的发展将逐步迈入成熟期，他们使用形容词的数量随着年龄增长而不断增多，尤其是 4.5 岁开始增长明显。例如，在时间词汇的掌握上，3—6 岁幼儿首先学会理解今天、昨天和明天，然后开始延伸理解像上午、中午、下午等更小的概念和如今年、明年、去年等更大的概念。所以在剧作语言方面,需尽量使用第一人称的旁白性介绍、叙述性语言以代入感方式引导儿童理解剧情。

二、画面:吸引关注的关键

新皮亚杰理论提出 2—7 岁的儿童处于图形表征时期,而新皮亚杰主义理论代表凯斯认为记忆能力的发展是促进儿童认知发展的关键,这个时期的幼儿是从形状与色彩上对物体进行观察。由于幼儿对深层次的事物和知识还无法形成自己的经验,因此幼儿的认知特点不同于成年人先理解后记忆的方式,表现为先记忆保存画面、后学习理解的模式。因此,画面不仅是幼儿认知记忆的起点,通过训练幼儿的视觉能力还可能影响其大脑发育程度。由此可以看出,学前儿童动画的功能除了娱乐之外,还应该承担起更为重要的教育意义。

通过对学前儿童认知发展的分析,画面可以说是动画中最为关键的部分。能否从一开始便吸引学前儿童受众的注意力,是此类动画成功与否的第一步。一般而言,动画中常用的表达方式是直观的画面形式,孩子认识世界的模式是先分辨颜色再了解形状。

以《小猪佩奇》为例。首先,动画的画面要满足色彩鲜艳这个条件。《小猪佩奇》在色块选择上使用了明亮的粉色作为小猪一家的皮肤颜色,再为不同的家庭成员选择了红、蓝、绿、黄等对比鲜明的色块作为衣服的配色,方便孩子快速记住并区分不同的角色。此外,在环境的背景色块上也一般选取对比强烈的蓝天草地白云,使得整个画面纯粹艳丽,符合孩子的审美心理。

其次,物体的外形轮廓要清晰简单。《小猪佩奇》在营造色块对比的同时,还考虑到儿童对形状认知的发展特点,采用同色系对比粗线条勾勒人物及物品的外形轮廓,便于孩子区分和记忆。

第三,画面构图以二维平衡构图为主。由于儿童对空间的认知能力发育还不完全,若画面中元素过多,仰视或者俯视乃至复杂的透视视角都会造成他们理解的混乱。所以《小猪佩奇》主体为平视的二维构图画面,以中景及近景为主,让主体人物或者主要表现的事物以比较大的常规方式占据画面主要部分,便于儿童理解画面信息。偶尔出现的全景画面主要用于交代环境或表现人物动作,同样是遵循二维平视的原则。

三、音乐:调动情绪的砝码

现有的研究成果表明,婴儿的听觉从胎儿时期就开始发展,孕期第 2—5 个月耳朵基本发育完全。3—6岁的幼儿会开始认知记忆熟悉的音乐和旋律,反复听到比较欢快的音乐会产生愉悦的情绪,节奏感强烈的旋律或者较为特殊的拟声音效等都能调动他们的积极性。鉴于音乐对学前儿童情绪的影响一般较为积极正面,动画中对声音的选用也尤为重要。一般而言,动画的声音应包含以下几个方面的原则。

第一,人物对白简洁易懂、语速较慢。3—6岁儿童的语言学习及理解力都处于发展较快的阶段,因而在观看动画过程中,为便于孩子理解,应当放慢对白的速度。同时用较为正常口语化的语言进行简洁的沟通,过长的语句或者过于抽象的概念都不利于幼儿理解剧情。《小猪佩奇》《托马斯》等作品的人物念白速度都相对缓慢,多采用较短的句子交谈,内容也可以用画面来具体表现。这样既能拓宽儿童认识世界的维度,又可以提供正面积极的词汇知识。

第二,辅以旁白解释环境、交代人物内心情绪。考虑到幼儿在文字阅读、画面解读及情绪理解上的欠缺,譬如《米菲大冒险》在每一集内容中还穿插旁白,用以交代故事发生的地点、某个时刻人物内心的感情等关键信息。旁白的插入不仅能够便于幼儿理解故事内容,而且旁白的声音往往以成人讲故事的形式呈现,实际也是与看电视的孩子形成一种亲切的交流,让孩子更容易投入剧情。

第三,音乐元素的加入增添趣味。学前儿童的专注力不够持久,如果只是一味地转换场景对话,很难吸引他们看完一整集动画片。因此,适当加入背景音乐活跃气氛,甚至在欢乐的场景让主角唱出节奏感强、歌词简单的歌曲,可以极大地提高孩子观看时的兴奋感。例如《梅西的故事》每一集里几乎都有活泼欢快的配乐,片尾曲的旋律也让人印象深刻。此外,偶尔还会由佩奇和她的小伙伴们根据环境唱出儿歌,学习英语的孩子甚至可以在模仿歌曲中学习单词,寓教于乐。

第四,加入特殊音效,突出记忆点。与音乐的作用相似,在动画中加入标志性的特殊音效,也可以增加儿童观看时的乐趣,成为他们模仿的记忆点。《小猪佩奇》中的不同动物在说话时偶尔带有动物叫声的音效,尤其是佩奇的小猪叫声,更引发孩子们模仿的乐趣。此外,佩奇"踩泥坑"时的音效,也增添了画面的趣味,易于引起孩子的共鸣。

四、镜头:简单且明确

心理学家埃尔金德和凯格勒通过实验发现,4—5岁的幼儿在认识客体时先看到局部,再看见整体部分,且对整体部分的理解并不是很精准。而皮亚杰在时间知觉的研究中发现,4.5—5岁的幼儿还不能把时间关系和空间关系区别开,5—6.5岁的幼儿才能开始把时间次序和空间次序分开。因此,学前儿童对于世界和事物的理解可以简单解释为平面二维概念,复杂的透视结构或者构图都可能造成其理解的障碍。

视听语言中的镜头主要用于交代信息,相对于成人影视作品而言,动画的镜头运用非常简单、基础,一切都以儿童的认知理解能力为设置标准。

按摄影机的拍摄视点来分,学前儿童动画以客观镜头为主要表现方式。简单而言,客观镜头就是观众以创作者的视角观看整个故事过程,便于理解剧情。《小猪佩奇》一般采用旁白讲故事的方式开启每一集的叙述,无形中将观看电视的孩子带入创作者的视角,观看小猪佩奇一家人每天的生活经历,用最简单的方式帮助孩子理解剧情。

根据镜头的运动方式来分,动画可以简单辅以推、拉、摇、移等镜头运动帮助孩子建立简单的空间感受。由于3—6岁儿童的空间感知能力还不完善,动画基本采用的都是固定机位的镜头,但动画同时还肩负寓教于乐的教学使命,适当采用运动镜头可以帮助孩子对空间感有更为直观的认识。《小猪佩奇》几乎每一集的开头都是从房子的大全景开始,跟随旁白的地点解释,慢慢地将镜头推进到房子内部的人物身上,完成一次由远至近的空间感具象化。同时,根据故事的叙事内容,有时还会出现从某一物体的大特写镜头慢慢拉远到大全景,体现由近至远的空间感。在多人物站成一排对话时,镜头会缓慢平行移动对准说话的主体人物,用以拓展平面空间的宽度。

此外,剪辑是一种主要用于图像组合的手段,它将模拟或想象的空间关系以一般人可以接受的方式组合,以达到叙事、抒情以及表现的目的。其内容主要包括镜头的组接,改动结构、压缩片长、形成影片节奏,剪辑音响效果等。

由于学前儿童受众的特殊性,此类动画的剪辑仅仅需要完成简单的叙述目的,基本不需要为抒情或者表现主义的目的服务。例如《小猪佩奇》的剪辑大多是根据时间顺序,以平缓的节奏完成镜头的组接。针对学前儿童受众,动画片无异于动起来的连环画,不需要过多的技巧,只要便于他们理解故事即可。

结　语

通过对3—6岁学龄前儿童认知发展特点的分析可以发现,动画应当针对这一特殊受众群的特点去组织创作合适的内容,才有可能获得孩子乃至家长的喜爱,从而建立良好广泛的受众基础。尽管学前期儿童可能还无法完全理解较长的故事情节,回忆不起主要的剧情,也难以将影视中的虚拟与现实分离,但随着年龄的增长,学前期儿童对于影视信息的理解力也将不断提高,从而获得认知上的收获。因此,研究其动画的视听语言特征也就具有积极的指导意义。

虽然学前期动画中所运用到的视听语言较为简单、技术含量不高,但如何用最简洁有效的方式引导孩子通过观看动画提高学习兴趣以及理解更有难度深度的内容,已经成为幼儿教育一个新的发展方向。通过对成功案例的分析和幼儿认知行为发展的研究,探索符合儿童身心发展的动画艺术创作规律,希望能对未来学前期动画创作有一定的实践意义。

参考文献:

[1] [英] 鲁道夫·谢弗:《儿童心理学》[M],王莉译,北京:电子工业出版社,2005。

[2] [美] 劳拉·E.贝克:《儿童发展(第五版)》[M],吴颖等译,南京:江苏教育出版社,2002。

[3] 杨丽珠,刘文:《毕生发展心理学》[M],北京:高等教育出版社,2009。

[4] [美] 罗伯特·S.费尔德曼:《儿童发展心理学(第六版)》[M],苏彦捷等译,北京:机械工业出版社,2018。

[5] [瑞士] 皮亚杰:《皮亚杰教育论著选(第二版)》[M],卢濬选译,北京:人民教育出版社,2015。

作者简介:

何宇,上海戏剧学院文学学士、上海交通大学传播学硕士,现任 SMG 炫动传播有限公司动漫事业部总监。

电商时代广播购物节目形态的重构

林曙东

提　要：随着移动互联网的迅猛发展和在各个领域的渗透,给单向传播的传统媒体——广播带来新的挑战,而对于广播购物节目似乎带来更多的制约和局限,所以,探索和尝试媒体融合广播购物的新模式很有必要。广播购物不仅相对于电视购物缺乏视觉形态的呈现,更是在电商云集的市场上能否占有一席之地,能否实行商品交易或在商品售卖过程中承担一定的或是增量的角色,广播购物是否需要重新定义它的位置,在电商购物链中是否还有它的优势和不可替代性,优势何在? 短板在哪? 如何弥补? 电商时代对广播购物到底是构成危机还是带来机遇? 这些都是需要进一步梳理和研究的。

关键词：广播购物　电商时代　融媒体

引　言

十年前,上海人民广播电台广告部曾经率先策划和运作过第一档广播购物节目《生活速递》,节目形态为5分钟的商品介绍,广告点位播出,听众通过购物热线,完成货到付款的购买过程。电台广告部组建小型运营团队,负责选品、资审、物流和售后。当时的选品范围大体是：1. 时尚流行：导航仪、红酒、火车模型(明星代言)等；2. 生活日用：保暖内衣、女驾驶员专用鞋等；3. 自创产品：中国百年百部电影、奥斯卡百部获奖大片等。其中,《中国百年百部电影》(播出文案由笔者撰稿)当年营销额剧增,成为爆款,并被正在上海举办的世博会组委会大量选为礼品赠送。

然而,近年来,移动互联网技术的发展和电商的崛起,微商的普及,日益改变了人们的消费理念、购物方式和购买路径,也促使信息传播媒介的广播必须思考和研究,如何融入和链接互联网时代的网络购物平台,成为全新购物环境中不可或缺的角色,从而在网购市场分得一块蛋糕,为广播营收增量。

一、电商时代广播购物节目的短板

(一)商品视觉传播的缺失

和电视购物节目相比,广播购物节目表现出的是以声音为主要载体的单一的听觉传播手段特征,缺乏直观、形象的视觉效果,靠想象购买,很容易造成节目吸引力差、枯燥乏味的问题;另一方面又无法像网购平台那样为听众提供即时沟通购买细节与交流的平台,由此也就大大降低了节目的黏性即听众的忠诚度,无法激发听众的购买欲[1]。

(二)购买交易实现的中间环节烦琐

电商,从购买意愿到购买行为完成,只需进入网购 App 平台即可一步完成;电视购物,通过电视角标二维码扫描进入商城或通过购物热线完成订单;而广播购物则是从广播平台本身发出的购买邀约开始,直到购买行为完成,首先需要将听众通过主持人对商品的介绍,激发听众的购买欲,再将听众导入网购平台,或通过购物热线,最终在网购平台上完成购买。因此,综上,我们可以看出,广播购物节目只相当于实体店的柜台,而主持人则本质上是柜台的营业员,从商品介绍到完成购买,路径曲折而烦琐。

(三)缺乏购买群体对不同商品需求的数据统计的精确性

目前,基本上所有的广播购物节目都表现出明显的静态化的节目制作与传播特征,也即是根据目标消费者特点制作出完整的购物节目作品之后,在节目传播过程中无论实际收听效果、营销效果如何,很少能够对节目内容进行调整,只能按照预先计划完成节目播出工作。这主要是因为节目策划者无法实时、精确、系统地了解目标消费者的收听状态,缺乏调整节目内容和传播方式的有效依据[2]。

二、广播节目载体的特点和相对优势

从广播购物节目平台的播出到购物行为的完成,广播的优势实际上已经并不突出,这主要是网上售卖的电商让消费者购买路径发生了转移,消费者购买理念的更新,商品价格的优势,购物时间的缩短及购买过程的即时沟通等,导致广播购物节目实际上成为购物行为完成的前期。

(一)商品介绍的声音和文字的差异

和电商平台的文字介绍,具有相当声音塑造能力的广播节目主持人的声音介绍更显生动活泼,容易激发听众的想象空间。

(二)商品介绍内容和形式的空间更大

相对电视或电商平台,广播对商品的介绍除了对产品本身性能使用的介绍,能更立体地、更为详尽的介绍商品的历史起源或故事的叙说,或生活方式的提倡和推崇。

例如:售卖商品——创新浓缩迷你咖啡罐的节目播出内容:

1. 嘉宾介绍咖啡的历史和喝咖啡的生活方式的形成,其中就有典故和故事,融入主持人自己的喝咖啡的喜好。

2. 现代生活中不同人群在不同环境下饮用咖啡的需求。

3. 产品研发者研究和开发了针对不同消费群体的产品。

4. 创新浓缩迷你咖啡正是适合在特定环境下需要饮用咖啡的人群。

5. 请特邀嘉宾现场介绍商品的特性、功能、科技含量和价格及它的性价比。

6. 商品的购买路径和同类商品的比较、优惠赠品、售后等。

7. 将商品功能特性等内容通过和听众游戏、竞猜等即时互动将产品信息重复传播。

8. 线上多点位播出和线下实体店现场体验等活动。

综上,整档节目的播出,已经完全超越对于商品本身特点功能和使用的内容,是对产品进行全方位包装后的推介,其优势是在于广播平台相对于电视或电商平台的资源性价比和投入产出比相对更高。

9. 商品包装文案创新的可能性更大。

案例:售卖商品——西班牙皇家骑士红酒播出文案(节选)

女:小王,听说你喜欢喝酒?

男：朋友聚一聚，闹一闹，哪能不喝点？

女：还听说有一次服务员端上热菜的时候，你激动地哭了？

男：这你也知道？

女：是真的？

男：那是因为每次冷菜没结束，热菜还没来的时候，我已经醉倒了。难得有一次见到上热菜，我居然还醒着，你说能不激动吗？

女：啊呀，干吗喝那么多呢？

男：你知道，我这个人喜欢热闹，同事朋友难得聚在一起，大家都喝点，说说心里话，酒后吐真言，高兴。

女：哎——我可不是这样的人啊。我倒觉得，少喝多滋味，多喝伤身体。我每次聚会都会和大家喝一点儿。

男：难得，你要是喝酒，那今晚我请客。

女：不过我要喝这个酒。你看——

男：红酒。皇家骑士。没听说过。

女：那就对了。这是刚从西班牙进口的红酒——皇家骑士干红。

男：怪不得，每瓶酒还装个木盒子，看上去就是不一样。哎——不对啊，我听说法国出红酒，西班牙搞斗牛啊？

女：是的，法国出红酒，西班牙不光搞斗牛，它还是世界上葡萄园种植面积最大的国家，而它的葡萄酒产量世界排名第三。与法国红酒不同，西班牙红酒更有激情。有人说法国红酒就像巴黎贵妇那样高雅而矫情，那么西班牙红酒则像跳着佛朗明戈舞的少女率直、充满热情。今年——2007 年是中国西班牙年，我们应该重新认识西班牙，莎士比亚还把西班牙酒比喻为"装在瓶子里的阳光"呢。

男：这么说，原来西班牙是男人会斗牛，女人喝红酒。这就是西班牙风情。

女：少喝高度酒，多喝葡萄酒。葡萄酒既营养又保健。你去看看现代人难得一聚，哪有像你们这样喝得七倒八歪的。开几瓶红酒，边品边聊，既点燃激情，又放松心情；既开胃消食，又降低血脂——

男：既含氨基酸，又有矿物质；既有维生素，又有化合物；既美容养颜，又抗氧防衰；既优雅风情，又颐养性情。

女：原来你都知道啊！那还不改改口味。你要喝红酒，今天我请客。

男：有道理，听你的，就算为了每次聚会能吃上热菜，我也该喝红酒了。哎，不过，你这个皇家骑士干红和其他红酒相比有些什么特点呢？

女：皇家骑士干红，选用的……这酒喝几杯，既兴奋又冷静，既激情又理智，留一半清醒留一半醉，不影响气氛又不失去自我，是朋友聚会的好选择。

男：既然是好选择那就要看看它的价钱了。

女：不说法国酒，你知道一瓶知名的国产红酒大概什么价？

男：一般的一两百元吧，好一点的就说不准啦。

女：来自西班牙的皇家骑士现在市场价每瓶的价格是 220 元，现在"生活速递"的特别直销价每瓶只要 160 元，并且买 5 瓶还送 1 瓶，6 瓶的总价只要 800 元，一瓶 135 元还不到，相当于打了 6 折呢。而且每瓶都有精致木盒包装，自己喝便宜，节假日送礼——气派！

男：对，皇家骑士应该让男士买下送给女士，让骑士点燃女士激情，展现真我风采。

女：我同意，你买单，我请客。

男：你是说，我带皇家骑士，你来请我吃饭。

女：你不相信？

男：男士买皇家骑士，女士请客吃饭？应该说好多人不相信呢。

女：那就试试看吧。好，男士们听着，西班牙皇家骑士干红，精致木盒包装，买 5 送 1，6 瓶只要 800 元。订购电话……

男：你买皇家骑士，有人请你吃饭[3]。

这是十年前，上海人民广播电台《生活速递》内容定制广告中售卖的一款红酒，播出文案将商品性能和生活情趣融为一体，轻松诙谐的对话有趣有料，自然地打动和激起听众的购买欲望，这是电商介绍商品文字所缺乏的，尽管，淘宝直播正在弥补这一短板，但各自平台的背书不同。

（三）覆盖人群之异同

广播购物节目传播途径和电商既有重叠也有区别，广播可覆盖除了居家人群以外的移动人群，尤其是驾车人群的收听；广播的购物热线可让刚被燃起购买冲动的人群随即拨通电话下单。

三、电商时代广播购物节目形态的重构

基于广播购物节目的短板，我们将广播购物节目的播出定义为购物行为实现的一部分，或者叫购物实现的前台，而显然电商时代的广播购物的前台定位已经无法将广播购物链完全封闭和覆盖，唯有结合利用互联网，打造融媒体形态的购物节目或是广播购物在网购平台中立足，生存，占有一席之地的可能。这里我们以上海人民广播电台正在尝试媒体融合，重构广播购物的 899 都市广播《899 大乐购》节目为例：

（一）搭建以节目为中心，社区、社群、体验中心为辅助，创制属于《899大乐购》自己的网络平台，扩大影响力，提升产品销量

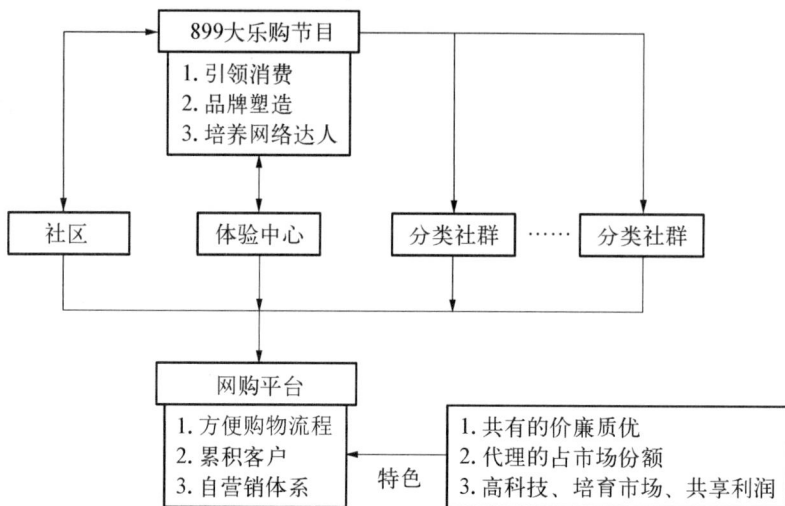

（二）建立营销团队，完成策划、选品、资审、包装、播出及物流

1. 广播节目的前期策划
2. 商品的选择
3. 商品的资审
4. 对商品进行多维度评估
5. 选定产品整合包装
6. 主持人在节目中播出

（三）开设广播节目自己的微公App，进行网络推广

通过广播节目的多重手段，吸粉并导入商城，在微信号推文中，使用图片、文字、动图等详细介绍产品内容，并对在售产品进行二次推广，扫码即可购买。

（四）在节目微公中植入商品的短视频

让消费者更加直观和全面了解商品的全貌，例如使用Vlog、抖音等带来更

多更快更直观的传播,以弥补商品视觉冲击的不足;根据不同产品,打造剧情视频,并在微信公众号、微博等平台进行宣传,增加产品吸引力。

（五）建立节目的移动社群

主持人线上主持,线下建群,根据不同的群体为其画像、贴标分群并成为群主,通过群主的维护和互动,将产品通过小程序或直接通过广播和移动社群的消费激励互动,开展社群营销,最终实现粉丝经济变现,推动交易最大化。

（六）线上线下的互动

线上即广播节目直播对商品的传播,对交易结算平台网上商城的介绍,除此以外,广播可组织听众即消费者在线下实体店或活动场地直接体验使用商品,获得第一感受;例如:在线上直播节目中,围绕介绍的商品通过游戏方式可进行商品知识的竞猜、拍卖、秒杀、团购等手段和方式,增加听众的黏性,积累和培养竞猜高手和铁粉在线下实体店或自营电商的商城中亲身体验;根据不同的听众群体,可分别设计策划线下活动。

例如:

1. 驾车一族商品:899 车友会——我的后备厢户外活动
2. 家电商品:依托上海家电协会——以旧换新商场活动
3. 二手交易市场:各类社区活动
4. 频率其他栏目线下活动的商品植入
5. 网红主持参与线下活动,吸粉并培养忠粉,拉动消费

（七）建立售后服务体系

1. 开通线上客服电话,负责咨询和售后保障
2. 设置网络 App 在线客服
3. 与供货商签订相关协议,保护消费者权益
4. 与供货商签订结账、打账协议,确保双方利益

（八）节目主持人的角色定位

以打造网红级主持为核心,若双人档主持可进行角色定位设计,一问一答,

亦庄亦谐等,以区别于单纯导购类节目,节目着重强调用户消费场景,创造购物需求,引导消费者追求优质生活品位。同时将用户导流至购买端口,实现用户购买。通过阶段数据采样收集统计,最终达到个性化产品的推送。

(九)线上节目播出时段和点位的差异

1. 线性布局:每天固定时间段一周拉通的横向播出,节约资源,培养忠粉,但缺少对大部分人群的覆盖。

2. 点面布局:固定时段+本频率多点位播出,增加对收听人群的覆盖,但消耗更多节目资源,须充分评估节目时段的营收性价比。

3. 立体布局:固定时段+本频率多点位+其他频率多点位播出,覆盖更多人群,增加商品信息的重复量,提升节目的影响力,扩大产品销量。

(十)运用大数据技术定期对节目进行分析和修正

节目运用各种数据技术定期对广播购物节目目标听众进行实时的观察与理性分析,包括其所处的位置、所使用的广播时段、收听广播的时长情况等,以此判断节目传播效果。这使节目策划者能够动态观察节目听众状态,实时调整节目内容和传播策略。[4]

结　语

电商时代的广播购物节目形态的重构,是在互联网技术发展和运用对人们消费购物行为带来的革命性的改变的策略,广播媒体不仅要直面新媒体对传统媒体的挑战,更要迎接电商时代对广播购物单一声音载体带来的机遇,不是拒绝回避,而是互补融合,不是另辟蹊径,而是互利双赢,让广播购物通过融媒体的重构,开辟更加广阔的营销空间和市场。

参考文献:

[1][2][4]《新媒体研究——大数据技术在广播购物节目中的应用研究》,张剑锋,2017 年第 22 期。
[3] 上海人民广播电台 2010 年《生活速递》播出文案。

作者简介:

林曙东,上海人民广播电台 899 都市广播总监。

广电行业降本增效案例探析及措施研究

——以上海广播电视台、上海文化广播影视集团为例

黄艳如

提　要：2018 年，上海广播电视台、上海文化广播影视集团有限公司（以下简称 SMG）提出降本增效、"瘦身健体"的管控要求，力求在攻坚克难中蹚过"深水区"，寻求逆境突围。一年多来，SMG 下属各级单位从"流程、技术、人才"三个维度出发，以流程再造为支撑，以技术优化为根本，以人才管理为关键，推动降本增效工作破除坚冰、渐入佳境。笔者逐一探访 SMG 代表性部门，了解降本增效举措和未来规划，关注台集团各单位降本政策措施落地，为 SMG 改革举措提供范例。

关键词：降本增效　媒体融合转型　流程融通　技术畅通　人才流通

一、广电行业降本增效存在的问题

近年来，在互联网深刻改变媒体格局和舆论生态的背景下，传统媒体面临转型中的阵痛，降本增效成了一场不容回避的自我革命。在降本增效的诸多难题中，有些是新阶段亟待解决的新问题，也有些是一直以来阻碍媒体转型步伐的"顽疾"。其中，流程、技术、人才作为中国广电行业融合发展的核心要素，也是降本增效工作开展的难点所在。

流程问题。与新兴媒体相比，传统媒体开展降本增效的一大结构性问题便是流程的落后。审批制、主管主办制、属地管理制、行业管理制构成了该制度的主体，研究表明，这四大制度不仅是造成传媒市场条块分割、制约传统媒体发展

的痼疾,更已成为降本增效工作顺利开展的掣肘,亟待主管部门大胆改革、突破政策壁垒。

技术问题。技术与需求之间的割裂,在媒体融合发展中表现最为突出,这在很大程度上是因为传统媒体长期以来对技术认知落后、被动接受。因此,如何把技术因素有机融入媒体组织肌体,搭建新的传播平台,重塑与用户的连接方式,在严控成本的基础上给予用户提供更好的产品体验,是当前不少主流媒体在全媒体建设中亟待解决的难题。

人才问题。随着媒体融合发展进入深水区,队伍管理成为创新关键。然而,骨干人才流失导致核心竞争力削弱,这也让干部人事制度改革任重而道远。从2015年开始,传统媒体面临着市场萎缩和人才流失等诸多问题,对传统媒体的结构性转型提出了艰巨的挑战。这样的"人才流失"是传统媒体用人机制僵化的结果,同时也是体制内外薪酬机制显著差异的结果。

二、广电行业降本增效路径探究——以 SMG 为例

2018年,上海广播电视台、上海文化广播影视集团有限公司(以下简称"SMG")提出降本增效、"瘦身健体"的管控要求,力求在攻坚克难中蹚过"深水区",寻求逆境突围。一年多来,SMG 台集团下属各级单位勇敢迎接挑战,以流程再造为支撑,以技术优化为根本,以人才管理为关键,推动降本增效工作破除坚冰、渐入佳境,加快推动媒体融合向纵深发展。

(一)优化流程结构,实行存量改革

其中,流程结构的壁垒,是降本增效进入纵深的最大"拦路虎"。为此,一些部门立下规矩、划定红线,为降本增效工作提供"流程方案"。

东方卫视中心,为了解决项目管理中的"三跨"问题和"九龙治水"现象,以一张流程图打通梗阻,实现了事权、责权、人权的"三端相通"。依照"流程图",东方卫视的项目策划方案首先进入立项环节,所有立项均由班子会讨论,基本做到项目事前预判。随后进入核算环节,全新成立节目、经营两大管理委员会,促使节目和经营的各项把关关口前移。在经营层面上,一方面积极强化财务管理改革,提升财务部层级,成为中心的二级部门;另一方面重点加强预算审核核减工作,同时积极配合执行台集团技术服务回流的相关规定,严格管控外包节目预算。最后是风险防控环节,在风险过程中实施管控,在项目进行过程中采用"及时止损"的方式补救,多方攥起拳头形成项目管理的合力。

一张"流程图"走下来,项目审核中存在的问题很快抓到"药方"。"2019 年,东方卫视中心将强化降本增效管理机制。继续加强财务管理,建立动态财务数据分析体系,进一步完善资金管控措施,严控应收账款比例,全面提升预算管理精细化水平,尽全力完成全台下达的 KPI 指标。"东方卫视中心年度大会上,东方卫视总监王磊卿把"降本增效"举措再次提上议事日程。据了解,东方卫视中心今年将在降本增效举措初见成效的基础上,科学研究分析,优化完善政策举措,以点带面推动相关工作再上一层楼。

SMG 对外事务部针对各单位因公出访存在的问题,从流程入手,对存量改革,交出了一张亮眼"成绩单"。其中,增设预审工作流程是亮点。2018 年,对外事务部通过对各单位 2017 年的赴境外差旅费进行对比分析,查找了各单位在因公出访方面存在的问题,并在因公出访流程中配套增加了预审工作环节。该预审工作环节,是在各单位出访团组正式上报集团 OA 前,先由对外事务部针对各团组的出访人数、在外天数、出访行程、差旅预算等进行事前的审核和把关。预审环节的设置,让整套项目实现了"一步胜招、满盘皆活"。

无独有偶,东方明珠新媒体旗下百视通公司 2018 年对"三费"项目(会议费、培训费和劳务费)也设立了前置审批流程,任何行政事项在财务报销之前,由审计核准支出的合法性与合理性,加强行政经费管控,严把"申请、审批、领用、回收、复用、考核"6 道关口,为实现降本增效的目标打下扎实基础。

除了流程一体化、管理模式化外,项目执行过程中,需求产品的标准化、序列化也是降本增效的重要路径。大量功能相近、需求相似的产品采购,成本的挖掘空间巨大。能否整合? 如何整合? 东方广播中心现在正在设想的做法是,打破自家"一亩三分地",协同下好"一盘棋",实行集中采购的"一盘棋运作"。东方广播中心旗下有十二套大型频率,每次举办大型活动,都需要使用背景板、易拉宝等物料,还要舞台搭建,相对于小批量、多品种的采购,集中采购规模效应明显,有足够的吸引力和众多的潜在供应商。以采购数量大、采购金额高的优势去跟供应商进行谈判,采用统谈分签的方式,既满足和保证了各家频率的实际需求,也达到了成本管控、降本增效的目的。

如果说"统"的目的是实现采购工作的效能最大化,那么"调"的目的则是实现闲置资产的价值最大化。在 SMG 的内网——番茄网里,有一个"二手市场",里面陈列着桌、椅、乐器等二手修旧物资,供内部员工选购。交易价格、联系方式一目了然,备受员工欢迎,网上"秒杀"已成常态。与此同时,SMG 家具的维修和置换工程,也在资产管理部辗转腾挪间,在去年实现了 200 多件家具在台集团各部门间的调剂,最大限度地盘活了闲置及可用资产,提高了使用效率。

（二）重视技术创新，回流技术业务

媒体的变革和发展，从来与时代大潮同行，与技术创新同进。当今世界，技术革新一日千里，信息化加速发展，全媒体应运而生。传统媒体和新兴媒体融合发展，已经成为信息时代一种不可阻挡的浩荡潮流。现在，SMG 的媒体融合正处于爬坡过坎、吃劲要紧的关键阶段，"融"的是内容和技术，"合"的是机构和人员，触及的都是关键性问题、深层次矛盾，最需要"改"的精神、"闯"的劲头、"干"的行动。

其中，技术业务回流，是 SMG 降本增效工作不容忽视的问题。长久以来，技术外包服务的无序管理，一来直接造成了台集团技术服务资源的闲置浪费，二来间接导致内部技术人员技能"空心化"，三来外包公司的良莠不齐，也给台集团的监督管理造成了难度。去年 1 月，技术管理部牵头制定发布了《外部技术服务采购管理规定》《内部技术服务管理办法》。

技术业务回流的关键，在于对供给端、需求端双方进行统一的谋划和管理。在供给端的管理方面，为了推动技术运营中心、广电制作、幻维数码等三家内部供给单位的技术服务质量，技术管理部每月下发《技术服务质量用户反馈表》，由需求单位进行打分，提出具体改进意见，然后及时反馈给各个内部供给单位，力求做到逐一确认、逐一解决、逐一反馈。在需求端的管理方面，在坚持"所有外购技术服务需求必须经过台集团审核"这一管理底线的同时，强化规则宣贯、提供事前预审，以服务促管理，对于合规申请力求 1 天内批复；针对高频、量大、标准化的资源缺口（比如大屏幕），技术管理部出台了《台、集团经常性外包业务管理办法》，指导各单位以规范的流程和要求签署框架协议，并按季度进行审核，从而大幅度简化了一线单位的日常操作。在技术管理部的沟通协调下，全集团各单位对业务回流政策做出了积极响应，取得了实质性的进展和突破。

在"互联网＋"时代，技术体系的革新为传统媒体展开了智能化布局，也进一步拓宽了行业发展空间。百视通，拥有 29 个驻地，分布在 31 个省市自治区，驻地体系架起了线上向线下联动运营的桥梁，使得百视通业务能够一个省一个省、一个城市一个城市地落地、生根，并且不断扩大，直至辐射全国。然而，驻地的分散、人员的流动性大，也带来了沟通效率低、管理难度大等弊端。比如，往常驻地有较重要的商务谈判，总部负责人就需要打"飞的"到当地召开会议。总部召开经营分析会，则需要各驻地的负责人统一"飞"来总部。一来二去，增加了显性的差旅费用成本不说，也大大增加隐性的劳动成本。

正在快速发展的百视通，需要建设怎样的技术系统去突围？面对"成长的烦恼",突破口在哪？百视通设计了一套视频会议系统。这是一套在现有资源基础上开发的应用系统，和广电现有业务系统可以深度融合，特别适用于在办公场地分散的公司，在给员工提供面对面的交流体验的同时，又减少了差旅造成的时间、费用和人力的消耗，是有效提高工作效率的工具。

2018年5月，百视通斥资190万元，搭建了连接29个驻地、3大运营商视频基地的视频会议系统。系统上线后，公司差旅机票费用同比下降36%，同步带动其他差旅支出下降，全年差旅总成本下降41%。成本的有效管控，也促使了业务流程更加标准，工作行为更加规范，内控管理更加严密，运维工作更加高效。

在SMG的无声电波中，有一座横跨东视、广播、上视三座大院的通讯"立交桥"。它历时两年建成，横跨东视、广播、上视三座大院。这座"桥"的落地，是台集团通信工程中降本增效的硕果，也意味着SMG步入"新通讯时代"。

通信改造工程是一份酝酿、践行了整整两年的课题，课题的结项让台、集团通信工程未来的发展构想成为现实。从此，22005899成了SMG主要楼宇的唯一总机号，上视、广播、东视大院之间，可以通过拨打分机号就能找到对方。这不仅为东视、广播大院各腾出了30平方米的原话务员机房，还节省了22名话务员的人力成本。最终实现了员工联系更便捷、通信费用更节省、管理系统更完善、企业形象进一步提升。

（三）优化人才结构，创设绩效文化

媒体融合，归根到底是人的融合。首先，理念观念要融合。从"要我做"转变为"我要做"，在政策传播、信息服务、守望正义、引导时代等方面发挥作用。其次，业务能力要融合，要坚持正确的政治方向、舆论导向、价值取向、新闻志向，树立受众意识、用户意识、产品意识和创新意识，通过个性化生产、可视化呈现、智能化推送、互动化传播，适应受众的微传播、短时需、生动鲜活等需求，全力倡导、培养和打造"拿起笔能写，举起话筒能说，端起手机能拍"的全媒型人才。最后，人事制度要融合。对于媒体工作者要在政治上充分信任、工作上大胆使用、生活上真诚关心、待遇上及时保障。

SMG一度面临两大人才困境：从人才本身来看，传统媒体人才与技术基因脱节。传统媒体人的思维方式踩不到顶层设计的点，不少人"骑着新马、跳着旧舞"。要真正实现从传统媒体人向融媒体人的转型，对员工的能力提出了挑战。从大环境来看，固化的行政管理方式、体制因素对人才资源配置的影响，难以优化组织结构和人力资源，致使考核机制、薪酬分配等成为日益突出的瓶颈。

如何解决SMG人才的"兵马"困局？2018年，台集团人力资源部结合业务单元实际认真贯彻落实台集团党委会讨论通过的《台集团人员规模和人力成本管控指导意见》，该意见以"严格管控、分类施策、支持改革、业绩挂钩、关爱人才"20字方针为核心思想，鼓励和支持台集团下属单位优化人才结构，加快调整人才布局，实施人力资源的集中利用和配置工作。进一步增强绩效管理的意识，创设绩效文化。简而言之，就是激活组织，赋能人才。

SMG技术运营中心，依托以"事业留人、待遇留人、情感留人"为核心的政委工程，建立了一套"人才考核体系"和"人才评价体系"。这套体系面向中心所有员工，既有"狼性"，也有"人性"。该评价体系以"人员能进能出、干部能上能下"为核心理念，实行5分制的运作模式，3分及格，根据员工的表现优劣做"加法"和"减法"，实行双层级打分制，分数高于4分者将进入储备人才库，作为后备干部重点培养。分数低于3分者，将被逐一约谈和解决问题，表现屡次不佳者将进入"蓄水池"。在破格晋升和干部降级方面，技术运营中心去年已有了几例。

和外在因素相比，员工的自我驱动、自我转型、自我成长，是SMG发展的最大动力。百视通公司非常重视多元化人才的价值，也敢于给年轻人以更多的支点、更大的空间。在百视通的业务板块中，一岗多能、人才复用的情形并不鲜见，"斜杠青年"比比皆是。比如，技术员工除了日常技术运维工作外，往往还要兼顾技术研发、技术产品搭建的工作，内容编辑除了文字编辑工作，还需要掌握美术编辑和产品经理的技能。2019年，百视通还成立了原创内容生产团队，把一批有想法、有能力的员工组织起来，孵化原创IP项目，探索建立以企业发展规划为导向的人才培养机制，在实践中实现人才与企业的融合发展。

面对信息社会不断发展、新兴媒体影响越来越大的形势，SMG推动媒体融合发展、建设全媒体已经成为一项紧迫课题。当前，SMG正在探索一条科学持续发展的改革路径，降本增效作为改革的重点工作、难点问题，需要在实践中不断积累经验、探索创新。从这个意义上而言，各级部门对流程再造、技术优化、人才管理三道"必答题"的解题思路，为SMG的媒体融合转型升级之路，提供了有益范例。

参考文献：

[1] 梅宁华、支庭荣主编：《中国媒体融合发展报告（2019）》，社会科学文献出版社，2019年1月版。

[2] 彭增军：《穿新鞋走老路：数字时代传统媒体的"创新"为何会失败》，《新闻记者》，2017年第5期。

作者简介：

黄艳如，华东政法大学法律硕士学位，现为SMG办公室内刊记者、编辑。

图书在版编目(CIP)数据

探究真谛：上海广播电视论文选. 第七辑 / 上海市
广播电视协会编. —上海：文汇出版社，2019.10
　ISBN 978 - 7 - 5496 - 3016 - 5

　Ⅰ. ①探…　Ⅱ. ①上…　Ⅲ. ①广播工作－中国－文集
②电视工作－中国－文集　Ⅳ. ①G229.2－53

中国版本图书馆 CIP 数据核字(2019)第 202737 号

探究真谛
——上海广播电视论文选·第七辑

上海市广播电视协会编

责任编辑 / 熊　勇
封面装帧 / 张　晋

出版发行 / 文汇出版社
　　　　　　上海市威海路 755 号
　　　　　　(邮政编码 200041)
经　　销 / 全国新华书店
排　　版 / 南京展望文化发展有限公司
印刷装订 / 上海颛辉印刷厂
版　　次 / 2019 年 10 月第 1 版
印　　次 / 2019 年 10 月第 1 次印刷
开　　本 / 720×1000　1/16
字　　数 / 460 千字
印　　张 / 25.25

ISBN 978 - 7 - 5496 - 3016 - 5
定　　价 / 98.00 元